ROSSETTI

La pédagogie entre le dire et le faire

Collection Pédagogies
Philippe Meirieu

La pédagogie entre le dire et le faire

*

Le courage des commencements

ESF éditeur
17, rue Viète - 75017 Paris

ISBN 2 7101 1126 8
ISSN 1158-4580

Pédagogies

Collection dirigée par Philippe Meirieu

La collection PÉDAGOGIES propose aux enseignants, formateurs, animateurs, éducateurs et parents, des œuvres de référence associant étroitement la réflexion théorique et le souci de l'instrumentation pratique.

Hommes et femmes de recherche et de terrain, les auteurs de ces livres ont, en effet, la conviction que toute technique pédagogique ou didactique doit être référée à un projet d'éducation. Pour eux, l'efficacité dans les apprentissages et l'accession aux savoirs sont profondément liées à l'ensemble de la démarche éducative, et toute éducation passe par l'appropriation d'objets culturels pour laquelle il convient d'inventer sans cesse de nouvelles médiations.

Les ouvrages de cette collection, outils d'intelligibilité de la « chose éducative », donnent aux acteurs de l'éducation les moyens de comprendre les situations auxquelles ils se trouvent confrontés, et d'agir sur elles dans la claire conscience des enjeux. Ils contribuent ainsi à introduire davantage de cohérence dans un domaine où coexistent trop souvent la générosité dans les intentions et l'improvisation dans les pratiques. Ils associent enfin la force de l'argumentation et le plaisir de la lecture.

Car c'est sans doute par l'alliance, sans cesse à renouveler, de l'outil et du sens que l'entreprise éducative devient vraiment créatrice d'humanité.

*

* *

Voir en fin d'ouvrage la liste des titres disponibles

Du même auteur

Apprendre... oui, mais comment, Paris, ESF éditeur, 14e édition, 1994, traduit en italien et en espagnol.

Le choix d'éduquer, Paris, ESF éditeur, 4e édition, 1994.

Les devoirs à la maison, Paris, Syros, 5e édition, 1995, traduit en espagnol.

Différencier la pédagogie : des objectifs à l'aide individualisée (sous la direction de), *Cahiers pédagogiques* [1], 5e édition, 1993.

Différencier la pédagogie : pourquoi ? comment ?, (sous la direction de), CRDP de Lyon [2], 1986.

Différencier la pédagogie en français et en mathématiques au collège (sous la direction de), CRDP de Lyon, 1987.

L'école, mode d'emploi, des « méthodes actives » à la pédagogie différenciée, Paris, ESF éditeur, 11e édition, 1995, traduit en espagnol.

Emile, reviens vite... ils sont devenus fous (en collaboration avec Michel Develay), 3e édition, Paris, ESF éditeur, 1993.

Enseigner, scénario pour un métier nouveau, Paris, ESF éditeur, 7e édition, 1995.

L'envers du tableau, 2e édition, Paris, ESF éditeur, 1994.

Histoire et actualité de la pédagogie : repères théoriques et bibliographiques, *Apprendre*, Université Lumière-Lyon 2 [3], Lyon, 1994.

Itinéraire des pédagogies de groupe - Apprendre en groupe ? 1, Chronique sociale, Lyon, 5e édition, 1993, traduit en italien.

Outils pour apprendre en groupe - Apprendre en groupe ? 2, Chronique sociale [4], Lyon, 5e édition, 1993, traduit en italien.

EN PRÉPARATION

La pédagogie entre le dire et le faire – 2 : La parole tenue.

A PARAITRE
(avec Michel Develay)

Les transferts de connaissances en formation initiale et continue.

Pédagogie, sciences de l'éducation et didactiques.

---

1. 10, rue Chevreul, 75011 Paris.
2. 47, rue Philippe de Lassalle, 69004 Lyon
3. 16, quai Claude Bernard, 69007 Lyon
4. 7, rue du Plat, 69002 Lyon

« *Vouloir le bien est à ma portée,*
mais non point l'accomplir :
puisque je ne fais pas le bien que je veux
et commets le mal que je ne veux pas. »

Saint Paul, *Épître aux romains* (7 ; 18-20)

« *Nous tromper dans nos entreprises*
C'est à quoi nous sommes sujets ;
Le matin je fais des projets
Et le long du jour des sottises. »

Voltaire, *Memnon ou la Sagesse humaine*

Table des matières

Introduction :
Une aventure singulière

Le « retour sur le terrain »

Septembre 1993 : Voilà maintenant près de dix ans que j'ai quitté le contact direct avec les élèves pour me consacrer à la formation des maîtres, à la recherche pédagogique et à l'enseignement supérieur en sciences de l'éducation. Bien sûr, je reste, par l'intermédiaire de mes étudiants qui, pour beaucoup, sont des enseignants du primaire ou du secondaire, relativement proche de la réalité des classes : je perçois à peu près ce que sont devenus les élèves ces dernières années, comment ont évolué les établissements, comment ont été reçus par les praticiens les travaux universitaires en matière pédagogique et comment sont vécues dans les salles des professeurs les propositions et décisions politiques concernant l'École. J'ai la chance, également, d'être accueilli régulièrement par de nombreux établissements scolaires et de pouvoir, à ces occasions, dialoguer avec les enseignants et les cadres éducatifs : les débats qui suivent les conférences et les formations que j'anime me permettent ainsi de percevoir les difficultés concrètes auxquelles les enseignants sont confrontés et la manière dont nos recherches peuvent les aider à les surmonter.

Mais tout cela me laisse insatisfait : une chose est de pouvoir, de temps en temps, se « replonger » dans les réalités quotidiennes de l'enseignement primaire et secondaire, d'entendre les enseignants parler de leur travail et d'être attentif à leurs préoccupations, de lire les enquêtes et les témoignages qui sont publiés, autre chose est de se trouver confronté jour après jour aux élèves d'une classe, de devoir durer toute une année scolaire en restant fidèle à ses convictions, d'être affronté dans la quotidienneté à toutes les contraintes inhérentes à la vie d'un établissement... C'est pourquoi je crois nécessaire de reprendre un engagement dans l'enseignement secondaire et de choisir, pour cela, un établissement considéré comme « difficile », dans la banlieue de l'agglomération lyonnaise où je réside.

A priori, cette démarche ne me semblait pas devoir soulever le moindre problème ni susciter le moindre étonnement ou la plus petite résistance. La chose me paraissait totalement naturelle et parfaitement légitime. Je savais les sociologues et les ethnologues coutumiers du fait, les psychologues friands de mettre en pratique leurs théories en ouvrant des cabinets de consultation et les-juristes impliqués, pour la plupart, dans des officines juridiques. Les médecins, de leur côté, conservent, jusqu'au plus haut degré de leur carrière universitaire, des responsabilités de soignant, directement auprès de malades, et choisissent souvent pour poursuivre leurs recherches, des patients en situation particulièrement critique... Je ne voyais donc rien d'extraordinaire à vouloir retrouver le contact avec des élèves, moi qui faisais justement, depuis de nombreuses années, « profession de pédagogie ».

Or, il faut croire que l'éducation n'est pas vraiment un métier comme les autres car mon projet fut, très vite, considéré d'un œil étrange, avec une suspicion qui, tout d'abord, me désarçonna et que je finis par m'approprier, un peu à mon insu, au point de devoir, publiquement et à de nombreuses reprises, m'expliquer et me justifier... Il me fallut ainsi me défendre contre les mille et un soupçons dont j'étais devenu l'objet. Et je dus finir par accepter qu'en matière éducative, l'épreuve des faits n'a pas tout à fait le même statut que dans les autres disciplines et que vouloir se confronter à eux constitue une sorte de provocation insupportable : quand on prétend « savoir », on ne doit plus tenter de « faire » car « savoir » et « faire » sont ici considérés comme deux métiers bien distincts dont, paradoxalement, le second doit toujours précéder le premier : on « fait la classe » avant de « savoir comment la faire » et, quand on sait la faire, on ne la fait plus !

Certes, on comprend bien quelles logiques peuvent être à l'œuvre dans de telles conceptions : cela peut signifier, d'abord, que la théorie ne précède pas mais se dégage progressivement de la pratique. Ce point de vue, classique dans l'histoire des idées, est évidemment fondé, en particulier en tant qu'il exprime une position métaphysique que l'on retrouve aussi bien chez les matérialistes depuis l'Antiquité que chez un idéaliste radical comme Hegel dont on connaît la célèbre formule : « La chouette de Minerve ne prend son vol qu'au crépuscule »... Mais il peut apparaître néanmoins préoccupant qu'une telle conception soit, sans justification particulière, utilisée pour servir de schème explicatif aux rapports professionnels entre savoirs théoriques et savoirs pratiques comme aux rapports académiques entre savoirs savants et savoirs enseignés. Pourquoi, en effet, dans l'université, l'accès à la théorie et aux diplômes qui en attestent la maîtrise condamne-t-il à jamais les théoriciens à se tenir éloignés des pratiques dont ils parlent, alors même que leurs propres pratiques de théoriciens, d'enseignants et de chercheurs sont mises systématiquement à l'abri de toute observation et de toute interrogation ?

C'est qu'une telle division des tâches peut aussi relever d'une autre conception, très sensiblement différente, dans laquelle on ne postule pas l'émergence des savoirs théoriques par rapport aux savoirs pratiques mais leur radicale hétérogénéité : il s'agirait là de deux ordres de connaissances renvoyant à des compétences radicalement disjointes : les savoirs de la pratique, à caractère essentiellement empirique, et les savoirs de la théorie, très largement modélisés : « ce qui se fait » et ne sait pas toujours se dire et « ce qui se dit » sans être destiné, véritablement, à être fait. Nous aurons à revenir plus loin sur une telle distinction car elle peut permettre, si l'on s'en saisit comme d'une contradiction à travailler et à placer au cœur même de nos préoccupations, d'entrer dans l'intelligence du pédagogique en comprenant ce qui fait précisément sa spécificité. Mais il faut bien reconnaître qu'une telle opposition fonctionne, le plus souvent, comme la séparation radicale de deux domaines qui ne communiquent guère entre eux ; et cette séparation interroge, pour le moins, la légitimité des théoriciens à former des praticiens dans une perspective professionnelle. Certes, on peut supposer les théoriciens capables d'entraîner les praticiens à des épreuves académiques, souvent utiles pour leur avancement ; on peut aussi espérer qu'ils soient susceptibles de développer leur goût pour la recherche personnelle sur des questions spéculatives et contribuent ainsi, indirectement, à mettre en place des qualités intellectuelles qui se répercuteront sur l'exercice de leur profession. Mais on manque alors, indiscutablement, ce qui fait tout l'intérêt d'une formation pédagogique et, en poussant cette hypothèse à son terme, on pourrait même imaginer que n'importe quelle formation intellectuelle, dans n'importe quel domaine, aurait les mêmes effets.

Dans ces conditions, et au sein de ce qui reste bien dans l'université française une idéologie dominante, le souhait que je manifestais de retrouver l'enseignement secondaire ne pouvait être compris que comme l'expression d'arrière-pensées invraisemblables et plus ou moins recommandables. Certes, on peut ignorer par principe ce qui se dit de vous et renvoyer l'indifférence au mépris ou le mépris à l'indifférence. D'autres l'auraient certainement fait et auraient continué tranquillement leur chemin. J'admire, pour ce qui me concerne, les collègues qui peuvent ainsi rester insensibles et tracer leur sillon sans détourner la tête vers ceux qui chuchotent sur leur passage. C'est sans doute ce que j'aurais dû faire. Mais je suis de toute évidence – et mes amis ne manquent pas de me le reprocher – trop sensible aux soupçons et aux attaques. Cela m'amène parfois à parler un peu trop de moi jusqu'à risquer l'impudeur et paraître narcissique. Mais cela permet peut-être aussi à quelques-uns de mes lecteurs de se sentir un peu moins seuls, et à d'autres de comprendre un peu mieux les enjeux d'une activité pédagogique qui s'expose, tout à la fois, à l'épreuve des faits et au jugement du public. On voudra donc bien m'excuser de parler un peu de moi dans cette introduction et d'entrer dans quelques considérations de conjoncture qui, en toute logique, n'auraient pas dû mériter ces pages. Pour ma défense, il me faut dire que j'y ai quand même été un peu poussé contre mon gré ou, tout au moins, que mes penchants à l'autojustification ont été très largement alimentés par les circonstances qui ont entouré ma décision.

Je n'ai pas échappé, en effet, pour réaliser ce projet qui m'était cher et auquel je pensais depuis plusieurs mois, à quelques démêlés administratifs et institutionnels [1] : il n'est pas facile en France, pour un universitaire et sur un plan

1. Cf. *L'envers du tableau*, ESF éditeur, Paris, 1993, pages 279 à 281.

N.B. Les notes de cet ouvrage, en dehors des références des citations, ouvrages et études utilisés, comportent des développements qui viennent préciser tel ou tel point, illustrer telle ou

purement technique, de « revenir » dans l'enseignement secondaire, tant il est vrai, comme on me l'a dit mille fois, que « dans l'Éducation Nationale le fleuve ne coule que dans un sens » [2]... De plus, j'ai cru bon, dans un premier temps, de demander un poste en philosophie dans un lycée technique, convaincu que le fait de posséder quelques diplômes dans cette discipline faciliterait ma nomination ; c'était sans compter sur l'animosité des « philosophes » à l'égard de tout ce qui touche aux sciences de l'éducation en général et à la recherche pédagogique en particulier [3]. C'était aussi ignorer l'inquiétude de l'inspection générale de philosophie, sans doute convaincue du caractère provocateur et dangereux de ma démarche [4]. Ma maladresse institutionnelle faisant le reste, j'ai dû battre en retraite sur ce terrain et accepter finalement un enseignement de français, discipline que j'avais également enseignée plusieurs années. Cela ne fut pas simple, non plus, et n'aurait, sans doute, jamais été possible sans la bienveillance du recteur d'Académie et l'amicale ténacité d'un chef d'établissement dont l'attitude fut, dans cette affaire, absolument exemplaire. La veille de la rentrée scolaire, j'eus donc la satisfaction de me voir affecté dans un lycée professionnel de Vénissieux et, dès le lendemain, je pris contact avec mes nouvelles fonctions.

Certes, je n'étais pas dupe : il ne m'était pas possible de faire totalement abstraction, du jour au lendemain, de mes responsabilités universitaires et de me trouver, miraculeusement, dans les mêmes conditions que mes nouveaux col-

---

telle affirmation, mais qui ne sont pas absolument nécessaires à l'intelligence générale du livre. Selon son mode de lecture, le lecteur pourra donc les prendre en compte tout de suite, y revenir plus tard ou en faire l'impasse. La compréhension du propos général ne devrait en souffrir dans aucun cas.

2. C'est, sans doute, ce qui explique une partie de l'étonnement devant ma démarche : un professeur d'université d'économie peut décider de faire du « conseil en entreprise » : il ne déchoit pas car c'est là un autre métier. Le professeur de sciences de l'éducation qui « revient » dans le secondaire rétrograde en quelque sorte ; il effectue un retour en arrière incompréhensible dans une hiérarchie où la compétence se marque indiscutablement par son degré d'éloignement de toute responsabilité directe, de tout contact direct avec « ce dont il parle ». Et ce même problème se pose, à un autre niveau, pour les formateurs d'enseignants qui, détachés un temps de leurs classes, voient leur retour « sur le terrain » comme une sorte de régression sociale difficile à assumer et lui préfèrent souvent, pour cette raison, une « promotion » comme chef d'établissement, inspecteur... ou universitaire.

3. Je désigne ainsi, pour l'essentiel, les enseignants de philosophie réunis dans l'Association nationale des professeurs de philosophie de l'enseignement public et qui s'expriment régulièrement sur ces sujets à travers leur bulletin, *L'enseignement philosophique*. Il existe, bien évidemment, des enseignants de cette discipline qui échappent à cet ostracisme à l'égard de la pédagogie... au sein même de la dite association et, également, dans différents groupes de travail comme le GREPH ou l'ARDAP (Association pour la recherche en didactique de l'apprentissage du philosopher, animée par Michel Tozzi). Sur les raisons de la querelle entre « philosophes » et « pédagogues », je me permets de renvoyer à *L'envers du tableau* (ESF éditeur, Paris, 1993, en particulier pages 91 à 167). Pour ce qui concerne les positions des « philosophes » sur les sciences de l'éducation et la pédagogie, on trouvera un argumentaire exhaustif dans l'ouvrage de Jacques Muglioni, *L'école ou le loisir de penser* (CNDP, Paris, 1993).

4. Il va de soi que je m'étais assuré que les heures qui pouvaient m'être affectées n'étaient, en aucun cas, prélevées sur le service d'un autre enseignant, titulaire ou auxiliaire, et que je ne

lègues. Je n'enseignais que quelques heures par semaine et sur une seule classe... mais, au moins, j'assumais une véritable responsabilité éducative dans un établissement réputé « difficile », dans une banlieue « chaude » de l'agglomération lyonnaise, avec des élèves au cursus scolaire pour le moins chaotique, vivant des situations sociales difficiles et s'efforçant d'obtenir un diplôme dont la valeur sur le marché du travail était, pour le moins, aléatoire : le BEP ORSU (opérateur régleur de système d'usinage). Par ailleurs, j'eus la chance d'être accueilli sans réticence par des collègues qui eurent la délicatesse de ne pas me désigner du doigt dans les réunions de concertation ni de m'abreuver de demandes d'explications à l'occasion de nos rencontres dans les couloirs. Certains, même, me dirent, avec discrétion, l'intérêt qu'ils voyaient à ma présence et m'invitèrent, avec beaucoup de simplicité, à leurs rencontres de travail. Les cadres éducatifs de l'établissement, de leur côté, me considérèrent toujours comme partie intégrante du lycée et eurent avec moi des rapports de collaboration cordiale qui me furent infiniment précieux.

Autant dire que, dans ma situation nouvelle, j'avais tout d'un privilégié : jouissant encore du prestige de l'universitaire, j'avais la chance de pouvoir mettre à l'épreuve mes convictions pédagogiques cinq heures par semaine seulement, dans une situation sociale hautement symbolique et avec un environnement institutionnel et humain très largement porteur. À bien des égards, ma position était donc éminemment enviable... Quelques collègues universitaires bienveillants me le firent remarquer en soulignant que ma démarche me permettait de « me tresser une couronne à peu de frais ». Les autres se turent... comme on se tait habituellement à l'université, c'est-à-dire en vous laissant comprendre, avec cette association étrange de considération contrainte et de condescendance naturelle, qu' « on n'en pense pas moins ».

---

lésais donc personne. En réalité, l'argumentation de l'inspection générale pour m'interdire de prendre un poste temporaire de maître-auxiliaire dans cette discipline a tenu, pour l'essentiel, au fait que je n'avais pas respecté les usages institutionnels en m'adressant directement au recteur et au chef d'établissement et sans solliciter l'avis de l'IPR local : « *Est-il admissible,* interroge M. Chopelin, IPR de philosophie dans l'Académie de Lyon, *qu'un universitaire, qui n'appartient pas à l'un des corps de professeurs de lycée, et quels que soient ses titres par ailleurs, décide de venir faire des cours en classes terminales, sans accord préalable avec l'inspection de la discipline concernée ?* » (Réponse publiée par le *Journal aux adhérents* du SGEN-CFDT de l'Académie de Lyon dans son numéro de décembre 1993, page 4, à la suite d'un texte faisant écho à la décision de l'inspection générale). Auparavant, M. Montheilhet, doyen de l'inspection générale, avait déclaré au journal *Le Monde* : « *Les postes de philosophie du second degré ne sont pas à la disposition – à la discrétion – des uns et des autres. Mon devoir est de contrôler les conditions dans lesquelles l'enseignement philosophique est assuré et de ne pas livrer cet enseignement à n'importe qui.* » (23 septembre 1993, page 10.) Il semble que, dans cette perspective, l'inspection générale s'inquiétait de la possibilité qui aurait été ouverte aux universitaires, à la suite de mon initiative, d'« envahir » l'enseignement secondaire pour en faire le champ clos de leurs expérimentations. Ce risque, à mon sens, n'est pas aujourd'hui un risque majeur.

Une panoplie de motivations hétéroclites et, sans doute, peu recommandables

Et je dois reconnaître que, de l'extérieur, ma démarche pouvait, en effet, prêter à confusion et attirer la suspicion. Je ne suis d'ailleurs, moi-même, pas tout à fait sûr d'y avoir vu très clair, à ce moment-là, sur la nature exacte de mon projet. Sans aucun doute, derrière l'apparente évidence d'une mise à l'épreuve de mes convictions se mêlait un ensemble de motivations complexes que je ne peux tenter d'analyser qu'*a posteriori*. Car il est certain que l'on ne fait pas un tel geste innocemment et, au-delà de l'espérance vaguement chrétienne ou lointainement gauchiste de « faire mon salut » en m'exposant à la souffrance commune, je nourrissais sans doute toute une série d'intentions que je peux seulement aujourd'hui m'efforcer de retrouver... sans, bien sûr, être, le moins du monde, certain de ne pas céder à l'illusion rétrospective.

L'exhibition du dévouement et la contagion humanitaire

L' « humanitaire » est à la mode et, même si cette mode n'est pas tout à fait étrangère à la démission des États, aux renoncements des responsables politiques ainsi qu'à l'impuissance des grandes institutions traditionnelles pour panser les blessures du monde, nul doute que ce soit un bon moyen de faire carrière[5]. Il est vrai que vouloir « faire carrière » n'est plus un défaut aujourd'hui et que cela ne soulève plus la moindre méfiance de quiconque. L'arrivisme, par les temps qui courent, n'est plus seulement toléré ou passé sous silence, au bénéfice de « qualités personnelles » dont il conviendrait, par pur altruisme, de faire bénéficier la société tout entière... L'arrivisme est promu au rang de qualité première, fondatrice d'un ordre social naturel où les hommes « se placent » au niveau de leurs convoitises et où le chaos de leurs ambitions est censé constituer, par le miracle d'un libéralisme que l'on n'ose même plus interroger, une harmonie sociale très largement exaltée par les médias.

Rien d'étonnant, dans ces conditions, qu'un pédagogue veuille « sa part du gâteau » et manipule le « dévouement » de sa démarche avec le secret espoir que

5. Il est bien clair que la question de l'« humanitaire », de son développement et de ses enjeux philosophiques et politiques, n'est pas ici au centre de mon propos. De nombreuses analyses s'attachent aujourd'hui à cette question (cf., en particulier, l'ouvrage fort suggestif – mais dont je ne partage pas toutes les conclusions – de Gilles Lipovetsky : *Le crépuscule du devoir – l'éthique indolore des nouveaux temps démocratiques*, Gallimard, Paris, 1992) ; pour ma part, je n'aborde ici la question de l'« humanitaire » que très latéralement et parce qu'il s'est trouvé plusieurs interlocuteurs pour m'affirmer que ma propre démarche s'inscrivait dans cette mouvance.

le bruit se répande dans les « chaumières éducatives » : « Après tout, un homme qui ose faire ce qu'il fait ne peut pas être vraiment mauvais ! »

Car il n'est pas si simple que ça, aujourd'hui, pour un enseignant, de se montrer dévoué à la cause des hommes [6]. Il fut un temps, en effet, où il était facile, dans la brousse ou les djebels, d'exporter la culture occidentale avec la certitude d'apporter le bonheur et la vérité aux peuples misérables. L'enseignant partait alors en mission tout auréolé de ses convictions civilisatrices, porté par la confiance d'une nation tout entière, arc-bouté à la conviction fondatrice qu' « en ouvrant une école, on fermait une prison ». Mais la chose, aujourd'hui, n'est pas si simple : les peuples de ce que l'on appelle encore étrangement le tiers monde [7] se sont mis, légitimement, à vouloir légiférer en matière éducative et culturelle et, s'ils sollicitent encore quelques coopérants, c'est bien sous leur propre autorité et dans le respect de leur identité qu'ils entendent utiliser leurs services. Inutile d'espérer là faire le moindre zèle en matière d'éducation ou d'instruction, au risque d'être ravalé au rang de vulgaire « colonisateur ». Et il faut bien reconnaître que le soupçon, au regard de notre histoire récente, est quelque peu fondé [8].

C'est donc le médecin qui a repris le flambeau et force l'admiration de nos contemporains en affrontant les situations les plus terribles. C'est lui qui, faute d'apporter un bonheur auquel ces peuples ont fini par renoncer, offre quelques réparations, provisoires mais infiniment précieuses, à la souffrance humaine. À lui donc tous les mérites que nul ne saurait lui contester.

Mais cela met l'éducateur en « vacance » de dévouement, en quête d'une « terre de mission » où il puisse manifester ses convictions dans des situations

---

6. Je n'ose pas écrire « la cause du peuple » tant l'expression est chargée et le « peuple » une réalité devenue évanescente pour ne plus être soupçonnée d'être totalitaire. Mais que l'on ait commis tant de méfaits au nom du peuple signifie-t-il que le peuple a disparu et, avec lui, le cortège de misères et d'humiliations auquel « les hommes du peuple » sont confrontés aujourd'hui plus que jamais. À cet égard, je fais mienne sans réserve l'analyse de Jacques Derrida : « *Il faut le crier, au moment où certains osent néo-évangéliser au nom de l'idéal d'une démocratie libérale enfin parvenue à elle-même comme à l'idéal de l'histoire humaine : jamais la violence, l'inégalité, l'exclusion, la famine et donc l'oppression économique n'ont affecté autant d'êtres humains dans l'histoire de la terre et de l'humanité.* » (*Spectres de Marx*, Galilée, Paris, 1993, page 141.) Comme Jacques Derrida, je crois qu'il faut en appeler à une « nouvelle internationale » et que le défi qui s'offre à nous est bien de « *la libérer de toute dogmatique et même de toute détermination métaphysico-religieuse* » (page 147). La question est ici de savoir si le pédagogue peut prendre sa part et sa place dans ce combat... C'est, on le verra, une des questions centrales de ce livre.

7. L'expression « tiers monde » se justifiait, sans doute, quand la planète était dominé par l'affrontement des deux blocs, capitaliste et communiste : « *Le tiers monde était alors un enjeu décisif dans la confrontation entre l'Est et l'Ouest. Il ne l'est plus aujourd'hui, parce que la confrontation s'est dissipée. Il n'est qu'un fardeau. Le fardeau de l'homme blanc, disait déjà Kipling.* » (Sami Naïr, « L'Autre comme ennemi », *Sud-Nord, folies et culture*, 1, 1994, Erès, Toulouse, 49-54, page 51).

8. Évoquons simplement, à titre de symptôme d'un phénomène qui n'est pas ici notre objet d'étude, ce sujet de dissertation de philosophie donné au baccalauréat à Toulouse en 1934 : « *Tachez d'énoncer et de justifier les principes généraux de justice qui doivent guider la conduite des nations civilisées à l'égard des populations de civilisation inférieure.* »

suffisamment difficiles pour emporter l'adhésion, susciter l'admiration et se trouver, par là, réinvesti dans le rôle du héros social qu'il fut jadis et à l'égard duquel il conserve une légitime nostalgie [9]. Faute de brousse et, puisque les campagnes françaises sont à peu près alphabétisées, on prendra donc les banlieues. Et la chose apparaît d'autant plus nécessaire que, là, précisément, « les besoins sont immenses », comme on dit, et que la « mission civilisatrice » de l'École n'est pas contestée... Certes, on sait bien que la fatalité sociale y est particulièrement lourde, que les diplômes qui y sont distribués n'ont guère de débouchés, mais cela n'en rend l'entreprise éducative que plus admirable et ses auteurs plus dignes de l'estime collective. Allons donc dans les banlieues pour témoigner que l'éducation peut encore, sinon construire, au moins sauver quelque chose de la civilisation menacée ! N'écoutons pas les censeurs qui dénoncent, avec une rigidité d'un autre temps, le sentimentalisme aveugle et l'ignorance des mécanismes objectifs qui produisent la misère des hommes. Et profitons-en pour surfer quelque peu sur la vague humanitaire, sans trop s'inquiéter de voir nos convictions pédagogiques récupérées par une générosité médiatisée à grands renforts de bonne conscience télévisuelle. Nous glanerons bien, au passage, quelques miettes de célébrité ou, au moins, un peu de la considération qui nous fait tant défaut !

Personne – ni moi-même, ni aucun de mes proches, ni le plus indulgent de mes amis – ne peut affirmer avec certitude que j'ai échappé à cette tentation et le soupçon qui pèse sur moi, à cet égard, me collera longtemps à la peau. Je l'assume parfaitement, non sans regret pour le passé ni vigilance pour l'avenir. Mais non sans observer, non plus, que ce soupçon a d'étonnantes vertus paralysantes, qu'il pourrait décourager, par exemple, aussi bien ceux et celles qui se consacrent aux enfants handicapés que ceux qui apportent un réconfort à tous les laissés pour compte de nos sociétés : « Si tu t'intéresses à ces cas difficiles, un peu marginaux, qui te permettent de faire l'admiration de tous, c'est que tu dois bien y trouver ton intérêt quelque part ! »... Certes ! Certes ! « Et si tu ne t'intéresses à rien de tout cela, si tu ne cherches que ton confort ou si, par discrétion ou pour ne pas te faire valoir, pour ne pas empiéter sur les responsabilités des politiques ni cautionner leur immobilisme, tu restes à l'écart de toute situation difficile, n'y trouves-tu pas aussi quelque peu ton compte ? »

---

9. Parmi les multiples textes qui témoignent de l'estime immense dont jouissait l'enseignant il y a un siècle, je ne résiste pas à la tentation de citer ces extraits d'une « ode à la gloire de l'École laïque » rédigée par Auguste Gaud, un poète de Beauvais et dédiée à Ferdinand Buisson pour le 25e anniversaire de sa mort : « *Vous souvient-il encore des soldats de Faidherbe/ De ceux de Châteaudun, de Beaune, de Coulmiers ; / Mobiles francs-tireurs, artisans ou fermiers, / Qu'enflammait Gambetta par l'ardeur de son verbe, / Et qui surent mourir comme de vieux guerriers ? / Vous souvient-il encore du réveil de la France ? / De Ferry repoussant l'assaut des réacteurs, / Et libérant l'esprit des humbles travailleurs / Par l'École, foyer d'amour et d'espérance, / Où luit comme un flambeau l'aube des temps meilleurs ? / [...] Salut à toi, maître d'école ! /[...] Car en l'École vit l'âme de la patrie, / Que nous voulons plus forte et jamais amoindrie, / Et dont nous saluons le triomphal drapeau / Sur lequel sont inscrits ces mots : « Gloire à la France ! / Gloire à la République et Guerre à l'Ignorance, / Le pire des fléaux !* » (2 juin 1907 – cité dans *Le livre mémoire : les écoles de la République*, Eclectis, Paris, 1993, page 171).

Parce qu'au fond, quand le soupçon de beaucoup de nos intellectuels paralyse toute générosité, révère le snobisme de l'individualisme esthète et dénigre les valeurs de solidarité, il vaut mieux être du côté de ceux qui n'ont jamais besoin d'aide. Quand la vulgate psychologique atteint de plein fouet aussi bien ceux qui tentent de se « dévouer » que ceux qui se font un devoir de « ne pas y toucher », il convient quand même de tenter de faire la différence : puisque les uns et les autres, à leur manière, expriment leurs problèmes personnels dans leur rapport au monde, puisqu'il n'y a plus, maintenant, ni innocent ni coupable, ni vérité ni mensonge, et que « chacun joue quelque chose de soi dans ce qu'il fait », autant promouvoir les comportements qui aident les hommes à sortir, même un seul instant, de la solitude et de la souffrance, de l'ignorance ou de l'incompréhension... Car il ne faut point trop compter, au moins pour l'instant, sur le réveil des politiques, même exaltés par les intellectuels les plus en vue et les publications les plus rigoureuses [10]. Et tant que les politiques ne redresseront pas la tête, osant affronter leurs opinions publiques et braver les égoïsmes de tous poils, tant qu'ils n'afficheront pas clairement des ambitions fortes à moyen et à long terme, refusant de galvauder la démocratie dans des atermoiements démagogiques dont ils s'imaginent qu'ils flattent et attirent leurs électeurs... le dévouement, aussi entaché soit-il de dévoiements égotistes, restera une espérance possible pour adoucir le provisoire [11]. C'est pourquoi je respecte intellectuellement mais je ne fraie guère avec ceux qui se sont fait une spécialité de débusquer, tapies derrière la générosité apparente, les pires arrière-pensées... comme s'ils en étaient eux-mêmes dépourvus et pouvaient se mettre à l'abri de tout soupçon. À cynisme, cynisme et demi, et le mien, après tout, vaut bien l'autre. Pourvu, cependant, qu'il soit lucide sur lui-même et s'efforce de ne pas trop « se payer de mots ».

La signification symbolique de l'engagement et la tentation prophétique

Mais, justement, et si le dévouement, dans mon cas, c'était surtout pour pouvoir « se payer quelques mots » ? Si la démarche consistant à aller enseigner dans une banlieue difficile à des élèves défavorisés avait d'abord eu pour but de

---

10. Je pense en particulier, sur ces questions, au mensuel *Le Monde diplomatique*.

11. C'est Roland Barthes qui, dans *Mythologies*, en 1957, n'hésitait pas à s'en prendre au personnage de l'Abbé Pierre. Si, aujourd'hui, beaucoup y verraient un crime de lèse-majesté insupportable à l'égard de l'une des plus grandes figures du dévouement humanitaire, certains s'inquiètent à nouveau, comme Roland Barthes « *d'une société qui consomme si avidement l'affiche de la charité qu'elle en oublie de s'interroger sur ses conséquences, ses emplois et ses limites* » (Le Seuil, Paris, 1957, page 54). L'interrogation est certes légitime mais peut être retournée facilement et s'adresser à ceux qui soupçonnent systématiquement la charité des autres pour mieux se dispenser de s'interroger sur leur propre possibilité d'action. Mais il ne faut pas être, ici, manichéen : « justice et charité » est un vieux sujet de dissertation philosophique du baccalauréat qui n'a jamais pu être tranché facilement par l'exclusion d'un des deux termes !

« faire entendre mes propres paroles » ? Même pas pour dire : « Regardez ce que je fais et faites comme moi si vous le pouvez »... mais simplement : « Regardez d'abord d'où je viens : car, précisément, vous ne pourrez pas refuser de m'entendre quand vous aurez vu d'où je parle ! »

Et je ne suis pas certain, effectivement, de ne pas avoir usé du procédé, à un moment ou à un autre, quand je sentais que mon discours, finalement, ne trouvait de véritable légitimité auprès de mes auditeurs que quand je leur jetais à la face : « Vous ne pouvez quand même pas mettre en doute les propos de quelqu'un qui enseigne dans un établissement où les conditions de travail sont si difficiles ! » Comme si le caractère spécifique du lieu, son aspect hautement symbolique, conféraient à mon discours un caractère de véracité qu'il n'aurait pas eu si j'avais parlé « d'autre part ». Comme si l'enjeu de mon engagement était d'abord rhétorique : histoire de faire quelques effets de manche, de décourager l'objection et d'imposer le respect à ma parole... Ou, plus encore que rhétorique, peut-être ma démarche était-elle fondamentalement théâtrale ? Une sorte de manipulation du « coup de théâtre » qui laisse le spectateur pantois et lui interdit, par la seule force du renversement de situation, de réfléchir à ce qui lui est dit. Provoquer l'admiration par la qualité de la mise en scène pour faire oublier l'indigence du texte, en quelque sorte.

Or, si j'ai pu tomber dans ce travers, ce n'est sans doute pas par hasard... pas plus que ce n'est un hasard si la question rituelle – « D'où est-ce que tu parles ? » – s'est imposée – même avec un brin de distance ironique – dans les discours des animateurs socioculturels et des sciences humaines réunis. Car il y a aujourd'hui, dans nos sociétés, comme une conception implicite de la vérité qui serait, en quelque sorte, toujours relative au lieu d'où elle est proférée.

Certes, on peut comprendre que cette conception se soit imposée en réaction à l'attitude arrogante de « spécialistes » qui prétendaient détenir la vérité de l'autre à sa place et croyaient que l'extériorité de leur position était garante de l'objectivité de leurs propos. C'est que cette objectivité-là ne fait plus guère illusion depuis que les physiciens eux-mêmes se sont vus contraints d'avouer que leurs observations étaient relatives à la position et au mouvement de l'observateur. On sait débusquer maintenant les intérêts cachés derrière l'extériorité affichée : prétendre « être dehors », c'est bien, d'une certaine manière, « être quelque part », et donc, finalement, d'une manière ou d'une autre, être impliqué dans ce dont on parle. Il n'y a de « point de vue de Sirius » qu'à postuler que la connaissance n'est incarnée dans aucune situation spécifique, n'émane d'aucun individu concret et ne renvoie à aucun intérêt particulier. S'il y a une « connaissance absolue », elle ne peut venir qu'au terme d'un long processus de confrontation et de dégagement des connaissances particulières de leurs conditions d'émergence. Les spécialistes extérieurs, les experts et les universitaires, ont donc tort de se considérer comme seuls détenteurs de la vérité de choses qu'ils étudieraient avec la sérénité et le goût de l'abstraction qui les caractérisent... Mais, symétriquement, cela n'autorise nullement à considérer « le lieu d'où l'on parle » comme garant de la vérité de ce que l'on dit ; cela n'autorise personne à soustraire ses analyses et ses propositions à la confrontation la plus large [12]. Or cette confrontation suppose de renoncer au dogmatisme que partagent, en dépit de leur différend affiché, celui pour lequel « il n'y a de vérité que de nulle part » et celui pour lequel « il n'y a de vérité que de chez lui ». L'un et l'autre se refusent, en effet, à se décentrer pour soumettre leur point de vue à l'horizon d'un accord possible [13]. L'un et l'autre campent sur des positions irréductibles qui renvoient, l'une comme l'autre, à une posture solipsiste qui peut, parfois, être nécessaire pour se faire entendre mais rarement pour se faire comprendre et jamais – à coup sûr – pour comprendre ensemble quoi que ce soit [14].

Ainsi, malheureusement, « parler des banlieues », c'est, aujourd'hui, pour beaucoup de nos contemporains, « parler à partir des banlieues » et non « parler sur les banlieues... pour dire sur elles des choses qui peuvent parfaitement être vraies ou fausses et qui sont donc susceptibles d'être jugées comme telles par quelqu'un qui ne vit pas nécessairement dans les banlieues, mais s'efforce de

---

12. Ce n'est pas le lieu, ici, d'engager une discussion approfondie sur l'opposition philosophique traditionnelle de l'universalisme et du relativisme. Cette discussion est engagée – et infiniment mieux que je serais capable de le faire – depuis longtemps... il n'est qu'à relire *Logique de la philosophie* d'Eric Weil (Vrin, Paris, 1967) pour s'en convaincre : bien avant que soient diffusées dans la francophonie les thèses d'Habermas, Eric Weil s'interrogeait déjà sur les rapports de la singularité et de l'absolu : « *L'individu peut accéder à l'universel parce que l'universel n'existe pas comme universel abstrait et absolu, coupé de tout, comme un au-delà infiniment distant, mais est présent et agit ici et maintenant...* » (page 328). Et Paul Ricoeur, récemment, discutant précisément les thèses d'Habermas et Apel, conclut à la nécessité, tout à la fois, de s'inscrire dans une perspective de recherche d'universalité (seule garantie contre un relativisme absolu qui tolère tout au nom du respect des différences et rend vaine toute discussion) et, en même temps, de ne pas isoler un argumentaire rationnel du contexte dans lequel il s'exprime, des « choses de la vie » sur lesquelles, précisément, l'on discute et qui sont porteuses de sens, en dépit, parfois, de leur caractère « exotique » : « *Précisément parce que l'argumentation ne se pose pas seulement comme antagoniste de la tradition et de la conviction, mais comme instance critique opérant au sein de convictions qu'elle a pour tâche, non d'éliminer mais de porter au rang de « convictions bien pesées » dans ce que Rawls appelle un « équilibre réfléchi ». C'est un tel équilibre réfléchi entre l'exigence d'universalité et la reconnaissance des limitations contextuelles qui l'affectent qui est l'enjeu final du jugement en situation...* » Ce qui amène Paul Ricoeur à évoquer plus loin cet « art de la conversation » dont il fait « un des visages de la sagesse » et qui – le terme d'« art » ne peut ici tromper – ne se limite pas à une rationalité en œuvre mais renvoie bien à une « éthique de l'ouverture à la vérité de l'autre » comme dynamique même de la discussion entre les hommes... une dynamique qui ne renonce jamais, pour autant, à la recherche de la Vérité universelle mais se refuse de l'imposer *a priori* (*Soi-même comme un autre*, Le Seuil, Paris, 1990, pages 332 à 336).

13. Piaget montre bien (mais il ne fait sans doute là que formaliser certaines conceptions philosophiques de la « pensée critique ») que la décentration est une opération mentale par laquelle un sujet se dégage – d'abord par la médiation d'autrui, ensuite par la représentation des états antérieurs de sa conscience – de l'égocentrisme initial et de la confusion qu'il entraîne entre la représentation et la réalité (cf., en particulier, *La psychologie de l'intelligence*, Armand Colin, Paris, 1979).

14. Il faudrait, évidemment, distinguer longuement « posture » et « position » : certaines postures sont parfois nécessaires pour des raisons d'efficacité momentanée dans l'action ou pour des raisons heuristiques dans le cadre d'une recherche. On peut, par exemple, dans la recherche éducative, nier l'affectivité par posture pour ne s'attacher qu'à l'étude des phénomènes cognitifs... mais il devient dangereux de la nier par position et de décréter l'abolition par décret de ce que l'on a décidé de ne pas prendre en compte par méthode.

s'informer loyalement et d'exercer son jugement honnêtement ». « Parler des banlieues » est devenu « parler en vérité » d'un lieu où la difficulté de la situation est telle qu'elle rend ceux qui y travaillent miraculeusement lucides et capables de légiférer, à partir de là, sur l'ensemble des questions d'éducation et de société.

Pourtant ce n'est pas parce que des conditions de travail sont extrêmement difficiles que celui qui y est confronté parvient à résoudre correctement les problèmes qu'il rencontre ; il n'est pas vrai, non plus, que la difficulté confère, en elle-même, une lucidité particulière : elle peut, au contraire, enfermer le sujet dans l'immédiateté, l'engluer dans le quotidien médiocre et lui interdire de prendre le recul nécessaire pour comprendre vraiment les choses. En ce sens, totémiser le « lieu d'où l'on parle » – selon le principe même du reportage journalistique – c'est interdire la distance critique, c'est même s'interdire toute recherche de la vérité sur un phénomène comme celui des banlieues : si seul celui qui parle de l'intérieur a raison et si ce qu'il dit ne peut être discuté par quiconque, il n'y a de vérités que partielles et de débats que stériles. Il n'y a même pas de débat possible car le discours ne peut être jugé qu'à l'aune de l' « authenticité » : « Ah, celui-là, il est vraiment des banlieues ! Ça se sent profondément dans ce qu'il dit ! ». « Ça se sent »... L'expression ne ment pas : quelque chose se joue bien là dans le registre du pathétique, de l'émotion, de la complicité affective et, pour tout dire, de la seule sensibilité.

Or je ne peux attester ici sans mentir que je n'ai pas, moi-même, joué sur ce registre, que je n'ai pas utilisé la charge émotive liée à la question des banlieues pour accréditer mon message pédagogique. Je ne peux même pas dire que je n'ai pas tenté subtilement de culpabiliser mes contradicteurs qui, eux, n'enseignaient pas dans ces conditions difficiles... alors que j'aurais dû plutôt tenter de les convaincre en tâchant d'entendre ce qu'il pouvait y avoir de sensé dans leurs propos. Je n'ai pas échappé au prophétisme facile en manipulant les événements tragiques ou les graves tensions sociales que je rencontrais et pouvais décrire de manière détaillée, pour inquiéter mes auditeurs ou mes lecteurs et les convaincre de la nécessité de passer à l'acte. Et, là encore, j'assume à nouveau le soupçon ; je l'assume parfaitement, non sans regret pour le passé ni vigilance pour l'avenir. Mais non sans observer, non plus, que ce soupçon-là, également, peut avoir d'étonnantes vertus anesthésiantes : il peut, par exemple, contribuer à bâillonner ceux et celles qui travaillent aux points les plus sensibles de nos sociétés. Il peut aussi, et surtout, nous interdire de voir que les banlieues, si elles ne sont pas le lieu d'où devraient émaner toutes les vérités pédagogiques, restent néanmoins les points les plus sensibles de nos sociétés, là où notre détermination éducative est véritablement mise à l'épreuve... Qui ne voit, en effet, que c'est bien dans les banlieues de nos villes que s'observe le risque majeur de dissolution du lien social ? En face des menaces que porte en germe la complicité de ceux qui exacerbent les particularismes au nom du respect de la différence, et de ceux qui pratiquent l'exclusion au nom de la conformité à un modèle identitaire unique, les banlieues sont devenues, dans nos sociétés développées, le lieu de tous les risques. C'est aussi, pour beaucoup de ceux qui y travaillent, le lieu de tous les efforts et, en particulier, de l'effort essentiel pour permettre aux jeunes qui y vivent de se reconnaître ensemble dans leur humanité et de partager cette humanité sans rien renier de leurs spécificités. Ce n'est peut-être pas là où s'élaborent, avec la distance et la réflexion requises, toutes les solutions aux questions sociales qui agitent notre monde, mais c'est bien là où émergent les problèmes qui, demain, risquent de nous submerger.

Retour au pathétique et à la fausse prophétie ? Peut-être ? Ou peut-être pas ? Car on peut montrer, me semble-t-il, que les banlieues sont bien aujourd'hui là où passent nos frontières essentielles et que les frontières sont toujours, pour les hommes, des enjeux fondamentaux : frontière entre le Nord et le Sud, entre la démocratie et le fanatisme, entre l'intégration absolue et le respect des différences... frontières mouvantes, certes, mais frontières qui séparent les hommes et clivent gravement chacun des êtres qui les franchissent plusieurs fois par jour. Quand les élèves de nos écoles, de nos collèges et de nos lycées sont soumis quotidiennement à une émigration permanente et dans tous les sens, quand ils sont ballottés constamment d'un système de valeurs à un autre, entre l'École, la famille et la rue, d'une politique sociale à une autre, au gré des conjonctures électorales, l'unité de chacun est sérieusement menacée et, d'évidence, l'unité sociale tout entière est gravement compromise.

On peut bien me dire alors que je cherche encore à « émouvoir dans les chaumières éducatives pour vendre ma camelote pédagogique »... je demande à voir. À voir ce qui se passe précisément dans les classes des lycées et collèges de banlieues, à entendre les enseignants qui y travaillent toute la journée, à observer ce que savent les élèves au bout de dix ou quinze ans de fréquentation scolaire, à les suivre socialement après leur sortie de l'École, à analyser ce qui se joue dans leur famille ou au pied de leurs immeubles. Je demande à voir et je souhaite que l'on prenne cela au sérieux. Très concrètement. Pour examiner ce que valent nos propositions pédagogiques quand elles sont appliquées avec ces élèves-là. Ce qu'elles valent exactement pour nos banlieues et, par là, pour la constitution du lien social de nos sociétés tout entières.

La conviction par l'efficacité et l'illusion expérimentale

Rien de tel en effet, dira-t-on, pour dégonfler les baudruches idéologiques et mettre un terme à la surchauffe du discours prophétique en éducation qu'une évaluation rigoureuse des effets obtenus par telle ou telle pratique pédagogique. Il serait alors particulièrement salutaire d'aller sur le terrain pour vérifier l'efficacité des propositions pédagogiques que l'on élabore depuis longtemps par ailleurs. Salutaire de marquer ainsi un coup d'arrêt aux débats théoriques et aux effets rhétoriques qui encombrent nos estrades et saturent nos publications éducatives. Essentiel de décrire exactement ce que l'on fait, de s'en tenir à ce que l'on fait vraiment, au plus près du quotidien, comme le suggère Fernand Oury, pour donner à voir, sans exhibition inutile ni fausse modestie, ce que l'on obtient [15]. Il y aurait là, en même temps qu'une ascèse nécessaire, une sorte d'hygiène minimale dont nous aurions particulièrement besoin en ces temps de polémiques que chacun dit stériles. Montrer simplement, ainsi, que quelque chose reste quand même possible, aujourd'hui, dans l'Éducation nationale et, qui plus est, dans des conditions particulièrement difficiles [16]. Témoigner que, si le pessimisme n'a rien perdu de sa superbe ni de ses qualités esthétiques, le militant, en dépit de ses naïvetés, de sa propension exaspérante à donner des leçons, de ses compromis inavoués, reste un « vecteur efficace de transformation sociale », comme disent les technocrates, « une petite lueur d'espoir pour ceux qui n'en ont plus guère », comme n'osent plus dire les idéalistes... préférant aujourd'hui, pour échapper au ridicule, laisser la parole aux technocrates.

Mais, à nouveau, suis-je bien sûr de mon coup ? Je prétends vouloir montrer l'efficacité de certaines méthodes pédagogiques – disons, pour simplifier, la pédagogie différenciée sur laquelle je travaille depuis de nombreuses années – en allant enseigner le français cinq heures par semaine dans un lycée professionnel de banlieue. Est-ce bien sérieux ? Les âmes bienveillantes feront remarquer que, dans la mesure où j'aurai réussi à faire progresser quelque peu mes élèves, personne ne saura jamais si ces réussites doivent être attribuées à la qualité des méthodes que j'ai utilisées ou à d'éventuelles qualités personnelles qui auraient produit les mêmes effets avec n'importe quelles méthodes. Les âmes moins bienveillantes souligneront que mon faible horaire d'enseignement, les conditions particulières de son exercice, l'aide de mes collègues et le climat de l'établissement sont autant de facteurs qui interdisent d'imaginer, d'une quelconque manière, que les méthodes utilisées puissent être considérées comme déterminantes dans les résultats obtenus avec les élèves. Tous critiqueront, de plus, le caractère extrêmement aléatoire de la notion de « résultat », l'absence de population-témoin, l'impossibilité de mesurer les retombées exactes à moyen et long terme, etc. Les plus incisifs ajouteront encore que, dans le domaine éducatif, tout est toujours, malheureusement, difficile à évaluer... Ils préciseront qu'une réussite, même médiocre, avec certains élèves se payera peut-être, pour eux, de graves difficultés d'adaptation dans un avenir proche. Ils se demanderont même si mes efforts pour

---

15. « *Ne rien dire que nous n'ayons fait* » rappellent sans cesse Fernand Oury et les militants de la pédagogie institutionnelle, s'astreignant à l'exercice difficile de la monographie. Un bon exemple de ces monographies est constitué par le superbe ouvrage *L'année dernière, j'étais mort, signé Miloud* (Matrice, Vigneux, 1986) ; mais le texte est aussi la démonstration de l'infinie exigence d'un tel travail d'écriture et de l'impérieuse nécessité, précisément pour rester dans la description de « ce qui se passe », du soutien d'un groupe et de formateurs compétents... Comme si rien n'était plus difficile que d'abandonner les discours justificatifs et le délire idéologique, de se dégager de ce que Fernand Oury nomme « la pédagogie intentionnelle ».

16. On sait en effet que, selon l'un des lieux communs du libéralisme – aujourd'hui systématiquement confondu avec la démocratie –, il n'y aurait de solution à la crise de l'institution scolaire que dans « *la recherche de la sauvegarde d'un secteur latéral au sein duquel se déploient des initiatives dont l'éventuel intérêt n'est cependant pas gage d'extension* » (Guy Avanzini, *L'École d'hier à demain – Des illusions d'une politique à la politique des illusions*, Erès, Toulouse, 1991, page 187).

introduire une pédagogie plus différenciée et pour mobiliser des jeunes en échec scolaire sur des enjeux culturels forts ne risquent pas, pernicieusement, de contribuer au désinvestissement de ces élèves à l'égard des autres enseignements et de compromettre, par là, leur avenir scolaire et professionnel.

On le voit, ces objections ne manquent ni de justesse ni de portée. Elles participent toutes, cependant, du même schéma de pensée, expérimentaliste dirons-nous, qui considère une situation pédagogique comme une expérience en laboratoire dont il conviendrait de réduire au maximum les variables, d'isoler les éléments déterminants et d'identifier précisément les résultats obtenus, « toutes choses étant égales par ailleurs ». Dans cette perspective, si je voulais convaincre du bien-fondé de mes propositions pédagogiques, il me fallait faire une « véritable expérience », avec un test initial, une population-témoin, une réduction systématique des variables parasites – et, en premier lieu, de la variable constituée par le maître –, des analyses de corrélation, des tests partiels et finaux sur l'ensemble des objectifs visés et le contrôle systématique d'une équipe de chercheurs patentés extérieurs à mon propre engagement [17].

Idéalement, il aurait donc été souhaitable que j'isole une population de jumeaux monozygotes du même âge, que j' « élève » ces jumeaux en couples sans jamais les séparer jusqu'au moment de l'expérimentation, que celle-ci soit effectuée par deux enseignants également jumeaux monozygotes et ayant vécu exactement dans les mêmes conditions jusque-là, que les couples de jumeaux soient alors séparés au début de l'expérimentation et vivent, à partir de ce moment-là, isolés dans des blockhaus pour ne subir aucune influence extérieure... Le fait d'utiliser une méthode pédagogique avec un groupe et une autre méthode pédagogique avec l'autre aurait pu, dans ces conditions, être scientifiquement étudié et permettre de conclure, sans guère de contestation possible, à la supériorité de l'une des deux.

On le voit, la « méthode expérimentale » en dit long sur les implicites éducatifs qu'elle comporte, du moins quand elle se veut hégémonique et reste silencieuse sur ses propres limites. Certes il est sans doute nécessaire qu'elle subsiste

---

17. Gaston Mialaret rappelle, dans un texte récent, que c'est bien là, malgré les multiples difficultés méthodologiques qu'il rencontre, le projet possible d'une « pédagogie expérimentale » qui s'inscrirait au sein de la recherche en sciences de l'éducation : des équipes de chercheurs doivent utiliser des enseignants qui servent de « relais » et s'astreindre « *à faire l'inventaire des variables en présence et à choisir celles sur lesquelles elles vont travailler* ». Il admet, quelques lignes plus loin qu'« *étant donné un certain nombre de variables plus ou moins bien définies et fixées, les comparaisons et la généralisation deviennent possibles ; cependant cette généralisation n'a pas le statut de la certitude, mais de la probabilité.* » Ce qui poserait sans doute problème s'il n'existait une solution « évidente » : « *C'est à ce niveau qu'il faut poser le problème de l'introduction des analyses statistiques.* » (« Les " objets " de la recherche en sciences de l'éducation », *L'année de la recherche en sciences de l'éducation* – 1994, PUF, Paris, 1994, 5-27, page 25). Mais cela suppose de statuer sur l'apport possible d'une étude statistique et les possibilités qu'elle offre de n'être pas seulement descriptive de phénomènes qui se sont déjà produits mais aussi prescriptive de phénomènes qui se reproduiront... ce qui pose d'épineux problèmes épistémologiques et philosophiques : cela implique, en effet, que le comportement des acteurs reste absolument identique.

dans la recherche éducative comme exercice de formation intellectuelle aussi bien pour les étudiants en sciences humaines que pour les chercheurs plus chevronnés ; mais à condition qu'elle soit reprise et analysée en permanence pour en dégager les présupposés épistémologiques, identifier les aspects arbitraires des dispositifs qu'elle propose, repérer les zones d'ombres dans ses observations, le caractère aléatoire de ses conclusions... C'est, de toute évidence, une méthode qui peut être utile aussi dans la formation des enseignants pour les entraîner, tout à la fois, à la pensée rigoureuse et à l'acceptation de la complexité d'une situation pédagogique qu'aucun dispositif expérimental ne pourra jamais enfermer. C'est également une démarche qui peut fournir quelques indicateurs sur les conditions du bon fonctionnement des systèmes éducatifs... mais des indicateurs qu'il faudra manipuler ensuite avec d'infinies précautions et en précisant toujours que l'on fait l'impasse sur de possibles changements de comportement des acteurs qui, même infinitésimaux, peuvent modifier radicalement l'économie générale de ces systèmes.

Il reste néanmoins que l'expérimentalisme, en tant qu'il se revendique véritablement comme « principe constitutif » de toute recherche en éducation, c'est-à-dire, selon la perspective kantienne, en tant qu'il croit déterminer de véritables « objets de connaissance », au lieu de s'affirmer clairement comme « principe régulateur » – pour servir de « point focal », en dehors des limites de l'expérience possible, empêcher l'entendement de s'enkyster et l'aider dans l'exercice de son activité – constitue un grave danger pour la recherche éducative [18]. Plus encore, en tant qu'il s'affiche comme doctrine susceptible de fonder une véritable discipline « scientifique », héritière du positivisme d'Auguste Comte, l'expérimentalisme reste toujours, en matière pédagogique, une effroyable songerie [19]. Il est, en réalité, le dangereux symptôme d'un projet démiurgique de contrôle absolu de la situation pédagogique, terriblement inquiétant par la place qu'il affecte à l'élève et au maître dans les dispositifs qu'il conçoit... Il relève, tout simplement, de la volonté d'éradiquer le processus éducatif lui-même, avec sa part nécessaire d'aléatoire, d'aventure, d'imprévu, de pratique collectivement régulée et, finalement, d'émergence progressive de libertés qui se découvrent. Ainsi conçu, toté-

---

18. *Critique de la raison pure*, PUF, Paris, 1968, en particulier pages 382 et suivantes.

19. Il s'agit, évidemment, de la pensée d'Auguste Comte telle qu'elle est exprimée dans le *Cours de philosophie positive*, avant la mutation intellectuelle que l'auteur vivra, selon son propre témoignage, au cours de l'année 1845. Dans ce « positivisme », l'essentiel est constitué par ce que Georges Lerbet nomme la « disjonction entre le sujet et l'objet » (*Système, personne et pédagogie*, ESF éditeur, Paris, 1993). Prenant le contre-pied de l'introspection, alors dominante, Auguste Comte est convaincu que « l'on ne peut pas se mettre à la fenêtre et se regarder passer ». Il convient donc de promouvoir une observation objective, modélisatrice, qui construit progressivement des systèmes abstraits d'intelligence des choses et du monde. Ainsi sont déjà constituées à « l'état positif », la mécanique, la physique, la chimie ou l'astronomie... ainsi devrait se construire une « physique sociale » capable de penser la société tout entière. Selon la critique kantienne, on peut voir la pensée d'Auguste Comte comme un effort pour dégager la raison des facilités de la pensée « théologique » et « métaphysique », une sorte de travail d'épuration de la réflexion intellectuelle... Mais à condition de penser qu'Auguste Comte était lucide sur les chances – ou, plus exactement, sur les dangers – d'aboutissement de son projet. Or son évolution personnelle de « grand prêtre du positivisme » laisse peu d'espoir de ce côté.

misé, promu au rang de « seule méthode scientifique acceptable », entendant tout mettre à plat et espérant tout expliquer, l'expérimentalisme n'est pas une méthode parmi d'autres, qui pourrait contribuer à la recherche en éducation, c'est la négation même de l'éducation. Le postulat de la reproductibilité des situations pédagogiques ne signifie rien d'autre, en fait, que la confusion de l'éducation des hommes et de la fabrication des choses, la négation de fait de la rencontre éducative[20].

C'est pourquoi, si j'ai assumé, pour une part, les soupçons de générosité intéressée et de prophétisme facile, je n'assume aucunement ce soupçon-là. Je ne crois pas avoir jamais espéré « valider » quoi que ce soit en reprenant une classe dans l'enseignement secondaire. Je ne voulais nullement montrer que j'avais raison dans mes travaux antérieurs et que mes collègues devaient donc, dorénavant, appliquer à la lettre mes propositions dans leurs classes comme on applique des théorèmes de mathématiques dans un exercice. Loin de moi l'idée que je puisse représenter le moindre modèle à imiter, dont les résultats auraient pu être scientifiquement vérifiés, et qui n'aurait qu'à être reproduit pour garantir, si ce n'est la réussite complète, au moins l'amélioration notable des résultats de l'institution scolaire. Je puis attester fermement ici qu'aucune de ces intentions-là ne m'habitait.

Et, si je me demande aujourd'hui pourquoi je peux être si catégorique sur ce point, je crois que c'est parce que je pressentais déjà ce que j'allais découvrir alors ; je m'attendais au constat scandaleux qui allait s'imposer à moi : **le fait qu'en situation de classe il me serait impossible de mettre complètement en pratique mes propres propositions pédagogiques**.

Mais il ne faudrait pas ici se méprendre sur mes propos et penser, par exemple, que je ne croyais plus alors à ces propositions ou que je remettais en question *a posteriori* leurs conditions d'élaboration. Je ne cherchais pas, non plus, à cultiver la distance affectée que l'intellectuel manifeste parfois pour ses propres œuvres... avec, évidemment, le secret espoir d'être démenti. Je n'étais pas, enfin, mû par le moindre opportunisme politique ou idéologique, désireux de me refaire une virginité intellectuelle en marquant mon désaccord avec le camp des « pédagogues » et en ralliant opportunément celui des « disciplinaires » au moment où ces derniers semblaient gagner du terrain... Mais je sentais confusément que j'avais, jusque-là, raté quelque chose d'essentiel, quelque chose de particulièrement difficile à saisir et qui se jouait dans une tension, sans doute constitutive de toute l'histoire de la pédagogie, entre la théorie et la pratique, entre le dire et le faire.

---

20. J'ai longuement développé ce point en insistant sur la complémentarité du principe d'éducabilité et du principe de liberté en éducation dans *Le choix d'éduquer*, ESF éditeur, Paris, 1991.

« La belle affaire ! Ne voilà-t-il pas, qu'après de sinueux préliminaires, il réinvente naïvement l'eau tiède ! La théorie et la pratique... mais on a toujours su que ce n'était pas la même chose. Comme on a toujours su qu'il y avait une " théorie de la pratique " et une " pratique de la théorie " : les enseignants produisent de la théorie pour alimenter, justifier et rendre tolérables leurs pratiques quotidiennes ; tandis que les universitaires développent une savante pratique de la théorie par laquelle ils réussissent, plus ou moins bien selon les cas, à marquer leurs appartenances et leurs différences, à préparer surtout leur carrière en anticipant, avec plus ou moins de succès, les réactions de leurs collègues [21]. Ce sont là des secrets de Polichinelle et ce n'est pas à votre avantage, Cher Meirieu, de faire mine de les ignorer. Convenez donc que " théorie et pratique ", ce n'est pas là le bon clivage ! C'est même une manière de penser particulièrement dépassée. Pensez " système ", " interaction " et " praxis "... au lieu de rester dans ce schéma vieillot ! »

Sans doute suis-je ici irréductiblement ringard ? Mais je veux témoigner que, pour moi, ces vieilles catégories restent toujours d'actualité. Peut-être, pour apparaître plus moderne, aurais-je dû plutôt parler de « modèle » et d' « action » ? Il m'aurait alors été possible de distinguer, d'une part, l'effort d'intelligibilité des situations complexes par l'identification des éléments qui y interagissent et, d'autre part, l'action quotidienne par approximations successives, enchevêtrement inextricable de planification et d'improvisation, gestion très largement aléatoire de variables multiples que l'on ne maîtrise vraiment jamais et sur lesquelles on agit sans trop vraiment le savoir.

Il est vrai, pourtant, qu'en contribuant à élaborer la pédagogie différenciée j'avais, tout en produisant quelques modèles théoriques, pris la précaution de dire que l'action ne pouvait, en aucun cas, être constituée par l'application mécanique de ces modèles [22] ; j'avais même souligné, à plusieurs reprises, que la pédagogie différenciée constituait par excellence un « modèle non modélisateur » puisque – dans le sens où je l'entendais, tout au moins [23] – elle inscrivait l'action pédagogique, très largement aléatoire et improvisée, comme moyen,

21. C'est ce que montre très bien Pierre Bourdieu dans *Homo academicus* (Éditions de Minuit, Paris, 1984).

22. En particulier dans la deuxième partie de *L'École, mode d'emploi* (ESF éditeur, Paris, 1985).

23. La « pédagogie différenciée » ne constitue pas, en effet, un ensemble théorique absolument homogène : des différences notables existent entre les différents systèmes, en particulier en ce qui concerne le rapport entre la « pédagogie différenciée » et la « pédagogie de la maîtrise » (issue de la « pédagogie par objectifs »), comme sur les conceptions des notions de « besoin », de « diagnostic » et de « remédiation ». L'histoire de la « pédagogie différenciée » reste donc, très largement, à faire... je tenterai de poser quelques jalons sur cette question un peu plus loin.

par excellence, de connaissance pédagogique... et non l'inverse. Mais, en réalité, ce propos ne fut jamais très bien entendu ; sans doute effrayait-il les formateurs et inquiétait-il les enseignants qui lui préféraient un schéma plus « applicationniste » dans lequel les connaissances préalables sur les élèves dictaient les propositions pédagogiques et les remédiations à leur fournir. Faire entendre que l'action risquée, que l'approximation pédagogique elle-même, sont sources de connaissances et ouvrent à l'élève et au maître un espace de liberté infiniment précieux n'est pas facile. C'est déjà, en quelque sorte, dire que l'écart entre théorie et pratique, entre le modèle d'intelligibilité et l'action quotidienne, est bien, non seulement inévitable, mais aussi éminemment nécessaire. Car, ainsi que le montre Jean Houssaye en présentant un ouvrage consacré à *Quinze pédagogues*[24], « *par définition, le pédagogue ne peut être ni un pur praticien, ni un pur théoricien. Il est entre les deux, il est cet entre-deux. Le lien doit être à la fois permanent et irréductible. Car le fossé entre la théorie et la pratique ne peut que subsister. C'est cette béance qui permet la production pédagogique*[25] ». Et c'est cette béance dont j'avais déjà fait, tout à la fois, mais sans vraiment en comprendre la portée, l'expérience et la théorie.

Toutefois, il me semble qu'en dépit de ces conceptions – que je formalise sans doute mieux aujourd'hui que je ne le faisais à l'époque – je restais tributaire d'une sorte de « pensée de l'usure » : je continuais à croire que la pratique « usait » les modèles, les déformait, en compromettait en quelque sorte l'intégrité qu'il fallait sans cesse, dans un effort théorique constant, contribuer à régénérer. Le modèle restait l'expression d'une certaine « pureté » auprès de laquelle la médiocrité inévitable du quotidien ne pouvait être vécue que comme une souffrance. C'est sans doute pourquoi la culpabilité me paraissait s'installer si souvent chez les stagiaires, à l'occasion des formations pédagogiques que j'animais ou auxquelles j'assistais. Comme si, d'emblée, la présentation de modèles pédagogiques condamnait le praticien à une trahison que les théoriciens ne manqueraient pas – pas plus que les responsables institutionnels avec lesquels ils apparaissaient avoir souvent partie liée – de leur reprocher.

Or, ce que j'ai découvert de plus important dans mon expérience singulière d'un « concepteur de modèles » aux prises avec « les contraintes du terrain », c'est qu'il n'y a pas lieu d'entretenir la moindre culpabilité quand on ne parvient pas à « appliquer » rigoureusement les prescriptions pédagogiques du moment, en fût-on soi-même l'auteur ou le plus ardent zélateur. J'ai même éprouvé, me semble-t-il, quelque chose comme un plaisir étrange, une jouissance particulière, une exaltation bizarre chaque fois que les situations m'amenaient à bousculer mes plans, à revoir mes convictions, à repenser mes méthodes. Un plaisir à inventer avec mes élèves ce qui nous permettait de travailler ensemble autrement, de nous

---

24. *Quinze pédagogues, leur influence aujourd'hui (Rousseau, Pestalozzi, Froebel, Robin, Ferrer, etc.)*, Armand Colin, Paris, 1994.

25. Page 11.

engager dans une aventure où je ne me savais d'avance ni apte à maîtriser ce qui allait se passer, ni capable d'imaginer les effets que cela pourrait produire.

Que l'on m'entende bien : je ne veux, en aucun cas, affirmer que les modèles dont j'étais porteur m'ont été inutiles[26]. Pour ce qui me concerne, j'ai toujours gardé présents à l'esprit quelques-uns de ces résultats de mes recherches antérieures qui étaient devenus pour moi des sortes d' « évidences pédagogiques » : que chaque élève apprend d'une manière qui lui est propre et que tous, dans la classe, doivent atteindre les mêmes objectifs... que chacun dispose de ressources propres sur lesquelles on peut s'appuyer pour lui permettre de se dépasser... que le « côte-à-côte » vaut toujours mieux que le « face-à-face » qui dégénère souvent en « corps-à-corps »... que l'exhortation ne sert à rien tant qu'on ne cherche pas ensemble « ce qui doit se passer dans la tête de l'élève » pour que l'on parvienne au résultat attendu... que l'identification par chacun de ses acquis est une condition de l'accès à son autonomie... que l'interaction entre pairs est une richesse inestimable qui permet à chacun de s'approprier son propre savoir et d'intégrer progressivement le point de vue d'autrui pour se développer... et bien d'autres choses encore.

Aujourd'hui comme hier, je reste fidèle à ces propositions et profondément convaincu de l'impérieuse nécessité de les mettre en œuvre... Et pourtant, j'ai vécu des situations où ces préceptes ont été mis en échec, où les convictions qu'ils supposent ont été vigoureusement démenties, où j'ai dû agir contrairement à ce que j'avais toujours cru souhaitable... et, qui plus est, aussi étrange que cela puisse paraître, je ne le regrette pas.

Ainsi je me souviens du jour où Azzedine, écolier exemplaire qui forçait mon admiration, confiant dans les vertus émancipatrices de l'École de la République en dépit des coups terribles qu'il avait reçus d'elle, m'a demandé, alors que nous travaillions individuellement par fiches, de lui parler de la première croisade : le sujet n'était pas à l'ordre du jour, une note de trois lignes y faisait allusion dans un texte du manuel que nous n'avions jamais étudié... et nous parlâmes pendant près de deux heures du prêche d'Urbain II, des rapports de la Chrétienté et de l'Islam, d'Averroès et de saint Thomas d'Aquin... en un étrange cours magistral où le vieux routier de l'enseignement que je suis n'était pas tout à fait dupe de la manœuvre – « tant qu'il parle, on ne travaille pas ! » – mais où – j'en eus la preuve dans les textes écrits les jours qui suivirent – des choses décisives se passèrent... des découvertes essentielles s'effectuèrent en dehors de toute

26. Je me distingue ici de la position de Gérard Malglaive qui, s'étant vu confier la responsabilité des formateurs d'IUFM, a éprouvé le besoin de reprendre une classe de terminale en physique dans un lycée pour réfléchir précisément sur la question du rapport entre théorie et pratique pédagogiques. À l'issue de cette expérience d'une année, il dressa un constat très négatif dans un article du journal *Le Monde* et précisa plus tard, dans un entretien recueilli par A. Gonnin-Bolo pour la revue *Recherche et formation* (11, avril 1992, 129-138, page 130) : « *Je radicalise ma position en disant que rien n'est transmissible, mais il reste tout un travail à faire pour savoir ce qu'il serait possible de transmettre.* »

« différenciation » et de toute « métacognition » ! Je pourrais évoquer ainsi des dizaines d'anecdotes. Je pourrais, par exemple, rappeler ce travail de groupe, si bien préparé selon des principes que j'avais mis si longtemps à découvrir et à élaborer[27], et qui a volé en éclats parce que Lucien, suivi par toute la classe, m'interpella pour me dire : « On aimerait mieux découvrir ça tout seul ! Depuis ce matin, on travaille en groupes et, en plus, votre texte il nous intéresse vraiment : on voudrait bien prendre le temps de le lire avant d'en parler ! » Je pourrais encore évoquer ces tensions si fortes, le lundi en fin d'après-midi, quand je tentais d'organiser le travail et me voyais contraint de gérer la tension, voire la violence, qui ne manquait pas de surgir entre les élèves. Ou même, ces moments où j'avais le sentiment que je ne contrôlais plus rien et où je me rattrapais stupidement – comme la plupart de mes collègues – par un exercice d'orthographe ou une interrogation écrite.

Je ne dis pas que tout cela fut facile. Je ne dis pas qu'il ne m'est pas arrivé, certains jours, de traîner un peu la patte pour quitter mon bureau de l'université et rejoindre ma classe de banlieue, ni même que je ne me suis pas retrouvé maintes fois meurtri, me reprochant de n'avoir pas su faire face... Je dis simplement que j'ai un peu mieux compris, à ces occasions – vécues, à l'évidence, en privilégié –, ce qui se joue dans l'acte éducatif quand un individu se veut éducateur et que d'autres, en face de lui, sont assignés à être éduqués. Quand la déception se mêle étrangement à la jubilation parce que rien ne marche comme on veut et que, pourtant, quelque chose d'important se passe. Quand les modèles sont, tout à la fois, confirmés et subvertis... parce qu'ils permettent de comprendre un peu ce qui se passe et pourquoi les élèves « n'y arrivent pas » mais nous laissent aussi complètement désarmés tant l'inventivité ou la force nous manquent ce jour-là... Ou bien, à l'inverse, parce que nos anciennes lectures nous reviennent à la mémoire subitement et, sans rapport apparent avec ce que nous vivons dans l'instant, nous fournissent quelques bons « tuyaux » qui marchent sans qu'on sache trop bien pourquoi. Chaque fois la même chose étrange se passe : entre la théorie et la pratique, « ça travaille » ; et on est paradoxalement heureux de voir que, si « une bonne théorie c'est bien pratique », la pratique met toujours en échec nos plus belles théories sans compromettre pour autant automatiquement la réussite de ce qui se joue dans l'acte éducatif. On est heureux de voir que, malgré tout, en dépit de nos imperfections et de celles de nos modèles, on peut quand même, parfois, « s'en tirer »... Parfois seulement. Mais, en éducation, « parfois », même si c'est rarement, c'est déjà beaucoup. Ça rassure. Et ça laisse espérer pour l'avenir.

---

27. Cf. *Apprendre en groupe ?*, deux tomes, Chronique sociale, Lyon, 1984. Il s'agit là d'une version allégée de ma thèse d'État dans laquelle je m'interrogeais sur les rapports entre l'interaction sociale et les acquisitions cognitives. J'y développais les conditions (en termes de préparation individuelle, de mode de fonctionnement et de régulation pédagogique) pour permettre l'émergence et l'efficacité d'un véritable conflit sociocognitif dans le cadre d'une interaction sociale en classe.

Bien sûr, je sais bien qu'à dire cela, je prends le risque majeur du relativisme pédagogique : « Puisque nous sommes pris dans des contradiction inextricables, que nous trahissons chaque jour ce que nous croyons juste de faire et qu'après tout, nous ne nous en trouvons pas plus mal, c'est que " tout est permis " en pédagogie. Jetons donc les modèles et, avec eux, toute référence éthique ou politique tant qu'on y est ! Tout le monde a raison et personne n'a tort. Que chacun fasse ce qu'il veut dans sa classe et que les pédagogues arrêtent de donner des leçons à tout le monde et à tout bout de champ. »

On se doute que telle n'est pas, aujourd'hui plus qu'hier, ma conviction. Ce n'est pas parce qu'il y a un écart sans cesse réinstauré entre théorie et pratique, modèles et actions, que tout est permis et que l'approximation, les compromis, voire les trahisons tranquilles pour garantir son confort au moindre coût, sont promus au rang d'impératifs professionnels. Il existe bien, en éducation, des humiliations terribles dont on ne se relève pas, des exclusions redoutables qui compromettent, pour longtemps, l'accès à l'intelligence de soi et du monde, une sélection injustifiable d'enfants avec qui l'on n'a pas pris la peine de réfléchir aux plus élémentaires apprentissages méthodologiques, un ennui qui suinte encore dans de nombreuses classes et rend totalement dérisoire la conviction, si centrale dans tous les propos sur l'École, du savoir libérateur. Tout cela reste vrai plus que jamais pour moi et c'est précisément parce que je crois qu'il faut absolument éviter cela, que j'affirme aujourd'hui le caractère si fécond de la tension théorie/pratique.

Je voudrais tenir, en effet, dans cet ouvrage, la position qu'il y a, dans cette tension, quelque chose comme une valeur spécifique, la véritable valeur pédagogique, ce qui fait, tout à la fois et indissociablement, l'infinie fragilité et l'immense mérite de la pédagogie : ce par quoi « elle invite l'enfant à grandir ». Elle l' « invite » seulement, car rien, ici, ne peut se faire sans la décision de l'autre. Mais elle l'invite « à grandir », c'est-à-dire à comprendre le monde et à se comprendre dans le monde pour y trouver une place qui ait un sens.

Ce livre voudrait ainsi montrer que « s'il est bien difficile de mettre en pratique ses convictions pédagogiques », il n'y a rien là qui frappe de vacuité l'activité éducative... bien au contraire. Cette difficulté est la trace même de l'humain à l'œuvre dans une histoire étrange où des êtres fragiles se bricolent un avenir incertain. La difficulté doit être ici, contre toute attente, comprise comme une chance et je voudrais conclure cet essai en tentant de montrer qu'elle ne devient inextricable, voire mortifère, que quand, précisément, on refuse de la reconnaître.

*

* *

L'ouvrage lui-même sera bâti de manière à passer progressivement de l'analyse du discours pédagogique aux conditions de sa mise en œuvre. On examinera d'abord ce que « veut » le discours pédagogique, ce qu'il cherche et ce qu'il dit, parfois à son insu... et nous découvrirons, tout au long de notre démarche, l'impérieuse nécessité de le distinguer tout à la fois des propos généraux qui sont tenus sur l'éducation et des recherches expérimentales qui sont effectuées dans les laboratoires de sciences de l'éducation. Cela nous amènera à identifier ce que nous nommerons « le moment pédagogique », puis à observer comment ce « moment » se déroule dans une « démarche » aux contradictions étranges. Mais loin de nous décourager, ces contradictions nous permettront, dans une entreprise un peu folle qui ne manquera pas de rappeler les errances classificatoires de Bouvard et Pécuchet, de tenter d'inventorier les savoirs pédagogiques tout en élucidant leur statut particulier et en les situant dans ce que nous nommerons, en empruntant cette expression à Félix Guattari, une « cartographie pragmatique » [28]. Nous montrerons alors que ces savoirs sont autant de moyens pour travailler cette « résistance » inévitable de l'autre au projet de l'éduquer, résistance qu'il ne s'agit pas de briser mais bien de reconnaître comme une précieuse occasion de stimuler l'inventivité et de découvrir de nouveaux moyens pour que l'éducation soit un lieu de partage et non d'exclusion. Dans la suite du livre, nous nous demanderons ce que « peut » la pédagogie, d'une manière générale et, plus précisément aujourd'hui, dans la situation de mutation institutionnelle sans précédent et de crise du « lien social » que nous traversons : que peut la pédagogie pour unir les hommes dans un monde où les particularismes s'exaspèrent et où les connaissances se renouvellent – pour la première fois dans l'histoire des hommes – plus vite que les générations elles-mêmes [28] ? À quelles conditions ce que nous nommerons la « vulgate pédagogique » de l'Éducation Nouvelle peut-elle encore contribuer à changer l'École ? Ne faut-il pas la revisiter pour qu'elle permette d'assumer et de gérer – sans jamais s'imaginer les contrôler – les contradictions constitutives de l'entreprise éducative ? « *Comment,* ainsi qu'aime le rappeler Daniel Hameline, *le militant pédagogique peut-il être déniaisé tout en demeurant militant* ?[30] » Et quelles conclusions en tirer en matière de formation des enseignants et des éducateurs ?

Pour mener à bien cette entreprise – dont j'admets volontiers le caractère étrange et, à maints égards, paradoxal – j'utiliserai une forme rhétorique qui pourra apparaître provocatrice : précisément parce que je travaille dans un champ incertain où la discussion reste très largement ouverte, j'organiserai l'ouvrage en sept chapitres et chaque chapitre sera lui-même consacré à présenter et à défendre une « thèse ». Ces thèses apparaîtront certainement dogmatiques pour beaucoup de lecteurs ; mais ce devra être, alors, au sens que Louis Althusser donnait à ce terme[31] : dogmatiques, c'est-à-dire, paradoxalement, éminemment discutables. Car mes « thèses » ne sont pas susceptibles de démonstration, au sens mathématique du terme, pas plus qu'elles ne peuvent être validées expérimentalement. Ce ne sont que des « prises » sur la chose éducative qui ne valent que pour autant qu'elles permettent

---

28. *Chaosmose*, Galilée, Paris, 1992.

29. Ainsi, affirme le psychanalyste Loup Verlet, « *le rythme des changements globaux qui affectent l'humanité est tel que, plus rapide que le rythme de remplacement entre générations, il met à mal la transmission du cadre symbolique* » (« Un monde à l'envers », *Sud-Nord, folies et cultures*,1,1994, Erès, Toulouse, 17-31, page 29).

30. Débat organisé à l'université de Genève avec la participation de Philippe Perrenoud, moi-même et Daniel Hameline le 5 mai 1994 sur l'avenir de « l'École active ».

31. *Philosophie et philosophie spontanée des savants*, Maspéro, Paris, 1974, page 13.

d'engager le débat. Chacune d'entre elles pourra, en effet, être renversée par le lecteur qui se demandera si ce n'est pas, par hasard, le contraire qui est vrai. Louis Althusser rappelle, à cet égard, que *thesis*, en grec, veut dire « position » : « *C'est pour cela*, ajoute-t-il, *qu'une thèse appelle toujours son antithèse*[32] ».

Certes, j'ai bien conscience d'utiliser ici un procédé philosophique quelque peu incompatible avec le caractère médiocrement pédagogique de mes propos et je crains d'apparaître bien prétentieux aux yeux de certains... Les autres trouveront, au contraire, que l'injonction à me contredire est assez dérisoire ou purement formelle : mais, pour ma part, je suis profondément convaincu que le vrai débat n'est possible que quand l'auteur ne « s'avance pas masqué », ou le moins possible, et que la clarté de ses positions permet de se situer plus facilement par rapport à elles.

Quant à mes élèves de BEP ORSU du lycée professionnel de Vénissieux, je n'en parlerai plus, c'est promis, ou simplement de temps en temps, le moins souvent possible, pour rappeler, en écho, que tout projet d'écriture et de recherche s'articule « quelque part », comme on dit aujourd'hui, avec l'aventure singulière de celui qui parle. Parce qu'accepter cela et le regarder en face fait, sans aucun doute, partie du travail pédagogique. Et, surtout, parce que je garde pour eux une immense tendresse... et que la tendresse, contrairement, à bien d'autres sentiments qui ont cet aspect si terriblement collant de la confiture chantée jadis par les Frères Jacques, ne contraint jamais à quoi que ce soit ceux à qui elle est accordée.[33]

---

32. *Sur la philosophie*, Gallimard, Paris, 1994, page 51.

33. Certains points de vue défendus dans ces ouvrage ont été exposés à plusieurs reprises, sous des formes évidemment partielles, en 1993, 1994 et 1995. Qu'il me soit donc permis de remercier ici ceux qui, par leurs sollicitations, m'ont aidé à les élaborer : les responsables de la Société suisse de recherche en éducation, les organisateurs du Point-Forum Éducation de l'Université Lumière – Lyon 2, ceux de la deuxième Biennale de l'Éducation et de la Formation à la Sorbonne à Paris et ceux des Entretiens Nathan. J'ai également eu la chance de recueillir les avis précieux, sur des textes provisoires, de Nicole Allieu, Jean-Pierre Astolfi, Jacques Billard, Pascal Bouchard, Bernard Charlot, Françoise Clerc, Michel Develay, Pierre-André Dupuis, Philippe Gaberan, Patrick Guyotot, Daniel Hameline, Jean Houssaye, Philippe Perrenoud, Jean-Paul Sauzède, Michel Soëtard et Jean-Michel Zakhartchouk. Par leurs critiques, ils m'ont infiniment aidé... qu'ils en soient ici vivement remerciés et voient dans cette publication une invitation à poursuivre le dialogue. Je dois aussi dire tout ce que je dois à mes collègues enseignants et cadres éducatifs du lycée professionnel Marc Seguin à Vénissieux : par la qualité de leur accueil, de leur confiance et la rigueur de leur interlocution, ils m'ont donné le courage d'engager et de mener à bien ce travail. Il me faut également dire tout ce que je dois aux étudiants de sciences de l'éducation de l'Université Lumière – Lyon 2, qu'il s'agisse de ceux qui me font l'honneur de suivre mes cours et de participer aux débats qui ne manquent pas d'y surgir ou de ceux qui préparent, dans le cadre de notre institut, une thèse sur tel ou tel point particulier. Je me suis efforcé de les citer en note quand leurs travaux avaient produit des résultats suffisamment stabilisés pour être portés à la connaissance du public. Mais ces références vont bien au-delà de la reconnaissance personnelle ; elles sont surtout le signe – particulièrement important pour moi – que les propos de cet ouvrage participent d'un travail collectif et témoignent de la fécondité des interactions au sein d'une équipe où la solidarité n'interdit pas, bien au contraire, l'exigence réciproque. Je dois, également, exprimer ma gratitude à tous ceux et celles qui, rencontrés ces derniers mois, dans des cadres divers, m'ont interpellé, parfois vivement, sur mes positions et mon évolution : « compagnons de pédagogie » de longue date qui se sentaient parfois un peu trahis ou adversaires désarçonnés... si je n'ai pas toujours été capable, dans l'instant, de l'attention requise, je les prie de m'en excuser et je voudrais qu'ils sachent que leur interpellation m'a été particulièrement utile. Il me faut, enfin, remercier mes proches avec qui j'ai mille fois discuté de ces questions et dont la patience et l'exigence m'ont été infiniment précieuses.

1

Discours sur l'éducation et discours pédagogique

Thèse : En éducation, tout citoyen a son mot à dire... Mais tout ce qui se dit n'est pas pédagogie. La pédagogie opère, par rapport aux débats éducatifs, un décrochage particulier : elle émerge avec la reconnaissance de la résistance de l'autre à l'entreprise éducative elle-même, et c'est cela qui constitue, à proprement parler, le « moment pédagogique ».

L'éducation est, depuis toujours, l'objet d'une multitude de discours émanant de tous les acteurs sociaux et de toutes les spécialités universitaires. Chacun d'entre eux a, sur la chose éducative, une opinion qu'il considère comme légitime puisqu'il a été ou est lui-même encore, d'une manière ou d'une autre, confronté à des réalités éducatives. Chacun d'entre eux, surtout, juge, à juste titre, que l'éducation est l'une des grandes affaires de nos sociétés, un enjeu politique fondamental, un objet de débat qui concerne tous les citoyens et, au premier chef, les plus éclairés d'entre eux, ceux qui ont eu eux-mêmes la chance d'en bénéficier.

Dans cette perspective, toute prétention, même modeste, à éclairer les choix éducatifs qui émane de spécialistes de la recherche éducative ne peut qu'irriter la sensibilité des intellectuels, dans la mesure où elle apparaît comme les dépossédant d'un magistère naturel qu'ils exerçaient traditionnellement [1]. C'est ainsi que l'on

1. Nous avons analysé ce phénomène, avec Michel Develay, dans *Émile, reviens vite... ils sont devenus fous* (ESF éditeur, Paris, 1992, pages 34 à 48).

peut lire en introduction d'un ouvrage de réflexion générale sur les problèmes de l'École, *Réflexions sur l'enseignement*[2], publié par un groupe de membres de l'Institut de France, que les textes proposés là sont écrits par « *les hommes les plus utiles et les plus créatifs de la nation dans les sciences et les techniques*[3] »... Et, plus loin, cette affirmation s'accompagne d'un déni du rôle que pourraient tenir les spécialistes dans ce domaine : « *Les disciplines didactiques et les sciences de l'éducation ont un caractère encore trop peu scientifique ; il est nécessaire de les limiter à un rôle très faible (dans la formation des maîtres)*[4] ». Ce qui autorise les auteurs à prendre position, en quelques formules bien frappées, sur des questions sur lesquelles ils semblent disposer de certitudes irréfutables, alors que ces mêmes questions sont depuis longtemps, et encore aujourd'hui, d'épineux objets de débats et de difficiles sujets de recherche pour les spécialistes : « *Il est clair, peut-on lire ainsi, qu'il y a des esprits plus concrets et d'autres plus abstraits*[5] »... ou bien « *L'attention se cultive. (...) Il faut d'abord assurer aux élèves les conditions qui permettent cet entraînement de l'attention. Le silence, l'immobilité des enfants sont au nombre de ces conditions nécessaires*[6] ». On pourrait s'étonner évidemment de l'ignorance dans laquelle se trouvent ces auteurs des travaux éducatifs, tant en matière psychologique qu'en matière pédagogique et leur en faire légitimement grief[7]. Mais le plus étrange est le fait qu'ils tirent de ces « évidences », sans aucun scrupule, des conclusions définitives en matière de gestion du système éducatif, d'organisation des enseignements et de formation des maîtres. On préférerait, après tout, qu'ils restent dans le registre du débat de société ou bien qu'ils argumentent de leurs propositions en mettant en évidence les enjeux philosophiques et politiques qu'elles comportent. Car il y a bien quelque contradiction à dénier toute possibilité de savoirs spécifiques en matière éducative et à s'appuyer soi-même dans le débat sur des représentations, certes « de bon sens », mais qui se donnent bien néanmoins comme de véritables « savoirs », susceptibles d'inspirer de manière raisonnable, voire rationnelle, des pratiques nouvelles.

---

2. J.-F. Bach, et al. (Institut de France), Flammarion, Paris,1993.

3. *Ibid.*, avant-propos non signé, page 8.

4. *Ibid.*, Laurent Schwartz, page 208.

5. *Ibid.*, introduction non signée, page 28.

6. *Idem*, pages 19 et 20.

7. Ainsi Piaget, par exemple, a bien montré que, derrière les savoir-faire les plus « concrets », il existait des schèmes abstraits qui représentaient, dans une action, ce qui « est transposable, généralisable ou différenciable d'une situation à la suivante... » (*Biologie et connaissance*, Gallimard, Paris, coll. « Idées », 1973, page 24). La prise en compte de ces schèmes abstraits dans toutes les situations permet de contester vigoureusement que le plombier soit plus « concret » que le mathématicien, l'instituteur plus « abstrait » que le sculpteur ; elle permet aussi de penser qu'un travail pédagogique sur ces schèmes serait susceptible de faire voler en éclats une typologie caractérologique dont les dangers d'enfermement sont évidents et devraient sauter aux yeux à ceux-là mêmes qui prétendent retrouver, par une « démassification » de l'enseignement, une plus grande mobilité sociale. Sur l'histoire et le danger des typologies caractérologiques, j'ai esquissé quelques analyses dans *Enseigner, scénario pour un métier nouveau* (ESF éditeur, Paris, 1989, pages 65 et suivantes). Bernard Charlot avait lui-même bien engagé ce travail en dénonçant la classification typocosmique de Ferrière (*La mystification pédagogique*, Payot, Paris, 1976) et Jean-Paul Sauzède achève

Or, loin de nourrir la moindre culpabilité, voire la moindre inquiétude, d'utiliser de tels procédés, il semble que les intellectuels qui se penchent ainsi sur le sort de l'École, s'en fassent plutôt un titre de gloire. Ainsi, l'un d'entre eux, philosophe reconnu, rédacteur à l'estimable revue *Esprit*, n'inaugure-t-il pas son dernier livre sur l'éducation en affirmant : « *Je me réjouis de ne pas être un spécialiste qui pourrait examiner le problème éducatif avec l'autorité d'un scientifique* [8] ». Laissons là, pour le moment, le problème de la scientificité de l'approche des faits éducatifs et les épineuses questions épistémologiques qu'elle pose... Nous aurons l'occasion d'y revenir. Mais notons que l'auteur assimile ici délibérément, et sans que cela paraisse lui poser le moindre problème, le fait d'être un « spécialiste » et celui d'être un « scientifique » ; cela est d'ailleurs parfaitement son droit... à condition – ce qu'il ne fait pas – qu'il argumente cette assimilation au plan philosophique dans une perspective positiviste. En réalité, on peut craindre que de telles formules soient le signe d'un profond mépris manifesté à l'égard de tout chercheur qui se donnerait les moyens de s'informer d'une manière un peu approfondie sur ce dont il parle. On peut s'inquiéter qu'elles laissent entendre qu'en matière éducative il n'est pas nécessaire d'étudier avant de penser, ni même d'étudier pour nourrir sa pensée... « *Ôtez toutes choses que j'y voie* » enjoignait déjà le Monsieur Teste de Paul Valéry, il y a un siècle. Et c'est bien la même fascination pour une pensée pure, aristocratie de l'intelligence qui refuse de se compromettre avec les contraintes d'une réalité jamais immédiatement et facilement accessible, la même volonté d'écarter toute considération des « choses de la vie », entraves insupportables à la combinaison des possibles, qui est à l'œuvre aujourd'hui dans bien des écrits sur l'éducation.

---

aujourd'hui une recherche très approfondie dans laquelle il montre que les typologies caractérologiques (dont celle de Ferrière reste un exemple particulièrement significatif – cf. *Vers une classification naturelle des types psychologiques*, Éditions des « Cahiers astrologiques », Nice, 1943) fonctionnent bien toujours (y compris dans leur version « scientifique » ou technique » de la psychologie différentielle ou des questionnaires utilisés aussi bien pour l'orientation des élèves et le recrutement des cadres) sur un modèle magique fixiste. Au plan philosophique, Nanine Charbonnel a, de son côté, longuement analysé les paradoxes éducatifs de la « ressemblance-différence » en éducation et la fonction, dans ce cadre, de l'affirmation des « dons naturels innés » et des types psychologiques : il y aurait là une manière de réduire la tension entre le même et l'autre – comment l'enfant peut-il, tout à la fois, venir de moi et me ressembler tout en se constituant dans sa différence ? – et, aussi, de limiter le pouvoir de l'éducateur qui viendrait buter ici sur une hypothétique nature... limite féconde à ses velléités démiurgiques (cf. *La tâche aveugle*, t. 3 : *Philosophie du modèle*, Presses universitaires de Strasbourg, Strasbourg, 1993).

En ce qui concerne le phénomène de l'attention, les références sont trop nombreuses pour être toutes citées ; elles montrent toutes que l'attention est fondamentalement une opération sélective qui met le sujet en situation de projection et de recherche et ne peut être, en aucun cas, produite mécaniquement par l'imposition de comportements formels (voir, en particulier, Lindsay et Norman, *Traitement de l'information et comportement humain*, Vigot, Québec, 1980, pages 284 et suivantes, et J.-F. Richard, *L'attention*, PUF – Le psychologue, Paris, 1980). Il est d'ailleurs étrange – nous aurons à y revenir – que ceux et celles qui dénoncent le comportementalisme latent des pédagogues (leur behaviorisme) soient eux-mêmes si fascinés par des injonctions purement comportementales auxquelles ils attribuent un pouvoir presque magique pour apporter des solutions à tous les problèmes qu'ils rencontrent.

8. Guy Coq, *Démocratie, religion, éducation*, Mame, Paris, 1993, page 7.

Mais peut-être, précisément, ces écrits n'ont-ils pas pour fonction de frayer avec la complexité des choses et, en particulier, avec la résistance quotidienne des enfants aux actions des adultes censés faire leur éducation ? Peut-être sont-ils d'abord et essentiellement des discours politiques, légitimes dans leur propre sphère, mais totalement étrangers à la réflexion pédagogique qui serait, elle, d'un autre registre et opérerait, par rapport à eux, un déplacement radical ? C'est ce que nous voudrions tenter de montrer.

« L'École est l'affaire de tous les citoyens car elle est l'image projetée de la République même » [9]

Il existe, en effet, en France, un débat national sur la place de l'École dans la République. Ce débat est long et sinueux et de nombreux ouvrages seraient sans doute nécessaires pour en décrire toutes les étapes et tous les rebondissements. À notre sens ce débat est politique, au sens fort du terme, c'est-à-dire qu'il concerne l'organisation même des institutions et le rôle que l'on entend leur faire jouer dans la collectivité nationale. Il n'est, pour s'en convaincre, que de rappeler l'opposition, à bien des égard fondatrices de bien de nos débats actuels, entre Condorcet et Rabaut Saint-Étienne[10].

L'un et l'autre, on le sait, ont proposé un projet complet d'organisation scolaire à quelques mois de distance, en 1792, à l'Assemblée nationale et à la Convention. Le projet de Condorcet est bien connu ainsi que les principes qui l'ont inspiré[11] : Condorcet témoigne d'une confiance absolue dans les progrès de la

9. Charles Coutel, *La République et l'école*, Presses-Pocket- Agora, Paris, 1991, page 225.

10. Il serait aussi possible également – et particulièrement intéressant – d'étudier le conflit qui opposa Condorcet à Le Peletier, ce dernier représentant une vision plus « sociale », « réparatrice » et « égalitariste » de l'instruction. Brigitte Frelat-Kahn et Pierre Kahn proposent une analyse particulièrement suggestive de ce conflit dans leur texte « Condorcet et l'idée d'école républicaine » : « *Un droit purement formel à l'instruction, Condorcet* (dont c'est la position) *le montre malgré lui, laisse ouverte une inégalité suffisamment douloureuse pour mériter les critiques, en ce sens justifiées, d'un Le Peletier. Mais Le Peletier, en revanche, ne témoigne-t-il pas des dangers pour la liberté et le respect du droit des individus qui résulteraient d'une instruction égale pour tous ? S'inaugure alors, dans les fondations révolutionnaires de l'école républicaine, un débat actuel sur son devenir.* » (Pierre Kahn, André Ouzoulias, Patrick Thierry, *L'éducation, approches philosophiques*, PUF, 1990, 297-335, page 335).

11. Le rapport et projet de décret sur l'organisation générale de l'Instruction publique, présenté à l'Assemblée Nationale, au nom du Comité d'Instruction publique par Condorcet les 20 et 21 avril 1792 vient d'être réédité dans l'ouvrage dirigé par Joffre Dumazedier, *La leçon de Condorcet* (Paris, L'Harmattan, série Références, 1994, pages 131 à 204). Pour comprendre comment « l'instruction publique s'inscrit » dans une philosophie générale de l'histoire, il faut rapporter ce projet de décret à l'*Esquisse d'un tableau historique des progrès de l'esprit humain* où Condorcet montre comment l'histoire des hommes est tout entière constituée par l'émancipation progressive des croyances de toutes sortes par les progrès de la science (Garnier-Flammarion, Paris, 1988).

connaissance humaine par la raison et entend fonder une « instruction publique », placée sous la seule responsabilité du législateur. Dans cette perspective, l'École doit être particulièrement ambitieuse en ce qui concerne la transmission la plus large des connaissances scientifiques mais ne doit être entachée d'aucune ambition éducative : vouloir éduquer serait, en effet, pour la République, empiéter sur les droits légitimes des parents et, surtout, risquer de basculer dans l'endoctrinement du peuple dont l'histoire montre tant de fâcheux exemples. La finalité que Condorcet assigne à l' « instruction publique » est claire : « *Offrir à tous les individus de l'espèce humaine les moyens de pourvoir à leurs besoins, d'assurer leur bien-être, de connaître et d'exercer leurs droits, d'entendre et de remplir leurs devoirs* »... mais, surtout, éclairer la raison des hommes pour les libérer de toute forme d'oppression sur leur conscience et en faire de véritables citoyens : « *Tant qu'il y aura des hommes qui n'obéiront pas à leur raison seule, qui recevront leurs opinions d'une opinion étrangère, en vain toutes les chaînes auront été brisées,[...] le genre humain n'en resterait pas moins partagé en deux classes : celle des hommes qui raisonnent, et celle des hommes qui croient, celle des maîtres et celle des esclaves*[12] ». Dans ces conditions, il est parfaitement logique que Condorcet manifeste la plus grande réticence pour les modèles antiques et rejette l'étude des langues anciennes qui, de son point de vue, sont très largement marquées par une dangereuse « éloquence » manipulant grossièrement l'enthousiasme du peuple : « *Il était alors permis, utile peut-être, d'émouvoir le peuple ; nous lui devons de ne chercher qu'à l'éclairer. [...] Il faut qu'un examen froid et sévère, où la seule raison soit écoutée, précède le moment de l'enthousiasme*[13] ».

Le projet présenté par Rabaut Saint-Étienne en décembre 1792 s'intitule, lui, *Projet d'éducation nationale* et se démarque très fortement de celui de Condorcet. Quoique girondin, Rabaut Saint-Étienne est très influencé par Rousseau et cite très largement l'exemple de l'éducation spartiate que Rousseau considérait lui-même comme un modèle particulièrement fécond[14]. Il distingue ainsi l' « instruction publique », qui transmet des connaissances, et l' « éducation nationale » qui doit « conduire à la vertu ». Il souligne qu'à l'instar des prêtres qui ont réussi, par le passé, à créer l'adhésion populaire aux valeurs dont ils étaient porteurs, les révolutionnaires doivent diffuser très largement les valeurs de la République : « *Législateurs habiles, qui nous parlez au nom du ciel, ne saurions-nous pas faire pour la liberté et la vérité, ce que vous avez fait si souvent pour l'erreur et l'esclavage ?*[15] » Et plus loin, l'auteur ajoute : « *L'éducation nationale est l'aliment nécessaire à tous ; l'instruction publique est le partage de quelques-uns*[16] ». Car, par l'instruction, aussi bien organisée soit-elle, la République fabriquera toujours des exclus et pérennisera les hiérarchies

12. *La leçon de Condorcet, Rapport et projet de décret* (*op. cit.*), page 135.

13. *Ibid.*, page 145.

14. Cf. le *Discours sur les sciences et les arts* de 1750 (Garnier-Flammarion, Paris, 1986, en particulier pages 43 et 44).

15. *Une éducation pour la démocratie – Textes et projets de l'époque révolutionnaire*, présentation de B. Baczko, Garnier, Paris, 1982, page 297.

16. *Ibid.*, page 298.

sociales ; elle entérinera l'exclusion au lieu de favoriser l'unité du peuple autour de valeurs qui doivent être réellement partagées par tous et qui sont la seule base possible de l'unité sociale... La référence à Rousseau est ici explicite et, avec elle, la conviction qu'aucune communauté humaine ne peut être fondée sur la seule distribution de connaissances inévitablement ségrégatives, génératrices de divisions quand ce n'est pas de rancœurs ou de haines. L'État, dans son devoir d'éducation de tous, doit ici s'attacher à organiser « *le spectacle imposant et doux de la société humaine rassemblée*[17] », il doit privilégier les moyens de créer l'unité sociale en favorisant l'adhésion à des valeurs communes dont le partage – contrairement à celui des connaissances scientifiques qui est, de fait, toujours sélectif en raison des différences d'intérêts, d'aptitudes et de détermination des hommes – est lui, par nature, égalitaire et « joyeusement contagieux ». Alors que l'effort intellectuel solitaire, aussi exaltant soit-il pour celui qui s'y adonne, sépare et hiérarchise les hommes, l'enthousiasme et l'émotion collective permettent à tous d'épouser l'idéal commun.

On a beaucoup dénoncé le caractère implicitement clérical, voire dangereusement totalitaire, de la conception de l' « Éducation nationale » de Rabaut Saint-Étienne ; et les intellectuels, dans leur majorité, semblent lui préférer, aujourd'hui, le projet de Condorcet jugé plus respectueux des hommes, plus conforme à l'exigence philosophique d'accès de tous à une rationalité critique et susceptible d'instituer une véritable « École libératrice » échappant aux imprévisibles et inquiétants emballements des opinions publiques[18]. Seul ou presque, un historien comme Antoine Prost ose-t-il émettre sur Condorcet des critiques qui, précisément, soulignent le caractère dangereusement abstrait de sa pensée : « *La primauté donnée à la raison universelle conduit directement au totalitarisme*

---

17. *Ibid.*, page 297.

18. Ainsi Catherine Kintzler montre-t-elle que le projet de Condorcet est, à son point de vue, le seul conforme à l'exigence philosophique d'accès de tous les hommes à l'universalité de la raison. Il permet de dégager l'École des pressions de la société civile, de respecter les élèves dont le jugement n'est pas encore formé et qui sont donc très vulnérables à toute forme d'endoctrinement, de limiter l'enseignement à l'instruction « *des raisons des choses, des raisons des discours, des raisons des actes et des raisons des pensées. On s'en instruit pour acquérir la force et la puissance, je veux dire celles qui permettent de se passer de guide et de maître* » dans Charles Coutel, *La République et l'école*, *op. cit.*, page 233). Cf. aussi C. Kintzler, *Condorcet, l'instruction publique et la naissance du citoyen*, Folio-Essais, Paris, 1987.

Mais il convient absolument de signaler que l'interprétation de l'œuvre de Condorcet développée dans le sillage de Catherine Kintzler et Elisabeth Badinter (*Condorcet*, Fayard, Paris, 1989) peut être contestée : ainsi Joffre Dumazedier, dans l'ouvrage cité plus haut, voit-il plutôt en Condorcet un précurseur de l'éducation permanente et de la remise en question de la « clôture scolaire » : en effet, l'obligation faite aux maîtres d'ouvrir l'école le soir et les jours fériés pour y accueillir toute la population et y organiser des conférences sur les sujets les plus divers, peut-elle, paradoxalement, paraître plus proche du modèle illichien de la mise en réseau des ressources formatives (cf. *Une société sans école*, Le Seuil, Paris, 1971) que du modèle monacal de l'« école coupée du monde et de la société civile » défendu par les héritiers « orthodoxes » de Condorcet et les antipédagogues (cf. Jacques Muglioni, *L'école ou le loisir de penser*, CNDP, Paris, 1993). C'est pourquoi il n'est pas absurde de voir en Condorcet quelqu'un qui veut faire des enseignants de véritables « agents sociaux » plutôt que des « clercs » dévoués à une nouvelle religiosité rationaliste... Et le débat, pour le moins, mérite d'être ouvert.

jacobin et à la terreur. N'oublions pas que c'est le même homme, Robespierre, qui instaure le culte de la raison et qui fait fonctionner la guillotine. Si généreuse que soit la pensée de Condorcet, il n'empêche que l'élève reste, pour lui, une cire molle qu'il faut façonner à l'empreinte de la raison, empreinte que seul le philosophe peut tracer. Et rien n'égale la prétention du philosophe qui prétend parler au nom de la raison. Mais qui t'a mis, toi, philosophe, en charge de la raison universelle ? [...] En réalité, Condorcet ne pense pas l'articulation de l'universel et du local. La philosophie de Condorcet ne s'applique plus à nos objets concrets... elle évacue la nécessité de lier portée universelle de l'enseignement et enracinement local de l'action sur l'élève reconnu comme une personne concrète[19] ».

Les projets de Condorcet et de Rabaut Saint-Etienne sont donc bien encore aujourd'hui, d'une certaine manière, au cœur des débats sur l'éducation et, sans aucun doute, nous présentent-ils, l'un et l'autre, des modèles qui méritent d'être discutés.

Ainsi, tout récemment, deux auteurs, historiens et spécialistes de sciences de l'éducation, ont-ils analysé l'histoire de l'institution scolaire française depuis Jules Ferry à la lumière de l'opposition instruction/éducation[20] : Christian Nique et Claude Lelièvre affirment, en effet, que le projet de Jules Ferry n'était nullement, en dépit des apparences, un projet d'instruction du peuple pour l'émanciper mais, bien plutôt, un projet moral et politique asservi à la nécessité de construire l'unité nationale et de forger une France déterminée et combattante pour assurer la « revanche » contre l'Allemagne et gagner les guerres coloniales. En ce sens, Jules Ferry n'aurait pas institué une École conforme au projet de Condorcet mais se serait rangé sous la bannière de l'État-éducateur cher à Rousseau et à Rabaut Saint-Étienne. Pour Christian Nique et Claude Lelièvre, ce projet, s'il est historiquement intelligible, est aujourd'hui totalement dépassé et serait particulièrement dangereux. C'est pourquoi ils dessinent, à grands traits, une « utopie scolaire » inspirée de Condorcet et caractérisée par quatre grands principes : construire un service public en se débarrassant de toute velléité uniformisatrice, former à la citoyenneté en écartant tout nationalisme, instruire sans chercher à faire adhérer à des valeurs et, surtout, en évitant tout appel à l'émotion et à l'affectivité, imaginer, enfin, « une école-hors-les-murs et tout au long de la vie »[21].

On conviendra qu'il y a là un vrai débat politique sur l'institution scolaire et sa mission et qu'il est, à bien des égards, légitime de poursuivre la discussion sur ce terrain... Il ne faudrait pas, toutefois, être dupe ici des étranges alliances qui se reconstituent sous la bannière de l' « instruction pure » : à côté

---

19. « Condorcet en question », *Éducation et devenir : les valeurs dans l'école*, cahier 31, 1993, pages 83 et 84.

20. Christian Nique et Claude Lelièvre, *La République n'éduquera plus – La fin du mythe Ferry*, Plon, Paris, 1993.

21. *Ibid.*, pages 260 à 262.

de Christian Nique et Claude Lelièvre, hommes de gauche convaincus du caractère émancipateur et démocratisant de l'instruction, on trouve les contempteurs traditionnels de Jules Ferry, qui voient surtout en lui l'artisan d'une politique nationale d'éducation et le responsable du recul du pouvoir des congrégations enseignantes ; pour ces derniers, qui s'inscrivent dans la perspective traditionnelle d'un Barrès, la référence à Condorcet représente surtout un moyen de revenir à un enseignement beaucoup plus enraciné dans le local, faisant largement appel aux groupes confessionnels et aux forces de pression corporatistes, que l'École-État avait rendu, pour un temps, impossible. Mais, pour les uns et les autres et quels que soient leurs référents idéologiques, il y a, à notre sens, une sous-estimation préoccupante de la question du lien social dans nos sociétés.

C'est en ce sens que la question que pose Guy Coq, dans son ouvrage *Démocratie, religion, éducation* est, à notre point de vue, absolument essentielle[22] : « *Le problème,* explique-t-il, *n'est plus de soustraire la société à l'influence d'une église dominatrice*[23] *en faisant de l'école l'instrument de cette évolution, il est plutôt de nourrir la cohésion du lien social, de réussir l'intégration de tous les enfants à une société*[24] ». Et l'auteur ajoute plus loin : « *Avant de penser la société comme pluriculturelle, il faudrait questionner le statut de ce qui la rend une, ce qui fait que le pluriel n'est pas l'éclatement, ce qui nous instaure comme participants d'un même espace social*[25] ». Et encore : « *Le retrait du sacré laisse donc entière la question toujours renaissante : une société doit produire ou reproduire des éléments nourriciers pour l'unité du socialŸ*[26] ».

Car il y a bien, aujourd'hui, une menace extrêmement grave de « babélisation » du système éducatif : les recherches sociologiques insistent, depuis des années, sur la montée du « consumérisme scolaire »[27], les témoignages se multiplient qui attestent des pressions des parents pour bénéficier d'établisse-

---

22. Mame, Paris, 1993. Il va de soi que, si je partage totalement le caractère fondateur de l'interrogation de Guy Coq, je n'adhère pas, pour autant, à la plupart de ses propositions : ainsi en est-il de sa critique de la « démocratisation abusive » du système éducatif et de sa volonté de réintroduire, dès le collège, des procédures très sélectives, de sa position sur la notion de projet d'établissement (qui ne me paraît pas en soi contradictoire – bien au contraire – avec l'existence et la réalisation d'ambitions nationales), de la référence obsessionnelle à la culture classique sans interrogation sur les conditions de son appropriation, de sa critique globale et systématique des sciences de l'éducation, etc.

23. On pourrait ajouter : « ou d'une idéologie d'État », pour répondre à Philippe Némo (*Pourquoi ont-ils tué Jules Ferry ?*, Grasset, Paris, 1991).

24. *Ibid.*, page 40.

25. *Ibid.*, page 79.

26. *Ibid.*, page 82.

27. C'est Robert Ballion qui a, le premier, développé ce thème dans son ouvrage *Les consommateurs d'école* (Stock, Paris, 1982).

ments spécifiques qui, sans comporter toujours de référence confessionnelle, permettent au moins de préserver leurs enfants des mauvaises fréquentations et leur donnent l'assurance qu'ils « seront entre eux »[28]. La suppression officielle des filières au collège ne trompe plus personne aujourd'hui et l'on sait bien comment le choix des langues, quand ce n'est pas la composition de classes selon les niveaux des élèves à leur sortie du primaire, renforcent les clivages géographiques et durcit les clivages sociologiques[29]. Un peu partout, on tonne contre l'égalisation rampante, les classes hétérogènes qui rendent impossible tout enseignement exigeant, la fausse démocratisation du collège unique et de la seconde indifférenciée[30]... mais chacun sait bien que, subrepticement, l'on introduit une infinité de mesures qui viennent corriger cet effet égalisateur, voire l'annuler complètement. Le danger aujourd'hui n'est pas que l'on enseigne les mêmes choses aux enfants des centres-villes et aux enfants des banlieues, au risque d'un nivellement par le bas ou d'une négation des différences, le danger est que plus rien de commun ne leur soit véritablement enseigné et que, sortant officiellement d'une même École, ils ne puissent même plus se parler.

C'est pourquoi la question essentielle de toute politique éducative est bien de savoir comment contribuer à reconstituer, à travers l'École, une unité sociale sans laquelle la République elle-même risque bien de partir en lambeaux, d'éclater en une multitude de groupes de pressions de toutes sortes, d'être déchirée par de terribles incompréhensions et menacée par de graves fractures sociales.

L'École n'est pas, bien évidemment, la seule institution susceptible de contribuer au lien social : le tissu associatif, le système de santé, l'ensemble des services publics et des entreprises ont ici, bien évidemment, chacun dans sa sphère particulière, un rôle essentiel. Mais dans un certain nombre de lieux réellement sinistrés, où l'emploi n'est plus assuré, où le tissu associatif est vacillant ou phagocyté par les intégrismes religieux ou politiques, où les services publics sont terriblement dégradés, il ne reste plus guère que l'École ; celle-ci constitue un univers où la violence n'est pas encore toute-puissante, où la communication reste quand même possible entre les personnes – même si elle est, bien souvent, terriblement difficile – et où le Droit tente parfois de résister à la force. On comprend alors, dans ces conditions, que le thème de « l'ouverture de l'établissement sur son environnement » soit particulièrement ambigu ; cette ouverture peut, en effet,

---

28. On peut, sur ce thème, consulter le travail de synthèse réalisé par Marie Duru-Bellat et Agnès Henriot-van Zanten dans *Sociologie de l'École* (Armand Colin, Paris, 1992). Les auteurs analysent en particulier les « *stratégies d'évitement des établissements qui ont une mauvaise image en raison de la composition sociale et ethnique de leur public* » (pages 94 et suivantes).

29. *Ibid.*, pages 38-39 et 172-173.

30. Il n'est pas possible de citer ici tous les auteurs qui défendent ce point de vue ; le plus radical est sans aucun doute Philippe Némo dans *Pourquoi ont-ils tué Jules Ferry ?* (Grasset, Paris, 1991) et *Le chaos pédagogique* (Grasset, Paris, 1993).

constituer un danger majeur au regard de la mission même de l'institution scolaire [31]... Mais, si l' « ouverture » sans discernement ni contrôle constituerait une grave menace, cela ne signifie, en aucun cas, que l'établissement scolaire puisse ignorer tout ce qui se passe à l'extérieur de ses murs : l'ignorer reviendrait à le laisser jouer massivement. Car, travailler dans l'École au lien social n'est possible que si l'École connaît, comprend et prend en compte les obstacles à ce lien social que représentent tous les clivages économiques, culturels et sociaux. C'est à cette condition qu'elle pourra espérer faire pièce à la babélisation... la babélisation qui est à nos portes et met tous les citoyens au pied du mur : que voulons-nous faire de notre École ? En quoi celle-ci peut-elle contribuer à l'unité de la République ? Et sur quoi, aujourd'hui, fonder cette unité ?

« L'École des professeurs » et « l'École des professionnels »

Le vrai débat sur l'avenir de l'École, à notre sens, est bien là... et ce n'est pas, au premier chef, un débat pédagogique. C'est un vrai débat de société par rapport auquel le pédagogue aura, de toute évidence, à se situer, mais d'abord en tant que citoyen et non pas en tant que pédagogue. Or, c'est précisément là que résident, nous en sommes convaincu, beaucoup d'ambiguïtés des querelles actuelles : on y mêle les genres et les plans. On ne dégage pas suffisamment ce qui ressort du politique de ce qui ressort du pédagogique, ce qui ressort des choix fondamentaux de notre société de ce qui ressort de l'intervention spécifique du pédagogue dans le champ éducatif. Non point que cette intervention soit « neutre » politiquement, mais en ce qu'elle interpelle le politique dans un registre très particulier, celui de sa capacité à tenir parole et à mettre en oeuvre, dans le concret des entreprises humaines, les finalités qu'il annonce.

Dans le champ politique la question centrale est donc bien : sur quoi fonder l'École pour qu'elle assure le lien social dans l'institution républicaine ? Et les réponses, telles qu'elles s'expriment dans les analyses sociologiques, comme dans les essais philosophiques ou les déclarations politiques, sont essentiellement de deux types : **la culture universelle d'une part, et les compétences professionnelles d'autre part...** Bien sûr, chacun récusera cette opposition trop facile et plaidera pour une harmonieuse synthèse entre les deux dimensions. Mais la réalité est tout autre et, à l'observer de près, tant dans le domaine théorique que dans celui des décisions politiques, on voit bien qu'il existe deux logiques entre lesquelles, chaque fois, nous devons choisir parce qu'elles renvoient à des principes radicalement hétérogènes et à des positions très largement incompatibles entre elles.

---

31. C'est Claude Rebaud, proviseur de la cité scolaire Marcel Sembat – Marc Seguin à Vénissieux, établissement particulièrement « exposé » au plan social, qui développait cette analyse récemment dans une émission de Pascal Bouchard, sur France-Culture, consacrée au « partenariat ».

D'un côté, en effet, nous avons ceux qui croient en la valeur essentielle de la culture comme moyen privilégié d'élaboration du lien social. C'est le cas de Guy Coq dont nous venons de citer l'ouvrage, c'est le cas de la plupart des « associations de spécialistes » des différentes disciplines, c'est le cas des philosophes qui prennent aujourd'hui une place essentielle dans l'échiquier idéologique en raison précisément de leur capacité à formaliser, dans ce domaine, des positions dans lesquelles leurs collègues des autres disciplines se retrouvent facilement[32]. Pour eux, le lien social se construit à la condition essentielle que, selon la belle formule de Jacques Muglioni, « l'École décrète l'homme[33] ». Sa fin ultime est « faire advenir l'humanité », c'est-à-dire de faire accéder l'enfant à la pensée critique et rationnelle. Pour cela, l'on doit nier par posture toutes les adhérences psychologiques et sociales qui entravent l'épanouissement de la Raison et interpeller l'intelligence de l'élève en le mettant au contact d'une pensée qui s'expose. L'enseignement est ainsi conçu comme l'expression de la rationalité d'une « discipline » intellectuelle et cela dans les deux sens du terme : une discipline qui renvoie à un champ épistémologique homogène comportant ses principes spécifiques de fonctionnement et de validité... et une discipline qui renvoie à la maîtrise de soi et au respect des règles nécessaires au travail individuel et collectif. Ici c'est la culture qui s'offre à la raison de chacun et la met, en quelque sorte, en situation de s'élever jusqu'à elle pour honorer le don qui lui est fait. L'École doit donc permettre le contact avec les grandes œuvres où cette Raison s'exprime et, pour cela, demeurer une véritable institution d'État, ambitieuse culturellement, une institution qui « donne commencement[34] », c'est-à-dire qui installe les conditions pour que l'homme se révèle à lui-même. Ainsi éduqués par cette institution, les élèves, tous les élèves, seront censés avoir accédé à une humanité qui dépasse les conjonctures et les circonstances dans lesquelles ils vivent ; ils pourront se reconnaître ensemble partenaires de la même histoire intellectuelle et partager là une expérience qui est le seul véritable moyen capable de contribuer authentiquement au lien social.

En face de ce courant – souvent mal identifiable en raison des alliances conjoncturelles qu'il passe avec lui pour, précisément, attaquer les « pédagogues » – nous trouvons le courant de l' « École des professionnels ». Pour ses partisans le lien social c'est d'abord l'efficacité instrumentale de savoirs précisément identifiés et utiles dans des situations déterminées. La fin de l'École n'est donc pas le partage d'une humanité à travers une culture mais bien le développement technique, social et professionnel des groupes sociaux. Ce développement doit être pensé en collaboration étroite avec tous ceux qui détiennent le pouvoir de décision économique et dont les initiatives et l'efficacité conditionnent la sur-

32. Ainsi la philosophie retrouve-t-elle sa place de « discipline-reine » tout en relégitimant l'ensemble des autres champs disciplinaires universitaires sensibles à l'éloge des « savoirs » et inquiètes, un temps, d'être déstabilisées par les interrogations des « pédagogues ».

33. *L'école ou le loisir de penser*, CNDP , Paris, 1993, page 175.

34. *Ibid.*, page 31.

vie générale des hommes. L'enfant n'est plus ici un « sujet de droit » disponible à une rationalité qui s'expose, il est un individu concret avec ses goûts, ses aptitudes et ses limites, qui en font un être plus ou moins susceptible d'occuper telle ou telle place dans la société et à qui l'on propose des apprentissages techniques en vue de son insertion sociale optimale. L'enseignement n'est plus structuré ici par des disciplines scientifiques constituées sur le modèle universitaire mais bien par des compétences en situation qui ne supposent pas nécessairement de maîtriser les champs épistémologiques de référence des différentes « matières d'enseignement » qui entrent en jeu dans leur constitution[35]. Il convient donc de confier la responsabilité de cette formation (on parle ici plus volontiers de « formation » que d' « instruction ») à des personnels capables de placer les sujets dans des situations « authentiques » (c'est-à-dire les plus proches possibles des réalités sociales), et de les aider à résoudre des problèmes complexes. On prônera ainsi, selon l'âge de l'enfant, des apprentissages fonctionnels répondant aux besoins de sa vie quotidienne et lui permettant d'en vérifier immédiatement l'utilité ou bien des apprentissages professionnels qu'il conviendra d'effectuer dans l'entreprise, sous la responsabilité de véritables professionnels. Le lien social sera ainsi assuré par l'insertion sociale dans des situations de vie et de travail. Seule cette forme de lien social étant ici considérée, tout à la fois, comme réaliste et efficace.

On le voit, alors que l' « École des professeurs » promeut un enseignement fondé sur le « sens », l' « École des professionnels » promeut un enseignement fondé sur l' « utile ». Alors que la première voit le lien social dans le partage d'une culture, la seconde le voit dans le fait que chacun trouve une place dans l'organisation du travail et puisse l'occuper efficacement.

Mais quelle raison y a-t-il, dira-t-on, pour que ces deux Écoles ne puissent fusionner dans une institution unique ou, au moins, cohabiter au sein de l'organisation sociale ? Sans doute, parce que chacune d'entre elles obéit à un principe institutionnel différent : la première ne peut ressortir que de la responsabilité de l'État et être dégagée des pressions de l'ici et du maintenant, la seconde se veut l'émanation de projets locaux et d'initiatives spécifiques, seules capables de « coller rapidement aux besoins du terrain ». On dira que l'une et l'autre pourraient harmonieusement se succéder dans la scolarité des jeunes : c'est effectivement ce qui se passe, au moins apparemment, pour un certain nombre d'entre eux.... Mais qui ne voit que chaque modèle cherche à gagner du terrain sur l'autre ? L' « École des professeurs » en retardant la formation professionnelle ou en la scolarisant dans le cadre des établissements existants, rabattant en quelque sorte les compétences professionnelles sur les objectifs et les disciplines scolaires... L' « École des professionnels » cherchant à anticiper la sélection pour

---

35. Ainsi, explique Françoise Cardi, « *il semble bien que l'émergence du local en éducation ait commencé à se manifester à partir du moment, assez lointain, où est apparue – en particulier avec la politique de formation permanente – une mise en question des territoires traditionnels de la formation et de l'éducation, c'est-à-dire de la scolarisation, au profit d'une inscription spatiale différente des tâches de formation.* » (« Territoires scolaires et espaces de formation », Bernard Charlot et al., *L'École et le territoire : nouveaux espaces, nouveaux enjeux*, Armand Colin, Paris, 1994, page 91).

obtenir que, de plus en plus tôt, les élèves soient dégagés d'apprentissages formels, considérés comme inutiles, pour être confrontés à des apprentissages identifiés comme immédiatement et socialement efficaces.

Pour beaucoup de lecteurs, une telle opposition pourra apparaître caricaturale... mais je crois, pourtant, qu'elle est pertinente. Certains y verront une sorte de retour à une définition archaïque de la droite et de la gauche, du libéralisme et du jacobinisme : c'est possible ! Il n'est pas certain, toutefois, que les positions tenues par les uns et par les autres renvoient, d'une manière stricte, à leur obédience politique. Il n'est pas sûr que l'on ne trouve pas des hommes de droite – ou qui se reconnaissent comme tels – parmi les tenants de l' « École des professeurs » [36]... de la même manière que l'on peut trouver des hommes qui se disent à gauche parmi ceux qui soutiennent l' « École des professionnels » [37]... Mais cela, ici, n'a guère d'importance. Car ce que nous pouvons constater c'est l'existence de véritables enjeux nationaux et locaux qui renvoient presque toujours au choix de l'une ou l'autre de ces deux options.

Certes, cela n'est pas aussi nouveau qu'on pourrait le croire car, comme le rappellent Bernard Charlot et Jean-Louis Derouet, au terme d'un ouvrage récent consacré à ces questions, « *on sait maintenant que le développement de l'enseignement primaire supérieur et la création des premiers établissements d'enseignement technique ont reposé sur des liens forts avec l'environnement* » [38]. Mais il y a bien, depuis ces dernières années, une « rupture majeure » [39] et celle-ci se manifeste par la cristallisation des querelles et l'exacerbation des débats autour d'une question politique essentielle : « *Quelles sont les finalités et les instances légitimes en matière d'éducation ? Sont-elles hiérarchisables en fonction de leur rapport au bien public et à l'intérêt privé ?* »[40] Or, dans le brouhaha des prises de position dans ce domaine, les affirmations se bousculent : dénonciation de l'énorme machine bureaucratique impossible à gérer que représente l'Éducation nationale, crainte que la prise en compte du local et de ses exigences n'amène, *in fine*, « *à une détermination des pratiques par les spécificités locales avec, au bout*

36. Ainsi, l'ouvrage *Les préaux de la République* (Minerve, Paris, 1991) dédié à Jacques Muglioni, qui peut être considéré comme la figure emblématique de l'« École des professeurs », fait-il appel à des auteurs aux positions politiques aussi hétérogènes que Régis Debray (qui fut guérillero en Amérique du Sud, avant de devenir conseiller de François Mitterrand puis d'abandonner celui-ci en déclarant son admiration pour le général de Gaulle), Jacqueline de Romilly (conseillère des ministres de l'Éducation de la droite), Henri Péna-Ruiz (qui s'affirme résolument de gauche et cite volontiers Marx), Étienne Borne (collaborateur régulier de *La Croix*), etc.

37. Ainsi Alain Minc, qui a présidé la commission sur la France en l'an 2000 et qui prend des positions très proches de celles que nous décrivons ici comme représentatives d'une « École des professionnels », a-t-il pu se targuer, au cours d'un entretien télévisé, de bénéficier du soutien d'« un homme de gauche aussi incontestable qu'Alain Touraine » (cf. *La France de l'an 2000*, Éditions Odile Jacob, Paris, 1993).

38. Bernard Charlot *et al.*, *L'École et le territoire : nouveaux espaces, nouveaux enjeux*, A. Colin, Paris, 1994, page 207.

39. *Ibid.*, page 208.

40. *Ibid.*, pages 209 et 210.

de ce mouvement, des finalités et des programmes d'établissements (et non plus de simples projets) et, ultime dérive vis-à-vis de la tradition républicaine, des écoles communautaires ethniquement marquées »[41], affirmation du caractère pervers de la notion même de projet d'établissement subrepticement importée de l'enseignement catholique ou, au contraire, de la nécessité de tels projets pour mobiliser des acteurs locaux sur des ambitions éducatives fortes[42]... Tout cela témoigne bien de la réalité de l'opposition que les arrangements nationaux ou les compromis locaux du moment ne peuvent faire oublier.

À cet égard, le partage des compétences auquel nous assistons aujourd'hui entre les collectivités territoriales et l'État ne peut faire illusion. Comme tout compromis, il est d'emblée menacé et nul n'imagine que nous ayons atteint la moindre stabilité durable dans ce domaine. D'une certaine manière, ce compromis est même la pire des choses puisqu'il tend à favoriser la constitution et la coexistence de deux institutions parallèles : l'une où le lien social est assuré par la culture (l'enseignement général), et l'autre où le lien social est assuré par la fonctionnalité immédiate des savoirs enseignés (l'enseignement professionnel et technique). Ainsi, la situation actuelle tend à instituer la fracture sociale en mode de fonctionnement de toute l'organisation scolaire et porte, en conséquence, de lourdes menaces. Faute d'entente sur ce qui doit constituer le lien social en éducation, on donne des gages aux partisans des deux options, les laissant se constituer des territoires, parfois même des forteresses, où ils mettent en pratique leurs propres convictions en ignorant que leurs adversaires font de même de leur côté. Cela tient, à notre sens, à une démission de l'État et à son impuissance à définir une « culture scolaire pour aujourd'hui »..., une authentique « culture scolaire » où l'équilibre serait assuré, pour tous les élèves et dans le cadre d'une véritable scolarité obligatoire commune jusqu'à seize ans, entre les savoirs fonctionnels capables d'instrumenter le sujet pour sa vie sociale et les savoirs culturels susceptibles de lui permettre de se comprendre dans une histoire et de se projeter dans un imaginaire. Nous sommes profondément convaincu que tant que ce travail de « refondation » de l'institution scolaire ne sera pas réalisé et que l'on ne prendra pas, sur ce plan, les moyens de ses ambitions, les compromis se poursuivront au gré des aléas politiques et, surtout, des tensions entre les pressions consuméristes et les forces syndicales, selon les conjonctures locales[43].

---

41. *Ibid.*, page 213.

42. Cf. Jean-Pierre Obin, *La crise de l'organisation scolaire*, Hachette, Paris, 1993 : « *L'organisation doit être seulement un moyen au service des fins de l'institution. Sa fin est d'être un moyen* » (page 298)... et, dans cette perspective, « *la nature du projet et l'essence de l'éducation nous paraissent homologues. Le projet pour l'établissement, comme pour l'éducation pour la société, a pour mission de tisser un lien au présent entre un passé, un héritage et un avenir, un rêve, une espérance...* » (page 300).

43. Nous avons tenté d'apporter quelques éléments nécessaires à ce travail de « refondation » en dépassant l'antinomie implicite, fondatrice de l'opposition entre les deux types d'École que nous avons présentés, entre compétences et connaissances (cf. *L'envers du tableau*, ESF éditeur, Paris, 1993, pages 111 et suivantes). Par ailleurs, nous avions espéré que le Conseil national des programmes, créé par la Loi d'orientation de 1989, permettrait d'avancer sur cette voie. Pour l'instant il

C'est pourquoi il faut espérer qu'un vrai débat sur l'École, ses contenus et sa mission dans la République soit ouvert et que tous les citoyens soient appelés sur ces points essentiels à apporter leur contribution et à se prononcer… tous les citoyens et pas seulement les intellectuels qui légifèrent en matière éducative ou les pédagogues patentés. Car, ceux que nous nommons ici « pédagogues » et dont nous allons tâcher de définir l'étrange identité ne nous paraissent pas travailler d'abord dans ce registre... même s'ils souffrent d'un désir irrépressible d'y prendre position à chaque instant et en dépit du fait que le lecteur aura sans doute senti que nous-même brûlions d'impatience de nous situer dans le débat. Le pédagogue, tel que nous cherchons à le traquer ici, ne se révèle pas là d'abord. Pas au début, tout au moins, dans ce qui le constitue comme pédagogue et l'institue dans une fonction spécifique. Et les pédagogues, même s'ils ne manquent guère de proposer des choix politiques, même s'ils sont saisis parfois d'une sorte de frénésie organisationnelle, doivent savoir suspendre ici leur ardeur pour revenir à l'essentiel. S'ils viennent en politique, comme nous-même y venons parfois, ce ne peut être que par un long détour qui ne les met nullement en position de légiférer seuls en la matière et leur permet, tout au plus, d'interpeller les citoyens, les décideurs politiques et les administrateurs de l'École d'un point de vue particulier, d'une posture spécifique à la recherche de laquelle nous sommes ici.

Car, à notre sens, la pédagogie, dans ce qui la constitue fondamentalement, n'est attachée, par nature, à aucune des deux « Écoles » que nous avons décrites. Celui que nous nommons « le pédagogue » se recrute aussi bien, en effet, chez les enseignants attachés au service public d'éducation et convaincus de la valeur émancipatrice de la culture dans sa visée d'universalité, que chez les formateurs soucieux d'une efficacité sociale et professionnelle immédiates. Les efforts réalisés par les uns et les autres pour rattacher la pédagogie à leur propre inscription institutionnelle se soldent, en effet, toujours par la réaction de leurs partenaires qui refusent ce qu'ils considèrent comme une annexion injuste. Ainsi les uns et les autres se retrouvent-ils côte à côte – en dépit, souvent, de leurs choix idéologiques opposés – quand il s'agit de travailler sur les « obstacles cognitifs » ou de s'interroger sur la question

---

faut bien reconnaître que les avancées restent fort timides et que les travaux restent très largement paralysés par les luttes d'influence et de pouvoir entre les différentes « associations de spécialistes » disciplinaires dont le combat est essentiellement corporatiste et qui ne prennent guère en compte les interrogations que nous venons d'évoquer.

Sur un autre plan, qui ne constitue pas ici notre objet de travail spécifique, il conviendrait d'examiner longuement en quoi la fonction de construction du lien social que doit assumer l'École est ou non compatible avec celle de « projet d'établissements ». Certains voient, en effet, dans cette notion une grave menace pour l'Éducation nationale et l'expression même de l'abandon de toute volonté de l'État dans ce domaine (cf. Guy Coq, *op. cit.*) ; pour ma part, j'ai déjà exprimé sur ce point ma conception selon laquelle un projet national fort ne pouvait se réaliser que grâce à la mobilisation locale des acteurs dans des conditions spécifiques... Et, même si je préférerais la notion de « contrat d'établissement » – pour mieux marquer et rendre possible l'engagement dans un projet national (cf. *L'envers du tableau*, ESF éditeur, Paris, 1993, pages 217 à 229) – je partage l'analyse de J. L. Derouet qui affirme, au terme d'une étude sociologique très poussée, que « *l'établissement scolaire constitue l'unité de base de ce travail de reconstruction du lien social dont la nécessité est apparue à la fin des années 70* » (*École et justice*, Métailié, Paris, 1992, page 239).

de l'appropriation des savoirs ou du transfert des connaissances[44]. De là viennent, sans aucun doute, un certain nombre d'accusations des contempteurs de la pédagogie qui argumentent de ces rapprochements pour dénoncer le fait que celle-ci serait, par nature, du côté du « marché »... ignorant qu'une bonne partie des pédagogues ont, sur ce point, des positions politiques très affirmées dans le sens d'une priorité au national et d'un attachement à un service public détaché de toute vassalisation économique et sociale[45].

C'est ainsi que la pédagogie représente une manière, non de récuser les positions politiques que nous avons développées, mais de les interroger sur quelque chose de tout à fait spécifique : ce que devient celui qui apprend dans ces systèmes et comment il est pris en compte... ce que l'on en fait, en quelque sorte, non en théorie, dans les définitions qui peuvent en être données, mais dans la quotidienneté de l'acte éducatif, quand la personne de l'enfant résiste au projet que l'on a sur lui[46].

---

44. Il serait intéressant d'étudier ici l'évolution parallèle des deux revues que sont les *Cahiers pédagogiques* et *Éducation permanente* : très différentes sur bien des points, elles se rapprochent aujourd'hui, tant par leurs objets de préoccupation que par leurs analyses. Ainsi la première, héritière d'une conception laïque et républicaine de l'Éducation nouvelle (selon laquelle « *la République c'est aussi la pédagogie active, parce que c'est la discussion, l'expérience et l'observation personnelle, non l'affirmation de méthodes autoritaires héritées des congrégations* » – cf. Antoine Prost, *Éducation, société et politiques*, Le Seuil, Paris, 1992, page 181) se trouve amenée à s'interroger sur l'importance du local et sur les questions touchant à l'alternance ou aux rapports avec la société civile (cf., en particulier, le numéro 325 de juin 1994 sur « la décentralisation » dans lequel Richard Étienne, le coordinateur du dossier, s'interroge sur la possibilité de résister, tout à la fois, « *aux volontés hégémoniques du ministère de l'Éducation nationale et à l'atomisation qui résulterait d'une déréglementation ultralibérale* », page 12). Dans le même temps, la revue *Éducation permanente*, plus inscrite dans une tradition managériale et centrée sur les questions de la formation des adultes et de l'entreprise, publie aujourd'hui un supplément spécial régulier consacré aux problèmes de formation dans l'Éducation nationale. On peut interpréter ce phénomène comme significatif du fait que la posture pédagogique amène à se poser des questions qui se retrouvent toujours présentes dans toute expérience éducative... Cela, à notre sens, ne supprime pas le débat nécessaire sur la place réciproque du local et de l'État, des professeurs et des professionnels dans la formation des jeunes, mais cela marque que, quelle que soit la position que l'on prend dans ce débat, il existe bien une dimension relativement irréductible au débat politique et qui renvoie à ce que nous nommons le pédagogique.

45. C'est le procès que me livrent avec une violence de ton qui n'a d'égale que leur légèreté méthodologique (les textes analysés étant soigneusement sélectionnés et la plus grande partie de mes écrits étant délibérément écartés) Hervé Boillot et Michel Le Du dans *La pédagogie du vide* (PUF, Paris, 1993). Fort heureusement, cet ouvrage comprend aussi des analyses plus pertinentes sur lesquelles nous aurons à revenir plus loin.

46. Quatre textes pédagogiques me serviront, tout particulièrement, de supports ici pour évoquer la spécificité de la réflexion pédagogique ; ils me permettront de montrer, à travers leurs modes de fonctionnement, leurs présupposés et leurs propositions, ce qui constitue le principe même du pédagogique dans sa tension vive ; il s'agit de la *Lettre de Stans* de Pestalozzi écrite en 1799 (traduction de Michel Soëtard, Centre de documentation et de recherche Pestalozzi, Yverdon-les-Bains, 1985), *L'homme en proie aux enfants* d'Albert Thierry, ouvrage écrit en 1909 (Magnard, Paris, 1986), *Comment aimer un enfant* de Janusz Korczak, ouvrage écrit au front, en 1915 (traduction de Sofia Bobowicz, Robert Laffont, Paris, 1978) et *Les dits de Mathieu* de Célestin Freinet, ensemble de textes publiés dans la revue *L'éducateur* de 1940 à 1948

Et c'est peut-être ainsi que s'explique l'étrange déclaration qui ouvre la *Lettre de Stans* de Pestalozzi, pourtant engagé fermement en faveur des idéaux révolutionnaires, disciple fervent de Rousseau et qui, après avoir tenté de mettre en application ses théories pédagogiques, de janvier à juin 1799, avec les orphelins d'une ville ravagée par l'armée bonapartiste, ouvre la recension de cette aventure par cette étrange déclaration : « ***Sans accorder foi à l'extérieur de la forme politique que la masse de ces gens pourraient se donner,*** *je tins quelques idées mises à l'ordre du jour et quelques intérêts éveillés pour aptes à entraîner ici et là quelque chose de vraiment bon pour l'humanité* [47] ».

En d'autres termes, si la pédagogie ou les pédagogues se mettent à choisir entre les deux « Écoles » dont nous avons proposé les modèles, ils le font, à notre sens, en argumentant trop vite dans des registres qui ne sont pas les leurs. Si la pédagogie ou le pédagogue choisissent, au nom de leur position pédagogique, ce qui ressort d'un choix philosophique et politique, d'un choix de société, ils « brouillent les cartes » et contribuent à la confusion du débat éducatif. En revanche, si la pédagogie ou les pédagogues – qu'ils enseignent dans les établissements scolaires ou dans la formation professionnelle, qu'ils soient au service des entreprises, des collectivités territoriales ou de l'État – posent, au sein de leur institution, avec ce mélange de fausse naïveté et de vraie provocation qui les caractérise, la question de la place du « sujet concret » dans leur tâche éducative, ils remplissent alors une mission irremplaçable et font réellement leur travail.

(Delachaux et Niestlé, Paris, 1978). On verra qu'il s'agit là d'ouvrages qui se caractérisent tous par la difficulté à les classer de manière précise dans un « genre littéraire » déterminé : ni traités scientifiques, ni études savantes ou essais philosophiques, ni simples récits d'expériences ou journaux intimes, ni fictions... et un peu tout cela pourtant ! Ils représentent, à notre sens, une forme d'expression originale où tente de s'articuler une parole qui fasse sens dans le domaine éducatif. Etrangers à toute procédure de validation ou d'expérimentation systématique, leur crédit tient en réalité, pour une large part, au fait qu'ils peuvent être entendus par les éducateurs qui, grâce à eux, parviennent à entrer quelque peu (mais sans jamais, sans doute, pouvoir l'élucider complètement) dans le mystère de la relation éducative. Bien évidemment, nous ferons appel aussi, mais de manière moins systématique, à d'autres textes pédagogiques marquants de ces deux derniers siècles, comme ceux de Tolstoï, de Dewey, de Neill, de Makarenko, de Montessori, de Decroly, de Cousinet, de Rogers, d'Oury et de bien d'autres. Nous verrons que tous ces textes appartiennent à la même « catégorie littéraire » et participent, tant dans leur mode d'expression que dans le sens même de leur démarche, de la même inspiration.

47. *Lettre de Stans*, page 19. C'est l'auteur qui souligne. En ce qui concerne les rapports qu'entretiennent, chez Pestalozzi, le politique et l'éducatif, voir son essai philosophique de 1797 : *Mes recherches sur la marche de la nature dans l'évolution du genre humain*, Éditions Payot, Lausanne, 1994 ; nous aurons d'ailleurs l'occasion, plus loin, de revenir sur ce texte fondamental traduit et commenté par Michel Soëtard.

N.B. Pour ce qui est des quatre œuvres que nous avons prises comme caractéristiques du « discours pédagogique », nous ne reprendrons pas en note les références complètes des livres utilisés ; il conviendra donc de se reporter à la note ci-dessus.

Une expérience pédagogique exemplaire : Albert Thierry [48]

Albert Thierry est, en 1905, un jeune instituteur libertaire de 24 ans ; il a été formé à l'École normale de Saint-Cloud et y a préparé le professorat des écoles primaires supérieures. Il est alors nommé à Melun où il assume la responsabilité d'une « classe difficile », dirions-nous aujourd'hui, une classe de fils de paysans qui ne manifestera guère d'intérêt particulier pour la culture que leur jeune instituteur enflammé cherche à leur prodiguer. Ainsi, au cours d'une de ses premières classes de français, et alors que Thierry lit avec une émotion non dissimulée un extrait des *Misérables*, ses élèves se mettent à vaquer à des occupations diverses et à tourner en dérision le texte qui leur est lu. Tandis que l'instituteur est au bord des larmes, tant le passage qu'il lit le touche profondément, ses élèves ridiculisent les expressions de Victor Hugo décrivant les hallucinations de Jean Valjean et lorsque, quelques minutes plus tard, ils se retrouvent en récréation, ils parodient avec violence et méchanceté ce que leur instituteur voulait leur faire admirer : « *Moi, je souffrais, j'étais humilié, je plaignais la beauté* [49] » note alors Thierry dans ce texte étrange, ni œuvre littéraire, ni traité de pédagogie, ni journal intime, qu'est *L'homme en proie aux enfants.*

Robert Petitjean fait remarquer d'ailleurs, dans la préface à la récente réédition de l'ouvrage que nous avons utilisée [50], l'extrême difficulté de situer, non seulement la nature de cet écrit, mais aussi les positions politiques de son auteur, « *réclamé, à la fois, par les doctrinaires les plus opposés qui pensaient s'y reconnaître* » [51] : à gauche parce que Thierry est considéré comme un véritable artisan de la libération du peuple, chez les chrétiens qui exaltent son sens du dévouement, à droite où l'on voit en lui un homme capable de comprendre les contraintes de « l'enracinement » des personnes dans une histoire locale et des traditions, chez les humanistes qui relèvent son amour toujours optimiste et confiant des hommes les plus démunis, par les « psychologues » qui soulignent ses qualités extrêmes d'observation des traits de caractère des adolescents et même par les critiques littéraires qui en admirent le style et considèrent comme

---

48. Albert Thierry est né en 1881 dans une famille d'artisans modestes. Il devient élève en 1900 de l'École normale supérieure de Saint-Cloud et milite dans les rangs des dreyfusards. Antimilitariste convaincu, il effectue son service militaire en refusant de faire le peloton d'officiers. Il débute comme instituteur en 1905 et se met à publier aussi bien dans des revues anarchistes que dans les *Cahiers de la Quinzaine* de Charles Péguy. Ses écrits concernent tout autant la politique, l'éducation que la critique littéraire ou la philosophie. Il publie également des contes, une pièce de théâtre et de très nombreux poèmes. En 1914 il fait la guerre comme simple soldat ; blessé, il est évacué et repart comme volontaire au front. Le 26 mai 1915, il est tué d'un éclat d'obus pendant l'offensive d'Artois. Il a 34 ans.

49. *L'homme en proie aux enfants*, page 41.

50. Magnard, Paris, 1986.

51. *Ibid.*, page 17.

particulièrement heureuses ses descriptions des mœurs familiales et scolaires de l'époque.

En réalité, pour nous qui lisons ce texte aujourd'hui, il peut apparaître précisément comme l'archétype du « discours pédagogique », en ce qu'il place au centre de son propos **la résistance de l'enfant et de l'adolescent à la volonté de l'éducateur et le travail de l'éducateur sur cette résistance**. « *J'arrivais,* explique Albert Thierry au moment où, précisément, il doit quitter sa classe et se remémore sa propre histoire avec elle, *dans une maturité dogmatique et déclamatoire. Mes enfants s'en moquèrent ; et d'abord, content de mon stoïcisme, je me soumis à leur raillerie comme à une souffrance féconde* [52] ». Et, pourtant, Thierry ne renonce pas ; il s'engage, chaque fois que cela est possible, dans des leçons enflammées où il cherche à faire partager ses idéaux politiques, ses goûts littéraires et ses penchants pour la recherche intellectuelle. Un jour, dans un cours de morale qui lui tient particulièrement à cœur sur la distinction entre l'identité et l'égalité dans le champ politique, il se laisse aller à un long développement philosophique où il dévoile à son insu ses convictions les plus intimes. Tout absorbé et comme exalté par la cohérence de son propos, il en oublie alors sa classe ou, plus exactement, ne voit plus en elle qu'un miroir capable de lui renvoyer l'image d'une pensée qui se déploie dans toute sa cohérence et sa finesse. Mais, tout à coup, il s'interrompt et se demande intérieurement : « *À qui donc est-ce que je parle ?[...] Pour quels effets ?* » Et il se souvient : « *Je vis un jour le Marcel brun souffrir sous ma pensée comme on souffre sous le fer rouge* [53] ».

Peut-être sommes-nous là, assez étrangement, dans ce que l'on pourrait nommer un « moment pédagogique », **le moment pédagogique** par excellence [54]. Cet instant où le maître, sans rien renier de son projet de transmettre, découvre que l'élève, en face de lui, échappe à son pouvoir, ne comprend pas, souffre sans doute un peu de cette humiliation que représente pour lui le fait de ne pas com-

---

52. *Ibid.*, page 154.

53. *Ibid.*, page 123.

54. Nous avions terminé la rédaction de cet ouvrage quand nous avons pris connaissance de l'ouvrage de Rémi Hess et Gabrielle Weigand, *La relation pédagogique* (Armand Colin, Paris, 1994) qui introduit également le concept de moment pédagogique (pages 110 à 138). Empruntant le concept de « moment » à Henri Lefebvre (*La somme et le reste*, Méridiens Klincksieck, Paris, 1989) les auteurs s'appuient sur l'idée (que nous partageons totalement) d'une non-linéarité du temps dans l'action pédagogique ; ils montrent que cette non-linéarité pose la question de l'existence d'une « stabilité » du sujet dans le devenir et amène à interroger l'action sous l'angle de la constitution de « moments » spécifiques, renvoyant à des situations particulières dont il conviendrait que l'élève comprenne le sens et qu'il soit capable d'articuler entre elles. Ainsi, le moment de l'évaluation, le « moment du beau », le moment philosophique, etc., sont à comprendre comme des situations spécifiques obéissant à des logiques particulières et susceptibles d'être articulées entre elles par une approche autobiographique qui reconstruit l'unité de l'histoire de la personne tout en lui permettant d'appréhender ce qui lui est demandé dans chacun des « moments » qu'elle traverse... Pour notre part, nous ne récusons pas cette analyse qui nous paraît une clé de lecture intéressante mais nous nous situons sur un autre plan, celui de la recherche de ce qui fait qu'un « moment scolaire » ou « éducatif », quelle que soit sa logique propre, son contexte, son inscription historique, devient véritablement « pédagogique ».

prendre, d'être exclu, même temporairement, de la « collectivité apprenante »... Et il n'y a aucune renonciation dans ce moment pédagogique. Car si le maître renonçait alors à son projet il n'y aurait plus de pédagogie, on changerait simplement de registre de communication : reprenant l'échange à un niveau inférieur, abandonnant l'exigence qui était la sienne, l'enseignant basculerait dans la simple conversation. Mais, symétriquement, ce moment pédagogique marque aussi une rupture avec l'oubli narcissique de l'autre qui permettrait de continuer à se regarder et à s'écouter parler dans la pure intelligence des choses : car, là, le solipsisme menace et, peut-être aussi, le délire.

Le moment pédagogique est donc l'instant où, tout à la fois, l'enseignant est porté par l'exigence de ce qu'il dit, par la rigueur de sa propre pensée et des contenus qu'il doit transmettre et où, simultanément, il aperçoit un élève concret, un élève qui lui impose un décrochage, un décrochage qui n'est, en rien, un renoncement. Et ce moment, on le voit bien chez Thierry, n'a rien à voir avec une « centration » abstraite sur un sujet épistémique dont on déciderait alors de prendre en compte les processus d'apprentissage[55] ; ce n'est pas non plus une manière de rabattre la relation éducative sur une relation affective en instaurant, au cœur de la classe, la circulation des affects un temps suspendue... C'est tout autre chose : l'irruption de la matérialité aléatoire de l'autre, de cette « matière » dure et forte qui résiste à la puissance de ma pensée et de mon emprise.

Le moment pédagogique nous renvoie ainsi à ce que Louis Althusser, dans ses derniers écrits philosophiques – au moment où il prend délibérément ses distances avec un marxisme dont le matérialisme serait une « philosophie » formalisée et dogmatique –, nomme le « matérialisme aléatoire », un « matérialisme de la rencontre et de la contingence » [56] qui ne se présente pas comme une réfutation de l'idéalisme dont il serait le symétrique, mais remet en question tous les systèmes de pensée par son attention aux cas singuliers et son intérêt pour la résistance concrète des êtres et des choses.

Et c'est bien ainsi que Thierry, idéologue idéaliste par excellence, découvre tout à coup le « Marcel brun ». Car « le Marcel brun » n'est pas n'importe quel élève ; ce n'est pas l'autre Marcel, « le blond », c'est bien celui qui ne sait pas accorder les participes passés, qui a un frère avec qui il entretient des rapports étranges ; le « Marcel brun » est un être précis, incarné, que Thierry connaît bien, dont le visage n'est pas noyé dans une masse anonyme mais lui renvoie une personne aux prises avec une situation particulière, une personne qui l'interrompt, non point parce que son attitude invalide le discours du maître mais parce que sa souffrance ne peut pas le laisser continuer à faire prévaloir indéfiniment sa propre satisfaction magistrale.

---

55. En ce sens – nous y reviendrons – le moment pédagogique n'a rien à voir avec le « moment psychopédagogique » en éducation.

56. *Sur la philosophie*, Gallimard, Paris, 1994, page 23.

Nous parlons ici de « satisfaction magistrale » et cela pourrait laisser supposer que seule la magistralité expositive peut être ainsi remise en question : les pédagogues des « méthodes actives » comme les organisateurs de « dispositifs didactiques », les tenants de la « pédagogie par objectifs », de l'enseignement individualisé » ou de la « pédagogie différenciée » n'auraient alors rien à craindre : prétendant placer d'emblée l'élève au cœur de leurs préoccupations, ils seraient épargnés par ces interruptions intempestives et pourraient travailler avec une constante sérénité. Rien n'est plus faux : les uns et les autres, en dépit de tous leurs efforts pour prévoir et programmer leurs séquences d'apprentissage, ne peuvent jamais se prémunir contre cette résistance, par définition imprévisible, de l'élève qui récuse, ignore, conteste, rejette ce qui lui est proposé. Penser pouvoir faire définitivement l'économie de cette résistance, ce serait imaginer que jamais aucun événement ne vienne troubler le parcours scolaire de l'élève, ce serait réduire l'élève à un « segment scolaire » que des conditions bien pensées rendraient disponible miraculeusement aux propositions imaginées pour lui par un enseignant généreux... ce serait, en fait, faire l'impasse de la rencontre éducative alors que, par ailleurs, on prétend la promouvoir [57].

Nous avons parlé de « satisfaction magistrale », mais nous avons aussi prononcé le mot de « souffrance » et nous imaginons bien que ce mot, ici, peut paraître excessif. Peut-être, pour qu'il soit à la mesure des choses, faudrait-il en revenir aux premiers usages du terme qui évoquent la trêve, l'attente et la patience [58], une sorte de « suspension contrainte et assumée de l'activité » que l'on retrouve aujourd'hui dans l'expression « être en souffrance » après tout bien adaptée pour décrire la situation de nombreux élèves ? Mais parler de la souffrance des élèves comme d'une douleur insupportable, d'une atteinte grave à leur intégrité physique ou psychologique, n'est-ce pas manipuler un peu facilement un pathétique douteux ? La douleur de l'enfant est, on le sait, un des ressorts dramatiques les plus faciles à utiliser et il faut avoir le génie d'un Chaplin pour la décrire sans basculer dans l'émotion complaisante. Or, quand Thierry parle de souffrance, on ne perçoit, pourtant, dans ses propos, aucune facilité littéraire pour manipuler l'émotion du lecteur ou encore pour jouir lui-même du plaisir complaisant que nous ressentons parfois quand nous annonçons le premier une mauvaise

57. C'est Charles Delorme, le directeur du CEPEC, l'un des organismes de formation qui a, sans doute, le plus contribué à la diffusion de la « pédagogie par objectifs » dans la francophonie, et dont les « dossiers » ont servi de matrice à de nombreuses publications didactiques comme à beaucoup de référentiels de formation, qui conclut sa thèse en imaginant un enseignant bardé d'objectifs et de dispositifs qui se trouverait confronté à des élèves refusant radicalement d'entrer dans son jeu (cf. *De l'animation pédagogique à la recherche-action*, Chronique sociale, Lyon, 1982). D'une certaine manière Charles Delorme interpelle ici le lecteur sur la possibilité même de ce moment pédagogique au sein de ce qui se définit précisément comme « la pédagogie ». Et l'on peut même faire l'hypothèse que la conviction d'être dans le « vrai pédagogique », de mettre en place, comme les formateurs le demandent, une « vraie pédagogie différenciée », de « vrais dispositifs didactiques », peut jouer, dans certains cas, comme un obstacle à l'accès au moment pédagogique que nous évoquons ici.

58. Cf. *Dictionnaire historique de la langue française*, sous la direction d'Alain Rey, Robert, Paris, 1993, tome 2, page 1988.

nouvelle. Il ne parle de souffrance que pour désigner, très précisément, cette résistance de l'histoire singulière de quelqu'un à un pouvoir ou à une pensée qui cherchent à l'éduquer : la souffrance tient, chez Thierry, tout à la fois, à cet héritage dont nous sommes pétris et à cette particularité que nous lui ajoutons ; c'est ce qu'il nomme notre « visage » : « *Ce visage obscur et irretrouvable, Henri, le visage de ta personne, tu le tiens de ton père et de ta mère, et des innombrables morts qui les ont engendrés : et pourtant il diffère des leurs, anéantis ou vieillissants, par une nuance qui jamais n'est encore apparue et qui jamais ne reparaîtra*[59] ».

Le moment pédagogique c'est donc l'instant où, quelles que soient nos convictions et nos méthodes pédagogiques, nous acceptons de nous étonner devant ce visage, devant son étrangeté, sa radicale et incompréhensible étrangeté. Car, quand on maîtrise un discours, une discipline scolaire, un dispositif didactique, quand on s'y investit complètement au point, parfois, de ne faire plus qu'un avec ce que l'on dit ou ce que l'on organise, la résistance de l'autre apparaît toujours comme éminemment scandaleuse. Chacun sait bien – et les didacticiens, comme les universitaires partisans de centrer la formation des maîtres sur les seuls contenus académiques universitaires, ne cessent de nous le rappeler – que « l'on enseigne toujours quelque chose » ; et il est vrai que le verbe enseigner doit toujours avoir un complément d'objet... au risque d'être vidé de tout contenu. Mais, à y regarder de plus près, ce n'est pas un complément d'objet mais bien deux que doit avoir ce verbe : « On enseigne toujours quelque chose **à quelqu'un** »... et l'oubli de ce deuxième complément vide, lui aussi, le verbe de tout contenu... ou limite sa signification à l'expression d'une simple fonctionnalité sociale ou d'une intéressante mais dérisoire satisfaction personnelle[60]. Tel que nous le définissons, le moment pédagogique, c'est donc bien l'irruption de ce « quelqu'un », ce quelqu'un que nous oublions si facilement ou ramenons trop vite à un élément anonyme d'un ensemble indifférencié. Irruption parfois violente, événement imprévisible et pourtant éminemment nécessaire, rencontre toujours étonnante à l'image de ce face-à-face que décrit Maurice Blanchot dans la première page de son livre *Le Très-Haut*, quand le personnage principal se fait bousculer dans la foule par un inconnu et n'a de cesse d'obtenir une explication qui rende possible la rencontre :

« – *Quand vous m'avez frappé, vous avez senti que vous deviez le faire, c'était un devoir : je vous défiais. Maintenant vous le regrettez, parce que vous savez que je suis un homme comme vous.*

– *Comme vous ? Cela me ferait mal !*

---

59. *L'homme en proie aux enfants*, page 149.

60. C'est ce que montre avec infiniment de perspicacité et d'humour Jacques Godet quand il analyse le discours d'un responsable de l'Association des professeurs de philosophie de l'enseignement public... l'omission systématique du deuxième complément d'objet du verbe « enseigner » représente pour lui une sorte de déni de « la présence " ici-bas " des élèves concrets » (*Bulletin du GREPH*, novembre 1993, page 8).

– *Comme vous, si, comme vous. À la rigueur, vous pouvez me battre. Mais me tuer, m'écraser, est-ce que vous le feriez ?* Je m'avançai sous son nez. *Si je ne suis pas comme vous, pourquoi ne m'écrasez-vous pas sous votre talon ?* [61] »

Étrange dialogue où les rôles peuvent toujours être inversés et qui renvoie, à notre sens, à ce qui fonde toute rencontre, à ce qui se trame dans ce que nous nommons le moment pédagogique et dont nous venons de voir Albert Thierry faire l'expérience.

Et Thierry, dans sa classe, poursuit sa réflexion : « *En réalité, le plus souvent, je ne m'adresse ni aux Marcel, ni à Léopold, ni à Léon, ni à Henri : je m'adresse à un être de raison ou de déraison, à un fantôme imaginé subtil et savant, à la classe " en tant qu'individualité ", à la Foule* [62] ». Mais la Foule existe bien pourtant, d'une certaine manière : tout enseignant est même contraint de le supposer de temps en temps, au début de l'année scolaire quand il ne connaît pas encore sa classe, ou quand il prépare ses cours, ou même quand il cherche à prendre son élan pour dire quelque chose qui lui tient à cœur, quelque chose qu'il doit à tout prix enseigner. Et il enseignera à la Foule, parfois efficacement, en partageant avec elle le miracle d'une pensée qui se construit, mais parfois aussi de manière dérisoire en passant totalement à côté de ce qu'elle est, veut ou cherche. Il lui arrivera d'installer dans sa classe cette espace de raison où dialoguent l'intelligence du maître et celle des élèves, parfois même à son insu. Peut-être, s'il a la chance d'avoir un public particulièrement demandeur ou attentif, pourra-t-il continuer ainsi toute sa carrière ? Peut-être devra-t-il même continuer ainsi car les risques, sinon, seraient trop lourds pour lui ? Ou bien, de temps en temps, en un éclair fugace, aura-t-il la chance de se retrouver en face de la résistance de l'autre et de pouvoir, grâce à elle, se dégager des facilités rhétoriques, découvrir que ce qu'il dit, même si c'est, pour lui, de l'ordre de l'évidence, même si cela lui procure une jubilation intellectuelle profonde, même si l'immense majorité des élèves de la classe partage cette jubilation, ce qu'il dit reste, pour un seul être, une occasion de souffrance... et qu'il y a donc, à ce moment-là, rupture du lien social ou, à proprement parler, exclusion.

On voit ici le lien particulier qu'entretiennent, pour le pédagogue et dans son champ spécifique, le moment pédagogique et la question du « lien social » : le moment pédagogique est, en quelque sorte, l'alerte qui signale la rupture et l'échec du projet même d'éduquer [63]. Si éduquer, comme le rappelle Jacky

---

61. *Le Très-Haut*, Gallimard – l'imaginaire, Paris, 1988, pages 9 et 10.

62. *Ibid.*, page 124.

63. Certains ne manqueront pas de rapprocher ce que je nomme ici le moment pédagogique avec le moment de la négativité dans la dialectique hégélienne. Ce rapprochement est évidemment possible... à condition toutefois de ne pas penser que le pédagogique sera capable d'accéder à une « synthèse » réconciliatrice et unificatrice comme le suppose la pensée hégélienne. Notre conviction est que le pédagogue ne peut pas être hégélien, au moins en tant qu'il est aux prises avec l'entreprise éducative en actes... il n'accède à une bienfaisante synthèse qu'en quittant le pédagogique pour penser l'éducation du point de vue de Sirius, après coup ou *a priori*, quand il est dégagé des contingences de l'action elle-même.

Beillerot, c'est bien toujours « travailler le lien », « *le lien des générations par la connaissance, le lien des fratries, le lien des ancêtres, le lien invisible des hommes en tant qu'ils sont humains* [64] », le moment pédagogique c'est la conscience brutale de la rupture du lien. L'éducateur a tranché les amarres et l'autre dérive, sans nécessairement appeler au secours, parfois avec la conscience que c'était inévitable, souvent dans la plus totale incapacité de reprendre lui-même la barre et de décider de sa propre voie. Le lien est rompu et ne pourra même plus être délié : la brutalité de la rupture décourage à jamais le soin patient de se dégager soi-même en retissant de nouveaux liens. La violence est toute proche et, avec elle, l'échec de l'entreprise éducative. L'exclusion devient inévitable. Mais que cette exclusion, tout à coup, devienne insupportable et c'est alors que peut se produire le miracle : la compassion ouvre les portes de la recherche de ce qui peut restaurer le lien et ramener un être dans le cercle de l'humain.

Que cela s'accompagne de toute une série de sentiments contradictoires, soit porteur d'un attachement excessif pour les « cancres » ou même que l'enseignant règle, par là, de vieux comptes avec sa propre scolarité et sa propre histoire, voilà qui ne fait ni mystère ni problème. Albert Thierry le sait bien qui se sent menacé quotidiennement par les débordements de l'affectivité et les démons de la culpabilité. Mais il sait aussi que c'est là l'humaine condition et qu'il n'y a rien ici qui puisse entraîner de condamnation irrémédiable. Car la profession, dans sa médiocrité quotidienne, permet alors de ramener les choses à leur juste mesure et de faire en sorte que le moment pédagogique ne prenne pas les proportions d'un drame personnel ou ne paralyse pas toute activité future. C'est que le moment pédagogique, comme son nom l'indique, n'est qu'un moment, un moment qu'il faut être capable, tout à la fois, de prendre au sérieux et de dépasser. Un moment particulièrement chargé d'émotion mais que la « profession » nous permet heureusement de « gérer » sans jamais l'oublier. Un moment étrange comme ces quelques secondes où Albert Thierry, un soir de novembre, découvre les visages d'une nouvelle classe : « *Étrange responsabilité, mystérieuse mission à quoi rien ne m'a préparé : il faut que je vive et que j'excite à vivre !... Saurai-je ? Je prévois des combats nouveaux, des difficultés difformes : surtout je prévois des maladresses, des erreurs, des humiliations. [...] Oubliant mes antiques principes, et la farouche parole du vieux Spinoza, si passionnément admiré au temps de mon stoïcisme : « Si je t'aime, est-ce que cela te regarde ? », je m'écrie au-dedans de moi :*

– Vous m'aimerez, puisque je vous aimerai !

Ils attendent. À présent, je dois parler. Que vais-je leur dire ? [...] Mes lèvres tremblent, un épais mascaret de vie s'enfle dans ma poitrine ; et, tout de suite broyé au laminoir du métier, je prononce à voix mi-basse :

---

64. *Voies et voix de la formation*, Éditions universitaires, Paris, 1988, page 13.

– Prêtez-moi votre livre d'histoire et dites-moi où vous en êtes restés la dernière fois[65] ».

*

* *

Ainsi, tout au long de ce chapitre, nous avons tenté de montrer qu'à côté des discours de toutes sortes sur l'éducation, en marge des débats éducatifs sur la fonction de l'École dans la Nation, il pouvait exister un discours spécifiquement pédagogique qui tente, sinon d'apporter la moindre preuve, du moins de « faire le vrai » sur ce qui se trame dans la relation éducative. Ce discours pédagogique ne rend nullement caduque les débats actuels sur le rôle de l'École dans la constitution du lien social, il n'interdit pas au pédagogue de participer, en tant que citoyen ou même en tant que philosophe, à ces débats... mais il ne lui dicte pas une position qu'il devrait prendre nécessairement « en tant que pédagogue ». Le discours pédagogique se situe sur un autre plan, dans un autre registre, quand un homme qui se coltine la dure tâche d'éduquer des petits d'homme et de leur apprendre ce que la société considère comme nécessaire à leur développement, découvre la résistance de ces êtres et décide de ne pas l'écarter, la nier par décret ou s'enfermer dans son propre délire. Il y a là l'émergence de ce que nous avons nommé le moment pédagogique et que nous allons tenter maintenant de décrire plus en détail.

65. *Op. cit.*, page 87.

2

De l'émotion à l'éthique

Thèse : Le « moment pédagogique » s'exprime dans une catégorie particulière du discours éducatif marquée essentiellement par la sollicitude à l'égard de l'enfance. Cette sollicitude côtoie en permanence de multiples dangers auxquels elle n'échappe que parce qu'elle renvoie à une exigence éthique fondamentale.

Pour qui découvrirait aujourd'hui la plupart de ce que l'on considère comme les grands textes pédagogiques de ces deux derniers siècles, une première constatation s'imposerait : de la *Lettre de Stans* à *Libres enfants de Summerhill*, du *Système préventif pour l'éducation de la jeunesse* de Don Bosco au *Poème pédagogique* de Makarenko, des œuvres de Montessori à celles de Freinet, une même impression domine : il s'agit d'écrits qui s'inscrivent tous sous le signe de la révolte et de la dénonciation ; tous s'insurgent contre le fait que les enfants, dans leur ensemble, sont soumis à un traitement dégradant, que leur jeunesse est gâchée par des éducateurs inconscients et que l'enseignement qu'ils reçoivent les prépare à la soumission, voire à l'humiliation pour leur vie tout entière. « Les enfants sont malheureux » et ce sont les adultes qui font leur malheur ; les enfants sont abîmés par l'éducation qu'ils reçoivent et c'est le sort du monde tout entier qui est compromis par l'inconscience quand ce n'est pas la méchanceté de leurs aînés[1].

---

1. Ainsi, explique Neill, en ouverture de *Libres enfants de Summerhill* : « *Un enfant difficile est un enfant qui est malheureux. Il est en guerre contre lui-même et par contrecoup avec le monde entier. [...] Jamais un homme heureux n'a troublé la paix d'une réunion, prêché une guerre, ou lynché un noir. [...] Tous les crimes, toutes les haines, toutes les guerres peuvent être ramenés au mal de l'âme. Je m'efforcerai dans cet ouvrage de montrer comment ce mal prend racine, comment il détruit des vies humaines et comment, par une éducation saine, on peut l'enrayer* » (Maspéro, Paris, 1972, pages 17 et 18).

Pour le pédagogue, il existerait ainsi une sorte de complot contre l'enfance : quand il faudrait être attentif à elle et mettre tous ses soins à favoriser son développement harmonieux, ceux qui se disent ses éducateurs la feraient crouler sous des exigences absurdes, lui imposeraient une « mécanique inhumaine », un « rythme incompatible avec la démarche naturelle de l'enfant »... Pire encore, « *nous rendons nos enfants bêtes en les parquant dans des étables étroites, sans air ni lumière [...]. Nous les rendons bêtes parce que nous réprimons brutalement toutes tentatives d'émancipation [...]. Mais nous sommes excusables, car notre but n'est point d'éduquer nos enfants ni de les rendre intelligents, mais seulement de les dresser à subir et à accepter, à désirer même la loi du troupeau et de la servitude*[2] » explique Freinet dans un ouvrage où il n'hésite pas à comparer nos écoles à des élevages de poules, voire à des camps de concentration[3], où il évoque les « geôles de jeunesse captive »[4] et dénonce le « laminoir » et l' « encasernement »[5]... avant d'affirmer qu'on pourrait graver aujourd'hui sur la porte des écoles l'inscription que Dante lisait aux portes de l'enfer : « *Laissez ici toute espérance*[6] ».

De toute évidence, le tableau peut paraître excessif et dessert, à bien des égards, par ses excès mêmes, le discours pédagogique dans son ensemble... Sauf, peut-être, à comprendre ce discours comme un genre littéraire particulier, un texte dont le souci premier n'est pas de décrire exactement, et avec toutes les nuances requises, la réalité éducative mais de mobiliser des énergies, de susciter la réaction du lecteur et de le pousser à l'engagement. Une sorte de discours épique, diabolisant un adversaire largement mythique – l' « éducation traditionnelle » – pour exalter une cause dont on dit, tout à la fois, l'urgence première et l'importance essentielle pour l'avenir des hommes. Peut-être s'agit-il tout simplement alors, à travers ces textes pédagogiques, de « se donner du courage » pour tenter une aventure dont la difficulté pourrait bien décourager les meilleures volontés ?

Ainsi, explique Pestalozzi, parlant des orphelins de Stans, « je voulais les dégager de cette fange », les élever, en faire « quelque chose »... mais il doit bien vite accepter l'évidence : « *Les enfants ne croyaient pas aussi facilement à mon amour* »... et même « *toute la confiance et tout le zèle que je déployais ne suffisaient cependant pas pour faire disparaître la sauvagerie des individus et le désordre de l'ensemble*[7] ». Et plus loin : « *Je me tenais au milieu d'eux comme*

---

2. Célestin Freinet, *Les dits de Mathieu*, page 61.

3. *Ibid.*, pages 63 et 64.

4. *Ibid.*, page 65.

5. *Ibid.*, page 67.

6. *Ibid.*, page 112.

7. *Lettre de Stans*, pages 21 et 31.

une créature de l'ordre nouveau qu'ils exécraient. Sinon comme son instrument, du moins comme un moyen mis entre les mains d'hommes que, d'une part, ils associaient à la pensée de leur malheur et dont, d'autre part, les idées, les souhaits et les préjugés, en totale opposition avec les leurs, ne pouvaient en aucun cas les contenter[8] ». Face à cette opposition, Pestalozzi comprend que la contrainte, les sanctions ou la brutalité d'une discipline imposée arbitrairement ne seraient d'aucune utilité : « *Il ne m'était pas possible de leur imposer au premier abord la contrainte rigide d'un ordre et d'une discipline extérieurs, et de les élever intérieurement en leur prêchant des règles et des prescriptions ; si j'avais procédé ainsi, compte tenu du débridement et de la corruption de leur état du moment, ils se seraient éloignés de moi et ils auraient dirigé la force sauvage présente au fond de leur nature contre mes buts*[9] ». L'entreprise s'avère donc d'une extrême difficulté : ces enfants sont là, dans un état d'errance absolue, emplis de préjugés à l'égard de leur éducateur, rétifs à toute contrainte... et, pourtant, il faut bien que Pestalozzi « en fasse quelque chose » : il veut, tout à la fois, leur apprendre à vivre ensemble, leur enseigner l'hygiène et l'alphabet, leur communiquer « *l'amour de tout ce qui est juste et moral* », « *les rendre actifs, attentifs, intéressés, obéissants* » [10], jusqu'à « *obtenir d'eux, dans la marche de la maison, une force d'autonomie chaque jour mieux affirmée* » [11]. Tâche impossible et pour laquelle on comprend qu'il ait besoin de recourir au soutien d'une rhétorique, de se répéter régulièrement l'importance de l'enjeu et de se donner du courage pour tenter d'y faire face.

Or, même quand on n'est pas confronté à des situations aussi dramatiques que celles que doit affronter Pestalozzi, on découvre bien vite, comme lui, que, dès que l'on tente d'éduquer, « ça résiste » toujours, et ça résiste même très fort. Quiconque s'est coltiné la tâche d'éduquer au quotidien dans des situations sociales où rien n'est joué d'avance – c'est-à-dire, au fond, quand l'éducation n'est pas déjà faite –, sait que l'on est en permanence sur la lame du couteau, que l'on peut basculer d'un instant à l'autre dans la folie démiurgique ou la résignation passive. Et, même quand il nous arrive de pouvoir exhiber quelques miraculeuses réussites, nous ne savons jamais vraiment si ce ne sont pas là de dangereux faux-semblants, quelques gesticulations dociles mais provisoires de ceux qui nous sont confiés, la « reproduction » subtile mais implacable d'appareillages économiques et sociaux dont nous ne serions que les spectateurs ou les complices.

Dans ces conditions, si nous voulons continuer à éduquer, il nous faut donc nous donner du courage et on peut faire l'hypothèse que, quelles que soient les formes qu'il emprunte, le discours pédagogique a d'abord ce rôle. Il fonctionne comme une sorte de point d'appui pour manifester ce « courage des commence-

---

8. *Ibid.*, page 25.

9. *Ibid.*, pages 31 et 32.

10. *Ibid.*, page 32.

11. *Ibid.*, page 41.

ments » sans lequel rien ne serait possible ; il manipule une rhétorique particulièrement utile pour accompagner l'action, l'inspirer et la ressourcer en permanence. Son pathétique si souvent dénoncé, sa manière de dramatiser en permanence les situations de l'enfance malmenée ou maltraitée, de stigmatiser les adultes en leur rappelant sans cesse, comme l'exprime si bien Daniel Hameline, que « *l'espèce est malfaisante et, principalement, vis-à-vis de ses enfants*[12] »... tout cela fonctionne comme un rappel implacable de la responsabilité éducative des hommes à l'égard de ceux qu'ils mettent au monde sans trop bien savoir pourquoi. « *L'éducateur est un insurgé* » dit encore Daniel Hameline[13], et sa vertu principale est l'indignation. Mais il est si difficile de s'indigner... de s'indigner vraiment s'entend ! Tant de choses nous sollicitent, tant de justifications se présentent, que nos lâchetés, d'abord clandestines et vaguement coupables, finissent par s'installer au quotidien dans la bonne conscience collective : on ne s'insurge plus, on se syndique ou on a ses pauvres ; on se durcit, on se replie et l'on verse une larme de temps en temps en évoquant les contradictions inévitables... Car s'indigner est infiniment difficile et c'est bien, à proprement parler, une vertu, la seule vertu, peut-être, au sens platonicien du terme, qui soit utile à l'éducateur. Pourtant Platon, comme Rousseau plus tard, récusait la poésie ; il y voyait une dangereuse manipulation des émotions... preuve s'il en est que ni Platon ni Rousseau n'étaient pédagogues : le pédagogue, lui, sait bien qu'il ne peut se passer de l'émotion et que la compassion est constitutive de son action. Le pédagogue sait que le discours pédagogique n'est d'abord ni fonctionnel, ni rationnel ; il sait que c'est avant tout une « poétique mineure » où se ressourcer de temps en temps pour trouver la force de faire échapper l'enfant à toutes les tentations démagogiques, à toutes les facilités de la reproduction, à la misère spirituelle et matérielle où les cantonnent encore bien souvent nos civilisations, même développées.

C'est ainsi que quelques-uns de mes collègues et moi-même, quand nous réfléchissons à la signification sociale de nos conférences, formations ou articles, sommes bien obligés d'avouer – le plus souvent à demi-mot tant la chose paraît inavouable dans le champ universitaire – que ces discours ont surtout pour fonction de redonner courage et confiance aux praticiens. Dans ce qui peut ressembler parfois à de « grandes messes pédagogiques », il s'agit bien de retrouver ensemble la conviction que quelque chose est possible dans la classe, quelque chose qui ne soit pas la simple contemplation résignée de la reproduction sociale, quelque chose qui permette de retrouver plaisir et sens au métier d'enseigner, quelque chose qui aura peut-être – mais il faut être très prudent là-dessus – quelques conséquences sur les attitudes et les résultats des élèves. Et, à bien la considérer, cette fonction sociale des « pédagogues » est loin d'être inutile. Ils n'ont nullement à en rougir, ni même à se laisser impressionner par ceux qui les soupçonnent de faire dans le « réarmement moral » faute de pouvoir faire autre chose[14]. Les nantis, en effet, peuvent regarder tout cela avec le détachement hau-

---

12. *Courants et contre-courants dans la pédagogie contemporaine*, ODIS, Sion, Suisse, 1986, page 128.

13. *Ibid.*, page 125.

tain qui s'impose... sans doute parce qu'ils exercent leur métier dans ces quelques enclaves où les élèves et les étudiants sont déjà éduqués avant même d'entrer dans la classe et ne demandent qu'à écouter religieusement le maître. Eux n'ont pas besoin de retrouver le moindre courage pour repartir tous les matins à la tâche ; ils y obtiennent simultanément la reconnaissance sociale, la gratification institutionnelle et la satisfaction narcissique... mais les autres ?

Que la sollicitude à l'égard de l'enfance soit donc au cœur du discours pédagogique ne fait guère question. Que celle-ci se nourrisse d'une sorte de représentation épique des réalités éducatives afin de mieux mobiliser les éducateurs est, à notre sens, une constante essentielle du discours pédagogique. Que les « pédagos », dans cette perspective, usent et abusent d'une rhétorique parfois facile à des fins qui sont essentiellement militantes est, à notre sens, incontestable.

Mais cela ne discrédite nullement le discours pédagogique. Bien au contraire. Cela le constitue, selon la belle expression de Paul Ricoeur définissant précisément la sollicitude, comme une « *union intime entre la visée éthique et la chair affective des sentiments* » : « *Ce que la souffrance de l'autre autant que l'injonction morale issue de l'autre, descelle dans le soi, ce sont des sentiments spontanément dirigés vers autrui...*[15] » Des sentiments souvent méprisés tant ils apparaissent douteux au regard des motivations rationnelles qui prétendent s'en passer... des sentiments fréquemment soupçonnés d'être de subtiles expressions de notre narcissisme. Mais des sentiments qui contribuent à « desceller dans le soi » un élan vers l'autre, à éroder la suffisance, à alimenter nos énergies éducatives. Des sentiments dont on oublie, comme le souligne encore Paul Ricoeur, qu'ils ne sont pas nécessairement des impulsions brutes tant « *ils ont été puissamment travaillés par le langage, et portés aussi hauts que les pensées à la dignité littéraire* » [16]. Des sentiments que la poésie, le roman et l'ensemble des œuvres artistiques nous permettent d'appréhender sous des formes élaborées et transmises de longue date par la culture. Des sentiments qui s'étalent parfois plus médiocrement et avec une certaine complaisance dans les œuvres des « pédagos »... mais des sentiments que ces textes maladroits nous permettent souvent de regarder en face, plutôt que de les récuser ostensiblement au risque de se laisser manipuler dangereusement par eux ou par d'autres. Des sentiments que les textes pédagogiques nous permettent

---

14. Il faudrait distinguer ici – ce qui n'est jamais fait par nos adversaires – les statuts des discours tenus : on ne peut, en effet, sauf à tout ignorer des théories de l'énonciation, traiter le texte retranscrit d'une conférence devant des militants pédagogiques de la même manière que les recherches dont les résultats sont exprimés dans une thèse ou un article scientifique. Traiter ces discours « à égalité », les comparer, y voir des éléments homogènes que l'on peut combiner sans les distinguer, témoigne pour le moins d'un manque de rigueur particulièrement dommageable au dialogue (c'est un des défauts majeurs, à notre sens, de l'analyse d'Hervé Boillot et Michel Le Du dans *La pédagogie du vide*, PUF, Paris, 1993).

15. *Soi-même comme un autre*, Le Seuil, Paris, 1990, page 224.

16. *Idem*.

de saisir dans leur spécificité – la sollicitude envers l'enfant – mais aussi dans leur ambiguïté et leurs contradictions.

C'est que la « sollicitude » est à entendre ici dans toute la complexité du terme : elle s'inscrit sur un fond d'inquiétude, côtoie le tourment, se manifeste par le souci assumé du devenir de l'autre tout autant que par la volonté de le pousser à agir lui-même, à se mettre en mouvement et à engager sa propre démarche. La « sollicitude », c'est tout à la fois la préoccupation de sa propre part de responsabilité dans le destin de l'autre et la demande qui lui est adressée de prendre, lui aussi, part à son destin. C'est le fait d'être « touché », affecté par l'autre, atteint par la compassion à son égard et de vouloir, simultanément, l'interpeller pour qu'il se mette lui-même en route... Il y a ainsi dans la sollicitude une sorte de tourment étrange qui associe l'altération de soi et l'appel à l'autre, l'inquiétude pour celui que l'on doit éduquer, la volonté de faire quelque chose pour lui... et le sentiment que je ne peux pas le faire à sa place, que je ne peux que le solliciter, précisément, pour qu'il le fasse lui-même. La sollicitude me renvoie ainsi à moi-même et à mon besoin irrépressible de « faire quelque chose pour l'autre »... et elle me met en face de l'impuissance radicale dans laquelle je suis de le faire sans lui, sans qu'il le décide librement : « *Le bien auquel tu veux le faire accéder,* explique Pestalozzi, *ne doit pas être le fruit d'un caprice de ton humeur ou de ta passion, il doit être bon en soi, conformément à la nature de la chose, il doit apparaître comme bon aux yeux de l'enfant*[17] ».

Entendue ainsi, la sollicitude est bien cette « qualité essentielle pour l'évolution psychosociale de l'homme » dont parle le psychanalyste Erik H. Erikson[18]. En tant qu'elle représente « *le souci toujours plus large de faire vivre ce qui a été engendré par l'amour, la nécessité ou la fatalité*[19] », elle renvoie à une des caractéristiques essentielles de l'adulte : « le besoin que l'on ait besoin de lui »[20] : « *Si l'homme a besoin d'enseigner, ce n'est pas uniquement par souci de ceux qui ont besoin de cet enseignement, ni même par désir d'affirmer sa propre identité, mais parce que les faits ne restent vivants que si l'on en parle, la logique si on la démontre et la vérité si on la professe*[21] ». Et ce besoin de l'adulte, cette nécessité qui s'impose à lui pour que ses convictions et ses croyances existent et prennent corps à ses propres yeux, rendent tolérable l'obligation sociale d'assurer l'éducation des générations futures.

Paradoxalement, c'est parce que le devoir social d'éduquer affecte la personnalité de l'adulte, la met en jeu jusque dans ses ressorts les plus intimes, que l'éducation devient une histoire vivante entre des êtres et se dégage de la simple inculcation sociale. Ce processus étrange transforme un devoir purement formel

---

17. *Lettre de Stans*, page 24.

18. *Éthique et psychanalyse*, Flammarion, Paris, 1971, page 135.

19. *Ibid.*, page 136.

20. *Idem.*

21. *Idem.*

– qui risquerait, s'il n'était pas incarné dans la vie d'un être qui se sait lui-même fragile, de basculer dans le dressage – en une aventure qui révèle la vulnérabilité de l'éducateur et l'interdit de suffisance. Quand l'éducation pourrait s'anéantir dans une transmission mécanique, le « besoin que l'autre ait besoin de moi » – ce qu'Erikson nomme la « générativité » – introduit une réciprocité qui « *compense l'ambivalence inhérente à toute obligation irréversible* » [22]. Ce besoin représente cette altération de l'éducateur, cette inquiétude qui l'implique dans le destin de l'autre sans, pour autant, lui donner l'illusion qu'il peut en décider à sa place. Ce besoin est le contrepoint nécessaire à l'arrogance infatuée de celui qui se sait investi d'une mission mais est incapable d'imaginer que cette mission puisse se heurter à la résistance et à la souffrance de ceux à l'égard de qui il doit l'exercer. Car seule la sollicitude, précisément parce qu'elle implique « la chair affective des sentiments », permet à l'éducateur d'être « touché », en ce qu'elle le renvoie à son propre investissement et, donc, à son inévitable fragilité. Elle rend possible l'interpellation par le visage de l'autre, tandis que le devoir formel d' « instruire » le collectif sans se soucier du particulier, assuré du soutien de l'institution et appuyé sur la conviction de la légitimité intrinsèque de sa mission, permet d'écarter comme scorie affective inutile la moindre résistance individuelle. C'est bien parce que j'ai quelque « intérêt » à éduquer, parce que je ne suis pas seulement un agent d'exécution dans une mécanique impersonnelle que le regard de l'autre peut, parfois, interrompre mon discours, mettre en échec mon dispositif et me rappeler ce dont Albert Thierry lui-même avoue avoir si souvent douté : « *l'existence et la réalité des enfants eux-mêmes* [23] ».

Et cela n'est pas simple assurément car les enfants trouvent souvent quelque intérêt à rester dans un tranquille anonymat grâce auquel ils sont assurés eux-mêmes de ne jamais être atteints ni touchés, tandis qu'ils poussent le maître à se dévoiler et savent mieux que personne exploiter ses faiblesses et faire saigner ses moindre blessures : « *Et pourtant, me résignerai-je, s'ils l'exigent, à n'être qu'une machine au service de leurs âmes machinales : l'affreux entonnoir, par exemple, sur eux penché pour vomir dans leurs oreilles les mornes vibrations du bafouillage social ?* ***Ne serai-je jamais un Vivant pour des Vivants ?*** [24] » : « Un Vivant pour des Vivants »... rien de plus difficile sans aucun doute, tant l'engourdissement et la fonctionnalité nous guettent à chaque instant et, avec eux, le danger que l'éducation bascule dans un rapport mortifère. Nous savons bien, en effet, que nous pouvons devenir insensiblement, au fil des jours de routine et de désespérance, « un mort pour des Vivants »... des vivants qui se nourrissent alors sans scrupules de nos manies, de nos passions et de nos obsessions, de nos règlements ou de nos connaissances, sans que rien d'essentiel ne passe ni ne se passe parmi nous. Une simple vampirisation où les plus généreux des maîtres laissent parfois leur peau, où les autres parviennent à se sauver, vaille que vaille, par l'indiffé-

22. *Idem.*

23. *L'homme en proie aux enfants*, page 63.

24. Albert Thierry, *ibid.*, page 48.

rence ou le délire de persécution. Et nous savons aussi que nous ne sommes jamais vraiment garantis contre la tentation d'être « un Vivant pour des morts », épris du seul plaisir de voir progressivement les élèves devenir les fantômes dociles de notre propre esprit... « Un Vivant pour des Vivants », dit Albert Thierry : autrement dit, rien de simple, rien qui ne soit joué d'avance, rien qui puisse se dérouler dans la transparence de deux rationalités qui se déploient, rien qui ne ressemble à une quelconque mécanique d'inculcation. Tout le contraire : la complexité étrange d'une rencontre qui échappe toujours aux descriptions réductrices que les sciences humaines ou le rationalisme positiviste – ici irréductiblement alliés – peuvent en faire.

C'est dire aussi que la sollicitude pédagogique n'est en rien une intention pure, dégagée de toute implication personnelle, une sorte de « sainteté éducative » accessible aux seuls êtres d'exception... Elle est l'expression du fait que le souci de soi et le souci de l'autre sont toujours étrangement mêlés, indissociables, dans un tourment qui permet d'engager, grâce à sa complexité même, une histoire étonnante et singulière avec d'autres êtres humains que l'on veut éduquer et sauver, par là, de l'ignorance et du malheur. Les pédagogues ne sont pas des saints ; s'ils manifestent autant de sollicitude envers l'enfance c'est bien que, d'une manière ou d'une autre, ils y trouvent quelques satisfactions... Et il n'y a rien de condamnable en soi dans cela, bien au contraire ! Mais voilà qui nous invite néanmoins à la plus grande vigilance et à un travail, sans cesse à remettre en chantier, pour « épurer » la sollicitude pédagogique de tout ce qui pourrait la laisser dériver vers le sentimentalisme, de tout ce qui pourrait nous laisser réduire la relation pédagogique – comme on l'a fait trop souvent – au seul « relationnel ». Car la relation pédagogique n'a précisément rien à voir – et nous aurons l'occasion d'y revenir longuement – avec ce que l'on nomme le « relationnel » ; au contraire, elle émerge quand les sujets en présence s'exhaussent au-dessus de la gestion plus ou moins efficace de leurs affects pour accéder à une aventure réciproque, à une reconnaissance de l'autre sans condition, à la disponibilité à son appel et au partage de l'humain dans ce qu'il a de plus exigeant et libérateur à la fois.

La sollicitude pédagogique aux prises avec de multiples dangers

Dès qu'on touche à la sollicitude, en effet, de multiples écueils apparaissent de tous côtés... et, s'il faut éviter de cultiver la nostalgie d'un dévouement parfaitement dégagé de toute velléité narcissique, il n'en reste pas moins nécessaire d'exercer sa vigilance pour écarter de cette sollicitude tout ce qui pourrait représenter un danger pour l'entreprise éducative elle-même.

Et d'abord, au premier rang de tous les dangers, l' « amour », cet amour-passion qui s'empare parfois de l'éducateur au point de lui faire perdre toute mesure. Il ne vit plus alors que dans la fascination de l'autre, dans l'espoir d'une relation duelle privilégiée, d'une réponse à ses demandes, d'un regard dérobé, d'un échange furtif où la complicité va, un instant, permettre une sorte de fusion symbolique dans laquelle chacun des deux partenaires s'anéantira avec délice [25]. Certes, comme le remarque Korczak, pourtant sans illusion sur les investissements affectifs de tout éducateur dans son métier [26], les enfants eux-mêmes sont rétifs à de telles relations : « *Il se peut que tu aimes un enfant d'un amour sans réciprocité. Lui, il veut jouer à la balle, à la course, à la guerre ; toi, tu aimerais lui caresser la tête, le presser contre ta poitrine, ce qui l'irrite, l'agace et l'humilie ; il réagit soit par une dérobade aux manifestations inutiles, soit avec opportunisme, ses bras jetés autour de ton cou, lorsqu'il veut te demander un habit neuf. Ce n'est pas sa faute, seulement la tienne* [27] ». Mais, parfois, l'enfant se laisse prendre et c'est, alors, l'échec éducatif par excellence, la sollicitude entretient la dépendance, devient un moyen de s'attacher l'autre pour ne pas avoir, précisément, à l'éduquer : « *Il y a des moments où l'enfant t'aime d'un amour sans limites, où tu lui es nécessaire comme Dieu aux hommes frappés par le malheur : ces moments-là sont la maladie et les nuits où il fait un mauvais rêve* [28] ».

Frappée par l'amour, la sollicitude devient inquiétante, possessive et menace d'enfermement celui qu'elle prétend aider... Mais, symétriquement, tentée par la curiosité entomologiste, quand elle affecte l'indifférence affective pour se contenter d'accumuler des faits qu'elle croit objectifs, elle devient vite insupportable. On peut, en effet, pour se défier d'une affectivité que l'on soupçonne légitimement de vouloir nous engager sur une pente dangereuse, exprimer sa sollicitude par la volonté insatiable de mieux connaître l'autre, d'en découvrir les moindres ressorts personnels, d'en explorer l'environnement, d'en apprendre toute l'histoire. Cette traque du sujet et de ses particularités prend parfois la forme d'une « attention aux différences » qui se donne comme la vertu cardinale en matière pédagogique... Or, il n'est pas sûr qu'il s'agisse là vraiment d'une vertu : peut-être même sommes-nous ici aux rives de ce qui constitue l'un des dangers majeurs de l'entreprise pédagogique ? Qui ne voit,

---

25. C'est le psychanalyste W.R. Bion qui montre bien qu'un groupe tout entier peut fonctionner, dans l'ordre des affects, avec pour « hypothèse de base » ce qu'il nomme le « couplage » : deux individus ne vivent plus que l'un pour l'autre, cherchant à anticiper et à réaliser le désir que chacun d'eux a de l'autre (cf. *Recherches sur les petits groupes*, PUF, Paris, 1976). La littérature nous présente de nombreux exemples de ce type de fonctionnement pervers de la relation pédagogique, en particulier S. Sweig dans *La confusion des sentiments* qui décrit admirablement l'« emprise » réciproque du maître sur l'élève et de l'élève sur le maître ou H. Hesse, dans *Narcisse et Goldmund*, qui explore la manière dont un enseignant peut « s'implanter » dans la vie intérieure d'autrui jusqu'à la « possession ».

26. Cf. *Comment aimer un enfant*, en particulier page 180 : « *L'éducateur-apôtre. L'avenir de la nation. Le bonheur des générations à venir. Mais, dans tout cela, où est ma vie à moi ? Mon bonheur à moi ?* »

27. *Ibid.*, page 178.

28. *Ibid.*, page 211.

en effet, que l'obsession descriptive et la volonté de tout savoir sur l'élève recèlent de considérables risques d'enfermement ? Sollicité par les typologies caractérologiques à la mode, disposant des catégorisations fournies par la psychologie génétique ou différentielle, perpétuellement tenté de basculer dans la psychanalyse sauvage ou de tout expliquer par les déterminismes sociologiques, l'enseignant peut transformer sa sollicitude en une sorte de traque de ce qui expliquera à coup sûr le comportement de l'élève et permettra donc de le circonscrire. « *Une passion se développe*, explique Mireille Cifali : *connaître l'enfant. [...] Cette quête de savoir s'adresse naturellement aux théories des sciences humaines qui ont comme objectif d'expliquer, par des lois, le fonctionnement de l'humain. L'autre, en sa différence, est alors conçu comme " objet à connaître ", dont on souhaite apprendre la normalité et l'a-normalité*[29] ».

Ainsi « adjectivé », l'enfant acquiert une « personnalité » qui permet d'éluder tout travail commun de transformation et de n'engager avec lui aucune histoire véritable. On lui concède, certes, d'exister dans sa différence, mais une « différence » héritée qui n'a rien à voir avec la différence assumée ou décidée dans laquelle une liberté s'ébauche. L'enfant est ici réduit à un ensemble de déterminations sociologiques et de pathologies ; il devient une somme de données, voire de symptômes. On postule l'inachèvement de la personne en l'engageant dans une éducation ; mais on récuse, par ailleurs, cet inachèvement en définissant sa personnalité comme un « objet de savoirs », c'est-à-dire comme un « objet », tout simplement. Or, un objet, on le transforme et on le manipule : selon les succès ou les échecs que l'on obtient avec lui, on le casse ou on l'exhibe dans une vitrine... mais on ne se laisse pas interpeller par lui ; s'il se dérobe à notre pouvoir ou ne correspond pas à notre attente, on s'en débarrasse ou on le brise : « *Un enfant se dérobe, s'obstine. Rien de ce qu'il fait n'est cohérent. Il faudra bien qu'il change. Reste à trouver les moyens adéquats. La difficulté éprouvée appelle un remède, avec chaque fois à l'œuvre cette volonté absolue qu'il cède...*[30] »

C'est pourquoi, étrangement, il faudrait faire ici un éloge appuyé de l'ignorance de l'autre dans la relation pédagogique : parce que l'ignorance de l'histoire de l'autre est, bien souvent, une chance qui lui est donnée de « repartir à zéro » et de se dégager des déterminismes qui l'enserrent. Parce qu'il y a bien une manière d'ignorer méthodiquement l'ensemble des soucis et des problèmes que trimbale l'élève qui contribue à l'en délivrer, au moins partiellement. Et cette posture étrange – à condition qu' « elle ne s'en laisse pas compter » et s'accompagne d'une lucidité minimale sur ce que l'on décide d'ignorer – peut même constituer une interpellation de son intelligence dont il n'est pas rare qu'un sujet, parfois même contre toute attente, sache s'en montrer digne.

---

29. *Le lien éducatif, contre-jour psychanalytique*, PUF, Paris, 1994, page 37.

30. *Ibid.*, page 57.

La véritable sollicitude : une exigence éthique et non une traque psychologique

L'ignorance, cependant, peut se muer facilement en aveuglement et abolir la sollicitude elle-même ; la suffisance de l'éducateur reprend alors le dessus : il « se suffit » à lui-même, se contemple dans sa position d'éducateur et, indifférent au visage de l'autre et à sa résistance, reprend le cours de ses activités en écartant de lui toute inquiétude. Le souci de soi devient alors premier et, avec lui, la conviction que sa propre jouissance entraîne *de facto* la jouissance de l'autre. Sade et Nietzsche sont passés par là : le souci de l'autre serait faiblesse insigne, symptôme de ma propre impuissance, quête désespérée d'une impossible compensation. Que je cherche, en revanche, et avec toujours plus de hardiesse, ma propre satisfaction, que je revendique l'accès au plaisir et à la jouissance au seul nom de mon droit à y accéder, et la satisfaction de l'autre adviendra peut-être, sans doute même, de surcroît. Dans cette perspective, ma jubilation personnelle, librement assumée sans l'ombre de la moindre culpabilité, permet, seule, d'ouvrir à la possibilité de la jouissance de l'autre[31]... Position solide, s'il en est, et dans laquelle l'enseignant universitaire verse d'autant plus facilement qu'elle semble se vérifier résolument chaque jour, à chaque occasion, quand l'exposé magistral prend son envol et que le plaisir de la pensée du maître, se découvrant dans toute sa force et sa complexité, semble entraîner le plaisir des étudiants et leur donner accès à l'intelligence des choses. Position inébranlable qui évite tout larmoiement, écarte résolument le pathétique et confère à celui qui s'y adonne une virilité indiscutable. Position que seule peut mettre en échec la décision délibérée de se laisser questionner et interrompre par la résistance de l'autre qui « *ne suit pas* » et « *souffre sous ma pensée comme on souffre sous le fer rouge* »... cet autre que je peux ignorer, mépriser, écarter, « mettre en souffrance » ou, au contraire, le laisser me regarder un instant, laisser son visage rencontrer un instant mon regard dans ce que nous avons appelé « le moment pédagogique ».

C'est ainsi que, de notre point de vue, et sans prétendre épuiser par notre interprétation la richesse d'une des œuvres philosophiques essentielles de notre temps, on peut comprendre l'étrange double affirmation d'Emmanuel Lévinas : le visage est, tout à la fois, appel au meurtre et appel à la rencontre... appel au meurtre en ce qu'il m'offre la possibilité de l'écarter et appel à la rencontre en ce qu'il me permet d'interrompre mon soliloque et d'engager avec lui une aventure qui ne soit pas, ou pas seulement, une épreuve de force[32]. « *Le visage n'est donc pas couleur des yeux,*

---

31. C'est bien là la position de Nietzsche telle qu'il l'exprime, en particulier, dans *La volonté de puissance* : « *La relation la plus élevée, c'est encore celle du créateur et de la matière qu'il travaille ; c'est la forme dernière de l'insolence et de la violence. On n'obtient que par ce procédé la forme organique ; de même que le corps dépend des impulsions du vouloir et jouit d'autant mieux de lui-même qu'il est mieux commandé.* » (tome 1, Gallimard, Paris, 1947, page 210).

32. Cf. *Totalité et infini*, Nijhoff, La Haye, 1961, en particulier pages 171 et suivantes, et *Difficile liberté*, Biblio-Essais, Paris, 1988, pages 21 et suivantes.

forme du nez, fraîcheur des joues, etc. » explique Lévinas[33], et Edvard Kovak, analysant son œuvre, poursuit : « *Le visage n'est pas une vision, il ne peut pas être vu, il ne se manifeste pas comme une image mais comme une parole. La détresse du visage est un appel pour moi et sa parole m'assigne avant que je le désigne. En d'autres termes, avant que j'aperçoive le visage, je l'entends. À vrai dire, le visage d'autrui me parle toujours même s'il ne dit rien, il me parle sans mots avec sa seule présence*[34] ». Bien sûr, je peux décider de me rendre sourd à cet appel, d'ignorer cette demande d'une relation éthique qui brise l'indifférence dominante ; je peux me dérober, me cacher, me calfeutrer dans mes certitudes intellectuelles, me replier sur mes fonctions et poursuivre avec une sérénité plus ou moins affectée mon « enseignement ». Qu'importe alors ce qui se passe autour de moi : que mes élèves s'échappent de la classe, organisent sagement une vie sociale dont je suis exclu ou manifestent violemment leur sentiment de ne pas être chez eux. L'exhortation disciplinaire n'aura guère d'effets et je m'accrocherai à mon cours comme à une bouée de sauvetage, histoire simplement de ne pas faire trop mauvaise figure dans une situation que je ne maîtrise plus mais dont je me refuse aussi à tirer les conséquences pour moi-même... Il reste que je peux aussi « décrocher » un instant et, l'espace d'une seconde, apercevoir à quel point la résistance de l'autre m'invite à le rencontrer.

Le rencontrer et non le briser : car là se joue l'éthique elle-même... quand la résistance d'autrui ne me renvoie pas au pouvoir que je pourrais exercer sur lui mais à celui que je dois exercer sur moi. Quand je ne cherche pas à briser la résistance de l'élève mais à briser en moi ce qui suscite cette résistance... la nuance pourra apparaître mince : elle est, en réalité, essentielle[35]. L'éthique c'est, en effet, ce qui me renvoie à ma responsabilité propre, à la manière dont je suis capable d'offrir à l'autre la possibilité d'une rencontre, le bonheur de comprendre et la joie de savoir. La manipulation, c'est tout le contraire : c'est la volonté obstinée de renvoyer toujours à l'autre la responsabilité des difficultés que nous rencontrons ensemble, c'est le désir de le circonvenir ou la décision de le briser pour pouvoir surmonter les obstacles que je rencontre sans être le moins du monde mis moi-même en question.

---

33. *Entre-nous*, Grasset, Paris, 1991, page 262.

34. « Le face-à-face », *Autrement, Le visage*,148, octobre 1994, pages 19-29, page 22.

35. Ainsi, à notre sens, quand Jacqueline de Romilly dans sa *Lettre aux parents* (Éditions de Fallois, Paris, 1994) supplie les parents d'élèves d'engager leurs enfants dans des études classiques et qu'elle s'inquiète de la résistance de ses lecteurs à ses propres propositions, elle illustre parfaitement, avec une certaine naïveté, ce que nous considérons comme le contraire même du moment pédagogique : « *En ce moment, si vous voulez savoir, je suis dans ma maison de Provence. J'écris quelques phrases et je m'en vais faire un tour au jardin ; et aussitôt, j'arrache : les mauvaises herbes, le lierre, le chiendent, j'arrache avec rage, avant de rentrer et de continuer. Or, je crois que c'est là un geste symbolique : j'arrache comme je voudrais arracher la sottise et la paresse de l'esprit de vos enfants, ou comme je voudrais arracher cette obstination, de votre part, à vous conduire comme les moutons de Panurge.* » (page 50). Ces quelques lignes sont infiniment plus éloquentes sur les conceptions pédagogiques profondes de Jacqueline de Romilly que toutes les déclarations qu'elle a pu faire par ailleurs.

Car il y a dans l'éthique, comme fondement de son exigence même, cet excédent irréductible de ma responsabilité sur celle de l'autre : « *Je suis responsable d'autrui, sans attendre la réciproque, dût-il m'en coûter la vie. La réciproque c'est son affaire. C'est précisément dans la mesure où, entre autrui et moi, la relation n'est pas réciproque que je suis sujet. [...] Le moi a toujours une responsabilité de plus que tous les autres*[36] ». Je suis responsable de l'autre et c'est moi que l'autre interpelle par sa résistance, mon rapport intime à mon propre savoir, mon rapport à ma propre parole. C'est moi qui doit engager ce travail sur mon enseignement, c'est moi qui doit me laisser atteindre, toucher, réinterroger sans cesse par le regard de l'autre. C'est dans le statut de ma propre parole que se joue ma position éthique : que j'en fasse un outil de séduction ou de domination, que je m'y accroche et la durcisse quand je sens poindre la résistance d'autrui, que j'élève la voix et bascule dans la violence, que je détourne le regard et laisse apparaître le mépris, que je m'obstine dans la répétition jusqu'à l'absurdité, et mon discours se ferme, devient une sorte de totalité que l'autre ne peut qu'accepter ou refuser dans un rapport de forces d'où toute rencontre et tout partage sont finalement exclus... En revanche, que je reconnaisse en mon discours une proposition qui s'expose à l'intelligence de l'autre, une parole qui, sans rien renier de ses convictions ni de sa démarche, se laisse travailler de l'intérieur par l'exigence de clarté, le souci de rigueur et la volonté d'expliciter toujours mieux et plus les enjeux dont elle est porteuse, que ma parole ne soit pas totalité, clôture, objet fini à prendre ou à laisser, mais s'inscrive délibérément dans l'inachevé et l'inachevable... et quelque chose, alors, peut advenir[37]. Une relation « en vérité », certes jamais pure, jamais vraiment isolable de son contexte institutionnel mais qui l'excède de quelque manière, même fugacement, et esquisse une véritable éthique de la communication pédagogique.

Et l'enseignant, nous en sommes convaincu, éprouve cette différence essentielle de posture, quotidiennement... Briser l'autre, c'est lui imposer de se soumettre à ma pensée et à ma loi, lui imposer d'admettre sans comprendre ou sans comprendre « vraiment », d'accepter ce que je dis comme un donné, un bien que je lui confie quelque temps, jusqu'au jour de l'examen ou du contrôle, quand il pourra me le restituer et que je pourrai vérifier s'il est resté en bon état. Imposer ma loi à l'autre, c'est l'engager dans une relation marchande, une « pédagogie bancaire » comme dit Paolo Freire[38], ou développer chez lui des stratégies de contournement de mes exigences qui sont, le plus souvent, des conditions de survie institutionnelle au moindre coût, selon le vieux principe d'économie de Stuart Mill : « le moins d'efforts inutiles pour le plus d'effets possibles »[39].

---

36. Emmanuel Lévinas, *Éthique et infini*, Fayard-Biblio, Paris, 1982, pages 94 et 95.

37. Cf. Francis Imbert, *Vers une clinique du pédagogique*, Matrice, Vigneux, en particulier pages 130 et suivantes.

38. Voir, à ce sujet, le dernier livre publié en français de Paolo Freire : *L'Éducation dans la ville* (Païdeia, Paris, 1991).

39. C'est bien ce que montrent en effet aujourd'hui certains sociologues, observateurs attentifs de la réalité scolaire et qui soulignent l'importance du « *curriculum* caché » dans l'apprentissage du « *métier d'élève » (cf. Philippe Perrenoud, Métier d'élève et sens du travail scolaire*, ESF éditeur, Paris, 1993).

Tout au contraire, m'attacher en moi à ce qui suscite la résistance de l'autre, c'est explorer sans relâche les obstacles inhérents à mon propre discours, traquer les formulations approximatives, chercher inlassablement des exemples et des dispositifs nouveaux, multiplier les reformulations inventives, les « changements de cadre » comme disent les didacticiens des mathématiques, les « décontextualisations » comme nous disons [40] ; c'est offrir un objet de savoir dont l'autre peut se saisir, pour l'examiner, le prendre dans ses mains, le manipuler, se l'approprier ou le dévoyer, en faire, enfin, « sa chose à lui » parce que j'aurais multiplié les « prises » et ouvert des perspectives qui auront constitué autant de moyens pour lui d'exercer son intelligence [41].

C'est pourquoi il faut tant insister, comme le fait Stella Baruk, sur le travail sur le langage dans l'action pédagogique [42]. Il faut traquer les formulations incorrectes, repérer les ambiguïtés de vocabulaire, les termes qui convoquent des représentations équivoques ou contradictoires. Il faut vraiment « parler » l'enseignement, c'est-à-dire en faire une adresse à l'entendement de l'autre, un entendement qui me contraint – pour peu que je sois attentif à sa résistance – à élucider sans cesse ce que je veux dire, à « mettre à plat » les absurdités sémantiques que je ne vois plus tant elles me sont devenues familières, à expliquer inlassablement ce qui permet de comprendre et donc de partager le savoir que j'enseigne.

C'est en ce sens que nous voulons distinguer fortement ce que nous avons nommé le moment pédagogique de ce que l'on pourrait appeler le « moment psychopédagogique ». Et nous entendons ici par « psychopédagogie » cette attitude qui consiste à penser que les activités éducatives peuvent être « déduites » de l'analyse psychologique préalable de l'élève, tant au plan cognitif qu'affectif. C'est, selon la définition qu'en donne précisément une *Introduction à la psychopédagogie*, « *l'étude du comportement humain et de ses implications éducatives* [43] ». Certes, les auteurs précisent plus loin que « *la psychologie ne répond pas à tous les problèmes pédagogiques* [44] » mais leur manuel (qui exclut toute dimension didactique et toute

---

40. Cf., en particulier « Existe-t-il des apprentissages méthodologiques ? », *Enseigner, apprendre, comprendre – Les entretiens Nathan 1993*, Nathan-pédagogie, Paris, 1994, pages 83 à 118. Ce texte montre comment le changement systématique de contexte, surtout quand c'est l'apprenant lui-même qui est mis en situation de l'effectuer, est susceptible de permettre d'appréhender correctement des connaissances et de statuer sur leur pertinence comme outils de travail dans des situations données.

41. Nous avons montré, dans *L'envers du tableau* (ESF éditeur, Paris, 1993), que l'effort pédagogique pour inventer des remédiations différenciées ne pouvait se nourrir de l'illusion de répondre exactement aux besoins de chacun des élèves, mais pouvait espérer leur proposer une multitude de possibilités d'« accrochage » parmi lesquelles ils pouvaient trouver les moyens d'engager une activité intellectuelle personnelle (voir, en particulier, pages 129 à 140).

42. Stella Baruk donne d'extraordinaires exemples en mathématiques des effets catastrophiques que peut produire le désintérêt à l'égard des questions afférentes à l'usage du langage : comment, par exemple, un enfant peut-il comprendre ce qu'est le sommet d'un triangle ou sa hauteur tant que l'on n'a pas dégagé avec lui ces termes des représentations qu'il en a habituellement quand il les associe à l'image d'une montagne où le sommet est toujours en haut et où la hauteur c'est l'altitude ? (*C'est-à-dire... en mathématiques et ailleurs*, Le Seuil, Paris, 1993).

43. R. Deldime et R. Demoulin, *Introduction à la psychopédagogie*, De Boeck, Bruxelles, 1994, page 5.

44. *Ibid.*, page 206.

analyse se rapportant aux savoirs enseignés) n'en reste pas moins la présentation de méthodes qui permettent d'obtenir d'un sujet un comportement attendu, indépendamment du travail effectué par le maître sur les savoirs, leur cohérence, l'élucidation de leur niveau épistémologique et de la maîtrise de leur formulation. Bien évidemment – et c'est d'ailleurs pourquoi nous qualifions la psychopédagogie d'« attitude » et non de « discipline » – les travaux psychologiques, dans la mesure où ils renoncent à toute velléité prescriptive et tentent de faire la clarté sur la manière dont leurs dispositifs modifient leurs résultats, échappent à cette critique et constituent des corps de savoirs précieux pour éclairer les situations éducatives ou décrire les conditions optimales d'une action de remédiation thérapeutique. Mais la pédagogie n'est pas la thérapie : alors que, dans la seconde, la connaissance précède très largement l'action, dans la première c'est l'action qui rend possible la connaissance ; l'inventivité pédagogique permet d'explorer avec l'élève une multitude de possibles et le savoir, d'objet de transaction y devient progressivement, par un travail obstiné d'élucidation, objet de partage.

C'est ainsi qu'à nos yeux, alors que le moment pédagogique renvoie le maître à son propre rapport au savoir et lui permet d'explorer ce rapport jusqu'à ce que le savoir devienne pour l'élève un objet saisissable, le moment psychopédagogique, lui, consiste à traquer désespérément l'élève, ses pathologies, ses caractéristiques de toutes sortes, à observer son niveau de développement et la nature de ses habitudes mentales, pour se saisir de tout cela et, en prenant appui dessus, implanter en lui les connaissances que l'on souhaite lui « faire apprendre ». Ainsi, le moment pédagogique permet-il la rencontre intellectuelle parce qu'il renvoie le maître à lui-même et aux conditions qui, dans l'exploration de ses propres connaissances, autorise l'autre à se hausser au niveau de ses exigences... alors que le moment psychopédagogique, en croyant prendre l'autre en compte, installe le maître dans un rapport asymétrique qui fait définitivement de l'enfant ou de l'adolescent un « élève », que l'on instruit peut-être, mais que l'on n'invite nullement à s'élever lui-même. Le moment pédagogique est condition de l'éducation en ce qu'il impose de travailler le savoir pour que maître et élève accèdent un jour à une parité de fait à son égard. Le moment psychopédagogique nie la possibilité même de l'éducation puisqu'il constitue le maître en manipulateur professionnel des ressorts psychologiques de l'élève.

Il est clair, évidemment, qu'une telle distinction, affirmée aussi nettement, ne manquera pas de paraître contradictoire avec bien des textes pédagogiques, y compris des textes dont nous sommes l'auteur. N'avons-nous pas invité nous-mêmes les enseignants à chercher inlassablement des points d'appui chez leurs élèves pour tenter d'articuler à ceux-ci les objets de connaissances ? N'avons-nous pas proposé d'inventorier les intérêts, les prérequis, les compétences préalables des élèves pour s'en servir comme des moyens permettant de « greffer » de nouveaux savoirs [45] ? N'avons-nous pas également proposé de construire des dispositifs spécifiques d'apprentissage en groupe en prenant appui sur ce que les psychologues néopiagétiens du

45. C'est ce que j'ai développé, tout à la fois dans *L'École, mode d'emploi* (ESF éditeur, Paris, 1985, pages 128 et suivantes) et dans *Apprendre, oui... mais comment* (ESF éditeur, Paris, 1985, pages 45, 46 et suivantes). C'est ce que me reprochent les auteurs de *La pédagogie du vide* (PUF,

conflit sociocognitif avaient pu observer [46] ?... Certes, certes ! Et il faut bien avouer que cela peut prêter à confusion pour un lecteur pressé de schématiser ou, simplement, inquiet de débusquer partout et toujours les velléités manipulatrices qui risquent de circonvenir la liberté de l'élève. Pourtant, si on prend la peine de regarder nos propositions avec attention, on y verra à quel point nous y affirmons en permanence le primat de l'inventivité sur l'applicationnisme ; on y observera notre insistance sur le fait que toute démarche pédagogique authentique ne peut attendre de connaître les élèves pour agir puisque c'est précisément l'observation des effets de notre action qui permet d'accéder à la connaissance des élèves. Et c'est pourquoi, dès notre premier ouvrage, nous affirmions déjà que « *la démarche pédagogique ne peut, en aucun cas, espérer déduire ses méthodes de connaissances préalables : elle doit se résigner à une inventivité simplement éclairée de quelques modestes " indicateurs de pertinence "... à condition toutefois de répercuter en flexibilité à l'observation des résultats les approximations inévitables dans la prise de décision* [47] ».

Sans aucun doute dirions-nous aujourd'hui les choses autrement, mais en restant fidèle à la même inspiration : « Le travail pédagogique est d'abord un travail de prospection dans les savoirs à enseigner, un travail inlassable pour chercher comment, à partir de leur logique propre, de leur cohérence interne, de leur épistémologie de référence et des contraintes que la situation scolaire leur fait subir, on peut inventer des moyens pour les rendre accessibles à d'autres sujets qu'à ceux qui sont déjà capables de les maîtriser... C'est un travail qui consiste à s'emparer des objectifs d'apprentissage, à les examiner, à les analyser, à les interroger, à les scruter dans tous les sens, à prospecter et prospecter encore leur organisation, à interroger sans relâche leur intelligibilité pour en saisir toutes les nuances, en repérer les articulations, en débusquer les contradictions... jusqu'à ce que plus un seul visage ne se ferme et que, dans la classe, le lien social se construise peu à peu. Chercher, tenter, s'entêter même, à faire comprendre en quoi ce que l'on enseigne est objet d'intelligibilité, ouverture possible à l'exercice de l'intelligence... tout en sachant être attentif à ces visages qui nous alertent sur nos propres limites et nous appellent en quelque sorte à inventer autre chose quand nous basculons dans « *la vanité, l'enivrement d'autorité et le délire* » dont parle Albert Thierry [48]. Être attentif

---

Paris, 1993) Hervé Boillot et Michel Le Du qui, ne m'ayant lu que fort partiellement, récusent l'idée que « *l'on puisse présenter la connaissance des élèves par le maître comme un préalable à l'enseignement* » (page 127)... ce avec quoi nous sommes absolument d'accord et ce sur quoi nous reviendrons une nouvelle fois plus loin, tant il apparaît difficile de faire accepter cette idée par nos lecteurs. Celle-ci apparaît, en effet, incongrue pour les « pédagos » tandis que les détracteurs de la pédagogie ne veulent pas entendre nos positions sur ce point... de crainte, peut-être, de voir s'effondrer la plupart de leurs critiques à notre égard.

46. Cf. la manière dont nous utilisons les conclusions des observations psychologiques d'Anne-Nelly Perret-Clermont (*La construction de l'intelligence dans l'interaction sociale*, Peter Lang, Berne et Francfort, 1979) pour élaborer le dispositif du « groupe d'apprentissage » dans *Apprendre en groupe ? 2 – Outils pour apprendre en groupe* (Chronique sociale, Lyon, 1984).

47. *Apprendre en groupe ? 2 – Outils pour apprendre en groupe*, *ibid.*, page 97.

48. *L'homme en proie aux enfants*, page 124.

à ces visages, au visage de l'élève qui ne comprend pas... parce que ce visage est un appel à ma propre intelligence, une interpellation de ma raison et, à travers ma raison, de l'acte même de construction d'une raison universelle qui s'ébauche dans la classe.

Ainsi c'est bien d'abord le rapport de l'enseignant au savoir qui est interrogé... mais qui est interrogé parce que le visage d'un élève concret vient briser le caractère « suffisant » de ce rapport. Et il faut entendre ici le mot « suffisant » dans sa suggestive polysémie : s'il se dérobe au regard de l'élève, l'enseignant est suffisant, il se suffit à lui-même et méprise la masse de ceux qui « ne suivent pas » ; s'il écarte le regard interrogateur de celui qui ne comprend pas, le maître s'enferme dans la suffisance que le philosophe nomme parfois solipsisme et le psychiatre folie.

En ce sens, le moment pédagogique peut être décrit comme l'instant où l'élève concret, insaisissable dans sa singularité psychologique, et pourtant parfaitement identifiable dans son identité personnelle, **rappelle le savoir à l'ordre des connaissances.** C'est le moment où un sujet, un « nom », interpelle la cohérence d'un discours ou d'un dispositif, non point pour qu'on les adapte à ses « besoins » mais pour qu'on explore devant lui, avec lui, d'autres chemins... pour que le maître prospecte à nouveau le territoire dans tous les sens avec l'obsession d'une rencontre possible à l'horizon. Travail difficile, pour lequel il peut être effectivement utile de disposer de quelques points d'appui mais qui est d'abord, fondamentalement, un travail sur le savoir que l'on enseigne. Et nous disons bien « le savoir que l'on enseigne », particulièrement conscient que bien des difficultés pédagogiques qui se vivent dans les classes au quotidien – nous allons y revenir – tiennent au fait que le maître ne maîtrise que médiocrement le savoir qu'il enseigne et son niveau épistémologique : il maîtrise souvent des savoirs universitaires qui sont à un tout autre niveau de complexité, mais il n'est pas exagéré de dire qu'il lui arrive de ne pas comprendre vraiment la cohérence propre de ce qu'il doit enseigner à ses élèves. C'est pourquoi, s'il n'est pas attentif à leur visage, il les condamne irrémédiablement à l'exclusion.

*

* *

Ainsi avons-nous tenté, dans ce chapitre, d'approcher « quelque chose » qui soit à l'origine du pédagogique et l'avons-nous défini comme cet étonnement devant l'existence de l'autre, le visage de l'élève qui ne comprend pas, n'y arrive pas, ne peut pas ou ne veut pas s'approprier un savoir pour en faire ses connaissances. Et, sans doute, le terme d' « origine » est-il ici inadéquat : le moment pédagogique, tel que nous l'avons défini, pourrait être plutôt une sorte de « noyau résistant » au cœur de toutes les expériences pédagogiques, ce que Jean-Toussaint Desanti considère comme l'objet même de la démarche philosophique, telle que la phénoménologie a pu l'incarner, toujours en quête de la « *dureté même des choses* » [49] et de « *l'entame pour ébranler la dureté de la chose, son étrangeté en quelque sorte* » [50], « *l'entame qui, cassant la dureté massive de la chose, la laisse venir en respectant sa teneur, dans la spécificité du contenu propre* » [51]. Il n'est pas facile de « laisser venir » le pédagogique dans ce qui l'institue, l'inaugure, le rend possible... Nous avons tenté de le faire, convaincu que le lecteur pourra peut-être, lui aussi, faire l'expérience de cette « entame » qui permet, sinon de vraiment comprendre, au moins d'approcher ce sans quoi nul discours et nulle attitude ne peuvent être qualifiés, à notre sens, de « pédagogiques ».

---

49. *Introduction à la phénoménologie*, Folio-Essais, Paris, 1994, page 42.

50. *Ibid.*, page 43.

51. *Idem.*

3

Du « moment pédagogique » à la « démarche pédagogique »

Thèse : Le « moment pédagogique », quand il cherche à devenir opérationnel, se déploie dans une « démarche pédagogique » qui a pris, au cours de la deuxième moitié de ce siècle, deux formes apparemment antagonistes mais, en réalité, profondément complémentaires : l'accompagnement des âmes et l'instrumentation des esprits. De plus, cette démarche paraît enfermer le pédagogue dans un dilemme : circonvenir la liberté ou l'anticiper prématurément.

« *La besogne de l'éducateur sera suffisamment noble et précieuse,* explique Freinet, *si elle permet aux individus de se reconnaître, de se retrouver, de se réaliser, de grandir selon la loi de leur vie. Qu'il ne se mêle point, dieu de pacotille, de modeler les esprits, de les plier à sa fantaisie, pour les conduire il ne sait où d'ailleurs, car nul encore n'a pu nous indiquer avec certitude un autre but à la vie que cette poussée mystérieuse qui est, pour tous les hommes, une raison suffisante de croître et de lutter*[1] ». Ainsi, avoue Freinet, reprenant un thème sans cesse rémanent dans l'histoire des doctrines pédagogiques, le maître doit-il abandonner ses velléités démiurgiques et se mettre au service de la « poussée mystérieuse » qui est là, déjà présente dans chacun des enfants qui lui sont confiés.

Avec raison, beaucoup verront ici, en même temps que l'expression un peu naïve d'une philosophie de l'immanence, la manifestation d'un vitalisme natura-

1. *L'éducation du travail,* Delachaux et Niestlé, Paris, 1978, page 237.

liste dans lequel a baigné très largement le courant de l'Éducation Nouvelle. Les métaphores horticoles, analysées par Daniel Hameline et omniprésentes dans les écrits de courant en témoignent très largement [2]. Mais, pourtant, en dépit des apparences, on ne doit pas y voir l'expression d'une sorte d' « abstention éducative » qui renverrait elle-même à une « psychologie des dons » que le pédagogue regarderait s'éveiller béatement. En réalité, sous une forme très largement déroutante, nous sommes bien en présence ici de la reconnaissance de cette résistance de l'autre sur laquelle s'articule ce que nous avons nommé le « moment pédagogique ». Car, borner ses ambitions éducatives en postulant une « poussée », voire une « nature » sur laquelle l'éducateur n'aurait pas pouvoir, n'est pas nécessairement la preuve d'une résignation ; cela peut simplement signifier qu'en tout état de cause, quel que soit son public et quel que soit le cadre institutionnel dans lequel il exerce sa tâche, l'éducateur doit bien toujours « faire avec »... Il y aurait ainsi, dans la postulation d'un « donné », comme dans la conviction si répandue de la bonté naturelle de l'enfant et la confiance dans ses ressources infinies [3], le témoignage d'une volonté et l'affirmation d'une renonciation : volonté d'éduquer et de faire tout ce qui est en son pouvoir pour que chaque « petit d'homme » accède à ce que les hommes ont élaboré de plus grand, renonciation au dressage sous toutes ses formes, de la plus radicale - la création *ex nihilo* - à la plus banale - le chantage quotidien à la sanction ou au retrait de l'affection [4].

Ainsi s'explique peut-être la fascination des pédagogues – par ailleurs infatigables militants contre toutes les formes de fatalisme – pour les typologies caractérologiques de toutes sortes comme pour les tests ou épreuves censés mettre à jour la « personnalité profonde » de l'individu... Alors que, de toutes parts, « on »[5] veut briser l'enfance dans l'enfant, normaliser ses comportements, lui dis-

2. Daniel Hameline parle de « la grande songerie horticole » (*L'éducation, ses images et son propos*, ESF éditeur, Paris, 1986, page 182) et montre que, loin de se limiter à une métaphore anecdotique, facilitant l'intelligence d'un propos qui serait d'une autre nature, celle-ci renvoie à un «*fonctionnalisme biologique [...] légitimant décisions et évaluation des pratiques au nom d'une " science " qui coïncide avec l'imagerie " psychologiste " dominante : l'enfant d'abord, ses aptitudes, ses dons ; et la jonction, en cet idéal-type, de l'universalité des lois et de la singularité des différences, elles-mêmes attribuables à la nature* » (*ibid.*, page 188).

3. On sait que l'immense majorité des « pédagogues » font ici allégeance à Rousseau... de Pestalozzi, son disciple le plus direct, pourtant affronté à des situations qui pourraient le faire douter de cette « bonté naturelle », jusqu'à Neill (qui se sépare, sur ce point, de Freud pour rejoindre Reich), en passant par Jacotot, Tolstoï, Ferrer, Dewey, Montessori, Claparède, Cousinet, Rogers, etc.

4. Cf. Georges Mendel, qui s'avère, sur ce point, parfaitement dans le sillage des pédagogues en dénonçant dans *Pour décoloniser l'enfant* (Payot, Paris, 1971) toutes les formes d'autorité qui ne seraient fondées que sur la menace de la sanction et la suspension provisoire de celle-ci.

5. Le pronom indéfini « on » est utilisé de manière particulièrement fréquente dans les écrits pédagogiques. Il se trouve ainsi parfois plus de trente fois dans une seule page de l'ouvrage de Freinet que nous avons cité en introduisant ce chapitre, *L'éducation du travail.* Sans doute faut-il y voir l'expression de ce « complot » contre l'enfance que nous avons pointé dans le chapitre précédent comme étant l'une des représentations les plus traditionnelles présentes dans le discours pédagogique.

tribuer des savoirs anonymes... alors que, partout, l'institution scolaire (comprenez « les méthodes traditionnelles ») veut imposer des programmes et des évaluations, le pédagogue, lui, fait place à l'existence de l'élève, entend sa résistance, faite de tous les héritages dont il est porteur, et, sans renoncer pour autant à l'éduquer, retourne la reconnaissance de cette résistance vers lui-même. Il en fait même une interrogation sur sa détermination et sa compétence à transformer des objets de savoirs nécessaires au développement de l'enfant en objets de partage dans une relation éducative : éducative parce que l'élève s'approprie véritablement ce qui s'y échange, qu'il entre par là dans l'intelligence des choses et se dégage ainsi des relations de divination ou de soumission qui régissent trop souvent l'univers scolaire[6].

Étrange réconciliation entre, d'une part, la passion d'éduquer et son volontarisme parfois insupportable et, d'autre part, le respect de la personne, respect naïf, irritant, empruntant des formes philosophiquement et psychologiquement souvent irrecevables, mais qui semble s'imposer comme une sorte d' « impératif catégorique » du discours pédagogique : « *De leurs yeux, de leurs lèvres, descend un torrent où leurs ancêtres passent, où passe et s'écoule cet univers qui les a produits et qu'ils vont reproduire, où moi, tout entier je passe aussi, plus fragile qu'un reflet de nuage dans une écume. Absurde, absurde vanité qui ridiculise en moi mes vieilles angoisses, avec la ferveur aveugle de ma logique, pour soumettre à mes digues ces libertés et ces fatalités inépuisables, j'ai deux ans durant tâché de " faire des âmes "*[7]. « Faire des âmes » et s'évertuer, pour cela, à inventer de nouvelles méthodes, à mettre en place de nouvelles situations, à exhorter régulièrement la classe avec toute la conviction dont on est capable, à lui enseigner les principes sans lesquels l'individu n'est que le produit « *des déterminismes les plus sordides* ». « Faire des âmes » : projet présomptueux s'il en est, mais projet qui reste tolérable tant que le maître reconnaît la difficulté de l'entreprise et accepte la résistance de l'élève concret à ses tentations démiurgiques. Projet totalitaire d'émancipation forcenée, conduite à la baguette au nom du « bien suprême », de la « civilisation » ou de la « vérité », projet capable de s'aveugler sur ses propres contradictions, de basculer dans la folie et la violence si rien ne vient l'interrompre. Projet qui suppose, pour être tolérable, que la résistance de l'autre me renvoie à ma propre responsabilité, à l'interrogation sur la légitimité de ma démarche, à ma capacité à expliquer, à convaincre, à faire adhérer par le seul pouvoir de mon argumentation, par la clarté de mon explication ou la rigueur de mon dispositif.

Ainsi, le moment pédagogique peut-il être compris comme cette rencontre exigeante de deux personnes qui s'engagent dans une partie où rien n'est joué d'avance et où la « dureté » de l'objet de la transaction, sa cohérence interne, sa

---

6. Sur ce point et ce que j'ai appelé la « pédagogie du sourcil », voir Jean-Pierre Astolfi, *L'école pour apprendre* (ESF éditeur, Paris, 1992, en particulier pages 22 et suivantes) et Philippe Perrenoud, *Métier d'élève et sens du travail scolaire* (ESF éditeur, Paris, 1994).

7. Albert Thierry, *L'homme en proie aux enfants,* page 156.

structure propre régulent en permanence la relation. C'est en cela que le moment pédagogique, s'il renvoie inévitablement à une relation entre deux partenaires, n'a rien à voir avec le « relationnel » conçu comme la seule empathie réciproque de deux subjectivités qui s'épanchent. Ce qui sépare irrémédiablement le « relationnel » du « pédagogique » c'est la « prise sur l'objet de la transaction interindividuelle », le travail commun d'élucidation de ce qui doit se comprendre dans ce qui se dit, de ce qui doit se partager dans l'intelligence de ce qui se transmet. Le « relationnel » considère toujours plus ou moins le didactique – et, plus généralement, toute forme d'interposition des savoirs – comme un brouillage, un obstacle à la transparence rêvée des rapports humains. Le « pédagogique », lui, considère les apprentissages comme une chance pour que la relation ne s'englue pas dans les pièges affectifs et la tentation fusionnelle mais se hausse à un niveau d'exigence où l'explicitation sans cesse réélaborée de ce qui s'échange élève les interlocuteurs au rang de sujets qui s'estiment progressivement dignes du partage qu'ils engagent.

C'est ainsi que l'on peut rencontrer, parfois, des enseignants qui « récupèrent » au relationnel les échecs de leur pratique didactique... Ils se livrent alors, avec leur classe, sur des projets insignifiants, à des échanges sans véritable valeur intellectuelle, mais avec le sentiment de remplir d'autant plus leur tâche qu'ils sont payés en reconnaissance immédiate de la part d'enfants et d'adolescents fascinés quelque temps – mais rarement très longtemps – par l'illusion d'une relation de plain-pied avec l'adulte. Symétriquement, on rencontre aussi des enseignants qui, tout imbus de leurs savoirs universitaires, les imposent à des classes qui n'y voient que logorrhée sans portée ni intérêt véritables, ou même simple occasion pour l'adulte de dominer un groupe d'enfants soumis au pouvoir institutionnel sans partage d'un maître que ses diplômes mettent au-dessus de toute critique.

À l'écart de ces deux tentations, le pédagogue pourrait donc se définir comme celui qui « travaille sur le savoir qu'il enseigne »... Belle banalité, dira-t-on ! Sans aucun doute... mais banalité essentielle tant ce travail est peu fait par beaucoup d'enseignants, tant il est ignoré par la plupart des institutions de formation de maîtres, alors qu'à notre sens, c'est ce travail-là qui fait toute la différence. « Travailler sur le savoir que l'on enseigne », c'est d'abord être attentif à la spécificité épistémologique de ce que l'on est chargé d'apprendre à des élèves d'un niveau scolaire déterminé (la physique que l'on enseigne en quatrième n'a pas grand-chose à voir avec la physique très mathématisée de l'université) ; c'est comprendre aussi les principes organisateurs de la discipline considérée en fonction des impératifs des programmes (l'histoire n'est pas organisée de la même manière – autour de la même « matrice disciplinaire » – à l'école primaire et en terminale : la notion de « cause », par exemple, n'y renvoie pas au même paradigme) ; c'est également identifier les objectifs-noyaux dans leur spécificité et leur complexité (toutes les notions grammaticales apprises en français n'ont guère de sens si elle ne sont pas rapportées à la notion de phrase qui, elle, ne fait que rarement l'objet d'un apprentissage spécifique... tout au plus apprend-on à reconnaître une phrase, rarement à la fabriquer !)... et l'on pourrait ainsi multiplier les exemples. L'on pourrait montrer à quel point les savoirs académiques universitaires avec lesquels l'enseignant arrive dans la classe, qu'il maîtrise relativement bien, doivent être interrogés, travaillés, repris, explicités, sans cesse réélaborés avec les élèves à qui ils sont destinés[8].

Or, ce travail ne peut être réduit, à notre sens, à une opération formalisée de « transposition didactique », telle que l'a décrite Yves Chevallard[9]... opération anonyme qui cherche la bonne distance entre un savoir trop proche des savoirs sociaux (qui dévaloriserait le maître) et un savoir trop proche du savoir savant (qui serait dénoncé comme éloigné des préoccupations des enfants), opération qui permet d'assurer la programmabilité des savoirs scolaires, de les inscrire dans un rapport social et de les soumettre à des évaluations étalonnées... opération de « désyncrétisation » du savoir qui rend possible sa décontextualisation et favorise sa diffusion la plus large. Or, l'ensemble de ce processus de transposition didactique est, sans doute, un phénomène observable par les didacticiens qui analysent les transformations que subissent les savoirs savants quand ils sont enseignés dans la classe ; et il est, sans aucun doute, utile de les suivre sur ce terrain pour mieux comprendre la spécificité des savoirs scolaires comme il est essentiel de compléter leur analyse, comme le fait Michel Develay[10], en introduisant les « pratiques sociales de référence » et en se posant la question de l'écart entre le savoir enseigné et le savoir réellement appris par les élèves.

Mais tout cela ne peut, en aucun cas, permettre de faire l'impasse sur le travail d'exploration personnelle des savoirs enseignés, travail pour lequel l'interpellation de l'élève concret est absolument essentielle comme la décision du maître – décision éthique, nous l'avons vu – de réinvestir le champ de ce qu'il transmet jusqu'à ce que les connaissances qu'il maîtrise soient saisissables par cet élève concret. Car, aucun processus formalisé de transposition, si sophistiqué soit-il, si attentif soit-il aux apports de la psychologie, de la sociologie et de l'épistémologie scolaire, ne peut ici se substituer à la décision du maître d'entendre la résistance de l'élève et de reconsidérer ce qu'il a à lui transmettre pour que cette transmission donne prise à l'élève sur l'objet de leur transaction... Aucune information ni même aucune formation didactique, n'engageront mécaniquement ce mouvement éthique, quand le maître voit enfin « *le Marcel brun souffrir sous sa pensée comme on souffre sous le fer rouge* » et que, cette vision lui devenant tout à coup insupportable, il prend le parti de s'interroger sur ce qu'il dit et sur la

---

8. C'est pourquoi l'ouvrage coordonné par Michel Develay, *Savoirs scolaires et didactiques des disciplines : une encyclopédie pour aujourd'hui* (ESF éditeur, Paris, 1995) est si important : il s'attache, en effet, à élucider les caractéristiques spécifiques, sur le plan épistémologique, des savoirs enseignés, les principes organisateurs de ces savoirs et les conséquences didactiques que l'on peut en tirer. Il constitue un véritable outil d' « intelligence des situations d'enseignement » qui devrait permettre aux maîtres d'effectuer ce « travail sur le savoir que l'on enseigne » que nous appelons de nos vœux.

9. Cf., en particulier, *La transposition didactique, du savoir savant au savoir enseigné*, La Pensée sauvage, Grenoble, 1985 et (en collaboration avec M.-A. Johsua) *Les processus de la transposition didactique et leur théorisation*, La pensée sauvage, Grenoble, 1991.

10. Cf. *De l'apprentissage à l'enseignement, pour une épistémologie scolaire*, ESF éditeur, Paris, 1992.

manière dont il le dit afin que la transmission ne soit plus une occasion d'exclusion mais bien un moyen de partage.

Entre le pathétique et le technologique

Ainsi que je viens de le définir, comme travail sur la résistance du sujet à la volonté même de l'éduquer, le discours pédagogique est assez facilement repérable dans l'histoire des idées et, si on peut en discuter l'intérêt, la portée, la valeur, on ne peut guère en critiquer l'opacité ou les arrière-pensées. Les pédagogues que j'ai cités plus haut, de Pestalozzi à Freinet, ne s'embarrassent guère, d'ailleurs, de précautions oratoires ; ils disent ce qu'ils ont à dire en durcissant plutôt le trait et en manipulant sans scrupules une rhétorique où l'emballement épique se veut bien au service d'une intention fondatrice : **installer l'acte éducatif dans sa contradiction fondatrice, là où se heurtent des projets contradictoires et pourtant parfaitement légitimes, là où la volonté d'instruire bute sur l'histoire, le désir, l'incompréhension de celui qu'elle doit délivrer.**

C'est pourquoi tant de textes pédagogiques ressemblent à *La Chanson de Roland*... on y retrouve cette lutte insensée entre des forces qui dépassent, et de très loin, les protagonistes en présence, cette scansion du récit qui le fait sans cesse rebondir au-delà des événements qui auraient pu le clore, ces reprises de thèmes en de multiples variations, ces appels aux procédés mnémoniques et aux formules incantatoires, cette volonté étrange de « faire définitif » tout en sachant que le définitif n'est pas encore là et que même, peut-être, il n'adviendra jamais. Makarenko et son *Poème pédagogique*, Neill et *Libres enfants de Summerhill* comme Freinet et *Les Dits de Mathieu* empruntent à l'épopée ce goût de la mise en scène, cette volonté d'installer, en un combat aux proportions de l'univers entier, l'entreprise pédagogique, ce souci d'emporter l'adhésion en forçant le trait et en amplifiant les conséquences du moindre geste, ce parti-pris de placer au cœur du discours ce rapport unique entre un être déterminé à éduquer et un être qui résiste à cette volonté et à l'égard duquel le pédagogue appelle à une tendresse étrange. Car, c'est une tendresse qui ne renonce pas à l'éducation – y compris quand celle-ci prend la forme, comme chez Pestalozzi, d'un arrachement nécessaire à « la fange »[11] – mais c'est une tendresse qui ne se résigne jamais à ce que cet arrachement soit une violence faite à l'autre. C'est une tendresse qui renvoie sans cesse l'éducateur à sa propre capacité d'emporter l'adhésion et de susciter l'intelligence. Et c'est bien cette tendresse que l'on peut observer chez Albert Thierry, dans ses étonnantes confessions, comme chez Korczak, dans ses textes

11. *Lettre de Stans*, page 21.

pédagogiques aussi bien que dans ses romans pour enfants [12]. C'est une tendresse militante qui se veut contagieuse et n'hésite pas à mobiliser tous les artifices de la rhétorique pour parvenir à ses fins... La double racine du mot « épopée » trouve ici sa véritable portée : elle est, à la fois, parole (*epos*) et action (*poiein*), action de la parole et parole pour l'action[13]. Et n'est-il pas particulièrement significatif, à cet égard, qu'une récente édition des écrits pédagogiques de Sébastien Faure soit précisément précédée d'un texte intitulé « Pour le centenaire d'un orateur » [14] ?

À bien des égards, et jusqu'il y a encore quelques années, les choses étaient donc claires et aucun de ces auteurs pédagogiques que nous venons d'évoquer ne se revendiquait comme un « scientifique »... littéraires ils étaient, littéraires ils s'assumaient. Ce qui complique la situation aujourd'hui, depuis un peu moins d'un siècle, c'est que le discours pédagogique s'avance maintenant masqué, empruntant des formes qui lui étaient jusque-là étrangères, se métamorphosant contre toute attente en utilisant des oripeaux qui ne lui conviennent guère et qui vont très largement contribuer à brouiller les cartes. Certes, à y regarder de près, la sollicitude reste première, fondatrice, mais celle-ci va prendre deux formes radicalement différentes : « l'accompagnement des âmes » et « l'instrumentation des esprits », la première se drapant dans un discours aux consonances psychosociologiques, politiques, voire religieuses, la seconde empruntant toutes les caractéristiques du discours technocratique.

La première forme de sollicitude – l'accompagnement des âmes – s'exprimait traditionnellement à travers les velléités éducatrices des « grands éducateurs » ; on y insistait sur la valeur de l'exemple et sur l'importance de l'attitude de l'éducateur : un amour dégagé d'exigence de réciprocité, l'*amorevolezza* disait Don Bosco [15], « l'amour libérateur » dont parlait Korczack [16]. Mais, depuis quelques dizaines d'années, ces termes-là sont tombés en désuétude ; sans doute en avait-on abusé pour camoufler quelques relations suspectes, voire perverses, que la psychanalyse est venue opportunément débusquer. Mais, est-ce à dire que les réalités ainsi désignées ont, pour autant, disparu ? Cela est peu probable. Elles s'expriment aujourd'hui à travers une psychologie à dominante rogérienne qui est devenue, depuis les années cinquante, la vulgate inévitable des éducateurs et travailleurs sociaux. Congruence, empathie, considération positive

12. Le plus célèbre est *Le roi Mathias 1er*, ouvrage dont le pessimisme pathétique est parfaitement en concordance avec la volonté de Korczak de « mobiliser le monde entier », comme il le disait lui-même, au service d'une enfance en danger.

13. Cf. *Dictionnaire historique de la langue française*, sous la direction d'Alain Rey, Éditions Robert, Paris, 1992, tome 1, page 711.

14. *Écrits pédagogiques de Sébastien Faure* (Éditions du monde libertaire, Paris, 1992). Il s'agit du texte de la conférence de René Louzon célébrant le centenaire de la naissance de Sébastien Faure.

15. Cf. Xavier Thévenot, « Don Bosco éducateur et le système préventif », *Éducation et pédagogie chez Don Bosco* (sous la direction de Guy Avanzini, Éditions Fleurus, Paris, 1989, pages 95 à 134) : *« L'affection éducative est celle qui ouvre un chemin qui permette de détacher l'éduquant de son éducateur ».*

16. Cf. *Comment aimer un enfant*, Robert Laffont, Paris, 1978, en particulier pages 211 et suivantes.

inconditionnelle, qualité de la relation d'écoute, importance de la reformulation, présence désintéressée... il y a là autant de « concepts » et d'attitudes dont on peut observer la valorisation systématique dans le discours pédagogique, au point que celui-ci se confond même, pour certains, avec le « discours psy » et qu'il se résume à un patchwork mêlant sans distinction Carl Rogers, Françoise Dolto, Jacques Salomé et quelques autres, dans une hypothétique et introuvable « théorie du développement personnel ».

On comprend ainsi la méfiance qui peut apparaître chez les enseignants dès qu'on évoque le terme de « tutorat » et les inquiétudes très fortes des ténors syndicaux dès que l'on suggère la possibilité de s'intéresser dans l'École à la socialisation des élèves... « *Les enseignants ne sont pas des assistantes sociales* » réaffirmait récemment, une nouvelle fois, la responsable d'un grand syndicat d'enseignants français. Autrement dit : « Nous ne voulons pas voir dissoudre nos tâches d'instructions, essentielles à nos yeux, dans des pratiques sociales d'assistanat imprégnées de toute une idéologie " psy " issue de sciences humaines maladroitement vulgarisées ». On peut comprendre une telle réaction de défense... Après tout, les choses étaient plus claires avant d'être ainsi « psychologisées » : les tâches d'instruction pouvaient parfaitement rester premières, on reconnaissait simplement qu'elles n'étaient possibles, précisément, que dans la mesure où elles s'arc-boutaient sur une sollicitude fondatrice... une « morale » comme disaient les grands ténors de la pédagogie républicaine d'il y a un siècle.

La deuxième forme de sollicitude – l'instrumentation des esprits – se manifeste, elle, dans le discours pédagogique, à travers toutes les expériences qui se veulent plus ou moins inspirées par la technique ou par la « rationalité ». Certes, là encore, on pourrait trouver des précurseurs : des premiers outils didactiques d'Itard jusqu'à l'organisation minutieuse de la « leçon » d'Herbart... des premiers efforts pour organiser, dans les salles d'asile, un milieu favorable au développement de l'enfant jusqu'aux dispositifs didactiques les plus sophistiqués construits dans le sillage de Piaget[17], c'est bien une même intention qui se développe : celle de maîtriser la construction de l'intelligence. Mais ces travaux restaient encore acceptables en ce qu'ils semblaient tolérer une large part d'aléatoire, affirmaient d'emblée leur modestie, tant dans leur projet (on convenait assez que les apprentissages qu'ils visaient étaient limités à des acquisitions instrumentales de base) que dans leur public (qui était, le plus souvent, constitué d'enfants très défavorisés, voire handicapés, avec lesquels toute autre forme d'enseignement avait échoué). Ils étaient surtout acceptables dans la mesure où ils ne remettaient pas en cause la part essentielle du maître qu'ils contribuaient même (comme cela est manifeste pour Herbart dont les cinq étapes de la leçon sont pourtant très formalisées) à renforcer. Et, évidemment, à travers la place du maître, c'est bien le caractère

---

17. Il y en a, en réalité, assez peu ; l'ouvrage le plus significatif est, à cet égard, celui d'Hans Aebli, *Didactique psychologique : application à la didactique de la psychologie de Jean Piaget* (Delachaux et Niestlé, Neuchâtel et Paris, 1951).

absolument central et irréductible de la rencontre entre des intelligences qui était mis en valeur, réduisant ainsi « l'arsenal technologique » à un appui secondaire.

Or, le changement essentiel, sinon dans le fond au moins dans la forme, intervint avec l'irruption dans le champ pédagogique de ce que l'on va appeler « la pédagogie par objectifs » puis « la pédagogie de la maîtrise » [18]. Car il s'agit là, apparemment tout au moins, d'une tout autre ambition : il est question de faire subir à l'ensemble des savoirs scolaires un traitement très particulier, à l'issue duquel des objectifs formulés en termes de comportements observables et situés de manière linéaire, les uns derrière les autres, permettent d'espérer que tous les publics vont pouvoir – ce ne sera qu'une question de temps et de technologie ! – accéder à l'ensemble des connaissances humaines... La chose est d'autant plus préoccupante qu'en dépit de ses incontestables apports (clarification du rapport pédagogique, retour à une saine modestie après l'enflure maximaliste de la période non directive, outil précieux pour une individualisation des parcours de formation et pour une gestion plus claire des dispositifs d'évaluation), la pédagogie par objectifs paraît présenter de graves dangers pour l'action pédagogique : elle s'appuie sur un behaviorisme contesté dans le champ psychologique lui-même, n'hésite pas à souligner sa parenté avec l'enseignement programmé et avec un déterminisme skinnerien à bien des égards indéfendable, évacue les objectifs de haut niveau taxonomique, fait l'impasse sur la complexité des opérations mentales, contribue à définaliser les savoirs et à atomiser la relation pédagogique.

Ces dangers ont d'ailleurs été dénoncés très tôt par ceux-là mêmes qui contribuaient à introduire, avec d'infinies précautions, cette technologie : dès 1976 et la publication dans les *Cahiers pédagogiques* d'un texte de Daniel Hameline qui sera maintes fois réédité [19], celui-ci alerte les zélateurs de la pédagogie par objectifs sur les « limites » et les « grands inconvénients » de cette « méthode ». Il reprendra plus systématiquement cette analyse dans son ouvrage de synthèse [20] où la clarté de la présentation ne peut donner le change sur la distance prise par l'auteur à l'égard de son objet. Un peu plus tard, d'autres, comme Linda Allal [21] ou moi-même n'ont pas manqué de faire remarquer que le behaviorisme latent de la pédagogie par objectifs comportait de « *terribles dangers, pas si*

---

18. Apparue aux États-Unis avec les travaux de B.S. Bloom qui s'efforcent, dès les années cinquante, de configurer des taxonomies d'objectifs pédagogiques dans les trois domaines cognitif, socio-affectif et psychomoteur, popularisée par des « manifestes » comme ceux de R.F. Mager qui voit dans la définition des objectifs le moyen de résoudre tous les problèmes de l'enseignement (y compris la délicate question de la motivation des élèves), la pédagogie par objectifs a d'abord été diffusée en langue française grâce aux travaux de G. et V. de Landsheere : *Définir les objectifs de l'éducation* (PUF, Paris, 1976).

19. « Formuler des objectifs pédagogiques : mode ou voie d'avenir ? « , *Cahiers pédagogiques*, 1976,148-149, pages 21 à 45.

20. *Les objectifs pédagogiques en formation initiale et continue*, ESF éditeur, Paris, 1979.

21. *L'évaluation formative dans un enseignement différencié*, L. Allal, J. Cardinet et Ph. Perrenoud, Peter Lang, Berne et Francfort, 1979, pages 130 à 156.

étrangers que cela aux spéculations futuristes les plus pessimistes » [22] ; ils ont tenté de faire connaître les travaux de Louis d'Hainaut ou de Robert Gagné qui s'efforçaient de se dégager du behaviorisme pour élaborer des modélisations plus ouvertes, où les objectifs demeuraient des outils de régulation de l'action pédagogique mais où l'on renonçait définitivement à « enseigner par objectifs » [23]. Mais les adversaires des pédagogues n'ont guère prêté attention aux inquiétudes et aux mises en garde de ceux qui contribuaient à installer la pédagogie par objectifs... Ils n'y ont vu que l'immense danger d'une entreprise technocratique de dressage compromettant l'idée même d'une éducation possible [24].

---

22. Philippe Meirieu, *Apprendre en groupe ? 1 – Itinéraire des pédagogies de groupe*, Chronique sociale, Lyon, 1984, page 169.

23. Louis d'Hainaut, *Des fins aux objectifs de l'éducation*, Labor et Nathan, Bruxelles et Paris, 1977. Robert Gagné, *Les principes fondamentaux de l'apprentissage*, H.R.W., Montréal, 1976.

24. Il faut reconnaître, à leur décharge, que les « formateurs » n'ont pas toujours pris – et cela en raison du caractère relativement improvisé de la mise en place de la formation continue des enseignants – toutes les précautions nécessaires. Pour comprendre comment cela a été possible, il faudrait, sans doute, faire un détour par l'histoire de la formation des maîtres et, en particulier, étudier de très près ce qui s'est passé, en France, avec la création, en 1982, des MAFPEN (Missions académiques à la formation des personnels de l'Éducation nationale créées à la suite du rapport remis par André de Peretti au ministre Alain Savary). Avant la création des MAFPEN, il n'existait guère, en effet, de formation continue des enseignants autre que dans des registres strictement disciplinaires et sous forme de conférences pédagogiques ; les corps d'inspection étaient les seuls à être reconnus comme « formateurs institutionnels ». Or, le besoin d'une formation pédagogique (en particulier autour du thème des apprentissages et de la différenciation pédagogique) se fit sentir très vite sous la pression, en particulier, de la mise en place de la rénovation des collèges. Les MAFPEN firent donc appel, pour intervenir dans les établissements scolaires, à un profil d'enseignants bien particulier : il s'agissait de militants pédagogiques ou syndicaux (essentiellement, dans ce cas, militants du SGEN, syndicat de la « nouvelle gauche », ouverts aux propositions pédagogiques et largement inspirés du christianisme social) ; ces militants étaient des *leaders* dans leur établissement, des animateurs d'équipes de terrain, plus rarement des membres de groupes de recherche en didactique des mathématiques constitués dans les IREM (Instituts de recherche sur l'enseignement des mathématiques qui existaient depuis plusieurs années et dont beaucoup de directeurs devinrent chefs de MAFPEN). A de très rares exceptions près ces formateurs n'avaient pas de formation universitaire dans le domaine des sciences humaines ; ils ignoraient, pour l'essentiel, l'histoire de la pédagogie et, s'ils avaient quelques convictions sur la nécessité de démocratiser l'accès aux savoirs, de « partir de l'enfant et de le mettre en situation d'activité », de « créer des situations d'apprentissage » plutôt que de se contenter de situations d'enseignement... ils ne disposaient ni d'outils théoriques ni d'outils de formation pour mettre en œuvre ces convictions et, *a fortiori*, pour les mettre en perspective.

Dans ces conditions, ils utilisèrent très largement quelques textes, relativement peu nombreux, disponibles sur le marché éditorial et accessibles aux enseignants sans trop de soubassements théoriques. Plusieurs enquêtes menées par l'INRP, sous la direction de Christiane Etévé (voir *Pour une bibliothèque idéale des enseignants*, INRP, Paris, 1990 et la thèse de Christiane Etévé : *Le cas des minorités lectrices dans les établissements scolaires*, soutenue en 1983), montrent bien quels étaient ces textes : les ouvrages d'Antoine de la Garanderie, de Louis Legrand, d'André de Peretti et de moi-même, auxquels il faut ajouter les fiches qui parurent à l'époque à un rythme soutenu dans les *Cahiers pédagogiques*. Ces textes n'étaient pas mauvais et il n'est pas question de les renier aujourd'hui ; ce qui, en revanche, est patent est le fait qu'ils apparurent comme une nouvelle « bible pédagogique » et qu'ils furent utilisés sans que l'on en dégage suffisamment les enjeux et les limites. Paradoxalement, l'effort que nous avions été quelques-uns à faire pour élaborer un langage pédagogique « intermédiaire », à égale distance des ouvrages purement spéculatifs et des livres du

Or, les deux modalités du discours pédagogique que nous venons d'évoquer rapidement, dont on peut suivre la trace dans l'histoire des doctrines pédagogiques depuis un demi-siècle, qui s'entrecroisent avec plus ou moins de bonheur chez bien des auteurs et qui ont été si magistralement théorisées par Daniel Hameline[25], sont, en réalité – et il est important de ne jamais le perdre de vue – l'expression d'un même projet envers l'enfance. D'ailleurs, si on lit d'un peu près les textes des auteurs que nous venons de citer, on ne manquera pas de découvrir, au détour d'une phrase ou au cœur d'un ouvrage, quelques-unes de ces « professions de foi » que j'ai évoquées plus haut. Il faut une grande cécité pour ne pas voir, à travers ces métamorphoses du discours pédagogique, que se poursuit, sous des formes nouvelles, une tradition bien établie, une tradition de sollicitude envers l'enfant qu'il faut aider à grandir et vers lequel l'adulte, au sens propre et au sens figuré, doit se pencher pour entendre ce qu'il a à lui dire et engager avec lui une éducation qui ne soit pas dressage.

Mais, précisément, le fait majeur de ces deux dernières décennies, en matière éducative, nous apparaît être la récusation toujours plus violente des deux formes de sollicitude que nous venons de décrire, l'affirmation toujours plus vive et plus dure qu'il ne faut pas « se pencher » vers l'enfant, que cela est une faiblesse inexcusable, le signe d'un refus d'éduquer, d'un véritable déni d'éducation.

Le soupçon s'infiltre d'abord à travers les analyses cliniques de l'intention d'instruire et d'éduquer. Il est distillé ensuite, à mots couverts, dans la remise en cause des expériences non directives. Il se développe à travers la critique systématique de la pédagogie par objectifs et des référentiels de toutes sortes[26]. Puis c'est le fameux texte d'Hannah Arendt, si souvent cité et si souvent vite lu dans lequel beau-

---

maître, un langage susceptible de transformer les enseignants en « véritables acteurs », comme nous disions alors, s'est partiellement retourné contre nous. Alors que nous voulions responsabiliser les enseignants, nos textes leur sont apparus comme normalisateurs, intimidants, culpabilisants parfois. La référence aux sciences de l'éducation semblait, de plus, leur donner une légitimité universitaire alors même qu'au sein de cette discipline universitaire les producteurs de ces textes étaient considérés comme des marginaux, peu scientifiques, ne contribuant pas à asseoir le statut épistémologique de la discipline... Le travail de thèse, entrepris actuellement à l'université Lumière – Lyon 2 par Christiane Valentin sur les effets de la mise en place des MAFPEN de 1982 à 1985, semble confirmer très largement cette analyse et devra permettre de comprendre bien des éléments du « débat pédagogique » aujourd'hui.

25. En particulier dans le passage de *La liberté d'apprendre – situation II (rétrospective sur un enseignement non directif)*, Éditions ouvrières, Paris, 1977 aux *Objectifs pédagogiques en formation initiale et continue*, ESF éditeur, Paris, 1979.

26. Il est vrai que ces référentiels se multiplient venant de tous côtés et cautionnés, le plus souvent, par l'institution elle-même... quand ce n'est pas elle qui les élabore (comme dans l'enseignement technique ou l'enseignement primaire au moment de la mise en place des cycles). Mais, là encore, nous observons un appauvrissement considérable par rapport aux théories de référence dont on se réclame, appauvrissement dont témoignent les approximations et les glissements terminologiques de toutes sortes (objectif, but, compétence, capacité, etc.). Par ailleurs, ces référentiels sont le plus souvent interprétés en confondant « programme » (ensemble d'objectifs finaux à atteindre en fin d'année) et programmation (organisation de la progression selon l'ordre strict du référentiel). Seuls quelques travaux comme ceux du CEPEC de Lyon s'efforcent d'introduire quelque rigueur nécessaire dans cette démarche (cf. *Construire la formation*, ESF éditeur, Paris, 1991).

coup voient le « manifeste anti-pédagogique » par excellence. L'auteur entend – c'est, du moins, la lecture qui en est faite le plus souvent – redresser la sollicitude éducative en responsabilité assumée du monde qu'il s'agit de présenter à l'enfant sans états d'âme inutiles ; et la force qu'il faut y mettre, on la trouve dans la vigueur même que met l'auteur pour séparer, à sa manière, le bon grain de l'ivraie : « *Qui refuse d'assumer cette responsabilité du monde tel qu'il est ne devrait ni avoir d'enfant, ni avoir le droit de prendre part à leur éducation* [27] »... On ne peut être plus clair : éduquer, ce n'est pas, ce ne peut être, se pencher sur l'enfant malheureux pour lui apporter la chaleur humaine ou la culture dont on est porteur. Éduquer c'est appeler l'enfant à se redresser vers l'adulte qui incarne la continuité du monde et l'autorité nécessaire pour « présenter ce monde à l'enfant ». Que ce redressement soit occasion de souffrances, voire d'exclusions, cela n'est pas, cela n'est plus le problème. On ne mesure pas l'éducation à l'aune de l'humain mais à celle de l' « humanité » : c'est désormais une abstraction rationnelle qui gouverne le monde et est censée décider de son avenir. La sollicitude est toujours signe de faiblesse ; elle est l'aveu que l'autre – ici l'enfant – a quelque prise sur nous et que nous ne nous suffisons plus à nous-mêmes. L'idée, centrale dans la pensée occidentale, de la perfection assumée dans l'autarcie suffisante est radicalement remise en cause par le discours pédagogique [28]. Or, l'homme occidental ne veut pas de cela : il a supporté le poids de tous les soupçons, éprouvé l'échec de tous les mythes progressistes... On ne lui en remontre pas : il sait ce qu'il a à faire... et d'abord à s'affirmer sans états d'âme inutiles. S'il y parvient, tout le reste viendra de surcroît.

À partir de là – et en référence constante à ce texte mythique – dont nous montrerons plus loin qu'il peut faire l'objet de lectures moins caricaturales – les « intellectuels » ne cessent de dénoncer le pédagogisme : la sollicitude envers l'enfance malheureuse ou opprimée, comme sa version modernisée et laïcisée de la « démocratisation du système éducatif », sont pourchassées, l'une et l'autre, sous toutes leurs formes. On accuse le pédagogue d'être, tout à la fois, un directeur de conscience douteux et un technocrate manipulateur. Les philosophes évoquent les sophistes. Le rogérisme, quoiqu'abandonné par ceux-là mêmes qui l'ont promu, est toujours assassiné régulièrement avec une rage vengeresse. Le discours rationnel et son rejeton le plus vivace – la pédagogie par objectifs – sont récusés au nom même d'une Raison qui ne peut se résigner à voir dissoudre les fins de l'École en une multitude de manipulations taxonomiques [29]... Bref, la pédagogie est « satanisée » et, même si cette attitude n'est pas très

---

27. Hannah Arendt, *La crise de la culture*, Folio-Essais, Paris, 1989, page 243.

28. Cf. Gabriel Marcel, *Journal métaphysique* (cité par Emmanuel Lévinas, *Noms propres*, Biblio-Essais, Paris, 1987, page 9) : « *Le parfait n'est pas ce qui se suffit à soi-même ou, du moins, cette perfection est celle d'un système et non d'un être.* » On est bien ici dans le renversement de l'ontologie occidentale tel que Lévinas l'a exprimé à travers toute son œuvre en montrant la nécessité, pour constituer la possibilité même de toute éthique, d'abandonner cet effort de « persévérance dans son être » qui nous interdit la rencontre avec autrui.

29. Nous avons fait une recension précise de ces attaques et tenté de leur répondre dans l'ouvrage que nous avons rédigé avec Michel Develay, *Émile, reviens vite... ils sont devenus fous* (ESF éditeur, Paris, 1992.

nouvelle [30], elle devient particulièrement véhémente, jusque dans les colonnes de magazines traditionnellement réputés pour leur sérieux et leur sens de la mesure, comme *Le Monde diplomatique* qui publie, en décembre 1992, à propos de la réforme des lycées, cette lettre d'un lecteur que nous nous permettons de citer *in extenso* tant elle résume parfaitement les arguments antipédagogiques dominants :

« *Cette réforme* (la mise en place des modules en classe de seconde [31]) *suppose et implique l'adoption par un corps enseignant ligoté par ces nouvelles structures, d'une pédagogie totalisante. Au vrai, sous couvert d'une phraséologie à prétention scientifique, c'est une idéologie qu'on impose. Une idéologie visant à disqualifier le professeur en tant que transmetteur de savoirs. L'historien, le mathématicien doivent laisser la place au " scientifique de l'éducation ", maître ès théorie générale de la transmission – la didactique – discipline maître à laquelle toutes les autres doivent se soumettre.*

Les instructions fournies aux professeurs d'histoire de seconde sont particulièrement éclairantes à cet égard. L'enseignement y devient une " technologie " : " Il s'agit de séparer le contenu enseigné et le processus cognitif mis en

---

30. Comme le montre très bien Daniel Hameline dans son texte « L'École, le pédagogue et le professeur », *La pédagogie : une encyclopédie pour aujourd'hui* (sous la direction de Jean Houssaye, ESF éditeur, Paris, 1993, pages 327 à 341).

31. Rappelons que la mise en place des modules dans les lycées a été proposée par le Conseil national des programmes (cf. *Quel lycée pour demain ? Propositions du Conseil national des programmes sur l'évolution des lycées*, Livre de Poche-CNDP, Paris, 1991). Pour le CNP, les modules représentaient la possibilité, dans le cadre de chaque voie de formation, de proposer aux élèves des programmes complémentaires précis complétant leur formation sur des thèmes qui permettaient, tout à la fois, d'utiliser les compétences variées des enseignants et d'offrir aux lycéens des plages de choix, grâce auxquelles ils puissent explorer des domaines de connaissances plus spécialisés et préparer ainsi leur orientation. Il était prévu que les modules fassent l'objet de programmes précis ainsi que d'une évaluation adaptée (*op. cit.*, pages 32 à 37). D'autres dispositifs étaient aussi proposés dans ce même rapport du CNP (soutien, aide pédagogique, etc.). En réalité, les textes ministériels ont proposé, sous l'intitulé « modules », une fusion des différentes propositions du CNP, en vidant cette structure de son aspect institutionnel spécifique (équilibrage des voies de formation) et de son originalité pédagogique (programme national particulier permettant un traitement par des méthodologies plus impliquantes). Très loin des propositions du CNP, la *Note de service du 25 mai 1992 sur la rénovation pédagogique des lycées* se contente d'affirmer que les modules doivent constituer une réponse adaptée à l'hétérogénéité des élèves. Dans les faits, ce glissement a eu des conséquences particulièrement néfastes : difficultés d'organisation dues à l'absence de directives claires, mise en place de modules aux contenus totalement hétérogènes mais, le plus souvent, centrés sur du « soutien méthodologique » ou de l' « aide au travail personnel », absence d'évaluation, etc. Le souci affiché d'une aide plus individualisée (qui pouvait aller dans le sens des « groupes de besoin » dont nous avions fait la proposition pour le collège) n'a pu entrer dans les faits que de manière très ponctuelle, le plus souvent grâce à des équipes d'enseignants particulièrement mobilisés (de bons exemples de cette mise en application sont fournis dans l'ouvrage coordonné par Françoise Clerc, *Former à l'enseignement modulaire : bilan et perspectives*, CRDP de Nice, 1993 ainsi que dans le livre de Dominique Raulin et Jean-Claude Passegand, *Les modules – Vers de nouvelles pratiques pédagogiques au lycée*, CNDP- Hachette Éducation, Paris, 1993)... Une fois de plus, l'absence de courage pédagogique et politique des décideurs a grevé la mise en place d'une proposition qui pouvait constituer un puissant levier de changement dans les établissements scolaires. Cela a permis également – mais ce n'est, après tout, qu'un effet secondaire sans grande importance – aux « antipédagogues » de se déchaîner. Mais nul doute qu'ils l'auraient fait sur un autre prétexte si les modules n'avaient pas été mis en place de cette manière !

œuvre par son appropriation afin de démonter les mécanismes du processus lui-même. L'élève est mis en face de la construction du savoir, donc de la technologie du travail intellectuel "(sic).

Exemple de cette "technologisation ", la technique de repérage des " mots clés " dans le commentaire de texte. N'allez pas chercher un tel " concept " en linguistique, vous ne l'y trouverez pas, car il ne s'agit que d'une technique de classement informatique, sans aucun lien avec l'analyse scientifique du discours. À preuve, cet exercice issu des fameuses instructions : déduisez le mot clé de la phrase suivante : " Grâce au feu, l'homme préhistorique a survécu par temps froid. " La réponse est " chauffage "... Ainsi saurons-nous que l'homme préhistorique n'a pas inventé le feu... mais le chauffage.

***Afin de mieux masquer sa nature technocratique, le discours pédagogiste se voile des oripeaux de l'affectivité triomphante** : un bon professeur se doit d'aimer ses élèves-enfants ; une finalité du module est "l'amélioration du climat de la classe ", " du climat relationnel fondé sur une (re)connaissance mutuelle plus approfondie ". Surgissent ici les rêves narcissiques ou bien les terreurs des pédagogues ayant fui les salles de cours pour les groupes de recherche en didactique. Au pire, " le module peut être assuré par le professeur d'histoire d'une autre classe, ce qui favorise les déblocages des situations conflictuelles ".*

Au mieux, s'établit une relation de l'élève seul au professeur-tuteur, de l'élève faible à l'élève fort-moniteur dans un contexte de prof-G.O., style Club Med. Dans l'affaire, le professeur perd son statut : le voici devenu une " personne-ressource " (sic), autant dire personne. Il n'est ressource que pour autant qu'il répond à la " demande " – et voilà le marché ! – sur la base d'un " contrat personnalisé". »

Il serait particulièrement intéressant d'analyser ce texte dans le détail, de s'interroger sur l'usage fait des citations, sur le renversement autour duquel il est construit... Mais qu'il nous suffise de repérer ici comment il manipule la double critique correspondant aux deux formes de sollicitude pédagogique que nous avons définies : le relationnel et le technologique. Bien sûr, il serait aussi extrêmement facile de retourner le texte comme un gant et de montrer qu'un enseignement qui n'intégrerait aucune technique et qui ne porterait aucune attention à la gestion de la classe serait impossible et vain. Il serait facile, également, d'épingler quelques exemples absurdes auxquels conduiraient ces refus. Pourtant, nous ne voulons pas ici entrer dans ce fonctionnement polémique et nous voudrions plutôt tenter d'entendre ce que ce type de discours antipédagogique a à nous dire... D'autant plus qu'on le retrouve sous des plumes autrement mieux trempées et informées, comme celle de Jacques Billard [32] qui, dans un article de la *Revue de*

32. Président de l'Association des professeurs de philosophie de l'enseignement public et auteur d'une thèse de doctorat, *Philosophie, histoire, religion et l'idée d'instruction publique dans la pensée française de 1815 à 1848 – François Guizot, Victor Cousin* (Université Paris 1, Panthéon-Sorbonne, 1994) où il conclut sur le danger éminent que comporte la pensée pédagogique : « *Une éducation qui ne fait jamais appel à une véritable intériorité transforme l'homme, soit en esclave, soit en barbare. [...] La pédagogie ne dénature pas l'homme, elle l'éteint...* » (pages 420 et 421).

l'enseignement philosophique [33] consacré à l'examen des thèses de didacticiens de la philosophie [34], énonce, à quelques pages d'intervalle, les trois affirmations suivantes qui constituent la charpente de sa démonstration :

1) « La pédagogie, au fond, n'est rien d'autre qu'une manière de circonvenir un élève [35] » ;

2) « Le cadre général de cette pédagogie, on l'aura compris, est celui de la pédagogie par objectifs. Il n'existe d'ailleurs pas d'autre cadre de référence en usage, à l'heure actuelle, dans les sciences de l'éducation [36] *» ;*

3) « Tout (dans les procédés pédagogiques actuellement en usage) est, en effet, emprunté aux techniques de la dynamique des groupes restreints [37] ».

La pédagogie tentée par la manipulation

Certes, on pourrait, assez facilement, se contenter de se gausser de prises de parti qui, aussi délibérément, constatent la double référence contradictoire du discours pédagogique et répondre que celle-ci constitue précisément une garantie contre les dangers de manipulation qui sont sans cesse invoqués. Mais cela serait un peu facile. D'une part, parce que l'affirmation selon laquelle l'entreprise pédagogique a pour objectif de « circonvenir la liberté de l'élève » n'est pas aussi récente ni originale que cela ; d'autre part, parce que, loin de s'annuler, les deux critiques faites à la pédagogie peuvent précisément se renforcer jusqu'à, selon l'expression de Jacques Billard lui-même, viser « l'extinction de l'humanité en l'homme » [38] .

Souvenons-nous, en effet, que Durkheim comparait l'activité pédagogique à l'hypnose en précisant : « *L'enfant est naturellement dans un état de passivité tout à fait comparable à celui où l'hypnotisé se trouve artificiellement placé. [...] Ce rapprochement montre combien il s'en faut que l'éducateur soit désarmé ; car*

---

33. « Sciences de l'éducation et pédagogie de la philosophie », *L'enseignement philosophique*, 41e année, 4, mars-avril 1993, pages 39 à 64.

34. ... et, en particulier, aux thèses de Michel Tozzi exprimées dans *Apprendre à philosopher dans les lycées d'aujourd'hui* (CNDP-Hachette, Paris, 1992), *Étude d'une notion et d'un texte philosophiques* (CRDP de Montpellier, 1993) et *Penser par soi-même : initiation à la philosophie* (Chronique sociale, Lyon, 1994).

35. *Op. cit.*, page 41.

36. *Ibid.*, page 45.

37. *Ibid.*, page 56.

38 *Ibid.*, page 63

on sait toute la puissance de la suggestion hypnotique. [39] » Et le fait que Durkheim argue ici de cette comparaison pour encourager l'éducateur et lui montrer l'étendue de son pouvoir ne peut, en aucun cas, nous permettre d'évacuer l'argument : il y a bien, dans toute activité pédagogique, une volonté, une nécessité même de « subjuguer » la classe, comme Albert Thierry l'explique lui-même [40]. Que cette volonté s'exprime traditionnellement par le discours magistral dont la force intrinsèque serait censée faire taire toutes les individualités pour capter une attention encline à « picorer » [41] selon le bon plaisir de chacun... que ce discours magistral soit précisément ce que les philosophes eux-mêmes exaltent et dont ils font le moyen d'arracher l'enfant à toutes les adhérences psychologiques et sociales pour en faire un être de raison disponible à la rationalité qui s'expose... cela ne change rien à la force de l'argumentation philosophique.

Car, ce que le philosophe reproche au pédagogue n'est pas de « subjuguer » la classe – chose qu'il recommande au contraire – mais bien de la « manipuler », c'est-à-dire de la séduire et de la manœuvrer par un ensemble de dispositifs sophistiqués quand il conviendrait d'emporter son adhésion par l'expression d'une rationalité exigeante. En un certain sens, c'est même le refus de la magistralité hypnotique qui est dénoncé comme le danger suprême : car cette magistralité garantit paradoxalement la possibilité de se « détacher » du discours du maître : à l'issue de la séance d'hypnose, l'on se réveille toujours et l'on peut alors, éventuellement, en évaluer les effets. La captation dans l'instant, pendant un cours très fortement ritualisé, affirme d'emblée ses propres limites puisqu'elle borne son influence dans le cadre strict de la « leçon »... puisque, surtout, la rupture entre la classe et la « société civile » garantit que la conscience de l'élève pourra confronter ce qui lui aura été dit en classe avec ce qu'il rencontrera à l'extérieur. Ainsi, pour le philosophe, la « clôture scolaire » n'est pas seulement une commodité pour rendre l'élève plus disponible à ce qui se passe dans la classe ; elle est aussi un moyen précieux pour lui rendre sa liberté à la sortie de la classe. L'hypnose dans la classe n'est libératrice que si elle s'accompagne d'une abstention éducative radicale à l'extérieur de la classe. L'École trouve la justification de son autorité par le fait qu'elle n'a pas autorité à l'extérieur de l'École... et de cet écart peut naître bien autre chose que « l'autonomie d'un élève » (ce dont rêve le pédagogue) : la « liberté d'un citoyen » (ce que cherche justement à former le philosophe).

Dans ces conditions, on comprend ce qui est reproché à la pédagogie, quand celle-ci n'est plus seulement l'expression d'un « moment » mais qu'elle se déploie dans une « démarche » : c'est précisément de supprimer la frontière entre l'École comme lieu d'expression de la rationalité qui s'expose et la « société civile » comme ensemble de déterminations, de représentations, de passions et

---

39. Cité par Jean-Claude Filloux, *Durkheim et l'éducation*, PUF, Paris, 1994, page 119.

40. *L'homme en proie aux enfants*, page 69.

41. *Idem.*

d'intentions de toutes sortes. En voulant à tout prix « créer des liens » entre la rationalité scolaire et la vie de l'enfant, la pédagogie lui interdit de « faire œuvre de sa vie ». En interdisant à l'élève de « se dédoubler »[42], elle lui interdit d'installer une distance libératrice entre ce qu'il est et ce qu'il apprend. En cherchant désespérément à articuler ce qu'il apprend sur ce qu'il est et ce qu'il est sur ce qu'il apprend, elle l'empêche d'interroger ce qu'il est par ce qu'il apprend et ce qu'il apprend par ce qu'il est. Plus grave encore : en se déployant selon une double démarche charismatique et technologique, le projet de la pédagogie contemporaine est bien de s'emparer totalement de l'esprit de l'élève, de le rendre disponible par la création d'un climat chaleureux et de le diriger ensuite dans le labyrinthe des objectifs qui permettent la formation de « compétences » qu'il n'aura ensuite qu'à utiliser mécaniquement.

Ainsi faut-il comprendre, nous semble-t-il, le statut paradoxal de la notion de « transfert de connaissances » dans la pédagogie contemporaine : alors que la plupart des pédagogues s'attachent à rechercher les moyens de ce transfert et à identifier les conditions qui permettent à un sujet d'utiliser à l'extérieur de l'école ce qu'il a appris à l'École[43]... alors que, pour cela, les pédagogues s'efforcent de partir des expériences, des représentations, du « vécu » de l'élève, le professeur – au moins tel que le philosophe en rêve – voudrait maintenir la barrière et laisser précisément ce transfert à l'initiative de la personne pour garantir sa liberté. Chercher à faire « maîtriser » le transfert des connaissances, à transformer des « connaissances scolaires » en « compétences sociales » c'est s'installer, pour lui, dans une volonté de contrôle contraire à ce que voudrait être une éducation émancipatrice.

Entre ses velléités relationnelles, qui renvoient à la volonté de rendre l'enfant malléable par un ensemble de « techniques de mise en confiance », et ses velléités technologiques qui témoignent de la volonté de le conduire à coup sûr à adopter des comportements installés définitivement dans sa vie, la démarche pédagogique représente ainsi une sorte de « forçage » insupportable... et l'on comprend qu'elle puisse être comprise comme une entreprise particulièrement dangereuse. L'on comprend également que la manipulation soit perçue comme d'autant plus efficace qu'elle s'appuie sur la connaissance préalable des mécanismes cognitifs et affectifs de l'enfant qu'il s'agit de toujours mieux maîtriser pour le plus grand profit de l'éducateur-manipulateur.

---

42. Ainsi, affirme Freinet, « *les enfants arrivent à l'école. il faut éviter à tout prix qu'ils se dédoublent et se dépersonnalisent en en franchissant le seuil, la pensée et l'affectivité de l'enfant restant à la porte, l'écolier pénétrant dans la classe qui lui impose ses normes* » (*La santé mentale de l'enfant*, Petite collection Maspéro, Paris, 1978, page 97).

43. Tel était le projet du Colloque international sur les transferts de connaissances en formation initiale et continue qui s'est tenu à Lyon, sous la responsabilité de Michel Develay et de moi-même, du 29 septembre au 2 octobre 1994. Le volume des contributions et documents préparatoires a été édité par l'Université Lumière-Lyon 2 et les actes sont actuellement sous presse au CNDP.

Or, dans ce domaine précisément, il convient de regarder de plus près l'histoire récente de la pédagogie. Il serait un peu trop facile, en effet, d'ignorer le travail, les débats et les contradictions qui ont traversé la réflexion pédagogique elle-même. Hervé Boillot et Michel Le Du vont vite en besogne quand, dans leur pamphlet, *La pédagogie du vide*[44], ils font semblant de croire que l'ensemble du mouvement pédagogique considère la connaissance de l'enfant dans ses dimensions psychologiques et sociologiques comme un préalable à toute action pédagogique ; ils critiquent ainsi très violemment ce qu'ils nomment « l'objectivisme technologique de la psychopédagogie » qui imposerait un enfermement du sujet dans des « lois » établies préalablement et produirait une gestion technocratique des différences. Michel Foucault est ici mobilisé contre les piagétiens, l'anthropologie contre la psychologie et la « pédagogie différenciée » définie par les auteurs selon trois projets radicaux :

« *1) Répertorier des styles ou profils d'apprentissage, avec toutes les ambiguïtés que nous avons déjà indiquées à propos de la " gestion mentale " : nous y voyons davantage à l'œuvre l'effort de " marquer un destin " que de " modifier une situation ". Le savoir psychopédagogique est intrinsèquement classificateur : on verra que le " différentialisme " recouvre en fait le processus d'objectivation des différences, leur profilage et leur calibrage.*

2) Pratiquer une pédagogie dans laquelle la fonction d'expertise et de diagnostic précède et surplombe les tâches d'instruction. La thématique de l'évaluation formative est en bonne place dans cette configuration des rapports de l'enseignement et de l'évaluation.

3) Traduire les objets de savoirs en objectifs psychologiques pédagogiquement agencés dans une objectivation qui rabat les savoirs sur les comportements observables [...] ; et, par conséquent, à mettre au point et à appliquer des dispositifs programmés d'apprentissage par objectifs qui s'apparentent à des dispositifs psychologiques de conditionnement par renforcement et procèdent en droite ligne du behaviorisme (ou comportementalisme). »[45]

Nous avons dit plus haut comment on pouvait comprendre l'appel, chez les pédagogues, à un « déjà-là » qui n'est pas mobilisé dans une perspective fataliste et ne condamne nullement le sujet à l'immobilisme, mais veut inviter l'enseignant à accepter la résistance de l'autre à son propre enseignement et vivre cette résistance comme une interpellation éthique à partager et non à imposer ses connaissances. Reconnaître que l'élève résiste à l'enseignement qu'il reçoit, être lucide sur les obstacles à l'apprentissage quand ils apparaissent, postuler même – comme une sorte de rempart à ses propres velléités de dressage – une hypothétique « nature » du sujet, cela ne signifie pas *de facto* que l'on déduira les méthodes utilisées de cette « nature ». La résistance de l'autre peut être vécue – nous l'avons montré – comme limite de mon propre pouvoir sur lui et invita-

44. PUF, Paris, 1993.

45. Pages 168 et 169.

tion à exercer mon pouvoir sur moi. En d'autres termes, cette résistance peut engager une démarche épistémologique tout autant que psychopédagogique. Et, plutôt que d'affirmer avec Hélène Pierron que tout élève doit être soumis à des tests préalables et systématiques dont « *les résultats sont relevés, soit au point de vue de l'opération mentale prédominante nécessaire à leur réussite (compréhension, critique, invention), soit au point de vue de la nature des problèmes posés (intelligence verbale, numérique, logique et intelligence générale sous la forme du simple bon sens). Chacun des points ayant été étalonné, il est facile alors à l'orientateur de dresser le profil de l'enfant examiné et d'en tirer des conclusions sur ses possibilités*[46] »... nous préférons inviter, avec Philippe Perrenoud, au « travail du rêve » : quand le maître, devant une difficulté, « *vit un état de doute, d'hésitation, de réflexion, de formation d'hypothèses, ou de stratégies* » ; « *car quelqu'un qui ne rêve pas est quelqu'un qui ne doute jamais, qui sait constamment ce qu'il peut et doit faire, qui ne connaît ni l'incertitude, ni l'hésitation, qui ne perd pas une seconde à échafauder des plans qu'il ne réalisera pas ; cet être-là ne risque pas d'inventer quoi que ce soit, puisque la condition de son efficacité est de ne se confronter qu'à des problèmes dont la solution est connue dès que les données sont identifiées ; le gaspillage d'idées, c'est parfois de l'énergie et du temps perdu, c'est aussi la condition de la créativité*[47] ».

Mais nous pouvons maintenant aller plus loin et montrer combien l'inspiration pédagogique qui a donné naissance à ce que l'on nomme aujourd'hui la pédagogie différenciée est elle-même profondément partagée sur cette question[48]. En effet, dès 1905 et les débuts de l'expérience d'individualisation de l'enseignement de l'école de Dalton aux États-Unis, Miss Parkhust, son inspiratrice, soulignait la présence d'inconvénients notables de ce système : division excessive du travail, renonciation à des objectifs trop complexes, création de phénomènes

---

46. BINOP, septembre 1952, numéro spécial ; cité par André Caroff, *L'organisation de l'orientation des jeunes en France,* EAP, Paris, 1987, page 86. Sous la même plume, on peut trouver également des développements étranges, très largement étayés par un nombre très important de statistiques et de « recherches expérimentales », comme ce texte sur « l'influence du mois de naissance sur le développement intellectuel de l'enfant », où l'auteur, s'appuyant sur l'étude d'un échantillon de 11 308 enfants, n'hésite pas à affirmer que « *les enfants conçus en hiver et au printemps donnent de meilleurs résultats scolaires et dans les tests d'intelligence générale que les enfants conçus en été ou en automne* » (*Bulletin de l'Institut national d'étude du travail et d'orientation professionnelle,* 2e série, 3e année, septembre-octobre 1947, page 146). De telles affirmations feraient simplement sourire si, d'une part, elles ne se drapaient pas dans une scientificité qu'elles prétendent irrécusable et si, d'autre part, on ne les voyait pas revenir aujourd'hui sous différentes formes, que ce soit dans le système éducatif ou dans les techniques d'embauche.

47. Philippe Perrenoud, *La pédagogie à l'école des différences*, ESF éditeur, Paris, 1994, pages 40 et 41.

48. J'ai analysé le champ sémantique des concepts d'individualisation et de différenciation dans une communication au colloque des enseignants et chercheurs en sciences de l'éducation en décembre 1991 ; dans ce texte, je montre que ce champ est très vaste mais qu'il réfracte toujours deux paradigmes contradictoires : celui de l'action contrôlée (avec diagnostic *a priori*) et celui de l'action régulée (avec mise en place de procédures métacognitives). Cf. *Individualiser les parcours de formation,* AECSE, Lyon, 1993, pages 9 à 33).

d'automatisation du travail [49]. De la même manière, Freinet sera amené à introduire le travail individuel par fiches autocorrectives à partir de tests préalables mais se gardera bien d'en faire le centre de sa pédagogie, articulant étroitement ces exercices aux projets collectifs élaborés par le groupe-classe [50].

Et, sur le plan théorique, à Édouard Claparède qui, en 1921, décrit dans *L'école sur mesure* [51] « les types généraux d'esprits » (les observateurs, les réfléchis, les « combattants », les pratiques, les artistes, les positifs, les rêveurs, les rapides et les lents, les actifs et les passifs) et propose d'organiser l'école en fonction de ces observations préalables, répond Henri Bouchet qui, en 1933, dans son ouvrage *L'individualisation de l'enseignement*, récuse vigoureusement ce qu'il nomme « la pédagogie *a priori* » et condamne tout effort pour dégager, de manière mécanique, « des lois de l'individualité des conséquences pratiques » [52]. À Adolphe Ferrière et son effort désespéré pour élaborer, dans son ouvrage de 1943, *Vers une classification naturelle des types psychologiques* [53], « *une classification naturelle des types psychologiques avec leurs correspondances typocosmiques fondées sur des milliers d'observations et de statistiques comparées* », répond la ferme mise au point de Maurice Debesse qui s'interroge, dans un texte paru en 1947, sur la valeur de ce genre de classifications et n'y voit qu'un moyen provisoire et sans cesse révisable d' « éviter l'éparpillement » dans l'organisation pédagogique de l'école, une sorte de clé de répartition qui peut être utilisée en ce qu'elle n'est guère plus arbitraire que celle qui préside à l'organisation traditionnelle des classes [54], mais qui doit être impérativement dépassée et, en aucun cas, ne comporter, pour un sujet, une valeur prescriptive [55].

Et, plus récemment, depuis la création par Louis Legrand de la formule « pédagogie différenciée » en 1971 – à partir, il est vrai, de l'expression « psy-

---

49. Cf. « La préhistoire de la différenciation », Michel Ménard, *Cahiers pédagogiques*, numéro spécial *Différencier la pédagogie*, Paris, 1987, page 46.

50. J'ai montré, dans mes propres travaux, que les procédures d'individualisation chez Freinet, inspirées au départ du système des brevets scouts, visaient d'abord à contrecarrer les effets de division du travail selon les compétences déjà existantes, effets inhérents au « groupe de production » que Freinet met en place pour finaliser le travail des élèves (cf. *Apprendre en groupe ? 1 – Itinéraire des pédagogies de groupe*, Chronique sociale, Lyon, 1984, pages 57 et suivantes).

51. Delachaux et Niestlé, Neuchâtel et Paris, 1921. Claparède rédigera même quelques années plus tard un manuel : *Comment diagnostiquer les aptitudes des écoliers* (Flammarion, Paris, 1924).

52. *L'individualisation de l'enseignement – l'individualité des enfants et son rôle dans l'éducation*, PUF, Paris, 1933.

53. Éditions des cahiers astrologiques, Nice, 1943.

54. On peut d'ailleurs faire l'hypothèse, très largement confirmée par les travaux des sociologues de l'éducation, que les classes qui structurent les établissements scolaires obéissent, en réalité, à des typologies caractérologiques invisibles, correspondant elles-mêmes à des classifications psychologiques « sauvages » (« sérieux », « appliqué », « brillant », etc.) qui réfractent très largement le rapport social des élèves au savoir. Pierre Bourdieu donne, sur ces questions, de précieux éclairages dans *La distinction, critique sociale du jugement* (Éditions de Minuit, Paris, 1979).

55. « Types et groupes de caractères », *Psychologie de l'enfant* (sous la direction de M. Debesse, Armand Colin-Bourrelier, Paris, 1956, pages 190 à 192).

chologie différentielle » –, des divergences d'orientation n'ont pas manqué d'apparaître pour tout observateur attentif : si l'on veut bien s'en donner la peine, on ne manquera pas, en effet, de repérer des lignes de clivage, voire des fractures, entre ceux qui affirment le caractère absolument impératif du diagnostic *a priori* et conçoivent des progressions rigoureuses à partir de taxonomies d'objectifs linéaires[56]... et ceux qui affirment le caractère absolument provisoire de tout diagnostic et font de la réflexion métacognitive avec l'élève un moyen privilégié de son développement cognitif. C'est là le point de vue que nous avons nous-même défendu[57] et qui a remarquablement été illustré, sur le versant de l'analyse sociologique, par les travaux de Philippe Perrenoud[58]. C'est là le seul point de vue qui nous paraisse aujourd'hui légitimer la poursuite de la réflexion sur la différenciation pédagogique comme outil permettant, tout à la fois, de garantir des acquisitions à tous les élèves et de permettre à chacun de découvrir progressivement ce qui constitue la spécificité de son approche et de ses stratégies d'apprentissage. C'est là le seul point de vue vraiment cohérent avec le statut de la pédagogie elle-même où la connaissance provient très largement de l'action et où il serait grave, à tous égards, d'attendre de connaître le « profil » de chacun, son niveau de développement cognitif, son rapport social au savoir et ses acquis scolaires antérieurs pour lui proposer un apprentissage.

Ainsi conçue, la pédagogie différenciée ne place pas la « traque psychologique de l'élève » en amont de toute activité pédagogique ; au contraire, elle met en place des dispositifs variés qui constituent autant de moyens pour permettre à l'élève de devenir le sujet de ses propres apprentissages, l'épistémologue de ses connaissances et l'analyste de stratégies d'apprentissage qu'il ne convient pas seulement de « découvrir » mais d'enrichir par le tâtonnement, l'échange, l'évaluation, la régulation collective de l'activité de classe.

Dans cette perspective l'analyse par objectifs n'a pas d'autre fonction que d'aider à la clarification du « contrat scolaire » et de permettre un pilotage progressif par l'élève de ses propres apprentissages. Outil de pilotage et non de programmation, la pédagogie par objectifs perd alors son statut manipulatoire : il ne s'agit plus de lister des comportements observables par ordre de complexité croissante mais bien de fournir, tout à la fois, un référentiel et un référent pour la transaction pédagogique. Un référentiel qui puisse permettre de savoir ce que l'on a déjà acquis et ce qui reste à acquérir, qui n'impose ni un ordre, ni une démarche

---

56. C'est le cas de beaucoup de ceux qui s'inscrivent effectivement dans la mouvance des grands taxonomistes anglo-saxons comme Bloom... et on trouvera, par exemple, des manifestations de ces conceptions pédagogiques dans *La pédagogie du succès* (César Birzéa, PUF, Paris, 1982) ou dans *Une pédagogie pour demain* (sous la direction d'Anna Bonboir, PUF, Paris 1974).

57. Cf. *L'école, mode d'emploi* (ESF éditeur, Paris, 1985, pages 162 à 167) : je parle là de « ligne de partage » entre deux conceptions de la différenciation. Cf. aussi *Enseigner, scénario pour un métier nouveau* (ESF éditeur, Paris, pages 65 à 82) : je dénonce dans ce texte les abus de toutes sortes des typologies caractérologiques et je défends l'idée d'une « différenciation contrôlée par l'élève ».

58. Cf. *La pédagogie à l'école des différences*, ESF éditeur, Paris, 1995.

univoque mais permette de donner du sens à l'activité quotidienne... et un référent qui médiatise la relation en introduisant délibérément un objet-tiers dont les partenaires peuvent s'emparer pour que la parole puisse s'instaurer sur autre chose que sur de vagues satisfactions ou frustrations affectives... un référent qui permette d'engager le dialogue sur une réalité qui résiste à toutes les captations réciproques et sur laquelle l'enseignant et l'élève puissent véritablement se mettre en jeu [59].

La pédagogie et le paradoxe de l'anticipation

Mais, si l'on reconnaît au pédagogue son effort pour dégager son activité d'enseignement de toutes formes de manipulation, ne peut-on le soupçonner de perdre alors sur un autre tableau ce qu'il semble avoir gagné là ? Faire de la différenciation une dynamique au cœur de laquelle se travaille en permanence le rapport du sujet aux savoirs, n'est-ce pas anticiper prématurément le statut de l'élève comme sujet ? N'est-ce pas, d'une certaine façon, considérer l'éducation comme déjà terminée en supposant l'élève capable d'opérer des choix et de maîtriser lui-même ses processus d'apprentissage ? Il y a là une difficulté centrale de la réflexion pédagogique, difficulté particulièrement bien mise en relief dans le fameux texte d'Hannah Arendt que nous avons cité plus haut.

En effet, au-delà de certains schématismes de ce texte dus, sans doute, au climat éducatif des États-Unis des années cinquante [60], au delà de la dénonciation légitime d'une certaine « puérolatrie », au-delà de la caricature d'une psychologie permissive de « l'enfant-roi », il y a, dans ce texte, une question

59. J'ai développé longuement ces points dans « Analyse par objectifs et différenciation pédagogique » (*Les amis de Sèvres,* 127, 1987, pages 25 à 34). Je montre, en particulier dans ce texte, que la fonction de l'analyse par objectifs n'est nullement de permettre la programmation de la différenciation pédagogique, comme a pu le laisser croire tout le courant issu de l'enseignement programmé. J'y ajoute aussi que la linéarité et la progressivité de la pédagogie par objectifs sont des illusions *a posteriori* que le partisan de ce type de pédagogie partage avec celui de l'encyclopédisme le plus traditionnel. J'y insiste sur le fait qu'il ne peut être question – sauf à basculer dans le dressage – d' « apprendre par objectifs » et que, si l'on veut bien accepter la métaphore, les objectifs peuvent être considérés comme les éléments d'un tableau de bord... qui ne peut se substituer ni au moteur, ni à l'essence, ni, *a fortiori,* à la réflexion sur la destination que l'on doit se fixer.

60. *Between Past and Future* fut publié aux États-Unis en 1954, au moment où triomphaient les thèses de Moreno, Lewin, Rogers et Piaget, le tout au sein d'une vulgarisation psychologique de piètre qualité. La traduction française date de 1972. Nous utilisons ici le texte publié dans la collection Folio-Essais en 1989 sous le titre *La crise de la culture.* Le texte « La crise de l'éducation » occupe les pages 223 à 252.

forte, posée de manière rapide mais fulgurante dans les dernières pages, **la question de la frontière entre l'enfance et l'âge adulte, l'enfant que l'on doit éduquer et l'adulte que l'on n'a plus le droit d'éduquer**[61].

« *Premièrement il faudrait bien comprendre que le rôle de l'école est d'apprendre aux enfants ce qu'est le monde, et non pas leur inculquer l'art de vivre. Étant donné que le monde est vieux, toujours plus vieux qu'eux, le fait d'apprendre est inévitablement tourné vers le passé, sans tenir compte de la proportion de notre vie qui sera consacrée au présent. Deuxièmement, la ligne qui sépare les enfants des adultes devrait signifier qu'on ne peut ni éduquer les adultes, ni traiter les enfants comme des grandes personnes* [62] ». La question posée ici peut apparaître banale ; elle est absolument essentielle : à partir de quand une personne peut-elle être considérée comme un sujet ? Est-ce au moment où l'éducation est terminée ou bien n'y a-t-il aucun préalable ? Si c'est au moment où l'éducation est terminée, à quoi peut-on repérer qu'il en est ainsi ? En revanche, s'il n'y a aucun préalable à cette considération, à quoi sert l'éducation ?

On connaît la réponse « pédagogique » à cette question dans sa forme la plus banale : tout enfant, dès sa naissance, serait déjà un sujet et il devrait être perçu et entendu comme tel. Dans cette perspective, c'est le statut que l'éducateur donne à la parole de l'enfant, au moindre de ses signes, qui lui permet d'être sujet, sans condition aucune... D'ailleurs, s'il y avait des conditions à remplir pour être reconnu comme sujet, personne ne les remplirait toutes et ne serait jamais reconnu comme tel. En ce sens, l'éducation suppose la reconnaissance du sujet dans l'enfant, sans prérequis, sans attendre l'accès à la parole, à l' « âge de raison » ou à la majorité civile. L'éducation consiste à engager une relation d'écoute sans préalable d'aucune sorte, à supposer systématiquement l'intentionnalité, à donner du sens à ce qui s'échange, au moindre geste, au moindre cri, à la moindre transaction affective et cognitive, puisque – c'est bien connu aujourd'hui et même devenu un lieu commun de la littérature éducative – « le bébé lui-même est une personne ». Ainsi comprise, l'éducation ne requiert rien d'autre qu'un regard, et la rencontre entre des sujets ne suppose la médiation d'aucune culture préexistante... au contraire, c'est cette rencontre qui permet l'accès à la culture, à toute forme de culture.

On reconnaîtra dans cette position, tout à la fois **une posture philosophique essentielle** – celle que décrit, par exemple, Vladimir Jankélévitch quand il dénonce le fait de mettre en avant la moindre condition, de quelque ordre que ce

---

61. Aristote avait déjà posé cette question, il y a bien longtemps, en montrant que cette frontière était nécessaire pour penser, tout à la fois l'éducation (et la pertinence des activités, des spectacles et des enseignements proposés aux enfants pour assurer leur développement) et la politique comme gouvernement par les « hommes accomplis » : « *Quant à l'enfant, il est facile de comprendre qu'étant, pour ainsi dire, dans un état d'imperfection absolue, la vertu n'est pas en lui absolue ou uniquement relative à lui-même, mais relative à l'homme accompli et à celui qui le dirige et le gouverne.* » (*Politique*, livre 1, Didot, Paris, 1930, page 54 ; voir aussi les livres 7 et 8).

62. Hannah Arendt, *La crise de la culture*, Folio-Essais, Paris, 1991.

soit, à la reconnaissance de la personne comme sujet[63] – **une attitude très largement issue de la psychosociologie rogérienne** – qui fait de l'empathie et de la congruence de l'éducateur la condition à toute transmission de savoirs, et **un parti pris pédagogique particulièrement répandu**, qui voudrait que les enfants ne soient jamais capables d'être un jour citoyens si on ne les met pas, dès l'école maternelle, en situation d'exercer librement leur « citoyenneté »... En d'autres termes, et dans cette perspective, l'école ne prépare pas à la vie, elle doit déjà – comme ne cessent de le répéter tous les pédagogues – « être la vie » et même « la vraie vie » ! C'est parce que, dès l'école, dès la naissance même, l'éducateur entend l'homme dans l'enfant et le considère comme tel qu'il lui donne les moyens de le devenir. Aucune rupture n'est justifiée entre l'enfance et l'âge adulte : ce n'est qu'une affaire de gradation, de degrés successifs d'autonomie, d'une autonomie qui représente la finalité essentielle de la vie humaine et qui peut se manifester dès la naissance sous des formes correspondant à chaque niveau de développement du sujet. Le rôle de l'éducateur est alors d'anticiper cette autonomie pour la faire advenir, d'honorer l'enfant d'une confiance dont il saura toujours, un jour ou l'autre, d'une manière ou d'une autre, se montrer digne.

On voit qu'Hannah Arendt prend exactement le contre-pied de cette position : pour elle, l'éducation doit préparer l'enfant à devenir un sujet et elle ne peut donc pas le traiter déjà comme tel. Plus fondamentalement encore, l'éducation doit être bornée pour permettre l'émergence du citoyen. Peu importe même le caractère arbitraire de la frontière... qui peut prendre la forme d'un rite initiatique brutal dans une société primitive ou celle du premier diplôme de l'enseignement supérieur dans la société américaine. L'important, l'essentiel, c'est que la frontière existe et qu'au-delà de la frontière il soit affirmé que l'éducation n'est plus possible... seul l'apprentissage le reste, mais un apprentissage qui se déroule à l'initiative de l'adulte et sur des objets qu'il décide lui-même d'étudier. Poursuivre l'éducation au-delà de cette frontière, c'est engager, à proprement parler, un processus totalitaire que rien ne viendra arrêter puisque l'éducation, dans cette perspective précisément, n'est jamais terminée. Il faut – et c'est pour Hannah Arendt une sorte d' « impératif catégorique » permettant la constitution de la « *polis* » – que l'éducation soit bornée et que l'accès à la citoyenneté de l'adulte ait ce caractère indiscutable qu'aucun argument de type psychologique sur la « maturité », la « conscience » ou le « niveau de développement » du sujet ne vienne contrecarrer. La moindre limite qui serait mise à l'exercice de cette citoyenneté ruinerait la possibilité de tout gouvernement démocratique en plaçant des individus en mesure de juger du bien-fondé du statut de « citoyen » de leurs semblables.

63. Cf. *Le paradoxe de la morale,* Le Seuil, Paris, 1981, en particulier pages 40 et suivantes : « *L'homme qui est le sujet moral des droits de l'homme et des devoirs de l'homme, cet homme n'est pas l'homme considéré comme tel ou tel, l'homme en tant que ceci ou cela, bref l'homme* en tant que, *mais l'homme purement et simplement ; l'homme sans autre précision ou qualification ; l'homme sans* quatenus » ((page 43).

Symétriquement, en amont, l'éducation doit être assumée comme un temps de sujétion nécessaire : pendant son éducation, l'enfant doit rester sous l'autorité de l'adulte qui le protège de la violence et de la manipulation des hommes qu'il n'est pas encore en mesure d'affronter. Dans cette perspective l'éducateur doit être celui qui « présente le monde à l'enfant » ; il n'est pas seulement celui qui dispose de compétences sur ce monde, il est aussi celui qui engage son autorité dans l'éducation et engage, par son autorité, l'enfant dans « le monde » [64]. Contrairement à ce qui était affirmé tout à l'heure, l'éducation n'est pas ici l'expérience d'une rencontre qui, par sa qualité propre, permettrait d'introduire à la culture, elle est elle-même l'introduction de la culture, de cette culture qui est irrémédiablement déjà là dans le monde et sans laquelle les personnes n'existeraient pas ou, au moins, ne pourraient pas se rencontrer. Il y a, à cet égard, dans l'ouvrage d'Hannah Arendt *Condition de l'homme moderne*, une métaphore particulièrement éclairante : le « monde » y est comparé à une table autour de laquelle les hommes sont assis ; comme la table, « *le monde relie et sépare en même temps les hommes* ». Que cette table vienne à manquer, et la situation bascule, les individus « tombant les uns sur les autres » : « *Étrange situation qui évoque une séance de spiritisme au cours de laquelle les adeptes, victimes d'un tour de magie, verraient leur table soudain disparaître, les personnes assises les unes en face des autres n'étant plus séparées, mais n'étant plus reliées non plus, par quoi que ce soit de tangible* [65] ». Et plus loin, Hannah Arendt insiste sur la nécessité de maintenir un « monde » qui résiste aux aléas des histoires individuelles, un monde qui permette même à ces histoires individuelles d'entrer dans le domaine proprement humain : « *La naissance et la mort présupposent un monde où il n'y a pas de mouvement constant, dont la durabilité au contraire, la relative permanence, font qu'il est possible d'y paraître et d'y disparaître, un monde qui existait avant l'arrivée de l'individu et qui survivra à son départ. Sans un monde auquel les hommes viennent en naissant et qu'ils quittent en mourant, il n'y aurait rien que l'éternel retour, l'immortelle perpétuité de l'espèce humaine contre des autres espèces animales* [66] ».

Dans ces conditions, l'éducateur doit assumer sa tâche sans états d'âme : il doit instruire l'enfant du monde et résister à la tentation pédagogique d'évacuer les « contenus de connaissances » au profit de méthodologies sans valeur cultu-

---

64. La notion de « monde » est absolument centrale dans l'œuvre d'Hannah Arendt et, comme le souligne Olivier Mongin, « *le monde ne saurait être réduit à la seule connotation politique puisqu'il fait référence au domaine de l'œuvre (ce qui est représentation) et pas seulement au domaine de l'action (ce qui se passe de représentation). [...] La notion de monde est donc riche de toute une réflexion sur le sens commun* ». (« Du politique à l'esthétique », *Esprit*, 6, juin 1980, page 103). En réalité, nous verrons plus loin que « le monde » est, chez Hannah Arendt, ce qui, dans l'humanité, dispose d'une stabilité qui permet aux hommes de se révéler, « *cela même qui surgit entre les hommes et où tout ce que chacun apporte par sa naissance peut devenir visible et audible...* » (Hannah Arendt, *Vies politiques*, Gallimard, Paris, 1974, page 19).

65. Calmann-Lévy, Paris, 1993, page 63.

66. *Ibid.*, page 110.

relle propre, c'est-à-dire sans véritable pouvoir de création de lien social. Il doit aussi, délibérément, introduire l'enfant au travail intellectuel exigeant qui est requis pour accéder à l'intelligence du monde et non flatter son goût pour les activités ludiques ou chercher à tout prix à l'intéresser [67]. Il doit isoler l'enfant, chaque fois que c'est nécessaire, des violences psychologiques et physiques qu'il ne peut ni comprendre ni affronter. Il doit enfin, et par-dessus tout, se méfier de l'illusion de la « démocratie enfantine » et résister aux pressions de ceux qui lui font croire que les enfants peuvent se gouverner eux-mêmes : si tel était le cas, ils n'auraient pas besoin d'être éduqués [68]... Nous retrouvons là la « frontière », si fondamentale pour Hannah Arendt, cette frontière essentielle entre le monde des enfants soumis à l'autorité et celui des adultes exerçant la citoyenneté, frontière sans laquelle la cité tout entière bascule dans le chaos totalitaire. Et nous ne pouvons pas nous empêcher de penser qu'un tel chaos n'est pas très éloigné de ce qu'Hannah Arendt a pu connaître pendant la montée du nazisme, quand des communautés d'enfants pouvaient dénoncer aux autorités ceux de leurs éducateurs dont l'idéologie n'était pas conforme à leurs attentes, pendant que des groupes entiers d'adultes, réunis dans les stades ou ailleurs, étaient infantilisés, abusés par une imagerie de mauvais goût censée faire leur éducation.

*

* *

Ainsi, au terme de ce chapitre, sommes-nous apparemment devant un dilemme difficile : nous avons vu le discours pédagogique se nouer dans un « moment » que nous continuons à considérer comme essentiel dans toute démarche éducative, un moment menacé en permanence par de multiples dérives mais sauvé, *in extremis*, par un retournement éthique qui fonde la possibilité de toute recherche didactique, recherche obstinée sur les savoirs enseignés, leur cohérence et leur intelligibilité. Nous avons vu comment ce retournement vers le rapport de l'enseignant à son propre savoir permettait d'éviter la traque psychologique, celle qui cherche, à chaque instant, à briser la résistance de l'autre en s' « implantant » en quelque sorte en lui-même pour le prendre à son propre

---

67. C'est cette exigence intellectuelle qui garantit ce qu'Hannah Arendt considère comme le potentiel « révolutionnaire de l'enfant ». Sans points d'appui solides sur « le monde » l'éducateur prive les nouveaux arrivants de la moindre possibilité de contestation, de la moindre « *chance d'entreprendre quelque chose de neuf, quelque chose que nous n'avions pas prévu* » (« La crise de l'éducation », *La crise de la culture*, Folio-essais, Paris, 1991, page 252). Pour un exposé détaillé sur ce point des théories d'Hannah Arendt, voir Joël Roman, « Arendt : l'éducation entre privé et public », Pierre Kahn, André Ouzoulias, Patrick Thierry, *L'éducation, approches philosophiques*, PUF, Paris, 1990, pages 211 à 225.

68. Nous avons nous-mêmes montré à quelles illusions et à quels dangers s'exposaient des conceptions naïves sur la « démocratie enfantine » telle que pouvaient, par exemple la promouvoir les pédagogues libertaires de Hambourg ou Adolphe Ferrière dans *L'autonomie des écoliers dans les communautés d'enfants* (Delachaux et Niestlé, Neuchâtel et Paris, 1950). Voir à ce sujet, *Apprendre en groupe ? 1 – Itinéraire des pédagogies de groupe,* Chronique sociale, Lyon, 1984, en particulier pages 66 et suivantes.

piège... Mais nous avons vu aussi le discours pédagogique se déployer, depuis quelques dizaines d'années, dans des démarches qui semblent anéantir ce « moment pédagogique », le dissoudre dans des techniques de conditionnement psychologique ou le transformer en un parcours étroitement déterminé. Cependant, un espoir est apparu : celui d'une pédagogie qui tournait résolument le dos au conditionnement et à la manipulation pour faire place au sujet gestionnaire de ses propres apprentissages... Mais n'est-ce pas, là encore, une nouvelle illusion ? Comment peut-on installer le sujet apprenant comme organisateur de ses propres apprentissages alors qu'une telle position considère implicitement l'éducation comme déjà effectuée ? Le dilemme semble sans issue. À moins, peut-être, de renoncer à considérer le discours pédagogique comme un ensemble de propositions théoriques cohérentes et faisant système ? À moins d'y voir l'expression de contradictions qu'il faut assumer pour entrer vraiment dans l'intelligence de ce qui se trame quand un individu se donne pour projet insensé d'en éduquer un autre ?

4

Des prescriptions pédagogiques à la pédagogie comme intelligence des contradictions éducatives

Thèse : Les critiques faites à la pédagogie sont, très largement, le fruit de l'incompréhension du statut spécifique du discours pédagogique en tant qu'expression des contradictions constitutives de l'entreprise éducative. Et le pédagogue lui-même cherche souvent, mais en vain, à réduire ces contradictions par la « ruse »... avant de se résoudre à les assumer.

On l'a observé maintes fois déjà : le discours pédagogique n'est pas à entendre comme un système de pensée cohérent qui constituerait un ensemble homogène dont les différents éléments s'articuleraient harmonieusement entre eux de manière parfaitement rationnelle. C'est, bien plutôt, une multitude de textes hétérogènes, de fragments hétéroclites et de statuts différents, qui, au sein de l'œuvre de chaque auteur et dans le vaste ensemble qu'elles constituent, permet de dessiner un décor complexe et chaotique où se succèdent, sans cohérence apparente, les jardins à l'anglaise des « classes de nature » et les labyrinthes futuristes de l'enseignement programmé. C'est un paysage en trompe-l'œil dont l'unité n'est donnée que par une thématique commune – la sollicitude à l'égard de l'enfance – et par un point de fuite, le plus souvent absent du tableau mais qui met en perspective les éléments composites de celui-ci : le moment pédagogique comme prise en compte de la résistance de l'autre à l'entreprise éducative dont il est l'objet. Ainsi ne faut-il pas prendre chaque fragment du discours au pied de la lettre, comme un texte qui demeurerait intelligible une fois isolé de son contexte et des polémiques dans lesquelles il est impliqué ; il faut y voir une prise de parti, souvent conjoncturelle, parfois inconsciente de sa propre portée, et qui tend à restaurer quelque part, non point un équilibre mais une tension... une tension qui permet que le décor ne s'effondre pas, qu'il ne plisse pas trop, que des pans entiers ne soient pas cachés par d'autres, et qu'ainsi les acteurs ne perdent pas la possibilité de s'inscrire dans une perspective commune.

Mais la métaphore trouve ici sa limite dans la polysémie même du terme de perspective : la perspective pédagogique, en effet, n'est pas l'expression d'une sorte de loi qui préexisterait au tableau, comme c'est le cas de la perspective géométrique dans la peinture classique. Elle n'est pas, non plus, le seul produit d'arrangements conjoncturels... Elle est projet et intention, elle est décision et action ; elle est volonté d'éduquer et de ne pas le faire à n'importe quel prix, de guider et de ne pas imposer, d'amener l'autre à ce que l'on devine être le meilleur pour lui, mais de le faire avec d'infinies précautions, en suscitant sa liberté plutôt qu'en manipulant la contrainte. La perspective pédagogique c'est de « vouloir pour l'autre » mais d'agir d'abord sur soi afin que l'autre veuille pour lui-même. Ainsi, quand le pédagogue parle, comme Freinet, de « poussée vitale », quand il affirme la « bonté naturelle de l'enfant », il faut entendre là l'expression de cette renonciation à faire de l'autre l'objet d'une éducation à laquelle il n'aurait qu'à se plier. Et quand Albert Thierry parle de « faire des âmes », il faut lire, dans cette détermination, la volonté de ne jamais se résigner à l'échec, de ne jamais accepter qu'un homme soit exclu du cercle des humains. Affirmations contradictoires à bien des égards et qu'il ne faut pas comprendre comme des positions théoriques dans lesquelles leurs auteurs se seraient définitivement installés, mais comme des postures provisoires, nécessaires pour restituer la perspective, pour rendre au projet d'éduquer sa constitutive complexité.

C'est pourquoi, il convient tant aujourd'hui de mettre fin à un malentendu : la non-directivité, ça n'a jamais vraiment existé... c'est, comme le dit si bien Daniel Hameline, « *un lieu d'où tout le monde revient sans jamais y être allé* ». Et la « pédagogie de la maîtrise », personne ne l'a jamais pratiquée, pas plus que l'évaluation formative ou formatrice, pas plus que la pédagogie différenciée ! Personne n'a jamais pratiqué cela parce qu'il est impossible, dans un système scolaire soumis à des contraintes de fonctionnement particulièrement lourdes, de gérer une classe au quotidien en faisant fi de ces contraintes, en ignorant les attentes des responsables, des parents et des élèves eux-mêmes. À l'exception, peut-être, de quelques professeurs de philosophie des années soixante, personne ne s'est installé le jour de la rentrée au fond d'une classe en attendant que le groupe s'organise, gère ses conflits et structure ses demandes. À l'exception de quelques professeurs de retour d'un stage sur la pédagogie par objectifs, et pour quelques heures ou quelques jours au plus, personne n'a construit des progressions taxonomiques individualisées qui structurent la totalité d'un enseignement. La différenciation pédagogique elle-même, si elle est un horizon partagé par beaucoup, n'est, en aucun cas, et pour personne, une pratique systématique : adapter à chaque instant et à chaque élève une situation d'apprentissage en tenant compte tout autant de ses stratégies d'apprentissage, de son rapport social au savoir et de ses connaissances déjà stabilisées... cela exigerait, comme le montre bien Philippe Perrenoud [1], de gérer un tel nombre de microdécisions dans des temps tellement courts qu'un ordinateur n'y suffirait pas. Heureusement, sans doute, car on imagine mal – ou trop bien, au contraire – ce que donnerait une analyse par objectifs qui viendrait s'instituer en système permanent d'enseignement ou une pédagogie différenciée qui penserait pouvoir connaître suffisamment chacun des élèves avant de lui proposer une « remédiation » qui lui soit strictement appropriée.

Pour dire les choses en d'autres termes, et au risque d'apparaître provocateur, nous sommes profondément convaincu qu'il faut lire la plupart des textes pédagogiques comme on lit des textes littéraires... même si le plaisir que l'on y prend y est incontestablement moins grand ! Les trois gigantesques volumes de la taxonomie de Bloom, dans leur dessein grandiose de traduire en objectifs comportementaux l'ensemble des activités humaines afin que chacun puisse accéder à toutes les connaissances possibles, sont à la pédagogie ce que *L'utopie* de Thomas More est à la politique : un projet séduisant mais terriblement réducteur, figeant à jamais les êtres et les choses dans des catégories immuables dont la perfection de l'ordonnancement présage bien mal du bonheur et surtout de la liberté qu'elles sont capables de susciter. De la même manière, beaucoup d'ouvrages qui s'inscrivent dans le courant de la « pédagogie de la maîtrise », la plupart des référentiels de compétences qui ont été produits et sont aujourd'hui en circulation, sont à la société scolaire ce que *Le meilleur des mondes* est à la société occidentale : une dangereuse songerie où le triomphe de la technologie et la satisfaction que ses concepteurs peuvent en tirer ne masquent que très maladroitement les terribles dangers que ferait courir aux personnes une application stricte de leur programme.

Symétriquement, on peut parfaitement comprendre les injonctions rogériennes à l'écoute sans condition et à l'authenticité absolue dans la relation pédagogique comme des aspirations romantiques à une communication parfaite, dégagée de toutes les compromissions de la quotidienneté et de toutes les contraintes qu'impose inexorablement la matérialité des choses : l'éducateur tenté par la transparence, imaginant une rencontre enfin dégagée de la multitude des contraintes inhérentes aux objets culturels qui viennent encombrer inutilement la classe. René, en quelque sorte, appelant la mort de ses vœux pour ne plus avoir à subir les affres de la médiocrité sociale. René... avec le génie en moins et le recours laborieux à une psychosociologie « scientifique » en plus.

Mais que l'on ne se méprenne pas : il n'est pas question de considérer aujourd'hui ces discours pédagogiques comme inutiles. Nous persistons même à penser que nous avons eu raison de les élaborer. Mais sans doute avons-nous eu tort de nous taire sur leur statut. Simplement, nous aurions dû dire beaucoup plus tôt que « personne ne fait cela », ne fait cela jusqu'au bout s'entend... tout sim-

1. *La pédagogie à l'école des différences*, ESF éditeur, Paris, 1994.

plement parce que cela n'est pas possible et aussi, plus fondamentalement encore, parce que ce n'est pas le but de l'opération.

Les objectifs, aurions-nous dû dire plus fermement, c'est utile, c'est même particulièrement précieux pour permettre à des enseignants en formation d'analyser leur pratique... c'est utile, c'est même tout à fait déterminant pour élaborer des « carnets de liaison », rédiger des « contrats » et individualiser les parcours de formation... c'est utile, c'est même tout à fait fondamental pour tenter de clarifier le rapport pédagogique et lutter contre ces attitudes de divination qui transforment la préparation de nos contrôles et examens en entraînement à la participation à des jeux télévisés... bref, comme le résume bien Daniel Hameline, « *définir et négocier des objectifs, les mettre en œuvre, les évaluer, les reconsidérer, les remettre en chantier : il y a là un gage de sérieux et de dynamisation dans un lieu humain où des gens sont réunis pour apprendre* [2] ». Mais, ceci étant dit et sans rien en renier, il ne peut être question d'enseigner toute la journée en annonçant aux élèves, à chaque instant, les résultats attendus en termes de comportements observables, en multipliant les évaluations binaires pour voir qui a atteint l'objectif et qui doit revenir en arrière, et en réduisant finalement l'enseignement, en une compulsion tout aussi dangereuse que malsaine, au couple objectif/évaluation indéfiniment multiplié.

De la même manière, il existe, sans aucun doute, des situations relationnelles particulièrement difficiles dans lesquelles une écoute empathique peut contribuer à apaiser le climat et permettre que soit réengagé un travail éducatif médiatisé. Il existe aussi des cas où la détresse de la personne, parfois simplement sa solitude, requièrent que l'on prenne du temps pour la laisser « parler de soi », entendre simplement ce qu'elle peut dire d'elle et lui renvoyer avec le plus de simplicité possible une attente confiante. Sans ces moments-là, pudiques et brefs, sans cette disponibilité que l'autre peut simplement, parfois, entrevoir comme une échappée belle dans l'appareillage institutionnel, les mécanismes fonctionnels risquent bien de geler les situations pédagogiques au point que les élèves se disent que, décidément, « la vraie vie est ailleurs ». Là encore, c'est Daniel Hameline qui donne la juste formule en parlant de la non-directivité comme « hygiène mentale » : « *Elle relève, en définitive, d'une morale professionnelle [...]. Elle nous paraît à nous, garder son actualité comme riposte modeste et sporadique à l'institution massive et démultipliée des attitudes défensives engendrées par le système d'enseignement et qui accentue, chez les élèves, la passivité ou l'escapisme, dans le même cercle vicieux* [3] ». Mais, ceci étant dit et sans qu'il soit question d'en démordre une seconde, il est clair que la non-directivité risque en permanence, quand elle s'érige en système pédagogique, de passer la culture aux pertes et profits, de jouer bien imprudemment à la psychothérapie [4] et de laisser dériver la

---

2. *Les objectifs pédagogiques en formation initiale et continue,* ESF éditeur, Paris, 1979, page 190.

3. Daniel Hameline et Marie-Joëlle Dardelin, *La liberté d'apprendre – situation II,* Éditions ouvrières, Paris, 1977, page 291.

4. C'est Fernand Oury qui explique très justement que tenter de faire de la psychiatrie dans la classe c'est aussi dangereux que de faire une opération à cœur ouvert dans un grenier poussiéreux !

classe vers une communauté où les plus favorisés prendront inévitablement le pouvoir [5].

Certes, nous avons dit tout cela... mais, sans doute, l'avons-nous trop dit *mezza vocce* et « entre nous ». Sans doute n'avons-nous pas été assez attentifs à ce que devenaient quelques idées pédagogiques, avancées prudemment et situées dans un contexte critique, quand l'institution s'en emparait et qu'elles étaient transformées en prêt-à-penser ou en outils censés résoudre miraculeusement tous les problèmes. Sans doute n'avons-nous pas rappelé assez souvent, et assez publiquement, la perspective pédagogique dans ce qu'elle a de spécifique au point que l'on a pu la confondre avec l'une ou l'autre des propositions provisoires que nous avions élaborées. Sans doute, surtout, n'avons-nous pas assez insisté sur le fait qu'en matière pédagogique, la réussite n'est pas, n'est jamais, dans la perfection d'un dispositif, qu'il soit technologique ou psychosociologique. La perfection verrouille... et c'est bien l'imperfection qui permet le travail permanent d'ajustement, dans ce que nous nommons la métacognition, et où nous croyons que se construit vraiment, tout à la fois, l'intelligence et la liberté des acteurs [6].

C'est pourquoi il nous faut revenir à nouveau à Pestalozzi et à sa vigoureuse mise en garde de la *Lettre de Stans* : « **Ne rêve point jamais d'une œuvre accomplie** [7] ». Rien ne serait pire, en effet, que de croire pouvoir réaliser parfaitement ce que prescrivent nos discours. Car le discours pédagogique pense toujours *a maxima*, de manière excessivement polémique, il tord le bâton en sens inverse, systématiquement ; il insiste avec vigueur sur ce qui lui apparaît comme une injustice majeure (comme, par exemple, le fait de ne pas prendre en compte l'hétérogénéité des élèves), mais il sait bien – les pédagogues les plus lucides, au moins, le savent bien – que, s'il allait jusqu'au bout de ce qu'il prescrit, il engendrerait une aussi grande injustice (enfermer, par exemple, les élèves dans des groupes trop homogènes ou les engager dans une individualisation excessive des processus d'apprentissage) : *summus jus, summa injuria*... Plus que partout ailleurs cette maxime peut être vérifiée en pédagogie et cela, nous en sommes convaincu, en raison même du statut des discours qu'elle tient [8].

---

5. Daniel Hameline développe parfaitement ces impasses de la pédagogie non directive érigée en système dans l'ouvrage cité ci-dessus, pages 265 à 272.

6. J'ai montré cela très concrètement en rendant compte d'une expérimentation pédagogique que j'ai animée dès 1979 et qui était précisément consacrée à la diversification des itinéraires d'apprentissages : « L'expérience du collège Saint-Louis Guillotière », *Éducation et pédagogie à Lyon de l'Antiquité à nos jours*, CLERSE, Lyon, 1993, pages 335 à 346.

7. *Op. cit.*, page 55.

8. Je suis bien conscient qu'un tel discours, sous ma plume, risque d'apparaître comme un reniement et d'être mal compris, tout particulièrement par ceux qui se sont engagés, dans les mouvements pédagogiques ou la formation continue des maîtres, pour y introduire des pratiques susceptibles de participer d'une véritable démocratisation dans l'accès aux savoirs. Ainsi, Françoise Clerc,

La contradiction fondatrice entre l'éducation comme instrumentation et l'éducation comme interpellation

Les discours pédagogiques doivent, en effet, être compris, non comme l'expression de ce qu'il convient exactement de faire, mais comme l'expression de ce qu'il convient de **dire** – et même, peut-être de **penser** – à tel ou tel moment de l'évolution des débats sur l'éducation, pour **faire** ce que l'on veut vraiment faire... et que, précisément, l'on ne dit pas toujours !

En ce sens, les deux formes de sollicitude que nous avons pointées – la sollicitude relationnelle et la sollicitude technocratique – peuvent être comprises comme les deux extrémités entre lesquelles est tendue la toile – le décor, pour filer la métaphore que nous avons déjà utilisée – où nous dessinons maladroitement nos activités pédagogiques quotidiennes. Elles permettent d'ébaucher des pratiques éducatives qui soient travaillées, tout à la fois, par le désir de maîtriser pour mieux instrumenter et la volonté d'être plus présent pour mieux interpeller la liberté de l'autre et s'effacer alors devant elle.

La pédagogie n'est pas ainsi, contrairement à ce que laissent penser ses adversaires, l'association dangereuse d'une direction de conscience douteuse et de dispositifs didactiques manipulateurs[9] ; elle est la double affirmation, sans cesse remise en chantier, **1) que toute éducation à la liberté impose une instrumentation de cette liberté, 2) que toute rationalisation didactique requiert un souci constant de ce qui permet à l'autre d'échapper à l'emprise technocratique qu'elle exerce sur lui.**

En d'autres termes, le pédagogue doit s'investir, avec ce que nous avons appelé plusieurs fois une salutaire « obstination didactique », dans la prospection inlas-

---

dont on connaît la qualité de la réflexion et de l'action pédagogiques (en particulier dans le cadre de la mise en place des modules en lycée et dans celui de la formation initiale et continue des enseignants), à la suite d'une de mes interventions à l'université d'été du CRAP-*Cahiers pédagogiques*, le 12 juillet 1993, a-t-elle écrit un texte, paru en janvier 1994 dans les *Cahiers pédagogiques* sous le titre « La boue et les étoiles » (320, janvier 1994, pages 54 et 55) où elle fait part de son désarroi : « *On nous accuse d'être des ignorants, des arrogants, des illuminés, des rêveurs. Et pourtant, nos rêves sont-ils si fous ? [...] Nos querelles, parfois dures, nos chicanes parfois mesquines, nos erreurs souvent évitables ne sont pas imputables à nos rêves. Elles sont, au contraire, le signe qu'il arrive de rester collé dans la boue du chemin, de se tordre les pieds dans les ornières, de se faire griffer par les ronces. Mais existe-t-il un chemin sans boue, sans ornières et sans ronces ? [...] Je ne veux pas faire mon* mea culpa. *Je n'ai pas envie de faire pénitence. Nous ne sommes pas coupables. Nous avons fait ce que nous croyions devoir faire. Nous pouvons évaluer notre action sans mauvaise conscience. Nous pouvons faire le tri, être lucides, sévères, mais pas dépressifs. [...] Nous ne souffrons que d'être tombés sur le nez dans les ornières et la boue du chemin. Nous pouvons toujours nous relever et regarder les étoiles.* » Je ne peux qu'être d'accord, sur cette analyse, avec Françoise Clerc... mais, pour filer sa métaphore, je reste convaincu qu'entre la boue et les étoiles, le pédagogue doit rester attentif au « paysage », tant social qu'intellectuel, et que sa lucidité sur ce point ne peut que renforcer sa détermination et garantir son efficacité.

9. Cf. Philippe Meirieu, *L'envers du tableau*, ESF éditeur, Paris, 1992, pages 13 à 20.

sable des formulations qui permettent de se saisir de ce qu'il veut transmettre. Il doit inventer sans cesse de nouvelles situations d'apprentissage, investir son énergie dans la recherche des démonstrations les plus efficaces et des médiations qui vont permettre de faire accéder l'élève à la culture qui le délivrera de ses préjugés et lui donnera les moyens de se penser dans le monde. C'est pourquoi son travail s'apparente bien à une sorte de « traque de l'aléatoire », une recherche systématique des obstacles qui empêchent d'apprendre et un effort constant pour travailler les savoirs et travailler sur les savoirs jusqu'à ce qu'il ait pu lever ces obstacles.

Mais, en même temps, le pédagogue sait qu'il ne peut jamais agir directement sur les ressorts du développement d'un sujet, qu'il ne peut jamais décider d'apprendre quoi que ce soit à la place de l'autre, qu'il ne peut jamais rien imposer à l'autre par la violence de ses dispositifs car, en matière éducative, imposer est le signe de la plus grande faiblesse : c'est avouer que l'on est incapable de rendre ce que l'on veut transmettre désirable, de susciter la libre adhésion de l'autre : « *C'est méconnaître l'éducation et la morale,* écrit Éric Weil, *que de reprocher à l'éducation de ne pas imposer la morale à l'individu, de ne pas lui imposer ce qui, comme il s'agit de liberté, ne peut que lui être proposé* [10] ». Et, au-delà, voudrait-on lui imposer la moindre adhésion, lui imposer seulement d'apprendre quand nous le décidons nous-mêmes, nous serions dans l'incapacité absolue de le faire. Les découpages taxonomiques les plus sophistiqués, les dispositifs les plus élaborés, n'ont ici aucun pouvoir direct sur la décision de l'élève : quand bien même aurais-je conçu une progression rigoureuse de cent soixante-sept objectifs entre l'entrée dans l'enceinte de la piscine et le crawl de compétition, que je n'aurais pas aboli l'impérieuse nécessité de décider de se jeter à l'eau... et, s'il me prend l'envie de pousser l'élève dans le bassin sans lui demander son avis, rien ne me garantit qu'il fera l'effort de remonter à la surface et ne se laissera pas couler. Car il y a un écart irréductible entre, d'une part, tous les efforts de la préparation, la perfection technique de la situation mise en place, la présence des ressources et des contraintes nécessaires, la prise en compte des données psychologiques et sociologiques de toutes sortes et, d'autre part, la prise de risque individuelle, jamais programmable, qu'aucune intervention extérieure ne peut déclencher mécaniquement... qu'il s'agisse d'apprendre à lire, de prendre la parole en public, d'engager la rédaction d'un mémoire universitaire, de déclarer son amour ou, *a fortiori*, de « penser par soi-même ».

En ce sens, la pédagogie est, tout à la fois, une grammaire des savoirs susceptible d'ordonner le chaos des connaissances humaines en un ensemble accessible progressivement à l'esprit de l'élève, et l'expérience irréductible de la limite du pouvoir de l'homme sur l'homme, en d'autres termes, l'expérience irréductible du sujet [11].

---

10. *Philosophie politique*, Vrin, Paris, 1966, page 50.

11. Philippe Gaberan prépare actuellement une thèse à l'Université Lumière – Lyon 2 sur l'œuvre de Condillac, philosophe pourtant soupçonné de fonder une pédagogie matérialiste purement manipulatoire comme celle d'Itard et dans laquelle il montre précisément comment Condillac articule sa pensée sur cette tension.

Les discours pédagogiques, en leurs contradictions mêmes, nous désignent donc un écart fondamental et sans cesse réinstauré entre **ce que nous pouvons organiser** (et que nous n'aurons jamais fini d'explorer) et **ce que l'autre peut devenir** (et que nous ne pourrons jamais décider pour lui). Dans l'ordre de nos activités pédagogiques – l'ordre de l'instrumentation – il n'y a pas de limite possible à notre recherche et à notre imagination ; dans l'ordre du développement d'un sujet – l'ordre de l'accompagnement – nous n'avons aucun pouvoir direct autre que celui de nous **retirer**, de nous dégager, de « désétayer », comme nous le disons volontiers, en empruntant le modèle de Vygotsky, sans doute le psychologue qui a le mieux perçu le sens de l'activité pédagogique [12].

La pédagogie se constitue alors comme activité en tension permanente entre « ce qui domestique et ce qui affranchit » [13], activité souvent médiocre, toujours fragile, mais où l'on peut parfois sauver un peu d'humanité. Et c'est la contradiction du discours pédagogique lui-même qui le rend non seulement tolérable mais, à nos yeux, absolument irremplaçable : « *La non-contradiction, telle qu'elle peut être maintenue par une déduction du discours de principes universellement admis, est le caractère le moins important du discours, une forme vide qui se remplit grâce à la contradiction dans les phénomènes, la maîtrisant mais ne la niant pas : si jamais l'homme ne se trouvait plus devant la contradiction, tout problème aurait disparu pour lui, en même temps que toute possibilité d'action (qui n'est pas autre chose que la lutte – la contradiction – contre la contradiction), en même temps qu'aurait disparu pour l'homme toute possibilité de prendre conscience de lui-même et de la nature* » explique encore Éric Weil [14].

La contradiction inévitable entre l'éducation comme formation du sujet et l'éducation comme reconnaissance du sujet

« *Je cherchais à obtenir d'eux, dans la marche de la maison, une force d'autonomie chaque jour mieux affirmée, sans que ces yeux d'anges se muent en regards de vipères* » écrit Pestalozzi, à propos de son expérience de Stans [15]. Stupéfiant projet, quand on y pense : **obtenir des enfants** (par l'éducation) **une**

---

12. Nous avons déjà traité ce point à plusieurs reprises, en particulier dans notre ouvrage avec Michel Develay, *Émile, reviens vite... ils sont devenus fous*, ESF éditeur, Paris, 1992, pages 116 et suivantes.

13. ...en parodiant le beau titre de Daniel Hameline, *Le domestique et l'affranchi*, Éditions ouvrières, Paris, 1977.

14. *Logique de la philosophie*, Vrin, Paris, 1967, page 46.

15. *Lettre de Stans,* page 41.

autonomie (qui leur permettra d'échapper à l'emprise de l'éducateur), **tout en gagnant leur sympathie** (c'est-à-dire en faisant en sorte que cette autonomie les attache affectivement à celui qui veut les libérer et lui permette de s'assurer de leur adhésion à ses propres principes !). Stupéfiant projet mais projet si commun, si trivial même, dans toutes les situations éducatives, qu'elles soient familiales, sociales ou scolaires, que nous finissons par ne plus en être étonné. Stupéfiant projet qui, à sa manière, exprime la difficulté fondamentale sur laquelle Hannah Arendt a déjà attiré notre attention et sur laquelle il nous faut revenir si nous voulons comprendre ce qui se joue dans l'entreprise éducative : l'éducation doit-elle préparer l'enfant, par l'autorité de la transmission culturelle, à l'accès à la citoyenneté ou bien, au contraire, doit-elle reconnaître *a priori* l'enfant comme un pair, un sujet avec qui engager une rencontre qui, seule, rendra possible l'accès à la culture ? Faut-il assumer l'éducation comme un « coup de force initial »[16] qui « introduit l'enfant dans le monde » jusqu'à ce qu'il franchisse « la frontière » qui lui permettra alors de décider librement de sa vie et de ses choix ? Ou bien faut-il respecter en lui, dès sa naissance, un sujet qui décide de son existence, à qui l'on ne peut que proposer des possibles en l'associant ainsi en permanence à sa propre éducation ?

Un tel problème peut être traité, nous semble-t-il, à trois niveaux : le niveau politique, le niveau psychologique et le niveau pédagogique. Et nous voudrions dire un mot des deux premiers avant d'aborder plus longuement le troisième.

Sur le plan politique, sans aucun doute Hannah Arendt a-t-elle raison : l'existence d'une frontière au-delà de laquelle l'éducation n'est plus légitime fonde la possibilité même d'un État démocratique. Car un État qui s'arrogerait le droit d'éduquer les adultes se verrait dans l'obligation de désigner des individus chargés, tout à la fois, de statuer sur les adultes qu'il conviendrait d'éduquer (ceux qui, vraisemblablement, ne le seraient pas encore !) et d'effectuer cette éducation (en choisissant les principes et les contenus conformes, précisément, aux exigences de cet État). Une telle manière de procéder reviendrait, on le voit bien, à abolir la possibilité même de toute démocratie ; elle autoriserait toutes les manipulations et ouvrirait la porte au totalitarisme. En revanche, l'existence d'un seuil au-delà duquel l'éducation n'est plus possible, au-delà duquel les adultes doivent choisir eux-mêmes les objets et les méthodes de leurs apprentissages, aussi arbitraire que soit ce seuil, constitue une garantie essentielle de l'exercice des « droits de l'homme ». Le caractère arbitraire de ce seuil n'est, au demeurant, pas grave au regard de l'arbitraire infiniment plus inquiétant que rendrait possible l'exis-

16. Cf. André Ouzoulias, « Platon ou l'éternel pédagogique » : « *La pédagogie n'échappe pas à un coup de force initial. Parce que l'âme, d'elle-même, ne quitte pas l'apparence du sensible pour les mathématiques, il revient au pédagogue de la forcer à apprendre. La pédagogie est alors l'art de gérer ce coup de force initial ; celui-ci est constitutif de toute pédagogie de la progressivité : c'est seulement au terme du parcours que l'ordre des exercices, pour le disciple, prend sa pleine signification.* » (P. Kahn, A. Ouzoulias, P. Thierry, *L'éducation, approches philosophiques*, PUF, Paris, 1990, page 43).

tence d'« éducateurs d'adultes » chargés de décider où est le bien des autres, quel est leur véritable intérêt et s'ils sont ou non capables d'exercer leurs droits de citoyens... Symétriquement, le fait qu'avant l'accession à l'état d'adulte, l'enfant soit assujetti aux contraintes du « monde » et qu'il puisse se développer à l'abri de la violence des hommes, est une garantie de stabilité, de continuité qui permet d'assurer le lien social transgénérationnel. Cet impératif est, d'ailleurs, d'autant plus nécessaire aujourd'hui que, pour la première fois dans l'histoire des hommes, les connaissances et l'environnement social et culturel se renouvellent plus vite que les générations, ce qui, si l'on n'y prend pas garde, peut anéantir complètement la « *polis* » ; l'absence d'une autorité éducative qui « installe le monde », le « même monde » pour tous les enfants, au sein du domaine public, aurait des conséquences catastrophiques : le repli systématique sur la niche familiale, les phénomènes claniques et tribaux, l'affrontement de collectivités dont le seul lien serait d'ordre affectif et dont les luttes ne manqueraient pas, à terme, de nous renvoyer à la barbarie.

Sur le plan psychologique, en revanche, il n'est pas certain que le raisonnement d'Hannah Arendt puisse être véritablement tenu jusqu'au bout : il supposerait une définition stabilisée de la maturité qui, dès lors qu'elle sortirait de l'arbitraire juridique, érigerait à nouveau des individus en experts souverains des capacités de citoyen des autres. Un tel raisonnement postulerait, de plus, que l'individu peut, à un moment donné, être décrété définitivement « sujet », « achevé », libéré une bonne fois pour toutes de tous ses préjugés et de toutes ses passions, adulte enfin, et pour toujours. Or, une telle description est contraire à ce que nous apprennent les chercheurs sur le développement ininterrompu de la personne [17], ses régressions possibles et les écarts considérables d'un individu à un autre. De plus, elle interdirait l'exercice d'activités d'aide et de soutien auprès de ceux qui souffrent de se vivre en situation de dépendance affective, professionnelle ou sociale, sous le prétexte que ces individus sont des adultes censés avoir définitivement atteint leur majorité. Symétriquement, elle bannirait ou, au moins, suspecterait l'expression de ceux qui, au nom du fait qu'ils ne sont pas encore reconnus comme adultes, auraient pourtant des choses importantes à dire aux adultes eux-mêmes : Rimbaud serait ainsi discrédité sous prétexte qu'il n'avait pas terminé son éducation quand il écrivit ses poèmes... et la parole d'un enfant de cinquième dénonçant les sévices de ses parents ou de ses éducateurs ne pourrait pas être entendue, puisque les adultes en question seraient considérés comme déjà, *de facto*, introduits dans « le monde » qu'ils assument et connaissent, tandis que l'enfant, ignorant ce monde et ses véritables intérêts, ne pourrait être pris au sérieux.

Est-ce à dire que l'analyse psychologique de la position d'Hannah Arendt rend caduque sa position politique ? Nullement ! Cela nous alerte simplement sur

---

17. Cf. Charles Hadji, *Penser et agir l'éducation*, ESF éditeur, Paris, 1992, en particulier pages 87 et suivantes : « *La faculté d'auto-organisation* (que mettent en lumière les recherches contemporaines), *qui rend possible cette construction, est à la fois un signe d'inachèvement, puisqu'un être achevé n'aurait pas à poursuivre sa construction, et une manifestation de liberté, puisqu'elle permet d'échapper à l'enfermement dans un milieu précis...* » (page 89).

l'impérieuse nécessité de séparer radicalement le registre politique qui renvoie à l'univers du Droit, du registre psychologique qui réfère à celui de l'aide au développement continu de la personne. Cela signifie, plus radicalement encore, que le psychologique n'a pas droit de cité dans le politique pour autant que le politique ne cherche pas à vassaliser le psychologique pour en faire un instrument de son pouvoir. Il serait ainsi aussi intolérable de chercher à relativiser les droits des citoyens en argumentant de leur insuffisante maturité psychologique que de vouloir statuer sur le niveau de développement de quelqu'un en s'appuyant sur son seul statut juridique. Le politique postule, par définition, la citoyenneté de ceux qu'il a juridiquement reconnus comme tels. Le psychologique doit s'interdire d'argumenter à partir du statut juridique d'une personne pour lui apporter ou lui refuser l'aide dont elle peut avoir besoin.

Il reste alors la dimension pédagogique de la question, sans doute la plus délicate [18]. Car, autant dans les domaines politique et psychologique, c'est la radicalité de la position qui la rend tenable, autant, dans le domaine pédagogique, cette radicalité semble impossible : à celui qui prétend que l'enfant est déjà un sujet et qu'il doit être d'emblée entendu et reconnu comme tel, il est facile de répondre que c'est un sujet bien démuni et que l'adulte, quoi qu'il en dise, choisit à sa place l'essentiel de ce qui va contribuer à le construire... L'adulte choisit la langue, les valeurs, les études dans lesquelles et par lesquelles l'enfant sera élevé ; bref, il décide bien, quoi qu'il en dise, d' « introduire l'enfant dans un monde », un monde qui est bien celui de l'adulte qui l'assume avec une autorité dont l'enfant ne peut juger du bien-fondé... puisqu'il n'est pas encore éduqué ! Mais, réciproquement, à celui qui prétend que l'enfant n'est pas un sujet mais un assujetti et qu'il doit se soumettre à l'autorité adulte pour pouvoir un jour assumer ses responsabilités dans le monde, il est facile de faire remarquer que personne ne peut passer miraculeusement d'une position d'assujetti à une position de sujet et que le décret juridique n'a ici aucune efficience particulière. À celui qui prétend imposer, par son autorité, le monde et la culture à l'enfant, il faut rappeler que personne n'est véritablement capable de tenir cette position jusqu'au bout... il faut redire que, précisément, si l'adulte aime le monde et estime la culture, il n'aura de cesse, plus ou moins consciemment, de faire en sorte que l'enfant veuille lui-

18. Sur ce débat, on peut se reporter aux échanges d'arguments entre Alain Finkielkraut et ses contradicteurs qui témoignent bien de la complexité du problème. Ainsi Alain Finkielkraut affirme-t-il : *« Traiter l'enfant en personne non responsable, c'est le respecter. Traiter l'enfant en personne responsable, c'est risquer de l'abîmer à jamais »* (« La mystification des droits de l'enfant », *Les droits de l'enfant*, CNDP/CRDP d'Amiens, 1991, page 56)... ou bien : « *Traiter l'enfant à égalité avec l'adulte, affirmer qu'il est responsable de ses actes, qu'il faut le croire sur parole et prendre ses adhésions pour argent comptant, ce n'est pas le respecter, c'est garantir l'impunité de ceux qui le manipulent* » (*Le Monde*, 9 janvier 1990). Ce à quoi Jean-Pierre Rosenczveig répond : « *L'enfant a des responsabilités, à son niveau, comme enfant, ni plus, ni moins. C'est un fait aujourd'hui que des pédagogues – pas tous ! – ont peur des libertés de pensée, d'opinion, d'expression et d'association reconnues demain formellement aux enfants. N'a-t-on pas peur de l'autre quand on doute de soi ? L'enseignant demain, comme le parent, sera respecté s'il est crédible et non pas parce qu'il est institué.* » (cité par René de la Borderie, *20 facettes du système éducatif*, Nathan, Paris, 1994, page 115).

même ce qu'il cherche à lui imposer. À celui qui prétend respecter, à chaque instant, le sujet dans l'enfant et ne lui proposer l'assimilation de contenus culturels qu'au moment où ceux-ci viendront éclairer et enrichir leurs relations, il faut rappeler que, même avec la meilleure volonté du monde, tout n'est pas négociable et que l'exigence intellectuelle n'est pas spontanément objet de désir. À celui qui prétend assumer sereinement son autorité, il faut sans cesse rappeler qu'il ne peut – sauf à s'aveugler complètement lui-même – s'imaginer avoir éradiqué toute forme de séduction de ses comportements. À celui qui prétend respecter le sujet libre dans l'enfant en développement, il faut sans cesse rappeler qu'il ne peut – sauf à se leurrer totalement – écarter définitivement dans l'éducation tout comportement autoritaire, tout arbitraire et même, sans doute, toute violence.

Et il nous faut nous tourner une nouvelle fois vers Albert Thierry afin de voir à quel point les deux attitudes qu'Hannah Arendt présente comme irréductiblement antagonistes s'entrelacent en permanence dans l'action pédagogique. Ainsi Thierry est-il, tout à la fois, pétri de sa mission, investi de la tâche que lui a confiée la République jusqu'au dogmatisme (« *J'ai mission de leur fournir la culture : ils l'avaleront, dussé-je appliquer la question de l'eau. [...] Nous travaillons pour l'humanité et pour la patrie ; nous ne travaillons pas pour les individus* [19] ») et confiant, simultanément, dans la possibilité de chacun de livrer ce qui le constitue dans son individualité propre, sa personnalité d'avant même tout enseignement et toute culture : « *Va-t-il prononcer le mot inconnu que j'attends, ce mot irrésistible où s'exprimerait une enfance vraie, à qui nul maître, nul livre, nulle mère n'auraient enseigné l'hypocrisie de la connaissance ?* [20] » Et, plus loin, l'instituteur reconnaît une nouvelle fois le caractère essentiel de sa place et de l'autorité qu'il représente, bien au-delà de lui-même et de sa personne : « *Je suis un Événement pour ces enfants. [...] Toute l'année, ils rapporteront à moi une large partie de leurs pensées ; toute l'année, ils se nourriront de mes idées, des faits que je leur révélerai, des travaux et des punitions que je leur infligerai. Je serai pour eux un patron, un gendarme, un prêtre, un ami. Sur mes pas, ils entreront dans la Société et la Beauté* [21] ». Mais, s'il est un « Événement » pour ses élèves, s'il les introduit, par une autorité qui le dépasse, à un monde qui le dépasse, il ne se reconnaît pas moins fragile, éminemment fragile, dépendant d'eux et entretenant avec eux des relations qui mêlent de manière complexe dissymétrie cognitive et symétrie affective : « *Eux aussi sont pour moi un Événement. Eux quarante, ma classe, je dépendrai d'eux presque aussi fermement qu'ils dépendront de moi. Où me conduiront-ils ? Dans mon propre passé, dans leur propre futur ?* [22] ». L'importance institutionnelle de sa mission, la volonté d'assumer les exigences de la République n'abolissent pas, en effet, par décret la sollicitude première et sa fragilité constitutive. Il se fait un devoir

19. *L'homme en proie aux enfants*, page 69.

20. *Ibid.*, page 72.

21. *Ibid.*, page 86.

22. *Idem.*

d'honorer la confiance que l'institution a mise en lui, il reconnaît que « ce qu'il doit considérer, c'est la classe, leur groupement » ; mais il ne peut se résigner à sacrifier pour autant sa passion pour l'émergence de chaque sujet dans son irréductible individualité : « *Mais il n'y a que des hommes ! me crie ma passion individualiste : chacun en particulier doit exister pour toi !* [23] ». Ainsi passionné pour ce qu'il considère comme étant ce que l'homme a élaboré de plus grand, il se met en tête de lire à ses élèves les grandes œuvres de la culture et, alors qu'il s'applique, un matin d'hiver, à leur faire partager « la douloureuse histoire de Tristan », il se prend à délirer devant une classe indifférente et découvre tout à coup qu' « ils ne le croient pas »... jusqu'à cet aveu terrible, un aveu qui n'est pourtant ni résignation, ni abdication, mais qui signe la contradiction même du statut d'éducateur : « *Ce que je tiens pour exact est faux peut-être, et absurde : je consens, Marcel, Marcel, Henri, que des idéals de ma jeunesse vous fassiez un fumier pour les vôtres* [24] ». Et, pourtant, Thierry continue... il consent mais il continue. Il sait exiger le meilleur et accepter le pire... il sait surtout continuer à exiger le meilleur tout en ayant accepté le pire [25]. Il vit son métier dans la contradiction jusqu'à basculer d'une position radicale à une autre : « *Voilà le secret de la pédagogie, mais les pédagogues ne veulent pas qu'on le dise : les enfants n'ont pas d'âme* [26] ». Et pourtant, malgré tout, parce qu' « il le faut bien de temps en temps », le maître qui fait corps avec son autorité, le maître qui assume totalement sa mission institutionnelle, n'en demeure pas moins attaché à ces attitudes, si banalement contraires au caractère sacré de sa mission, ces attitudes si trivialement nécessaires, qui consistent à invoquer une liberté que l'on cherche précisément à former : « *Vous êtes assez raisonnables pour savoir si vous devez vous appliquer ou non* [27] ». Et, s'ils sont assez raisonnables, c'est que l'essentiel de leur éducation est déjà fait ? Et s'ils ne sont pas assez raisonnables, comment leur faire entendre raison et pourquoi chercher à les convaincre ? L'autorité seule s'impose pour qui n'a pas accès à la raison. Mais comment faire émerger la raison pour que, précisément, un jour, l'autorité ne soit plus nécessaire ?

Certes, certes ! Mais, dira-t-on, Albert Thierry a toujours cultivé le paradoxe : républicain attaché à l'État et à sa mission émancipatrice, c'est aussi un anarchiste insurgé contre toute forme d'institution soupçonnée d'entraver la libre expression des individus... héraut de la culture par conviction et rétif, par sensibilité, à toute forme de normalisation... il n'est sans doute pas vraiment représentatif de l'instituteur d'aujourd'hui et peut-être y a-t-il quelque abus à présenter ses tourments comme la juste expression des contradictions éducatives ? Certains même pourront penser que ces contradictions ne sont, ici, que des constructions littéraires qui réfractent seulement les états d'âme d'un personnage hors du com-

23. *Ibid.*, page 121.

24. *Ibid.*, page 124.

25. Cf. Philippe Meirieu, *Le choix d'éduquer*, ESF éditeur, Paris, 1992, pages 81 et suivantes.

26. *Ibid.*, page 132.

27. *Ibid.*, page 109.

mun mais bien dépassé de nos jours. Rien n'est moins sûr, à notre sens, puisqu'un de nos étudiants de maîtrise, instituteur débutant dans une banlieue difficile de Lyon, nous écrivait récemment, après un cours où, précisément, nous avions débattu âprement des thèses d'Hannah Arendt, un texte qui résonne étrangement avec les préoccupations d'Albert Thierry : « *La thèse qui considère l'éducation comme la préparation de l'enfant à devenir sujet et qui, donc, invite à ne pas déjà le traiter comme tel, est un outil de lecture intéressant au regard de la situation dans les zones dites difficiles aujourd'hui... Si on considère que l'éducation prépare l'enfant à devenir sujet, il ne peut être reconnu comme tel au départ sans risque d'abstention éducative. Or, " le pouvoir est vacant " et, si le maître ne l'exerce pas, qui l'exercera ? Les familles ne le faisant que trop parcimonieusement, la cité n'ayant pas ou plus de volonté effective à ce sujet, le pouvoir semble partagé entre le plus fort physiquement, la télévision ou encore l'intégrisme religieux. Conscient de ce phénomène, peut-être alors que notre devoir d'enseignant est d'exercer notre pouvoir pour garder l'enfant sous notre autorité afin de le préserver, de le protéger du monde et de sa violence ? Ceux pour qui l'éducation n'est plus présente et ne garantit plus ce temps de sujétion sont confrontés très vite à la violence du monde ou à l'endoctrinement qui, lui, n'a pas comme projet l'émancipation des personnes sur lesquelles il œuvre. De plus, cette violence risque de gagner l'école si les enseignants, inconscients de ce qui se joue à l'extérieur et sous prétexte de considérer l'enfant comme sujet, s'abstiennent de vouloir " l'influencer " et lui donnent trop de pouvoir.* » Mais cet instituteur ajoute aussitôt : « *En revanche, il me semble indispensable que l'adulte, tout en protégeant l'enfant du monde, en l'inscrivant dans une tradition et en le faisant accéder à une culture, lui donne aussi les moyens de construire sa liberté. Ce qui implique, bien sûr, que l'adulte accepte que l'enfant la prenne*[96] ».

Quand la ruse ne permet pas de sortir des contradictions

Ainsi Hannah Arendt et sa réflexion sur la nécessité d'une frontière entre l'enfant qui doit être éduqué autoritairement et l'adulte qui ne peut pas l'être, nous a-t-elle plongé au cœur d'une contradiction éducative qui paraît encore plus radicale que la précédente. Nous savions déjà que le pédagogue doit tout organiser pour que l'enfant apprenne et qu'il doit accepter, en même temps, qu'aucun apprentissage ne puisse être déclenché mécaniquement ; nous savions qu'il doit faire preuve d'obstination didactique et, simultanément, reconnaître que rien ne peut se faire sans le « courage des commencements » qu'aucun procédé ni aucune méthode ne peuvent déclencher mécaniquement. Nous savons maintenant aussi

---

28. François Turaud, réaction écrite après un débat en cours de philosophie de l'éducation, ISPEF, Université Lumière – Lyon 2, le 7 décembre 1994.

que le pédagogue est, en quelque sorte, condamné à s'imposer et à imposer, par son autorité, un « monde » sans lequel la continuité transgénérationnelle serait elle-même compromise et l'enfant livré prématurément à la violence des hommes et aux passions sociales. Mais nous avons vu qu'une telle posture, en dépit de sa cohérence politique et de son bien-fondé pédagogique, n'est pas tenable dans la quotidienneté éducative et que le maître, tout en assumant son autorité doit interpeller la liberté de l'enfant, faire appel à sa responsabilité que, par ailleurs, il ne le considère pas encore comme capable d'exercer !

La contradiction risque ici de paralyser l'éducateur et cela jusque dans les moindres gestes de sa vie quotidienne : l'organisation des apprentissages, la gestion du temps et de l'espace, la récompense et la sanction... Car il n'est rien qui ne mette en jeu, d'une manière ou d'une autre, l'un des deux termes de la contradiction : imposer « le monde » et fournir les outils requis à sa compréhension ou respecter le sujet, son désir et sa démarche... assumer l'autorité institutionnelle du maître pour transmettre à l'élève une culture dont le sens ne lui apparaîtra vraiment qu'au moment de son passage dans la vie adulte ou bien s'efforcer de proposer des apprentissages qui correspondent, dès l'école, aux besoins et aux intérêts de l'élève.

On se souvient, sans doute, de la réponse traditionnelle de l'histoire de la pédagogie à cette question... elle est déjà tout entière contenue dans l'*Émile* de Rousseau et les auteurs pédagogiques la reprendront avec d'infinies et de subtiles variations : « *Prenez une route opposée avec votre élève ; qu'il croie toujours être le maître, et que ce soit toujours vous qui le soyez. Il n'y a point d'assujettissement si parfait que celui qui garde l'apparence de la liberté ; on captive ainsi la volonté même. Le pauvre enfant qui ne sait rien, qui ne peut rien, qui ne connaît rien, n'est-il pas à votre merci ? Ne disposez-vous pas, par rapport à lui, de tout ce qui l'environne ? N'êtes-vous pas le maître de l'affecter comme il vous plaît ? Ses travaux, ses jeux, ses plaisirs, ses peines, tout n'est-il pas dans vos mains sans qu'il le sache ? Sans doute il ne doit faire que ce qu'il veut ; mais il ne doit vouloir que ce que vous voulez qu'il fasse ; il ne doit pas faire un pas que vous ne l'ayez prévu, il ne doit pas ouvrir la bouche que vous ne sachiez ce qu'il va dire.*

C'est alors qu'il pourra se livrer aux exercices du corps que lui demande son âge, sans abrutir son esprit ; c'est alors qu'au lieu d'aiguiser sa ruse à éluder un incommode empire, vous le verrez s'occuper uniquement à tirer de tout ce qui l'environne le parti le plus avantageux pour son bien-être actuel ; c'est alors que vous serez étonné de la subtilité de ses inventions pour s'approprier tous les objets auxquels il peut atteindre, et pour jouir vraiment des choses sans le secours de l'opinion. En le laissant ainsi maître de ses volontés, vous ne fomenterez point ses caprices. En ne faisant jamais que ce qui lui convient, il ne fera bientôt que ce qu'il doit faire ; et, bien que son corps soit dans un mouvement continuel, tant qu'il s'agira de son intérêt présent et sensible, vous verrez toute la raison dont il est capable se développer beaucoup mieux et d'une manière beaucoup plus appropriée à lui, que dans des études de pure spéculation.

Ainsi, ne vous voyant point attentif à le contrarier, ne se défiant point de vous, n'ayant rien à vous cacher, il ne vous trompera point, il ne vous mentira point ; il se montrera tel qu'il est sans crainte ; vous pourrez l'étudier tout à votre aise, et disposer tout autour de lui les leçons que vous voulez lui donner, sans qu'il pense jamais en recevoir aucune[29] ».

On nous pardonnera la longueur de cette citation, justifiée par son importance dans l'histoire des doctrines pédagogiques. C'est que, d'une certaine manière, Rousseau définit là le cadre que vont investir bien des pédagogues après lui. Il donne la clé – une clé tout au moins – pour sortir de la contradiction. Quand il n'y a pas d'autre solution, quand on se trouve en face de deux exigences qui apparaissent contradictoires, il ne reste qu'une solution, **la ruse :** il s'agit, alors, de créer les conditions qui permettent à l'enfant d'effectuer librement les apprentissages qui auront été décidés autoritairement par l'adulte, seul censé connaître quels sont ses véritables intérêts. La spécificité de l'éducation comme « présentation du monde à l'enfant » est préservée, de la même manière que le respect de l'enfant qui effectue lui-même, selon sa propre démarche, les apprentissages qui lui conviennent. Rousseau, malicieux, ajoute même que ce n'est qu'ainsi que l'on peut réellement faire acte d'autorité auprès de l'enfant, car toute autre méthode – et particulièrement celle qui prétendrait lui dicter extérieurement ses actes – entraînerait sa résistance et lui permettrait même de tenir l'adulte en échec ! Il faut que l'éducateur transfère son autorité de la relation directe à l'organisation de situations « précontraintes » pour que la liberté de l'enfant soit, tout à la fois, déjouée et respectée : l'enfant ne pourra pas refuser ce qu'on lui propose, précisément parce que la situation lui permettra d'agir « selon ses propres lois ».

La leçon a porté et Rousseau fait de nombreux disciples. Claparède, parmi bien d'autres, a formalisé la ruse rousseauiste en définissant ce qu'il nomme « l'éducation fonctionnelle » : « *L'activité d'un écolier ne devrait jamais être autre chose qu'un moyen employé par lui pour satisfaire à un besoin qu'on aurait su créer en lui*[30] ». À bien des égards même, on peut considérer que la « pédagogie de projet », chère à Dewey et remise à l'honneur aujourd'hui à l'école primaire ou dans le domaine de l'enseignement technologique, n'est rien d'autre qu'une organisation didactique élaborée de la ruse rousseauiste : la situation est construite de telle manière que le projet choisi permette de découvrir des obstacles donnés qui, eux-mêmes, seront sélectionnés en fonction des connaissances qu'ils permettront de faire acquérir au sujet ; ainsi l'élève découvre et apprend, à l'occasion d'une tâche qu'il investit, des connaissances qui correspondent précisément aux programmes décidés par ailleurs... Certes, la chose n'est pas simple et les écueils nombreux : la logique de production peut prendre le pas sur la logique d'apprentissage, le bricolage se substituer à la réflexion, les moins compétents peuvent être marginalisés au nom même de la qualité du produit à élabo-

---

29. Jean-Jacques ROUSSEAU, *Émile ou De l'éducation*, Garnier-Flammarion, Paris, 1966, pages 150 et 151.

30. *L'éducation fonctionnelle*, Delachaux et Niestlé, Neuchâtel et Paris, 1973, page 146.

rer, les obstacles rencontrés dans l'effectuation de la tâche peuvent être trop simples ou trop complexes et ne pas permettre de « greffer » correctement les apprentissages requis par les programmes et le niveau de développement de l'élève [31] ! C'est pourquoi les pédagogues ont sophistiqué le dispositif jusqu'à concevoir des « situations-problèmes » dans lesquelles l'objectif d'apprentissage est, en quelque sorte, caché dans la tâche et son acquisition imposée par un système sophistiqué de contraintes et de ressources [32]... Mais c'est bien là toujours la même inspiration rousseauiste qui est à l'œuvre : « *Tout faire en ne faisant rien* [33] ». « Tout faire » pour rester fidèle à la mission de l'éducateur dans le monde et aussi parce que l'enfant, avant d'être éduqué, ne peut précisément rien choisir de ce qui doit constituer son éducation... « en ne faisant rien » parce que c'est là la condition, tout à la fois, de l'efficacité de l'entreprise (on n'obtiendra rien de l'enfant en contrariant les « lois de la nature ») et de l'authenticité de l'éducation (qui forge ainsi la volonté en mettant systématiquement l'enfant en situation de la mettre en œuvre) [34].

Bien évidemment, on pourrait trouver d'autres modèles pédagogiques qui, à leur manière, utilisent la ruse rousseauiste : les pédagogies libertaires, on le sait bien, n'abandonnent l'autorité institutionnelle du maître que pour la récupérer sous forme d'une autorité charismatique, et Neill comme Winneken [35] sont, à cet égard, des spécialistes de la ruse : ils prétendent abdiquer leur pouvoir mais n'y parviennent jamais, le récupérant même plus efficacement, plus subtilement, en séduction.

La postérité de Rousseau est donc bien assurée et nous n'avons aucune inquiétude à avoir de ce côté : didacticiens et psychologues cognitivistes, adeptes de la non-directivité déclarée, promoteurs des « méthodes actives » de toutes sortes... tous s'efforcent de réconcilier les contraires et de créer des situations où s'équilibrent harmonieusement, pour le plus grand profit de l'éducateur, autorité de l'adulte et initiative de l'enfant.

À tout prendre, on pourrait donc en rester là. On pourrait même montrer que la ruse pédagogique est, en ce sens, tout le contraire d'une démission : une organisation sophistiquée du pouvoir qui lâche ostensiblement d'une main ce

---

31. Cf. Philippe Meirieu, *Apprendre en groupe ? 1 – Itinéraire des pédagogies de groupe*, Chronique sociale, Lyon, 1984.

32. Cf. Philippe Meirieu, *Apprendre... oui, mais comment*, ESF éditeur, Paris, 3e édition, 1988, « Guide méthodologique pour l'élaboration d'une situation-problème », pages 165 à 180.

33. *Ibid.*, page 149.

34. En ce qui concerne les situations-problèmes, en dépit du caractère technique du dispositif, on retrouve bien les deux mêmes dimensions : « tout faire » en organisant une situation précisément adaptée à un apprentissage déterminé... « en ne faisant rien », c'est-à-dire en respectant le cheminement singulier de l'enfant qui construit son savoir, tel que le met à jour la psychologie cognitive. Mais cela ne signifie nullement que la notion de situation-problème puisse être considérée comme déduite de cette psychologie. Il s'agit bien d'une invention pédagogique pour laquelle la psychologie cognitive ne fournit que des indicateurs de pertinence.

35. Gustav Winneken fut l'un des *leaders* des écoles libertaires de Hambourg (cf. J.R. Schmidt, *Le maître-camarade et la pédagogie libertaire*, Maspéro, Paris, 1971).

qu'elle reprend subrepticement de l'autre. Ceux et celles qui s'inquiètent de la démission des pédagogues seraient rassurés. Ceux qui craignent la manipulation pédagogique pourraient être convaincus par l'efficacité de dispositifs qui permettraient l'appropriation de savoirs grâce auxquels le sujet, au terme de son éducation, serait en mesure de comprendre et de maîtriser véritablement le monde, la culture et leur propre raison.

Mais tout cela serait trop facile, trop simple et, si c'était possible, sans aucun doute, cela serait-il déjà fait et les débats sur l'éducation se seraient-ils apaisés depuis bien longtemps ! C'est que la ruse, précisément, n'est qu'une ruse... et qu'elle prend un parti, même si elle fait mine d'en prendre un autre. La ruse est un appareillage du pouvoir éducatif et une légitimation de la position d'autorité. La ruse évacue la contradiction, apaise les tourments et supprime la culpabilité de l'éducateur. La ruse lui donne le sentiment de gagner sur tous les tableaux, de le délivrer de toutes ses angoisses, de le mettre à l'abri de toutes ses inquiétudes... Mais la ruse, en réalité, maintient intactes les contradictions que nous avons rencontrées : on n'y laisse s'exprimer la liberté de l'élève que pour mieux la circonvenir ; on lui propose de s'approprier des connaissances que l'on juge importantes pour lui, mais en renonçant à affirmer clairement cette importance ; on respecte une démarche individuelle que l'on manipule habilement et l'on ravale la culture, aux yeux de l'élève, à des apprentissages occasionnels, accidentels en quelque sorte. De plus, la ruse ne me dit rien sur ce que je peux faire quand, précisément, l'enfant déjoue la ruse, quand il fuit la situation, quand il est pris par la peur de l'inconnu, quand il attend de moi que j'affronte la difficulté à sa place tout en me le reprochant silencieusement. La ruse ne me dit rien sur ce qui se trame affectivement entre l'éducateur et l'éduqué. La ruse trompe la résistance de l'élève, elle n'en fait pas le centre vivant du travail pédagogique ; elle n'ouvre donc pas à une relation éthique d'interpellation et d'exigence réciproque.

Certes, la ruse a encore de beaux jours devant elle et bien prétentieux serait l'éducateur qui pourrait dire ici : « Fontaine, je ne boirai pas de ton eau »... Mais ce n'est pas une raison, à notre sens, pour se résigner à en faire le cœur et le seul ressort de toute activité pédagogique.

*

* *

Ainsi avons-nous tenté de montrer, dans ce chapitre, que les discours pédagogiques ne pouvaient être compris comme constituant des systèmes de pensée organisés de manière homogène et rationnelle. Ils constituent bien plutôt des modes d'expression, souvent polémiques et excessifs, par lesquels les pédagogues tentent de retrouver la tension constitutive de leur entreprise. C'est pourquoi les critiques qui sont faites à ces discours, oubliant leur statut, faisant mine, en quelque sorte, de les prendre au pied de la lettre, n'ont aucun mal à dénoncer leurs dangers et à y voir des conceptions particulièrement perverses de l'éducation. Mais on peut renverser les choses et, au contraire, tenter de repérer les contradictions dont le discours pédagogique est porteur en restant ouvert à ce que ces contradictions nous disent sur la réalité de l'éducation. C'est ce que nous avons voulu faire en mettant à jour deux contradictions majeures portées par le discours pédagogique : d'une part, la contradiction entre sa dimension instrumentale et sa dimension d'interpellation, et, d'autre part, la contradiction entre l'éducation comme reconnaissance d'un sujet déjà existant et l'éducation comme formation d'un sujet qui n'accédera à ce statut qu'à l'issue du processus éducatif. Nous avons vu à quel point ces contradictions étaient fortes, au point que la tentation est grande de les évacuer par l'usage systématique de la ruse rousseauiste : « Tout faire en ne faisant rien ». Mais la ruse n'est que ruse et les contradictions reviennent sans cesse quand on croit s'en être débarrassées... Or nous voudrions montrer que ce sont précisément ces contradictions qui permettent, quand on les considère dans toute leur ampleur et sans tenter de les réduire, d'ouvrir un véritable espace d'intelligibilité des savoirs pédagogiques.

5

Vers un espace d'intelligibilité des savoirs pédagogiques

Thèse : Le discours pédagogique, quand il assume ses contradictions, rend possible la construction d'un espace d'intelligibilité des savoirs pédagogiques. Dans cet espace, l'inventivité pédagogique peut se développer au sein d'une « cartographie pragmatique » qui permet de quitter les oscillations binaires et d'explorer une infinité d'actions possibles pour faire face au « moment pédagogique ».

Pestalozzi, dans un texte traduit et présenté par Michel Soëtard[1], nous livre un tableau particulièrement suggestif dans lequel il présente, à l'occasion d'une réflexion sur l'éducation de son fils Jakob, les arguments qui plaident pour une « pédagogie de la liberté » et ceux qui plaident pour une « pédagogie de l'obéissance ». On y retrouve, du côté de la liberté, des points de vue qui gardent encore aujourd'hui toute leur force et que l'on pourrait retrouver sans peine dans bien des ouvrages de vulgarisation pédagogique : « *On ne peut gêner la liberté de l'enfant sans encourir jusqu'à un certain point son aversion. L'expérience montre, de plus, que les enfants qui ont subi le plus de contraintes s'en dédommagent plus tard par le dérèglement. Il n'est pas possible d'entraver les enfants dans leur volonté sans exciter diverses passions... La liberté, menée avec sagesse, dispose l'enfant à avoir l'œil ouvert et l'oreille attentive. Elle répand tranquillité, égalité*

1. « Fragments du journal de Pestalozzi sur l'éducation de son fils Jakob (27 janvier-19 février 1774) », *Études Jean-Jacques Rousseau*, présentation et traduction par Michel Soëtard, Éditions « A l'écart », Reims, 1992, pages 5 à 33.

d'humeur et joie dans le cœur des enfants... [2] » Il n' y a rien là, on le voit, de très différent de ce que dispensent aujourd'hui les émules de Françoise Dolto ! Mais, chez Pestalozzi, s'oppose à cet argumentaire un ensemble de raisons auxquelles aucun d'entre nous, fût-il le plus non directif dans l'âme, ne manquera pas de faire appel un jour ou l'autre : « *Sans obéissance aucune éducation n'est possible, car même dans les circonstances les plus avantageuses, nous ne pourrions laisser une seule fois l'enfant à sa volonté. Il y a cent cas pressants où la liberté totale de l'enfant est la mort. Des aptitudes et des habitudes sont nécessaires dans la vie en société, qu'il est impossible de former si l'on n'entrave pas la liberté...* [3] » Et Pestalozzi d'ajouter, perplexe, « *Où est l'erreur ? La vérité n'est pas unilatérale. La liberté est un bien et l'obéissance l'est également* [4] ». Ce qui amène Michel Soëtard à affirmer que le problème de Pestalozzi est alors de « *faire dans son action l'unité de ces deux démarches [...] : paradoxe insoutenable, qui fait éclater à tout moment l'action de Pestalozzi* [5] », « *qui fait exploser l'action* », puisque cette unité semble impossible tant les deux pôles sont antagonistes et « *les effets éducatifs de ces deux démarches s'annulent mutuellement* » [6]... C'est pourquoi il faudra à Pestalozzi plusieurs expériences éducatives, dont l'expérience exemplaire du Neuhof [7], et une réflexion sans cesse approfondie sur son action, pour accepter ces contradictions comme fondatrices et en faire la tension même où puisse s'inscrire une « méthode » qui soit bien autre chose qu'une oscillation infernale entre deux postures incompatibles.

C'est à Stans, quand il sera confronté à la situation tragique que l'on connaît, qu'il dépassera les hésitations permanentes et les injonctions paradoxales de jadis : « Tu dois faire cela pour ton bien, quoique tu ne puisses pas comprendre que cela soit ton bien (puisque ton éducation n'est pas encore faite) et quoique je me refuse à ce que tu le fasses seulement parce que tu me serais assujetti ou que

---

2. *Ibid.*, pages 30 et 31.

3. *Idem.*

4. *Ibid.*, page 31.

5. *Ibid.*, page 9.

6. *Ibid.*, page 10.

7. « *Pestalozzi veut faire le bonheur du peuple. Mais désespérant de la politique et de la corruption citadine, il va prendre le chemin de l'éducation et de l'éducation à la campagne. On voit bientôt arriver au Neuhof (la nouvelle ferme) des petits va-nu-pieds qui battent habituellement les campagnes, oisifs, quémandant et chapardant. Pestalozzi les fera travailler sur les terres tout en les formant.. [...] Ce devait être le bonheur de Clarens. Ce sera, en réalité, assez vite le cauchemar.* » (Michel Soëtard, « Johan Heinrich Pestalozzi », *Quinze pédagogues*, sous la direction de Jean Houssaye, Armand Colin, Paris, 1994, 37-50, page 39). C'est le cauchemar car Pestalozzi veut créer au Neuhof une véritable collectivité autonome économiquement et formative pour chacun de ses participants : il doit donc faire face à des exigences multiples et contradictoires... la rentabilité, qui impose une directivité et des orientations gestionnaires très fermes, et l'éducation par la liberté, qui impose de laisser chacun prendre les initiatives qu'il souhaite et de contraindre le moins possible... les intérêts des familles qui veulent que leurs enfants rapportent de l'argent à la maison, pérennisant ainsi un système d'exploitation que Pestalozzi condamne, et l'intérêt éducatif des enfants qui exigerait une rupture avec leur environnement... l'autonomie nécessaire à « l'apprentissage de la vie » et les contraintes imposées par la simple « survie ».

tu m'obéirais avec une confiance aveugle [8] ». C'est à Stans qu'il se dégagera du seul appel à la joie partagée comme ultime référence de la qualité de la relation éducative... « *Liberté et obéissance,* écrivait-il quelques années plus tôt, *sont l'une et l'autre profitables quand elles sont assumées dans la joie intérieure de l'enfant et de l'éducateur* [9]. » Car, à Stans, la joie n'est pas tous les jours au rendez-vous et la situation n'est pas à l'avantage de Pestalozzi. Il s'y décrit même comme un homme aux prises avec des enfants qu'il faut dégager « *de la fange et de la grossièreté de leur environnement qui les avaient intérieurement avilis et réduits à l'état sauvage* [10] ». Certes, il dispose maintenant de convictions affermies : « *L'homme veut si volontiers le bien, l'enfant lui prête si volontiers une oreille attentive ; mais il ne le veut pas pour toi, maître, il ne le veut pas pour toi, éducateur, il le veut pour lui-même. [...] Tout ce qui le rend aimable, il le veut. Tout ce qui lui fait honneur, il le veut. Tout ce qui éveille en lui de grandes attentes, il le veut. Tout ce qui produit en lui des forces, tout ce qui lui fait dire " J'en suis capable ", il le veut* [11] »... Mais Pestalozzi a compris que cette « volonté » n'est pas une réalité qui existerait avant même tout acte éducatif et qu'il suffirait d'utiliser à bon escient ; il sait aussi qu'elle n'émerge pas spontanément, qu'elle n'apparaît pas miraculeusement à la seule vertu de l'exhortation ou même de l'exemple ; il sait qu'elle n'est pas « produite par des mots » : « *Les paroles ne donnent pas la chose elle-même, mais seulement, une vue claire et la conscience de celle-ci* [12] ». Il sait, il éprouve au quotidien, comme tant d'enseignants et d'éducateurs aujourd'hui, à quel point les êtres résistent aux meilleures intentions de les éduquer, de les « élever », de les instruire : « *Habitués à l'oisiveté, à une vie débridée, à des comportements de sauvages et à des jouissances désordonnées, trompés dans leur espoir d'être nourris sans rien avoir à faire, comme c'était la coutume des couvents, plusieurs commencèrent bientôt à se plaindre qu'ils s'ennuyaient, et ils ne voulurent plus rester. Plusieurs parlèrent d'une fièvre qui s'empare des enfants lorsqu'on les tient occupés toute la journée à apprendre* [13] ». Mais Pestalozzi se refuse pourtant à voir dans cette résistance la mauvaise volonté d'un enfant dévoyé que l'autorité de l'éducateur pourrait simplement briser, comme il refuse d'en faire la légitime insurrection de « natures idéales » contre un éducateur abusivement normalisateur. Il cherche – et c'est là qu'il devient véritablement « pédagogue » – à « travailler cette résistance », sans imposer trop vite des règles qui ne provoqueraient que le rejet [14], mais sans renoncer pour autant à ses propres exigences quand il les juge absolument essentielles pour former précisément cette « volonté » dont, maintenant, il comprend mieux le

8. Cf. *Ibid.*, page 32.

9. *Ibid.*, page 33.

10. *Lettre de Stans*, page 31.

11. *Ibid.*, page 24.

12. *Idem.*

13. *Ibid.*, page 27.

14. *Ibid.*, page 32.

statut : « *Le silence que j'exigeais lorsque j'étais présent et enseignais était pour moi un précieux moyen pour atteindre mon but, comme aussi ce que j'exigeais quant à la tenue du corps des enfants lorsqu'ils étaient assis devant moi. [...] J'exigeais, entre autres, par mode d'amusement, tandis qu'ils répétaient les phrases que je prononçais devant eux, qu'ils tiennent le regard fixé sur leur doigt du milieu. C'est incroyable comme l'attachement à de petites choses comme celle-là peut être, pour l'éducateur, le point de départ de buts plus élevés* [15] »... « Travailler la résistance » cela veut dire alors, pour lui, accepter que l'autre soit ce qu'il est et non une image fantasmée ou le produit d'une élaboration idéologique ; c'est substituer à une représentation de l'enfance la réalité concrète de l'enfant et s'efforcer de « faire avec ». Mais « travailler la résistance », c'est aussi « résister à cette résistance », ne rien abdiquer de ce que l'on croit juste et nécessaire pour le développement de l'enfant et l'élaboration du lien social... c'est engager une histoire avec lui, s'engager véritablement dans l'éducation.

Des contradictions assumées aux espaces d'inventivité retrouvés

En ce sens, travailler sur la résistance de l'autre au projet que l'on a pour lui et accepter le caractère fécond de ce travail, c'est reconnaître d'abord les contradictions éducatives que nous avons débusquées, c'est accepter ensuite de ne pas renoncer arbitrairement à l'un des termes de ces contradictions mais tenter de chercher en quoi leur existence ouvre des espaces possibles pour l'inventivité éducative. « Travailler la résistance », c'est, tout à la fois, considérer l'enfant ou l'adolescent comme un **sujet constitué**, capable de m'interpeller comme un pair, et comme un **sujet en formation**, à qui je dois imposer des connaissances et des méthodes pour qu'il accède à une responsabilité pleinement assumée. « Travailler la résistance », c'est aussi, simultanément, reconnaître celui que l'on éduque comme **une liberté que l'on ne peut que susciter**, qui n'apprendra donc jamais « sur commande », et comme **un individu que l'on doit instrumenter** en cherchant, par tous les moyens à notre disposition, comment l'amener à s'approprier les connaissances que l'on juge nécessaires à son développement personnel et à son insertion sociale.

C'est alors que, là où l'on se débattait dans des contradictions insolubles, là où l'on risquait de se laisser aller à des oscillations infernales, là où l'éducateur était sans cesse menacé de déchirements pathogènes, là où l'action pédagogique menaçait d' « exploser », se profile, par un étrange croisement – qui n'est pas seu-

15. *Ibid.*, pages 36 et 37.

lement un artifice de présentation – un espace d'intelligibilité des savoirs pédagogiques. Présentons d'abord cet espace, avant d'en justifier, de manière détaillée, la configuration et les contenus :

	l'élève comme individu à instrumenter	l'élève comme personne à interpeller
l'élève comme sujet déjà constitué	CONTINUITÉ	SURSIS
l'élève comme sujet en formation	RUPTURE	PRISE DE RISQUE

Nous avons bien conscience que l'introduction, ici, d'un tel tableau risque d'apparaître artificielle. Comment, après avoir défini le moment pédagogique dans sa dimension éthique, peut-on tenter de rendre opérationnel celui-ci quand son caractère formel risque d'en ruiner l'intention fondatrice ? Ne court-on pas, de plus, le danger de réduire des tensions dont nous avons vu le caractère irréductible en proposant des solutions d' « équilibre » qui nous permettraient de fuir les choix fondamentaux ? Nous ne le croyons pas... Certes, nous ne sommes pas dupes du caractère métaphorique du concept d' « espace d'intelligibilité » que nous proposons. Parler d'espace, quand il s'agit de travailler sur des pratiques, pourra sembler réducteur, l'action s'y trouvant ramenée à une sorte de « diagonale », si l'on file la métaphore dans le domaine géométrique, ou à la « résultante » de forces divergentes, si on la file sur le plan physique. Mais la métaphore, si on la tient à l'écart de ces deux interprétations réductrices, peut aussi être féconde : elle suggère la possibilité de se dégager de références « paroxystiquement binaristes », pour parler comme Félix Guattari [16], et d'ouvrir un champ aux explorations, aux tentatives aventureuses, aux cheminements imprévus, aux tâtonnements, souvent imprécis, parfois ingénieux, au détour desquels quelque trouvaille inespérée va se présenter. Au croisement de deux routes, peut ainsi disparaître, un moment, l'interrogation obsessionnelle d'être ou de ne pas être dans la bonne direction ; le questionnement perd cette radicale et terrible simplicité qui enferme le sujet dans un dilemme implacable ; la situation se fait plus complexe et délimite des secteurs, des domaines qui suggèrent de quitter, même timidement, en une exploration incertaine, les trajectoires déjà tracées, celles où l'on ne peut qu'avancer ou reculer... pour tenter de trouver soi-même son propre chemin.

Ainsi, à l'alternative binaire, au balancement psychotique ou à la polémique crispée, se substitue la possibilité de s'orienter, de se situer aussi entre des points cardinaux qui ne sont pas, on le sait bien, des réalités géographiques habitables mais des fictions utiles, jamais atteintes comme l'Est ou l'Ouest, ou des

---

16. *Chaosmose*, Galilée, Paris, 1992, page 83.

régions inhospitalières dans lesquelles nul ne peut demeurer comme le Nord et le Sud. Le diagramme cartésien ne constitue pas seulement alors un repère géométrique permettant d'investir un espace abstrait, il représente symboliquement la possibilité offerte d'une exploration créatrice pour l'activité humaine [17] : il nous suggère qu'il y a toujours d'autres solutions que celles imposées par une opposition binaire ; au lieu de nous enfermer dans une intersection, de paralyser nos actes en nous sommant de justifier en vérité la direction à prendre, il ouvre des territoires, autorise des investigations nouvelles, permet de partir à la découverte d'une multiplicité de positions possibles et constitue ce que Félix Guattari nomme une « cartographie pragmatique » [18]. « Cartographie » parce qu'elle permet de situer nos arrangements quotidiens et de leur donner du sens. « Pragmatique » parce qu'elle ne décide pas *a priori* de la justesse de chaque position mais tente d'en respecter le processus d'invention aléatoire et risquée. Une « cartographie pragmatique » qui ne cherche nullement à installer un système figé qui pourrait prétendre à une quelconque scientificité mais qui autorise l'aventure de la création sans, pour autant, abandonner complètement celle-ci à un empirisme utilitariste. « *Ma perspective,* explique Félix Guattari, *consiste à faire transiter les sciences humaines et sociales des paradigmes scientistes vers des paradigmes éthico-esthétiques* [19] ». Et, plus loin, il se demande : « *Comment faire vivre une classe comme une œuvre d'art ?* [20] »... question sur laquelle nous aurons à revenir mais qui, d'ores et déjà, nous invite à nous demander comment faire de la classe un lieu d'invention, d'imagination et de rencontres, un lieu qui s'éloigne de toute transmission mimétique mortifère sans, pour autant, basculer dans l'errance. Car c'est bien de cela qu'il s'agit : trouver un moyen de se placer en dehors des axes, tout en bénéficiant de l'existence des repères.

Car Bloom et sa gigantesque entreprise taxonomique [21], comme Rogers et son invraisemblable espoir en la transparence de rapports éducatifs qui pourraient se passer de médiations culturelles, restent bien sur les axes : ils indiquent des

---

17. Au risque d'apparaître solliciter excessivement Descartes, peut-être pourrait-on suggérer qu'en construisant l'espace géométrique à l'intersection de deux dimensions (un axe vertical opposant Dieu aux hommes et un axe horizontal opposant le serviteur à son maître), il assume la sortie définitive du fixisme économique et social qui caractérisait le Moyen Âge pour ouvrir la possibilité d'inventer une multitude de positions intermédiaires et construire un espace d'innovations, d'exploration et de mobilité qui caractérise la modernité qu'il inaugure.

18. *Chaosmose*, *op. cit.,* pages 24, 89.

19. *Ibid.*, page 24.

20. *Ibid.*, page 183.

21. Cf., outre les trois tomes de la taxonomie elle-même, l'ouvrage dans lequel B. S. Bloom précise les ambitions de son projet : *Caractéristiques individuelles et apprentissages scolaires*, Labor et Nathan, Bruxelles et Paris, 1979. On y trouve énoncés les principes fondateurs de la pédagogie de la maîtrise » : découpage strict des savoirs en unités séquentielles articulées, individualisation absolue des procédures d'apprentissage par le biais d'une adaptation du temps et d'une différenciation des aides en fonction des besoins individuels des élèves, objectifs toujours formulés en termes de comportements observables et permettant une progression régulière « à erreur minimale »... conviction qu'avec ces méthodes, 95 % des élèves pourront atteindre tous les objectifs fixés.

directions – ce que nous avons nommé l'instrumentation et l'interpellation – mais ils ne construisent, en aucun cas, des espaces ouverts à une inventivité pédagogique qui accepte de frayer avec la complexité des êtres et des choses. De la même manière qu'Hannah Arendt, qui pointe avec force la nécessité d'une frontière absolue entre l'enfant et l'adulte, ou certains psychologues qui n'hésitent pas à affirmer que « chaque enfant est un sujet dès la naissance ou les premiers jours de sa vie [22] » : là encore, les uns et les autres soulignent des exigences mais demeurent sur des positions à proprement parler intenables dans le concret et sur la durée. Freinet l'a bien compris, lui qui, dans le « conseil », permet aux enfants de voter sur des décisions importantes mais ne renonce jamais, pour autant, à intervenir autoritairement quand cela lui paraît nécessaire [23]. Ainsi se constitue une classe où l'on explore « *les voies possibles de sa singularisation, source de " prise d'existence ", des enfants qui la composent* [24] », mais où cette exploration s'effectue en conscience des enjeux et du sens des actes que l'on pose.

Continuités et ruptures, sursis et prises de risque

Le pari que nous voulons tenter ici consiste donc à proposer une configuration possible pour les savoirs pédagogiques que peut mobiliser l'éducateur. Pour cela, nous croyons que l'on peut définir quatre secteurs à l'intersection des deux tensions fondatrices que nous avons identifiées.

- Si l'élève est considéré comme un sujet déjà constitué dont il convient de prendre en compte les représentations, les désirs et les intérêts et si l'on croit à la nécessité de lui fournir les outils intellectuels nécessaires à son développement, l'opérateur pédagogique sera précisément **la continuité** : continuité entre son histoire et son projet, continuité entre le sujet reconnu comme tel et les responsabilités qu'on va devoir lui confier, continuité entre son inscription culturelle et sociale et les savoirs qu'on va lui enseigner.
- Si l'élève est considéré comme un sujet en formation qu'il convient d'arracher à toutes les adhérences psychologiques et sociales qui l'attachent à une enfance qu'il lui faudra irrémédiablement quitter un jour, si cette conception s'accompagne de la conviction que les savoirs constituent précisément le moyen de le faire accéder à l'état d'adulte, l'opérateur pédagogique sera **la rupture** : rupture entre le caractère aléatoire et

22. Cf., par exemple, Hubert Montagner, *L'enfant, acteur de son développement*, Stock, Paris, 1993.

23. Cf. Philippe Meirieu, *Apprendre en groupe ? 1 – Itinéraire des pédagogies de groupe*, Chronique sociale, Lyon, 1984, en particulier pages 59 et suivantes.

24. Félix Guattari, *op. cit.*, page 183.

capricieux de ses désirs et la rationalité universelle d'une culture émancipatrice, rupture entre ses caprices, ses décisions immatures, et la réflexion approfondie que requiert l'accès à la citoyenneté, rupture entre les rites et la violence de la société enfantine et la délibération argumentative qui fonde une société d'adultes.

- Si l'élève est d'abord perçu comme une personne qu'il convient d'interpeller pour qu'elle trouve en elle le courage requis pour engager une rencontre avec d'autres êtres et d'autres savoirs et si, par ailleurs, on voit en lui un sujet déjà constitué, alors l'opérateur pédagogique sera **le sursis :** sursis à l'immédiateté de prises de position qu'il faut reconnaître comme légitimes mais lui demander de réexaminer quand un autre s'oppose à lui, sursis à ses engagements institutionnels, sociaux, voire politiques auxquels on lui donne droit mais que l'on fera en sorte d'inscrire dans un ensemble de règles de fonctionnement qui permettront le débat sans violence... sursis à l'expression d'une personnalité digne d'être reconnue comme telle mais qui doit accepter et reconnaître aussi le droit des autres à leur propre expression.

- Si l'élève est considéré comme un sujet en formation dont les positions sont encore trop fragiles et aléatoires pour lui donner l'illusion de la participation à une vie démocratique prématurée, mais si l'on se fixe comme objectif éducatif essentiel l'accès à un engagement personnel et au « courage des commencements », alors l'opérateur pédagogique sera **la prise de risque** : prise de risque d'un sujet qui apprend à se mettre en jeu sur un mode qui ne soit pas celui de la reproduction ou de l'imitation, prise de risque d'un sujet qui échappe, par l'interpellation pédagogique, aux conformismes sociaux comme aux images de lui-même dans lesquelles son histoire et le regard des autres risquent de l'enfermer, prise de risque que l'éducation doit apprendre au sujet, mais sans jamais lui donner l'illusion qu'elle constitue pour lui, avant son entrée dans la société adulte, un droit à une reconnaissance sans condition.

Mais, ainsi présentées, les choses peuvent apparaître confuses et suggérer des pratiques pédagogiques qui seraient encore incompatibles entre elles... Chaque opérateur pédagogique permet, en effet, de mettre en œuvre et de développer des attitudes et des situations qui semblent irréductibles les unes aux autres. C'est pourquoi il faut aller plus loin dans l'analyse et tenter de s'interroger plus précisément sur les objectifs et les méthodes qui sont possibles chaque fois que l'on fait jouer ces opérateurs pédagogiques les uns avec les autres. Or, si l'on examine précisément les propositions pédagogiques dont nous disposons aujourd'hui à la lumière de la configuration que nous avons proposée, nous découvrons qu'elles peuvent s'articuler de manière cohérente : **continuité et rupture** d'une part, **sursis et prise de risque** d'autre part représentent, en effet, des articulations à partir desquelles peuvent être situés, dans une dynamique qui constitue sans doute le noeud même de toute activité éducative, les savoirs pédagogiques engrangés depuis plusieurs siècles par les pédagogues.

Continuités et ruptures

Comme Georges Snyders l'a rappelé dans plusieurs de ses ouvrages[25], continuité et rupture sont inséparables en éducation : l'accès à la culture qui réunit les hommes, dans ce qu'ils ont élaboré de plus grand, requiert, en effet, une rupture radicale avec les centres d'intérêts conjoncturels qui varient au gré des appartenances sociologiques et des histoires individuelles. Mais une telle rupture n'a de sens que si elle travaille sur une réalité préalablement prise en compte, une réalité saisissable par l'élève et dont on peut découvrir avec lui les limites ; sans cette prise en compte, le travail d'éducation produirait immanquablement chez l'élève une dématérialisation du monde, ce dernier disparaissant ou étant mis entre parenthèses, à l'abri de toute interrogation, au profit de codes scolaires et de savoirs convenus qui permettent de se « distinguer » dans l'institution mais ne favorisent guère une évolution personnelle réfléchie[26]. C'est pourquoi il y a autant de danger à vouloir dégager les élèves de leurs intérêts spontanés sans travailler avec eux pour qu'ils en découvrent les limites... qu'il y a de risque à totémiser leurs intérêts et à les y enfermer au nom du respect qu'on leur doit. C'est pourquoi, si l'on veut comprendre l'articulation continuité/rupture dans les pratiques pédagogiques, il convient de préciser, d'une part, ce que l'on entend prendre en compte et par quels moyens et, d'autre part, les buts que l'on se fixe et les situations susceptibles d'éviter que la rupture ne bascule dans l'arrachement normalisateur. C'est dans cet esprit que nous proposons le tableau suivant dont nous reprendrons ensuite les principaux éléments[27] :

25. Cf., en particulier, *La joie à l'école*, PUF, Paris, 1986. L'ouvrage comporte de nombreux exemples, en particulier dans les derniers chapitres qui contribuent parfaitement à montrer comment peut s'opérer concrètement l'articulation continuité/rupture dans différents domaines. Il garde toute son actualité.

26. Jean-Louis Derouet montre bien, à propos de l'enseignement de l'histoire de la Révolution française en classe de seconde, que l'effort pour introduire une pensée critique en rupture avec les représentations et les « savoirs positifs » déjà constitués, aboutit à des effets étranges, les élèves intégrant la pensée critique sous la forme d'une exigence scolaire traditionnelle et les utilisant pour « se distinguer » dans la classe sans, pour autant, que soit travaillé ce sur quoi porte cette pensée critique... À terme c'est même, explique Jean-Louis Derouet, le sentiment d'une « immatérialité du monde de la culture scolaire » qui va l'emporter, ruinant par là l'effort de l'éducation scolaire (Conférence à l'université Lumière-Lyon 2, colloque « Des savoirs savants aux savoirs enseignés », 4 février 1995).

27. Il va de soi que, si nous prétendons présenter une configuration possible pour penser les savoirs pédagogiques, si nous nous efforçons de donner quelques exemples et références, en aucun cas les développements qui suivent ne peuvent prétendre à l'objectivité ou à l'exhaustivité. Il s'agit donc ici d' « outils d'intelligibilité » que les praticiens devront enrichir, s'ils les utilisent, au fur et à mesure de leurs lectures et de leurs expériences.

Continuité et rupture dans l'action pédagogique

PRENDRE EN COMPTE...		... POUR PERMETTRE L'ACCÈS	
quoi ?	*comment ?*	*à quoi ?*	*comment ?*
– les centres d'intérêt	– par une pédagogie de projet	***– à un déplacement de la satisfaction affective sur des objets culturels***	– par la démonstration du pouvoir de l'objet culturel pour accéder à des formes supérieures de satisfaction
– les acquis déjà réalisés	– par une individualisation des parcours de formation	***– à une extension des connaissances***	– par une exploration systématique des imbrications notionnelles
– les représentations	– par un recueil systématique de celles-ci et une identification de leur fonctionnalité et de leur cohérence	***– à une déstabilisation du système de représentations et à une restabilisation à un niveau supérieur***	– par la mise en échec d'un système de représentations et la construction d'un système plus efficace
– les stratégies individuelles d'apprentissage	– par des pauses méthodologiques systématiques	***– à un enrichissement des ressources méthodologiques du sujet***	– par la méta-cognition pratiquée de manière collective
– le rapport social au savoir	– par l'élucidation des enjeux personnels des apprentissages déjà réalisés	***– au dégagement d'un rapport univoque au savoir***	– par la variation systématique des enjeux mobilisés dans les apprentissages proposés
– l'inscription familiale et locale	– par le partenariat avec les associations, institutions et organismes locaux	***– à la capacité de comprendre les adhérences locales spécifiques, leurs richesses et leurs limites***	– par la découverte progressive d'autres environnements
– la culture de référence	– par l'attention aux codes, références, valeurs et histoires dans lesquels le sujet s'inscrit	***– à un effort permanent d'universalisation de la culture***	– par la confrontation, la mise en perspective et l'interargumentation réciproque

• *Des intérêts immédiats des élèves à la découverte de nouveaux objets de désir*

Le premier enseignement de ce tableau est, à notre sens, de déblayer un certain nombre d'objections liées à la confusion des différents niveaux de l'action pédagogique : la prise en compte des centres d'intérêt des élèves n'a pas, en effet, pour fonction première de les conduire à une culture universelle ni même à l'exercice de leur raison pour examiner le bien-fondé des représentations qu'ils se font de tel ou tel concept mathématique ou philosophique... Une telle démarche serait d'ailleurs illusoire : les élèves débusqueraient bien vite le caractère artificiel de la greffe et développeraient alors des stratégies de réussite purement scolaires, ravalant les objets culturels à de simples « utilités académiques » leur permettant de satisfaire aux évaluations institutionnelles, mais restant attachés, pour l'essentiel, à une culture et à des valeurs qu'ils considéreraient comme relevant de leur seule sphère privée.

Aussi, quand le pédagogue parle de « l'intérêt des élèves », quand il explique qu'il est essentiel de travailler sur ces intérêts et d'engager des projets qui les valorisent, ce ne peut être que dans la perspective délibérée de mettre en relief le caractère limité des satisfactions qu'ils peuvent en tirer, avec la volonté d'en montrer les limites et, surtout, de déplacer progressivement la satisfaction affective des élèves vers des objets culturellement valorisés. En ce sens, la question de l'intérêt des élèves est bien celle de la jouissance de l'apprendre ; elle renvoie à la capacité de l'enseignant à désigner l'incomplétude des intérêts immédiats, leur caractère limité, aléatoire ou conjoncturel et à montrer que de la jouissance est possible ailleurs, plus loin, dans un registre que les élèves ignorent encore et que désignent, en creux en quelque sorte, les intérêts qu'ils manifestent déjà. Le rôle du pédagogue est bien ici de travailler sur ce déplacement et non de tenter de greffer, plus ou moins artificiellement, des questions du programme sur les motivations du moment.

La différence n'est pas mince : dans un cas, les choses prennent, le plus souvent, la forme d'un marchandage (« Je vous concède une activité qui s'inscrit dans vos préoccupations mais vous acceptez, en échange, d'apprendre ce que je cherche à vous enseigner ») ; dans le second cas, il s'agit d'un travail commun pour entrer dans l'intelligence des centres d'intérêt des élèves et, parce qu'on est capable d'entendre en quoi ce qui les motive est porteur de sens, de leur proposer d'aller avec eux au-delà, vers ce qui pourra leur procurer encore plus de satisfaction et de joie. Dans le premier cas, on est dans le registre du dévoiement, dans le second, de l'accompagnement. Dans le premier cas, on est dans l'artifice, dans le second, dans une démarche commune de quête du sens. C'est pourquoi il n'est pas de véritable « pédagogie de projet » qui ne soit découverte d'une dimension cachée, d'une perspective inconnue, d'un obstacle imprévu dont on s'empare avec les élèves et qui permet au maître de cheminer avec eux. C'est pourquoi il n'est pas de « pédagogie du projet » qui ne soit d'abord une « prise au sérieux » des élèves, une découverte de ce en quoi leurs intérêts sont, tout à la fois, sensés et partiels, porteurs de satisfactions et capables de laisser entrevoir des satisfactions bien plus grandes encore. Et aucune technique, aucun dispositif de « pédagogie de projet » ne peuvent assurer l'articulation continuité/rupture s'ils ne s'inscrivent pas dans cette dynamique fondatrice.

<table>
<tr><th colspan="2">PRENDRE EN COMPTE...</th><th colspan="2">...POUR PERMETTRE L'ACCÈS</th></tr>
<tr><td>les centres d'intérêt des élèves</td><td>par une pédagogie du projet</td><td>à un déplacement de la satisfaction affective sur des objets culturels</td><td>par la démonstration du pouvoir de l'objet culturel pour accéder à des formes supérieures de satisfaction</td></tr>
<tr><td>UNE PERSPECTIVE FONDATRICE</td><td colspan="3">Pestalozzi : « Associer tout ce qu'ils connaissent par leur expérience personnelle [...] aux mots techniques qui contenaient les concepts généraux de leur expérience. [...] Amener à la perfection des choses, même les plus insignifiantes, qu'ils apprenaient. » Lettre de Stans, pages 52 et 53).</td></tr>
<tr><td>DEUX RÉFÉRENCES</td><td colspan="3">– John Dewey, L'école et l'enfant (Delachaux et Niestlé, Neuchâtel et Paris, 1967)... pour bien repérer que l'initiateur le plus célèbre de la « pédagogie de projet » n'a jamais conçu la prise en compte des intérêts des enfants comme une fin en soi, ni même comme un ensemble de « biais ou de trucs de méthode pour rendre un sujet intéressant » (page 114), mais bien comme une démarche accompagnant le développement de l'esprit de l'enfant et augmentant sa réceptivité à un apport culturel.

– Louis Legrand, Pour une pédagogie de l'étonnement (Delachaux et Niestlé, Neuchâtel et Paris, 1960)... pour bien entendre la fonction réelle de la prise en compte des intérêts des élèves : non point la rétention dans ce qui est déjà donné mais la capacité d'introduire, à partir du donné, l'énigme de son incomplétude qui permettra d'engager de nouvelles acquisitions.</td></tr>
<tr><td>TROIS OUTILS</td><td colspan="3">– la pédagogie par alternance, à condition que celle-ci soit véritablement un moyen de percevoir l'insuffisance des savoirs empiriques et engage à articuler, aux problèmes rencontrés en stage, des connaissances qui permettent de les comprendre et de les dépasser. Cela suppose un travail commun entre les « maîtres de stage » et les « formateurs », ainsi que l'usage d'outils de gestion spécifiquement conçus (groupes de régulation, journal de bord, etc.).

– la « pédagogie du projet », au sens le plus courant de ce terme, qui renvoie à la finalisation des activités des élèves par des tâches socialement valorisées, comme la confection d'un journal ou de la maquette d'une ville romaine. Mais cette formule n'est féconde ici qu'à condition qu'elle permette la découverte de dimensions ignorées et soit capable de déplacer l'investissement initial dans la réalisation de la tâche vers un investissement dans l'intelligence de situations inédites qui permettra l'accession progressive à plus d'autonomie.

– la pédagogie des situations-problèmes, dans la mesure où celle-ci ne se limite pas à un ensemble de règles de fonctionnement, de contraintes et de ressources capables de faire accéder à un objectif précis, mais assume sa « fonction érotique » en faisant du plaisir de comprendre et de venir à bout d'une difficulté le moteur de l'apprentissage (Philippe Meirieu, Apprendre, oui... mais comment, ESF éditeur, Paris, 1988, pages 164 à 180).</td></tr>
</table>

• *Des acquis déjà réalisés à la découverte de connaissances nouvelles*

La deuxième perspective ouverte par notre tableau général renvoie au statut de la notion d'individualisation des parcours de formation [28] : certes, il est clair, pour la plupart des enseignants, qu'un apprentissage n'est possible que dans la mesure où il s'articule sur des savoirs antérieurs qui permettent d'y accéder. Mais nous avons nous-même tenté de montrer qu'on ne pouvait pas, pour autant, s'en tenir à une vision linéaire et programmatique des apprentissages. La linéarité expositive n'est, le plus souvent, qu'une illusion *a posteriori*, l'illusion de celui qui a déjà trouvé, par des cheminements infiniment plus étranges et complexes qu'il ne le croit lui-même, et qui a déjà remis en ordre ce qu'il a trouvé, organisant les concepts et les exemples, cherchant à combler les vides et à écarter les éléments inutiles ou redondants [29].

Cela ne signifie nullement qu'il n'est point de logique dans l'apprentissage mais plutôt que cette logique est d'ordre heuristique, qu'elle ne peut pas se contraindre d'avance à une rationalité qui paralyserait toute investigation, qu'elle joue avec le hasard, les conditions particulières de la recherche, l'histoire singulière du sujet et les rencontres qu'il peut être amené à faire. Dans cette perspective, on a rappelé maintes fois la fécondité du concept de « bricolage » tel que le définit Claude Levi-Strauss [30] ; et l'on peut effectivement montrer que bien des apprentissages fonctionnent à l'image de la démarche du bricoleur qu'il dépeint : le sujet travaille d'abord « avec les moyens du bord », il tente de « faire quelque chose » qui soit intéressant ou intelligible avec les objets qui sont à sa disposition, il se retourne vers ce qu'il possède ou maîtrise déjà et cherche à inventer des ajustements originaux, à « faire sens » avec des rapprochements inattendus ou qui ne s'imposaient pas : « *La totalité des moyens disponibles (doit) être implicitement inventoriée ou conçue, pour que puisse se définir un résultat qui sera toujours un compromis entre la structure de l'ensemble et la structure du projet* [31] »....

Ainsi, quand il s'agit de s'approprier des connaissances précises ou d'élaborer des savoirs nouveaux, c'est, bien évidemment, dans la recherche de la cohérence et de la rationalité que va se situer le « projet » dont parle Claude Lévi-Strauss. Mais ce projet ne peut, au risque de paralyser l'investigation, constituer le principe organisateur unique de la démarche comme ont tenté de le faire l'enseignement programmé ou la pédagogie par objectifs, en particulier quand celle-ci fut prise d'une frénésie taxonomique et se mit à construire

28. Sur cette notion et pour un exposé complet de ses enjeux, voir *Individualiser les parcours de formation*, AECSE (Actes du colloque des 6 et 7 décembre 1991), Lyon, 1993.

29. Cf. *Apprendre, oui... mais comment*, ESF éditeur, Paris, 1987.

30. *La pensée sauvage*, Plon, Paris, 1962, pages 26 à 33.

31. *Ibid.*, page 31.

des progressions individuelles strictement linéaires. Ce projet de rationalité est ici un « principe régulateur » qui permet de reconstruire des chaînes cohérentes, de conserver un souci de reconstruction rationnelle sans, pour autant, écarter une recherche, plus vagabonde mais certainement très efficace, au sein d'un champ disciplinaire ou notionnel. On pourrait même parler ici d'une recherche « par ricochets » qui se démarque tout à la fois de la linéarité sclérosante, de l'obsession encyclopédique de Bouvard et Pécuchet ou de l'Autodidacte que Jean-Paul Sartre met en scène dans *La nausée*, sans, pour autant, basculer dans l'improvisation du dilettante.

Il s'agit, en quelque sorte, de prendre appui sur ce que l'élève sait déjà mais de ne pas l'enfermer dans une programmation qui briderait toute curiosité et toute inventivité ; il s'agit de susciter un mode d'exploration tout à la fois organisé et ouvert : ouvert parce qu'on peut se déplacer à l'intérieur d'un champ notionnel, faire des incursions à côté, envisager des rapprochements avec des notions connexes, voire avec d'autres champs notionnels... organisé parce que constamment en quête de cohérence et d'unité, en recherche des « chaînons manquants », et, à terme, parce qu'on sait que l'on devra réinvestir la logique expositive, celle qui permettra à ceux qui n'ont pas parcouru le chemin avec nous, à ceux qui chercheront à s'approprier des connaissances en faisant un peu d' « économie d'histoire », d'approcher ce que l'on aura soi-même construit. C'est pourquoi il n'est de véritable individualisation des apprentissages que dans une individualisation des démarches de recherche, dans un effort pour offrir à l'élève les ressources et les méthodes qui lui permettront une exploration intellectuelle aventureuse et systématique tout à la fois. L'individualisation des parcours de formation renvoie alors à des pratiques pédagogiques qui suscitent l'investigation individuelle la plus large et la plus rigoureuse possible, sans enfermer les sujets dans des progressions taxonomiques rigides[32].

---

32. A sa manière, Joseph Jacotot, quand il élabore sa méthode d' « enseignement universel » et qu'il suggère de s'attacher d'abord à un livre et un seul pour, ensuite, à partir de lui, déborder et entreprendre un travail d'exploration systématique, ne propose rien d'autre : « *Ce qui paraît impossible devient un jeu quand on commence par savoir un livre. Il est aisé de s'apercevoir que tous les autres livres ne sont autre chose que le commentaire et le développement des idées contenues dans le premier. C'est cette remarque, c'est cet exercice que nous appelons "tout est dans tout ", qui rend facile l'acquisition d'un nombre illimité de connaissances. N'apprenez donc jamais rien sans le rapporter au premier objet de vos études. Cet exercice doit durer toute votre vie.* » (*Enseignement universel – Langue maternelle*, Édition de Paw, Louvain, 1823, page X). Sur l'œuvre de Jacotot, on pourra lire l'ouvrage de Jacques Rancière, *Le maître ignorant* (Fayard, Paris, 1987).

<table>
<tr><th colspan="2">PRENDRE EN COMPTE...</th><th colspan="2">...POUR PERMETTRE L'ACCÈS</th></tr>
<tr><td>les acquis déjà réalisés</td><td>par une individualisation des parcours de formation</td><td>à une extension des connaissances</td><td>par une exploration systématique des imbrications notionnelles</td></tr>
<tr><td>UNE PERSPECTIVE FONDATRICE</td><td colspan="3">Célestin Freinet : « Enthousiasmez vos enfants pour qu'ils aillent toujours plus vite et toujours plus loin. Il vous suffira de prévoir suffisamment d'activités – et nous en sommes heureusement riches – pour nourrir le besoin de créer et de réaliser. [...] Ne réduisez pas arbitrairement d'avance, l'infinité des tâtonnements et la multiplicité des solutions aux problèmes complexes. Ne désespérez pas vos enfants en faisant de votre école un défilé à voie unique, soigneusement encadré de barrières. [...] Si l'enfant s'intéresse et se passionne à sa propre culture, s'il " veut " créer, s'instruire, s'enrichir, il y parviendra peut-être par d'illogiques chemins de contrebande, mais dans un temps record, avec une sûreté et une plénitude qui nous édifieront. » (Les dits de Mathieu, pages 55, 83 et 101).</td></tr>
<tr><td>DEUX RÉFÉRENCES</td><td colspan="3">– Roger Cousinet, Une méthode de travail libre par groupes (Le Cerf, Paris, 1949)... parce qu'en dépit de certaines naïvetés (confiance dans une organisation spontanément égalitaire du groupe, sous-estimation des phénomènes de division du travail, etc.), Cousinet montre comment peuvent s'articuler, dans les propositions pédagogiques, les activités de connaissance et les activités de création. Il explique également comment les enfants peuvent, « par ricochets », se déplacer d'une notion à une autre, d'un champ de connaissances à un autre et doivent, dans la présentation du résultat final, restaurer une cohérence indispensable.

– Pierre Faure, Un enseignement personnalisé et communautaire (Casterman, Tournai, 1979)... parce que l'auteur montre parfaitement les intérêts et les limites de toute individualisation programmatique (travail par fiches, enseignement assisté par ordinateur, etc.). De plus, il analyse les conditions pour que les activités individualisées ne conduisent pas l'enfant à mettre un point final à son acquisition et à son effort, à se satisfaire du déjà conquis et possédé, mais l'entraînent à ce qu'il nomme le « rejeu », c'est-à-dire la capacité d'agrandir son champ de connaissances, de rebondir et d'aller au-delà de la programmation initiale.</td></tr>
<tr><td>TROIS OUTILS</td><td colspan="3">– le « travail individualisé » s'est développé sous diverses formes (travail par fiches à l'origine, « bandes enseignantes » et fichiers autocorrectifs chez Freinet, enseignement assisté par ordinateur, etc.). Il s'agit d'une méthode qui est susceptible de permettre à chacun de travailler à son rythme sur des</td></tr>
</table>

objectifs particuliers, en fonction des besoins et des ressources spécifiques qui sont les siens. Il peut prendre une forme programmatique et linéaire, il peut également utiliser des outils conçus « en arborescence », capables d'amener à la découverte et à l'exploration de champs insoupçonnés. Mais, en aucun cas, il ne peut être utilisé comme méthode unique et il doit toujours être complété par des phases expositives et de phases de travail de groupes. Pour ce qui concerne ces dernières, on pourra utiliser la formule du « **travail autonome** » : celui-ci, conçu, à l'origine, comme un travail par petits groupes autour de thèmes ou de travaux à réaliser en commun, peut, en effet, constituer un outil intéressant pour que, par le biais d'interactions sociales relativement aléatoires, les élèves puissent mutualiser leurs ressources et leurs perspectives. Mais Albert Moyne précise bien, dans l'ouvrage qu'il a consacré à cette notion, qu' « *il n'est pas évident qu'au niveau de la pensée le travail autonome puisse apporter quelque chose. Mais il est évident qu'il apporte au niveau de l'inventivité et de la découverte* » (*Le travail autonome*, Fleurus, Paris, 1982, page 197). Dans tous les cas, donc, travail individualisé et travail autonome doivent être complétés par un effort systématique de réorganisation systématique des acquis.

– **la « méthode de construction autonome des savoirs »** élaborée par Gabrielle di Lorenzo (*Questions de savoirs*, ESF éditeur, Paris, 1991) permet d'associer la mobilisation et la structuration des connaissances. Elle utilise diverses procédures qui, tout à la fois, respectent les savoirs déjà acquis et proposent de les organiser de manière systématique afin de parvenir à entrer dans une logique d'exploration et de construction des connaissances. La méthode n'est pas ici une formalisation abstraite *a priori* ; elle représente véritablement le mouvement par lequel les connaissances sont mobilisées, travaillées et enrichies.

– **les « échanges réciproques de savoirs »** sont une proposition élaborée par Claire et Marc Héber-Suffrin (voir, entre autres ouvrages, *Le cercle des savoirs reconnus*, Desclée de Brower, Paris, 1993) qui suggère de partir des demandes de chacun et organise l'échange de savoirs entre les personnes. Il s'agit alors de mettre en réseau des ressources qui permettent à chacun, en exposant ses connaissances, d'en restituer la cohérence et, en s'enrichissant des apports d'autrui, d'étendre celles-ci, voire de découvrir de nouvelles perspectives. Chaque personne, étant à la fois « enseignante » et « enseignée », peut travailler dans les deux registres définis par Bachelard quand il explique qu' « *un enseignement reçu est psychologiquement un empirisme et un enseignement donné est psychologiquement un rationalisme* » (*La formation de l'esprit scientifique*, Vrin, Paris, 1972, page 246).

Des représentations à la construction des savoirs

La troisième dimension de la tension continuité/rupture concerne la question maintenant bien explorée par les didacticiens des « représentations »[33]. Nous savons, en effet, aujourd'hui, grâce à de nombreux travaux, à quel point les élèves sont, avant même que l'acte d'enseignement commence, empêtrés dans une multitude de représentations de toutes sortes. Alors que le maître n'a pas encore ouvert la bouche, ils « savent » ce qu'est une « révolution », l'électricité, la digestion ou le sujet d'une phrase... ils le savent avec infiniment plus de certitude que nous ne l'imaginons, au point que ces représentations subsistent ou resurgissent quand bien même la rigueur d'un exposé aurait dû, en bonne logique, les éradiquer et leur substituer de véritables « savoirs ». En ce sens, les représentations sont, peut-être, l'une des expressions les plus identifiables de cette « résistance » de l'apprenant dont nous avons longuement parlé et dont la prise en compte constitue, à notre sens, la spécificité du « moment pédagogique ». Résistance irritante et que l'on est sans cesse tenté d'ignorer ou de briser ; résistance qui témoigne aussi de la difficulté centrale de toute entreprise éducative : permettre à l'autre d'être interrogé par le savoir qui lui est enseigné et, pour cela, réexaminer obstinément la manière dont on le lui enseigne.

C'est pourquoi le pédagogue doit éviter deux écueils symétriques : l'ignorance méthodique de ces représentations et l'illusion que l'enseignement pourrait facilement en « purger » les élèves pour autant qu'il se donnerait comme objectif explicite l'accès à la rationalité. Car, si les représentations résistent autant à tout effort didactique, c'est qu'elles comportent deux dimensions essentielles : sur le plan fonctionnel, d'une part, elles sont particulièrement « utiles » pour faire face à un certain nombre de situations de la vie quotidienne ou effectuer rapidement des exercices scolaires, elles peuvent également constituer de précieux outils pour affronter la complexité des choses et communiquer avec autrui ; d'autre part, les représentations forment entre elles une sorte de réseau, elles impliquent plusieurs champs disciplinaires et s'organisent autour de principes qui leur confèrent une véritable cohérence. C'est ainsi que l'on peut observer, par exemple, chez un élève de quatrième, que la représentation de la « nature d'un mot » en grammaire, celle de « cause » en histoire ou celle de « force » en physique participent de ce que Gaston Bachelard nomme « l'obstacle substantialiste » : « *Une substance précieuse doit être cherchée, pour ainsi dire, en profondeur*[34] », une substance qui isole les éléments et permet de les définir sans que ceux-ci soient mis en relation avec d'autres, ou perçus comme des concepts inscrits dans une conception

33. Sur le concept de représentation, ses origines épistémologiques et ses usages didactiques, nous ne pouvons que renvoyer aux travaux de Jean-Pierre Astolfi et Michel Develay : on trouvera une présentation synthétique dans leur livre commun, *La didactique des sciences* (PUF, « Que sais-je » ?, Paris, 1989, pages 31 à 42) ainsi que de nombreux éclairages dans l'ouvrage de Jean-Pierre Astolfi, *L'école pour apprendre* (ESF éditeur, Paris, 1992, pages 78 à 100) et dans celui de Michel Develay, *De l'apprentissage à l'enseignement* (ESF éditeur, Paris, 1992, pages 75 et suivantes).

34. *La formation de l'esprit scientifique*, Vrin, Paris, 1972, page 120.

paradigmatique de la discipline considérée. Les réalités sont données comme des « choses-en-soi », douées d'une énergie particulière, renvoyant à des entités éternelles et immuables, dégagées de l'épistémologie qui permet d'en comprendre la signification et la portée : leur « substance » explique à elle seule leur fonction et leur usage. Et c'est pourquoi le travail sur les représentations est un des éléments déterminants de la réussite d'un apprentissage : sans un travail systématique d'élucidation, de repérage, de mise en relation des représentations, la rupture introduite par l'enseignement ne sera que superficielle ou provisoire. En revanche, si l'enseignant « travaille » les représentations, s'il les met en jeu et réexamine sans cesse leur pertinence, alors la rupture devient possible et, avec elle, la reconstruction d'un système d'intelligibilité des choses plus efficace parce que permettant d'intégrer des éléments nouveaux et d'accéder à un niveau supérieur de complexité.

<table>
<tr><th colspan="2">PRENDRE EN COMPTE...</th><th colspan="2">...POUR PERMETTRE L'ACCÈS</th></tr>
<tr><td>les représentations</td><td>par un recueil systématique de celles-ci et une identification de ce qui constitue leur fonctionnalité et leur cohérence</td><td>à une déstabilisation du système de représentations et à une restabilisation à un niveau supérieur</td><td>par la mise en échec d'un système de représentations et la construction d'un système plus efficace</td></tr>
<tr><td>UNE PERSPECTIVE FONDATRICE</td><td colspan="3">Albert Thierry : « Croient-ils tout ce qu'on leur affirme, tout ce qu'ils voient, tout ce qu'ils lisent et même tout ce qu'ils inventent ? Voilà pourquoi, sans doute, on leur a fait une réputation de sincérité qu'ils n'ont jamais méritée. D'ailleurs, comment expliquer cela ? Ils ne sont pas menteurs non plus. Mais on dirait qu'ils ne savent pas distinguer encore les images ou les idées des choses, ni le réel d'avec les songes. » (L'homme en proie aux enfants, pages 38 et 39.)</td></tr>
<tr><td>DEUX RÉFÉRENCES</td><td colspan="3">– Gaston Bachelard, La formation de l'esprit scientifique (Vrin, Paris, 1972)... parce que le philosophe montre ici que les obstacles ne sont pas des accidents secondaires dans la genèse des savoirs mais qu'ils constituent des étapes nécessaires par lesquelles il faut passer et qui requièrent, chacune, que l'on parvienne à s'en arracher pour accéder à une connaissance plus élaborée, une connaissance dont le pouvoir explicatif soit plus grand et permette de se libérer progressivement des illusions de l'immédiateté.

– André Giordan et Gérard de Vecchi, Les origines du savoir : des conceptions des élèves aux concepts scientifiques (Delachaux et Niestlé, Neuchâtel et Paris, 1987)... parce que les auteurs décrivent avec précisions le travail pédagogique qui consiste à prendre en compte les concep-</td></tr>
</table>

	tions des élèves et à les transformer. Une analyse didactique des « erreurs » des élèves permet de comprendre que celles-ci ne tiennent pas à un manque d'attention ou de travail mais bien à des conceptions organisées en structures conceptuelles dont il s'agit de favoriser la réorganisation par l'intégration d'éléments nouveaux selon une démarche personnelle que la situation didactique peut rendre possible.
TROIS OUTILS	– **le recueil des représentations** : il ne s'agit pas là, contrairement à ce que l'on pourrait imaginer, d'une situation facile. Les élèves rusent en effet souvent avec le maître qui les interroge et lui répondent en interprétant ses attentes plutôt qu'en livrant la réalité de leurs conceptions. C'est pourquoi, aux techniques habituelles (questionnaires, Q-sorts, entretiens, etc.), il faut, sans doute ajouter des moyens plus élaborés qui permettent de révéler les représentations à travers la manière dont les élèves tentent de résoudre tel ou tel problème, d'effectuer telle ou telle tâche. – **l'organisation de situations expérimentales** dans lesquelles les représentations des élèves sont mises à l'épreuve et, parfois, mises en échec. Le blocage qui apparaît alors permet d'identifier l'obstacle constitué par une représentation inadéquate. C'est ensuite autour de cet obstacle que pourra être construite la situation d'enseignement/apprentissage (ce modèle est développé par Michel Develay dans son ouvrage *De l'apprentissage à l'enseignement*, ESF éditeur, Paris, 1992). – **la construction de « réseaux notionnels » :** l'élève est ici mis en situation d'articuler diverses représentations pour identifier la structure du réseau qu'elles constituent et repérer les notions qui ne se situent pas dans le même registre conceptuel ou échappent à la cohérence de l'ensemble. Ce travail permet également de distinguer le sens de telle ou telle représentation selon qu'elle est mobilisée dans tel ou tel champ épistémologique. Il constitue, de plus, un excellent moyen de faire un inventaire raisonné des concepts étudiés dans le cadre d'une discipline et de dégager la matrice disciplinaire qui préside à leur organisation.

• *Des stratégies d'apprentissage spontanées à l'exercice de la métacognition*

La quatrième dimension de la tension continuité/rupture est également très familière aux pédagogues puisqu'elle touche à un thème qui a fait l'objet, ces dernières années, de nombreuses publications à destination du « grand public enseignant »[35] : il s'agit de la prise en compte des différences interindividuelles – ce que nous avons nous-même appelé les « variables-sujet » – dans l'apprentissage[36]. Nous avons déjà pointé plus haut l'intérêt et les limites des efforts pédagogiques pour prendre en compte ce qui est donné comme représentant la « personnalité cognitive » d'un sujet ; il conviendrait de compléter ces remarques en soulignant l'extrême difficulté de saisir ce qui constitue à un moment donné la « stratégie d'apprentissage » d'un sujet... Sans aucun doute, interviennent, dans cette constitution, des facteurs relativement stables de la personnalité (tels que la dépendance ou l'indépendance par rapport au champ[37]), mais ces facteurs ne constituent qu'un point de départ : la stratégie d'apprentissage mise en œuvre devra s'appuyer sur eux mais prendre aussi en compte les contraintes et les spécificités de l'objet qu'il s'agit de s'approprier. Pour cela, nos recherches nous ont montré que le sujet cherche toujours à rapporter la tâche à laquelle il est confronté à des tâches qu'il a eu à effectuer antérieurement ; il examine ainsi ce que ses expériences antérieures lui ont appris en mettant en rapport les moyens qu'il a utilisés, les réussites qu'il a obtenues mais aussi le coût cognitif, affectif et social que cela a représenté pour lui, ainsi que la manière dont il a pu tirer profit des ressources de l'environnement et s'adapter aux contraintes que celui-ci lui imposait... Il n'y a rien là, on le voit, qui ressemble à une simple application d'une méthode unique stabilisée une bonne fois pour toutes et utilisable en toutes circonstances. Rien, non plus, qui ne laisse espérer la possibilité de confectionner des typologies exhaustives permettant de déterminer l'ensemble des stratégies ou des « profils » possibles dans lesquels l'enseignant n'aurait qu'à classer les élèves et grâce auxquels il pourrait proposer à chacun « la bonne méthode »[38].

Certes, en face de la multitude des situations d'apprentissages et des problèmes qu'elle pose, le sujet cherchera, le plus souvent, à déceler des invariants et à établir des systèmes de corrélation efficaces (« Pour effectuer tel type de tâches, l'expérience m'a appris que... »). Mais les résultats de multiples entretiens avec des élèves et l'examen précis de leurs travaux (de la première ébauche au brouillon jusqu'au résultat final) montrent que cette réduction, si elle permet de gagner en efficacité immédiate et de faire face à l'urgence, ne permet d'espérer, à moyen et long terme, que des résultats moyens, voire médiocres. La réduction de

---

35. Comme, par exemple, les œuvres d'Antoine de la Garanderie et les propositions de « méthodes » comme la PNL.

36. Cf. Philippe Meirieu, *Enseigner, scénario pour un métier nouveau*, ESF éditeur, Paris, 1989, en particulier pages 65 à 77.

37. Cf. Michel Huteau, *Style cognitif et personnalité*, Presses Universitaires de Lille, 1987 et *Les conceptions cognitives de la personnalité*, PUF, Paris, 1985.

38. Sur ce thème de la métacognition, nous nous appuyons ici sur les résultats d'une recherche menée dans le cadre de l'Institut des sciences et pratiques d'éducation et de formation de l'université Lumière – Lyon 2 par une équipe comprenant Anne Bazin, Anne-Marie Dolly, Michel Grangeat, Robert Girerd et Emmanuelle Yanni. Ces recherches devraient donner lieu très bientôt à des publications décisives.

la complexité des paramètres à quelques principes méthodologiques stabilisés entraîne, en fait, une déperdition importante des activités mentales et tend parfois même à figer le sujet dans une stratégie passe-partout qui n'enrichit nullement son répertoire cognitif et constitue même un frein à son développement. C'est pourquoi on ne saurait se satisfaire, dans ce domaine, de conseils définitifs ou de recettes miraculeuses ; au contraire, il importe de multiplier les situations d'analyse précise de l'ensemble des facteurs qui sont en jeu et de ne pas limiter ces analyses à des exercices formels au terme de l'apprentissage [39]. C'est pourquoi le rôle du pédagogue est ici de stimuler la prise de conscience de ces facteurs, d'analyser avec l'élève les différentes possibilités qui s'ouvrent à lui et d'enrichir sa mémoire de travail en installant dans la classe des temps spécifiquement consacrés à la métacognition [40]. Opération délicate qui peut souvent apparaître comme une perte de temps au regard des exigences du programme mais qui, seule, permet d'espérer que s'articulent, sur la continuité psychologique d'un sujet, les ruptures que constituent immanquablement les découvertes réalisées en commun.

---

39. Anne-Marie Dolly a montré, à travers de nombreuses observations d'élèves en classe, que l'attitude métacognitive était favorisée quand des stimulations et des dispositifs étaient mis en place tout au long de l'activité de l'élève et non seulement au terme de celle-ci.

40. Cf. Philippe Meirieu et Michel Develay, *Émile, reviens vite... ils sont devenus fous*, ESF éditeur, Paris, 1992, pages 137 à 184.

<table>
<tr><th colspan="2">PRENDRE EN COMPTE...</th><th colspan="2">...POUR PERMETTRE L'ACCÈS</th></tr>
<tr><td>les stratégies individuelles d'apprentissage</td><td>par des pauses méthodologiques systématiques</td><td>à un enrichissement des ressources méthodologiques du sujet</td><td>par la métacognition pratiquée de manière collective</td></tr>
<tr><td>UNE PERSPECTIVE FONDATRICE</td><td colspan="3">Célestin Freinet : « Il n'y a jamais, à travers les prés comme au flanc des pentes, une solution unique, un chemin exclusif, mais de capricieux sentiers plus ou moins parallèles avec, à chaque détour, un éventail d'autres chemins ouvrant vers d'autres horizons. » (Les dits de Mathieu, page 82)</td></tr>
<tr><td>DEUX RÉFÉRENCES</td><td colspan="3">– Henri Bouchet, L'individualisation de l'enseignement (PUF, Paris, 1933)... parce qu'il s'agit d'un texte fondateur et, à bien des égards, prémonitoire : l'auteur y décrit avec précision l'existence des différences interindividuelles dans les apprentissages. Mais il souligne également les dangers des applications pédagogiques des tests et typologies de toutes sortes (« pas de pédagogie a priori » répète-t-il à plusieurs reprises), insistant sur la nécessité d'ouvrir des perspectives en enrichissant le milieu de travail et en variant les activités plutôt que de tenter vainement de s'ajuster aux « besoins » individuels.

– Antoine de la Garanderie, Les profils pédagogiques (Le Centurion, Paris, 1980)... parce que cet ouvrage a constitué un événement pédagogique important (de par l'importance de sa diffusion et de son impact) et a donné lieu à de nombreuses innovations pédagogiques. En dépit de références psychologiques qui peuvent être discutées aujourd'hui (la psychologie introspective de Burloud), d'une certaine tendance à la schématisation (l'insistance sur l'opposition auditifs/visuels et l'identification de quatre « paramètres » qui ne semblent pas correspondre à des opérations mentales repérables), il se dégage de l'ouvrage une perspective positive en ce qu'il invite les enseignants à sortir d'une simple « pédagogie de l'empreinte » et à s'interroger sur l'activité mentale des élèves pour les aider à les mettre en œuvre.</td></tr>
<tr><td>TROIS OUTILS</td><td colspan="3">– l'évaluation formatrice est une méthode, élaborée par Go Nunziati et son équipe, qui constitue, sans aucun doute, un outil précieux pour permettre un travail métacognitif. En effet, en proposant à l'enseignant d'établir avec ses élèves une « carte d'étude » (ensemble de critères de réussite des tâches proposées), l'évaluation formatrice fournit à l'apprenant une « base d'orientation » de son activité. Celle-ci lui permet d'abord de savoir ce qui est attendu exactement de lui et de ne pas s'en remettre à des processus de divination ; elle libère ainsi une grande partie de son énergie cognitive qui pourra être consacrée à la réflexion métacognitive ; elle fournit, enfin, un référent permettant de juger de la pertinence des moyens utilisés au regard des résultats obtenus.</td></tr>
</table>

	– **l'entretien d'explicitation**, mis au point par Pierre Vermersch, a pour objectif de faire décrire le plus précisément possible à l'élève la manière dont il s'y est pris pour effectuer une tâche ou résoudre un problème. On sait, en effet, qu'il est fréquent que des élèves parviennent à un résultat sans pouvoir expliciter ni, *a fortiori*, transférer la technique utilisée. Or, bien souvent, les efforts des enseignants pour fournir une aide à l'explicitation produisent des effets contraires à leurs attentes (l'élève se dérobe, fuit la description pour s'en tenir aux intentions ou à des représentations inexactes). Il convient donc de procéder à des entretiens qui permettent de restituer la cohérence propre de l'action et ainsi de juger de sa pertinence (Pierre Vermersch, *L'entretien d'explicitation*, ESF éditeur, Paris, 1994). – **le conseil méthodologique** consiste à travailler systématiquement avec des élèves sur les méthodes qu'ils ont utilisées pour effectuer une tâche donnée (apprendre une leçon, réviser un contrôle, transposer des données sous forme de graphique, etc.). Cette manière de procéder, contrairement à la précédente, ne permet pas toujours de décrire avec précision les procédures mobilisées ; elle a surtout pour fonction d'ouvrir des perspectives, de montrer la diversité des chemins possibles et de susciter l'inventivité des élèves dans ce domaine. La réflexion peut être organisée autour de quatre axes principaux : **1) la prise d'indices dans l'énoncé et les matériaux proposés** (Que nous apprennent-ils sur ce qui est demandé ? Qu'est-ce qui ressort de la structure du problème posé et qu'est-ce qui ressort du contexte spécifique dans lequel il est posé ?) ; **2) la mobilisation des connaissances et expériences antérieures** (Quand a-t-on rencontré des situations semblables ou des connaissances mobilisables ici ?) ; **3) la planification et l'organisation de l'activité de travail** (Comment peut-on s'y prendre ? Dans quel ordre effectuer les différentes phases du travail ?) ; **4) la confrontation du résultat aux critères de réussite** (Quelle représentation a-t-on de la tâche réussie ? À quoi saura-t-on que l'on a réussi ce qui est demandé ?). Une discussion collective peut être proposée avant et après la tâche ; elle doit faire l'objet de traces écrites et être renouvelée régulièrement.

• *D'un rapport au savoir socialement déterminé à une interrogation sur le sens des apprentissages effectués*

La cinquième dimension de la tension continuité/rupture renvoie à des réalités qui sont, elles, très largement reconnues par les sociologues de l'éducation et perceptibles aujourd'hui par tous les enseignants : qui ne voit, en effet, qu'un enfant n'entretient pas le même rapport aux savoirs scolaires selon l'environnement socioculturel dont il est issu ? Ainsi, explique Bernard Charlot, « *la bourgeoisie et les classes populaires n'entretiennent pas le même rapport social au savoir et transmettent à leurs enfants, par imprégnation quotidienne, une conception différente de la valeur sociale du savoir. Dans les classes populaires, le savoir est valorisé en tant qu'il permet de résoudre des problèmes qui ont un sens précis, d'améliorer des pratiques effectives : le savoir vaut en tant qu'instrument. [...] Pour la bourgeoisie, en revanche, le savoir est valorisé en tant qu'il permet ce que Bourdieu appelle la distinction, c'est-à-dire en tant qu'il me place au dessus des autres : le savoir vaut en tant que signe social. Dès lors, il ne suffit pas de savoir, il faut aussi savoir plus, mieux, et autrement que les autres, et surtout il faut savoir montrer qu'on sait*[41] ». Certes, de récentes études amènent à relativiser ce clivage et montrent que les destins scolaires et intellectuels individuels ne sont pas strictement déterminés par l'appartenance sociale des élèves[42]. Il reste néanmoins que la description de Bernard Charlot garde une pertinence certaine et configure très largement encore, tout à la fois, les représentations des enseignants, les pratiques pédagogiques et l'organisation de l'institution scolaire elle-même.

Car, que voyons-nous aujourd'hui ? Pendant que certains adolescents s'ébattent avec plus ou moins de plaisir dans Mallarmé et les équations du second degré, d'autres, dans d'autres classes ou d'autres établissements, apprennent laborieusement à lire des fiches de paye et à bander des entorses. Alors que, dans les établissements les plus prestigieux, l'importance d'une discipline scolaire est inversement proportionnelle à son utilité sociale directe (c'est pourquoi les mathématiques y sont mieux considérés que la physique, la physique mieux que la technologie, la technologie mieux que les travaux manuels et les travaux manuels mieux que la mécanique), dans d'autres établissements, les programmes sont organisés autour de l'usage immédiat des connaissances acquises et les disciplines générales y sont sacrifiées ou tristement ramenées à des acquisitions instrumentales : la littérature y cède le pas au remplissage des constats amiables, la philosophie à la négociation d'un contrat de travail et l'histoire à quelques bribes de législation...

Une telle situation est, à de nombreux égards, paradoxale : d'une part, parce que cette séparation s'est développée dans la mouvance d'une certaine « pédagogie du concret » qui se voulait progressiste en articulant les savoirs scolaires sur les préoccupations concrètes des élèves. D'autre part, parce que les tenants de la « culture », ardents pourfendeurs des « méthodes actives » et des « bricolages » de toutes sortes quand il s'agit d'appliquer ces démarches aux établissements d'enseignement général, semblent parfaitement se satisfaire de ce clivage... Peut-être même souhaitent-ils secrètement le pérenniser dans la mesure où la relégation des « élèves à l'esprit concret » dans des établissements profession-

41. Rudolf Bkouche, Bernard Charlot, Nicolas Rouche, *Faire des mathématiques : le plaisir du sens*, Armand Colin, Paris, 1992, page 236.

42. Cf. Bernard Charlot, Élisabeth Bauthier, Jean-Yves Rocheix, *École et savoir dans les banlieues... et ailleurs*, Armand Colin, Paris, 1993.

nels, l'orientation de plus en plus tôt des « élèves en difficulté » dans des classes spécialisées leur permet de s'adonner plus facilement à un enseignement du « tout culturel » avec quelques heureux élus ? Mais cette situation n'est pas seulement, à notre sens, paradoxale ; elle est tout à fait scandaleuse : elle ruine la possibilité de construire du lien social par l'École en même temps qu'elle compromet la possibilité de penser et de transmettre une véritable « culture » : réduite à l'utilitaire, l'instrumentalité perd toute signification et tout pouvoir émancipateur ; dégagée de toute implication concrète dans la vie des personnes, la culture académique devient une sorte d'universel abstrait qui, lui-même, ne sera utilisé que pour réussir les évaluations scolaires. Dans les deux cas, les individus sortent de l'École profondément handicapés, amputés d'une dimension essentielle, incapables tout à la fois de penser leurs savoir-faire et d'incarner leurs savoirs. L'École, en dénouant ce qui constitue le nœud même de toute culture authentique, en condamnant les uns à la « distinction » et les autres à l' « utilitarisme », abdique sa mission essentielle, celle de construire, pour les uns et les autres, des savoirs qui aient du sens.

C'est pourquoi il importe tant de ne pas confondre la prise en compte du rapport social au savoir des élèves et le fait d'inscrire délibérément les pratiques pédagogiques dans leur prolongement. C'est pourquoi il est si important de chercher toujours à interroger les savoir-faire que l'on propose aux « enfants en difficulté » sous l'angle de ce qui a permis leur constitution et des enjeux qu'ils ont représentés dans l'histoire des hommes, de les relier aux interrogations fondamentales sur le sens de leur existence et aux grands récits fondateurs de l'humanité. Dans cette perspective, un contrat de travail peut effectivement servir de point de départ à un ensemble d'activités d'enseignement, mais à condition que celles-ci ne se limitent pas à l'acquisition de mécanismes élémentaires, à condition que la notion de contrat soit remise en perspective, par un véritable travail historique, dans le combat des hommes qui a permis de dégager le travail salarié du servage et de l'arbitraire, à condition que soient pensées et discutées les notions d'engagement et de réciprocité, à condition que ces concepts soient incarnés à travers des textes qui permettent d'en dégager les véritables enjeux. Tâche difficile, sans aucun doute, et qui requiert une véritable collaboration interdisciplinaire, mais tâche essentielle si l'on veut éviter la rétention dans l'immédiatement utilitaire et l'aveuglement inévitable qui en découle... Tâche aussi difficile que celle, symétrique, qui s'efforce de montrer en quoi les textes les plus abstraits, les savoirs les plus mathématisés, les connaissances les plus dégagées des « contingences de ce monde » concernent, personnellement, chacun des élèves ; tâche qui, elle, impose la mise en perspective des contenus de programme avec les préoccupations quotidiennes les plus triviales qui, précisément, grâce à ce travail, ne demeurent ni quotidiennes ni triviales mais inscrivent le sujet dans une histoire, l'installent dans « le monde »[43].

---

43. Cf. Philippe Meirieu, « Instruire ou éduquer », *Revue de psychologie de la motivation*, 1994, pages 15 à 31.

Mais qu'on nous comprenne bien : il y a ici deux questions que nous ne voulons pas confondre : **un choix de société** qui concerne l'organisation des filières scolaires et leur articulation avec les structures économiques [44] et **un impératif proprement pédagogique** qui impose, quels que soient les choix institutionnels effectués, d'être attentif à cette interrogation permanente des savoir-faire par les savoirs et des savoirs par les savoir-faire. Sans cette circularité qui ressort véritablement de la responsabilité du pédagogue, l'École, toutes les écoles, ratent à coup sûr leur véritable mission [45].

PRENDRE EN COMPTE...		...POUR PERMETTRE L'ACCÈS	
le rapport social au savoir	par l'élucidation des enjeux personnels des apprentissages	***au dégagement d'un rapport univoque au savoir***	par la variation systématique des enjeux mobilisés dans les apprentissages
UNE PERSPECTIVE FONDATRICE	**Janusz Korczak** : « *Dis-moi qui t'a élevé et je te dirai qui tu es ; « Oui, mais pas toujours non plus. [...] Comment se fait-il qu'au sein d'une famille vertueuse grandit parfois un criminel ? Pourquoi, dans un milieu des plus ordinaires, un esprit d'exception surgit-il tout d'un coup ? Il faudrait, parallèlement aux recherches sur les déterminations, mener des recherches sur le milieu éducatif. Plus d'une énigme trouverait peut-être ainsi une réponse.* » (*Comment aimer un enfant,* page 82)		
DEUX RÉFÉRENCES	– **Pierre Bourdieu, *La distinction*** (Éditions de Minuit, Paris, 1979) : Dans ce livre foisonnant, l'auteur analyse les rapports sociaux aux objets, institutions et savoirs. Il y montre, en particulier que si « l'École reproduit les inégalités sociales » c'est parce qu'elle privilégie un certain type de rapport au savoir caractérisé par « le déni esthétique du scolaire ». Le « bon élève », « brillant » et « qui a de l'avenir », est ainsi celui qui est capable de se dégager apparemment de tout rapport besogneux et utilitariste à l'égard des savoirs pour abolir dans le miracle du résultat tout l'effort de sa préparation. Mais ce déni de tout utilitarisme cache la demande d'une véritable « ordination » qui lui ouvre les portes de la réussite sociale (cf., également, Pierre Bourdieu, *Raisons pratiques*, Le Seuil, Paris, 1994, page 50). – **Bernard Charlot et *al.*, *École et savoir dans les banlieues et ailleurs*** (Armand Colin, Paris, 1993) : À partir de la		

44. Nous avons déjà dit, dès l'introduction, toute l'importance de cette question... mais qui n'est pas l'objet du présent ouvrage et que nous ne traitons pas ici. Une telle question mérite, bien évidemment, une recherche spécifique.

45. C'est François Dubet qui montre parfaitement à quel point les lycéens d'aujourd'hui vivent dans un univers complètement clivé : d'une part, ils font allégeance aux « utilités scolaires » dans une perspective tout à fait consumériste ; d'autre part, ils « vivent leur vie », dans un univers culturel qui n'est plus interrogé par la culture scolaire et auquel ils demandent, en échange de leur soumission aux impératifs des programmes scolaires, que l'on ne touche pas (Cf. *Les lycéens*, Le Seuil, Paris, 1991 ; cf. aussi Robert Ballion, *Le lycée, une cité à construire*, Hachette, Paris, 1993).

	méthode originale des bilans de savoir, les auteurs montrent que, si l'origine sociale reste très déterminante dans la réussite des élèves, il existe de notables exceptions dues à la possibilité offerte par l'environnement pédagogique de donner du sens aux connaissances enseignées et de permettre ainsi à l'élève de se construire une histoire singulière. Ils dénoncent « la pédagogie du simple » qui, sous prétexte de s'adapter aux difficultés des élèves, ne leur propose que des savoirs réduits à de vulgaires habiletés et incapables de les mobiliser.
TROIS OUTILS	– **le détour par l'histoire** permet aux élèves de comprendre les enjeux des savoirs qui leur sont présentés ; il permet de montrer en quoi les savoirs sont toujours inscrits dans des polémiques, apparaissent pour résoudre telle ou telle difficulté, se trouvent en butte à des oppositions et renvoient à des conceptions de l'homme et de la société ; il dégage les connaissances de leur neutralité scolaire et les réinscrit dans leur contexte d'émergence. Il s'agit là, en quelque sorte, de refaire, avec les élèves, le chemin inverse de celui qui a conduit à la « transposition didactique ». – **la mobilisation par la complexité** consiste à abandonner, pour un moment au moins, la progressivité programmatique, à oublier les prérequis et à plonger les élèves dans des textes, des questions, des problèmes, qui, apparemment, les dépassent et ne sont pas censés les intéresser. L'exigence ainsi posée peut, certes, démobiliser certains élèves qui se sentiront incapables de l'affronter. Elle peut également être vécue comme une interpellation, une considération dont ils doivent se montrer dignes. Dans cette perspective, les grandes interrogations fondamentales, les questions scientifiques les plus difficiles, les récits et les mythes fondateurs ont une fonction essentielle tout au long de la scolarité : ils sont susceptibles de mobiliser les élèves sur des savoirs qu'ils ne soupçonnaient pas, pour autant que l'on se confronte avec la vraie complexité et que l'on ne se contente pas de conversations sur des « questions de société ». – **la différenciation des dimensions du sens** engage l'enseignant à ne pas toujours jouer sur les mêmes ressorts pour mobiliser l'élève sur des savoirs : elle utilise différents moyens pour faire apparaître l'importance et les enjeux de connaissances à acquérir : enjeux scolaires et extra-scolaires, dans le registre fonctionnel ou dans le registre symbolique... enquêtes, tâches à réaliser, énigmes à résoudre, défis à relever, aide à apporter à un tiers, etc. Dans tous les cas, il s'agira de finaliser les connaissances en faisant découvrir dans quels cadres elles peuvent jouer. L'exigence est ici de ne jamais s'en tenir à une seule méthode qui enfermerait l'élève dans un seul type de rapport au savoir (cf. Philippe Meirieu, *L'école mode d'emploi*, ESF éditeur, Paris, 1988 ; voir, en particulier, le tableau récapitulatif de la page 185).

• De la reconnaissance de l'inscription familiale et locale à l'ouverture vers de nouvelles perspectives permettant d'oser sa propre histoire

Au fur et à mesure que nous avançons dans notre prospection des savoirs pédagogiques susceptibles de nous permettre de gérer la tension continuité/rupture, nous rencontrons de plus en plus clairement la question de la singularité et de l'universalité ; cette question, présente depuis le début, ne nous quittera plus guère et c'est elle que, d'une certaine manière, nous devons traiter maintenant à travers la confrontation de l'inscription familiale et locale des sujets et de la capacité à comprendre les richesses et les limites de cette inscription.

On se souvient que, dans la perspective de Jules Ferry, le « local » c'est, en quelque sorte, l'ennemi : c'est le patois contre la langue nationale, c'est le pouvoir des clercs et des notabilités contre celui de l'État-Nation, c'est la superstition contre la science, l'affectivité dévorante contre l'exercice du jugement éclairé, l'inégalité des conditions et la transmission des privilèges contre l'accès démocratique aux savoirs et l'égalité des chances... bref, c'est une multitude d'influences de toutes sortes auxquelles il faut arracher l'enfant pour le faire accéder à l'intelligence du collectif national, de « l'humanité en marche ». Si une telle conception a pu apparaître longtemps étroitement liée à l'existence même de l'École comme « institution d'État », si elle a pu faire l'objet d'un consensus relatif des acteurs de cette institution auxquels ne s'opposaient guère que les tenants d'un enseignement professionnel industriel ou rural, perçus comme participants d'une idéologie héritée du romantisme de l' « enracinement » prôné par Joseph de Maistre ou Louis de Bonald... ce n'est – et de loin ! – plus le cas aujourd'hui.

De toutes parts et quelles que soient leurs références politiques, des voix s'élèvent, en effet, pour souligner l'importance du local comme lieu de production de richesses, territoire d'un enracinement nécessaire à tout développement personnel et collectif mais aussi espace ouvert pour une action concertée de personnes qui puissent avoir prise sur un destin, s'engager dans les luttes nécessaires à leur survie, organiser une socialité solidaire, résister aux technocraties aveugles des experts ou faire contrepoids aux emballements parfois irrationnels des consultations électorales nationales. L'histoire nous a, en effet, appris qu'il n'était jamais certain que l'on puisse associer la rationalité et la majorité, l'exercice du pouvoir central et la pertinence des décisions politiques, l'organisation étatique et la responsabilisation des citoyens[46]. C'est pourquoi, sans doute, depuis une vingtaine d'années maintenant, se développent, en matière scolaire, des conceptions qui valorisent le projet d'établissement, insistent sur la collaboration avec les parte-

46. Cf., sur ce point, l'analyse radicale de Chantal Millon-Delsol dans *L'État subsidiaire* (PUF, Paris, 1992) qui défend la thèse selon laquelle l'existence d'un « État-providence » ruinerait la liberté d'autonomie des citoyens. Voir aussi l'ensemble des œuvres présentées dans la bibliographie thématique de *L'École et le territoire* (sous la direction de Bernard Charlot, Armand Colin, Paris, 1994, pages 175 à 206).

naires locaux, la mobilisation des forces en présence, afin de s'engager vers une éducation plus concertée[47]. C'est aussi dans cet esprit que le « retour du local » est présenté comme un moyen d'intégration d'élèves dont on ne peut espérer qu'ils se dégagent des influences qui les enserrent que dans la mesure où ils retrouvent d'abord les moyens d'être véritablement acteurs dans le lieu où ils vivent. C'est pourquoi également se développent aujourd'hui des initiatives qui consistent à permettre à des enseignants de travailler en étroite collaboration avec des partenaires associatifs, des administrations locales, des artisans et des entreprises, des artistes et des médecins, des journalistes ou des parents d'élèves[48].

Dans cette perspective, il ne s'agit pas d'abandonner la responsabilité de l'institution scolaire à une multitude de groupes de pression qui se partageraient, selon leur influence réciproque, les dépouilles d'une École qui aurait renoncé à toute ambition nationale ; il ne s'agit pas, non plus, de céder sur des rôles essentiels que doivent continuer à assumer coûte que coûte les enseignants – comme la définition des objectifs d'apprentissage, le suivi des élèves, leur évaluation : « *Le professionnel reste le professionnel et l'enseignant devient le professionnel de la transposition didactique* » explique Corinne Mérini[49]... Plus encore, à notre sens, l'enseignant doit rester un professionnel capable de comprendre que la logique de la production, celle de l'efficacité sociale immédiate, ne participe pas spontanément de la logique des apprentissages... qu'il existe même, entre l'une et l'autre, des ruptures nécessaires, une décontextualisation qui permet de prendre de la distance et de comprendre les enjeux intellectuels, politiques et sociaux des savoirs et des savoir-faire qui circulent. Or, cela requiert une mise en perspective par d'autres approches moins directement accessibles, par un travail irremplaçable et qui constitue la spécificité même de l'institution scolaire : **l'intelligence de la distinction fondatrice entre la tâche et l'objectif**[50]. Car les professionnels, les parents, les

---

47. Sur la question de l'émergence de l'établissement scolaire comme entité spécifique dans le système éducatif et des problèmes nouveaux qu'elle pose, voir l'ouvrage très complet et au diagnostic très nuancé publié par l'Association des enseignants et chercheurs en sciences de l'éducation (Actes du colloque des 21 et 22 octobre 1989) : *L'établissement, politique nationale ou stratégie locale ?* (AECSE, Paris, 1990). On peut lire également de Jean-Pierre Obin, *La crise de l'institution scolaire*, Hachette, Paris, 1993.

48. Cf., sur ce sujet, les recherches publiées sous la direction de Danielle Zay, *La formation des enseignants au partenariat* (PUF, Paris, 1994). Voir également l'ouvrage d'Agnès Henriot-Van Zanten, Jean-Paul Payet, Laurence Roulleau-Berger, *L'école dans la ville* (L'Harmattan, Paris, 1994) ; cet ouvrage analyse l'expérience d'Oullins et tente de montrer comment une politique municipale, se donnant pour objectifs prioritaires la culture et l'urbanisme, parvient à mobiliser l'école et en quoi l'intervention dans les établissements scolaires d'artistes, d'experts, d'élus contribue à faire évoluer celle-ci dans le sens d'une meilleure intégration scolaire et sociale des élèves. Voir aussi l'ouvrage publié sous la direction de Dominique Glasman, *L'école réinventée*, L'Harmattan, Paris, 1993 : cette étude analyse avec de nombreux exemples et avec beaucoup de pertinence les richesses et les limites du « partenariat ».

49. Daniel Zay, *op. cit.*, page 164.

50. Nous rappelons ici brièvement ce thème fondateur, à de nombreux égards, de la plupart de nos propres travaux, depuis notre thèse d'État (*Apprendre en groupe ?* deux tomes, Chronique sociale, Lyon, 1984) où nous montrons à quel point les « méthodes actives » peuvent aboutir à de dange-

artistes eux-mêmes, privilégient toujours la tâche, le résultat visible et socialement labellisé, ce qui contraindra la société au paiement, à la reconnaissance, à l'affection, et qui est toujours l'objet d'une « transaction sociale ». Et, c'est peu dire que l'École est gangrenée aujourd'hui par la confusion entre la tâche et l'objectif... au point que la plupart des élèves considèrent comme tout à fait naturel de produire les tâches qui leur sont demandées « à n'importe quel prix », quitte à les faire réaliser par quelqu'un de plus compétent qu'eux et à ne pas comprendre pourquoi l'enseignant aurait l'outrecuidance de le leur reprocher. Or, s'il en est ainsi, c'est que l'on n'a pas installé suffisamment, dans les pratiques pédagogiques, la séparation entre la **tâche** – comme objet sans doute nécessaire mais terriblement fugace, simple indicateur de connaissances ou de compétences – et l'**objectif** visé à travers elle, objectif infiniment moins visible puisqu'il s'agit d'une habileté mentale stabilisée, d'un savoir approprié et réinvestissable dans d'autres situations[51].

C'est ainsi que le partenariat n'a de sens que dans la mesure où les collaborations qui s'instituent permettent d'opérer cette distinction. Il n'est éducatif que dans la mesure où les apports effectués par les partenaires extérieurs sont repris, dégagés de leurs intérêts économiques ou affectifs immédiats, repensés, renvoyés à ce qu'ils permettent véritablement de comprendre et non seulement au service social qu'ils peuvent rendre ou aux satisfactions immédiates qu'ils peuvent procurer. En ce sens, si le partenariat est indubitablement source d'intégration, s'il permet à l'élève de participer à une collectivité à sa mesure, s'il favorise le lien social au sein d'un quartier, d'une ville, d'une région, s'il permet de finaliser les savoirs, il doit impérativement s'accompagner d'une vigilance qui évite toute confusion des rôles. Paradoxalement, un partenariat qui ne permettrait pas de dégager les savoirs qu'il contribue à importer dans l'École des conditions de leur usage social, enfermerait les élèves dans une vision purement utilitariste de ceux-ci. Cela leur interdirait même de les examiner, de comprendre le processus de leur production et les conditions de leur usage, d'en percevoir les richesses et les limites, et de découvrir d'autres environnements avec la curiosité et la distance qui permettent de les relativiser, de se les approprier ou de les récuser en connaissance de cause.

---

reuses dérives (la priorité donnée à la tâche écartant presque toujours les tâtonnements et la perte de temps requis pour les apprentissages), jusqu'à *L'envers du tableau* (ESF éditeur, Paris, 1993) où nous tentons d'interroger la notion de « projet d'établissement » en situant la participation des partenaires et en prônant une radicale « séparation des pouvoirs » entre l'École, la famille et le tissu associatif ou industriel... séparation des pouvoirs qui est la condition d'une collaboration éducative (pages 140 à 152 et 217 à 229).

51. C'est ce qu'explique, d'une autre manière, le philosophe et psychanalyste Laurent Cornaz dans *L'écriture ou le tragique de la transmission* (L'Harmattan, Paris, 1994) quand il donne pour mission à l'enseignant « *l'ouverture d'une distinction qui porte à conséquence, entre vérités scientifiques qui provoquent, qui obligent au débat et la muette efficacité technique. L'enjeu, jamais acquis, étant d'ouvrir, là où le risque de suggestion est maximal, un accès à l'écriture du savoir, un espace de fiction dans lequel reste vive la question du rapport du sujet à la vérité.* » (pages 186 et 187).

<table>
<tr><td colspan="2">PRENDRE EN COMPTE...</td><td colspan="2">...POUR PERMETTRE L'ACCÈS</td></tr>
<tr><td>l'inscription familiale et locale</td><td>par le partenariat avec les institutions, associations et organismes locaux</td><td>à la capacité de comprendre les adhérences locales spécifiques, leurs richesses, leurs limites</td><td>par la découverte progressive d'autres environnements</td></tr>
<tr><td>UNE PERSPECTIVE FONDATRICE</td><td colspan="3">Albert Thierry : « Si le père et moi nous disons la même chose, c'est une vérité ; c'est aussi un consentement universel ; la sensation malfaisante du respect devant les idées ; la servilité d'esprit ; le dogmatisme livresque... Si le père et moi nous disons d'un ton différent des choses différentes c'est deux vérités : ou plutôt c'est la contradiction cruelle et utile du savoir et de l'expérience, de la formule et de la recherche ; c'est la bataille du monde contre l'école... Je consens d'être vaincu, pourvu que l'on me combatte. » (L'homme en proie aux enfants, page 83)</td></tr>
<tr><td>DEUX RÉFÉRENCES</td><td colspan="3">– Alain, Propos sur l'éducation (PUF, Paris, 1986)... parce qu'Alain rappelle avec force la fonction de l'institution scolaire et les conditions pour que les apprentissages qui s'y effectuent soient véritablement émancipateurs : « Tant qu'un sujet vous touche vivement, pour une cause ou pour une autre, vous n'êtes pas en mesure de le dominer par la pensée. Il faut d'abord user le sentiment » (page 27). Même si Alain semble ignorer parfois que, pour « user le sentiment », il faut bien partir de lui... même s'il paraît imaginer que la rationalité requiert une suspension de l'affectivité (suspension à proprement parler impensable car – pour parodier Alain lui-même traitant de la question du temps – : « Combien d'affectivité faut-il pour suspendre l'affectivité ? »)... même s'il veut faire de l'école un véritable « monastère laïc » tout entier dévoué à la rationalité... il souligne opportunément que le travail scolaire consiste à dégager les connaissances de leurs intérêts immédiats, affectifs ou sociaux, pour permettre de passer de la question « À quoi cela sert-il ? », à la question « De quoi cela peut-il me délivrer ? » (page 46).

– Jean Baubérot, Vers un nouveau pacte laïque (Le Seuil, Paris, 1990) ... parce que l'auteur, à partir d'une approche historique de la laïcité, montre qu'à côté d'une « laïcité de combat » qui cherche à éradiquer les influences du local et à éliminer tous les particularismes, il est possible de penser une « laïcité délibérative » qui reconnaisse que « tout individu n'existe qu'à travers l'épaisseur profane de ses diverses identités » (page 225), qui assure la possibilité à chacun d'exprimer ses identités, ses appartenances, ses intérêts, voire ses passions mais qui inscrive ces expressions dans la perspective systématique du « libre examen » : le rôle de l'École n'est plus alors d'arracher brutalement l'individu à ses particularités contingentes mais de le mettre au contact, inlassablement, avec d'autres individus,</td></tr>
</table>

	d'autres postures, d'autres textes dans « *un ensemble d'activités qui sont précisément ce qu'est historiquement le libre examen : un rapport direct au texte, avec peu ou pas de médiations sacrales ; une façon d'accéder à l'universel où l'institution est intrumentalisée* » (page 188).
TROIS OUTILS	– **les interventions plurielles** permettent aux élèves de se trouver confrontés à divers intervenants extérieurs susceptibles d'apporter divers éclairages d'une notion ou d'un problème qui a été ou sera abordé en classe. La pluralité des intervenants et la confrontation de leurs interventions avec l'approche didactique effectuée par l'enseignant permettent alors d'ouvrir un espace de réflexion. Les déplacements de notions, les contextes différents de leurs utilisations, les intérêts hétérogènes mis en jeu, les approches et les implications diverses sont susceptibles, en effet, de dégager un espace aux savoirs présentés qui favorise la prise de distance, la perception de leurs limites et de leurs richesses, la prospection d'autres points de vue. – **le « contrat de collaboration »** présenté par Corinne Mérini (*La formation des enseignants au partenariat*, sous la direction de Danielle Zay, PUF, Paris, 1994, pages 157 à 170) consiste à inscrire l'intervention d'un partenaire extérieur (professionnel, représentant associatif, élu, représentant des services de l'État) dans une séquence didactique élaborée, en précisant exactement la nature de l'apport souhaité. Il s'agit ici de bien préciser ce que l'on attend de l'intervenant et de définir le statut de son discours aux yeux des élèves (un témoignage n'a ni le même sens ni la même portée qu'une démonstration, que l'explication de principes, etc.). Cette intervention peut avoir ainsi diverses fonctions : finalisation d'un apprentissage, apport d'informations nouvelles ou sous des formes inédites, déstabilisation par rapport à des représentations sociales dominantes, explicitation de la portée politique de telle ou telle notion, repérage des différences nécessaires entre la logique de l'apprentissage scolaire et celle des savoir-faire en situation, confrontation des identités personnelles et professionnelles, remaniement des modèles de fonctionnement habituels de la classe, etc. – **les « ateliers » animés par des professionnels** sont maintenant une forme de partenariat bien connue et souvent utilisée. Ils ont l'avantage de permettre aux élèves de se confronter à un praticien qui se situe dans un rapport différent aux savoirs que celui de l'enseignant. Ils sont susceptibles d'opérer des « réconciliations » efficaces en offrant d'autres approches que celles proposées habituellement par l'institution scolaire. Mais, étant toujours menacés par la « dérive productive », ils doivent faire l'objet d'un travail de concertation préalable qui permette de préciser les objectifs visés – et pas seulement les tâches qui seront réalisées – ainsi que les éléments sur lesquels portera l'évaluation finale individuelle des élèves.

• De la prise en compte de la culture de référence du sujet à une réflexion sur le caractère universalisable des valeurs auxquelles il adhère

À bien des égards, ce dernier point récapitule et fonde les précédents. Car la question de la culture reste, tout à la fois, l'impensé majeur et l'épreuve ultime de la pensée pédagogique. Impensé parce que la pédagogie, tout absorbée par la question des moyens et la nécessité de faire face à l'urgence, obnubilée souvent par les contradictions qui la traversent et que nous avons tenté de décrire, fréquemment convaincue qu'il n'est pas nécessaire de reformuler ce qui lui apparaît de l'ordre de l'évidence, parfois inquiète devant un concept qu'elle cerne mal, est entraînée comme malgré elle à écarter cette question, à en minorer systématiquement l'importance ou à en déléguer le souci et la responsabilité aux administrateurs et aux politiques. Pourtant, le problème de la culture est aussi l'épreuve ultime de la pédagogie : épreuve ultime parce qu'elle pose irréductiblement la question des fins, contraint le pédagogue, s'il la prend au sérieux, à quitter le registre des métaphores horticoles – « l'épanouissement de l'enfant », « le jardinier des âmes » – pour dire précisément ce qu'il entend former chez l'homme et en quoi les objets culturels sur lesquels il travaille contribuent à « l'émancipation des personnes »... émancipation qu'il ne cesse d'appeler de ses vœux mais dont la seule invocation lui sert parfois trop facilement pour justifier ses actes et pour rendre compte de ses entreprises.

Or, à écarter ainsi la question de la culture, la pédagogie encourt de graves dangers : danger du relativisme absolu qui fait de la satisfaction du sujet, de son « développement harmonieux », le seul véritable critère de sa réussite ; danger de cécité sur ce qu'elle fabrique vraiment dans la classe ; danger de s'abandonner aux modes et de servir les intérêts immédiats de la société civile ; danger de compromettre le lien social et de ruiner ainsi, à son insu, les efforts qu'elle développe par ailleurs. C'est pourquoi il lui faut sans cesse tenter de ressaisir le mouvement et d'identifier les médiations culturelles qui permettent véritablement aux hommes d'échapper aux déterminations qui les enserrent, aux préjugés qui les emprisonnent, aux passions qui les divisent[52]. Il lui faut sans cesse renouer avec ce qui permet aux hommes d'échapper à la servilité, à l'utilitarisme individualiste, à l'enfermement dans le donné immédiat, à l'individualité érigée en absolu qui, comme le montre bien Éric Weil, ne peut conduire les hommes qu' « *au crime, à la folie ou au silence*[53] ». C'est pourquoi il lui faut être attentive à ces avancées décisives par lesquelles les hommes témoignent du caractère libérateur de ce que

52. Nous avons tenté, dans notre préface à l'ouvrage de Jacques Billard, *Le pourquoi des choses* (Nathan, Paris, 1994, pages 3 à 7), de comprendre ce « mouvement » qui s'instaure dans l'acte même d'appropriation des connaissances et permet de se saisir du monde comme un objet de pensée et la pensée comme un effort vers la vérité.

53. *Philosophie politique*, Vrin, Paris, 1966, page 53.

Jacques Muglioni nomme « l'audace de la pensée »[54]. Audace qui leur permet de s'exhausser au-dessus des déterminismes de tous ordres et de découvrir ce qui les spécifie et les réunit à la fois. Audace qui constitue, en deçà même de toutes les doctrines philosophiques auxquelles elle a donné naissance, l'inspiration fondatrice et toujours féconde des Lumières : « *Qu'est-ce que les Lumières ?* demande Kant. *La sortie de l'homme de sa minorité, dont il porte lui-même la responsabilité. La minorité est l'incapacité de se servir de son entendement sans la direction d'autrui, minorité dont il est lui-même responsable s'il est vrai que la cause en réside non dans une insuffisance de l'entendement mais dans un manque de courage et de résolution pour en user sans la direction d'autrui.* Sapere aude. *" Aie le courage de te servir de ton propre entendement ", telle est la devise des Lumières*[55] ».

Mais les choses ne sont pas simples et la beauté des formules ne doit pas nous faire oublier ici les contradictions à affronter. L'universalité et la rationalité des Lumières ont été emportées dans la tourmente instrumentale de la société industrielle, au point de devenir parfois, entre les mains de nantis, un moyen d'étendre leur pouvoir et d'exploiter à leurs propres fins ceux qui avaient le malheur d'y échapper. Symétriquement, le slogan du « droit à la différence », sans doute nécessaire quand l'Occident rationaliste imposait au monde entier ses normes de vie sociale et ses formes de pensée, confondant ainsi émancipation des peuples et normalisation technocratique ou moralisatrice de leurs comportements, est aujourd'hui un concept épuisé. Le pluralisme s'est imposé dans nos sociétés occidentales comme dans le monde entier et tout effort pour en contrecarrer l'expression est récusé immédiatement comme une forme larvée de colonialisme renforçant paradoxalement les crispations identitaires et les divisions entre les hommes. L'universel *a priori* n'a plus aucune chance de s'imposer, tant il a été compromis avec les totalitarismes dont on peut aujourd'hui observer les immenses dégâts : chaque fois qu'il s'est agi de libérer les hommes malgré eux, de les émanciper contre leur gré, de leur imposer un modèle unique, l'histoire n'a cessé de nous rappeler que, par un renversement systématique, le joug était toujours levé un jour, inéluctablement, mais que se libéraient alors les haines ancestrales et qu'à l'unification promise se substituaient les conflits les plus ravageurs. On ne se débarrasse pas des différences autoritairement, en imposant un modèle unique, fût-il fondé en raison, prôné au nom du bien de tous et de la réconciliation par la raison émancipatrice[56].

---

54. *L'école ou le loisir de penser*, CNDP, Paris, 1993, page 131.

55. *Réponse à la question : « Qu'est-ce que les Lumières ? »*, Nathan, Paris, 1994, page 67.

56. C'est là, on le sait, une des grandes leçons d'Habermas telle que l'a analysée Jean-Marc Ferry (*Habermas, l'éthique de la communication*, PUF, Paris, 1987) et telle qu'on la trouve exprimée, par exemple, dans *Raison et légitimité* (Payot, Paris, 1978). C'est aussi ce que montre, avec son goût habituel de la provocation, mais en un constat qui ne peut nous laisser indifférent, Paul Feyerabend dans *Adieu la raison* (Le Seuil, Paris, 1989) : « *Il devient clair, d'après les réactions des membres les moins doués de la tribu, que les rationalistes qui réclament à grands cris l'objectivité et la rationalité ne font pas autre chose que de vendre leur propre* credo *tribal* » (page 343).

Mais le discrédit, aujourd'hui très largement constaté, de cette attitude, la reconnaissance que l'on n'éradique pas les différences par la violence, que l'on ne réunit pas les hommes par la force et que les différences sont à bien des égards irréductibles... tout cela laisse entier le problème des rapports, dans l'action pédagogique, entre la prise en compte des cultures d'origine, des identités spécifiques, et la nécessité de créer un « lieu du commun »[57], une *res publica*, « chose commune à tous », où les hommes puissent se parler, se respecter, mettre à l'épreuve ensemble leurs convictions réciproques, trouver la force de se dégager de celles qui les séparent et les assujettissent pour adopter celles qui leur permettent de se rencontrer et de se libérer.

Et personne ne niera qu'il y a là un défi pédagogique essentiel ; chacun comprendra même que les « affaires » qui secouent régulièrement l'opinion publique, comme celle dite « du foulard islamique », ne sont que des manifestations médiatisées à l'excès d'une question qui se pose à chaque instant, pour chaque éducateur, dans chacun des lieux où l'on se donne comme objectif d'éduquer des hommes ensemble pour qu'ils puissent, tout à la fois, se reconnaître fondamentalement semblables et s'enrichir néanmoins de leurs différences : « *L'éducation ne saurait être qu'universelle mais exige la volonté de comprendre l'individu dans son individualité donnée [...] ; il n'en est pas moins vrai que la violence est ce qui est donné, qu'elle n'est ni à admirer ni à provoquer mais à transformer, et que le problème reste celui de l'universalisation de l'individu*[58] ». D'une certaine manière, c'est là la question qui met le pédagogue au pied du mur, la question qui l'oblige à repenser le concept même d'universalité[59] la question qui sollicite le plus son attention et son inventivité, la question que, d'une manière ou d'une autre, il doit affronter et à laquelle il ne peut se dérober[60].

57. Cf. Hannah Arendt, *Condition de l'homme moderne*, Calmann-Lévy, Paris, 1993, en particulier pages 60 et suivantes.

58. Éric Weil, *Philosophie politique, Vrin, Paris, 1966, page 52.*

59. Nous avons longuement abordé cette question dans *Le choix d'éduquer* (ESF éditeur, Paris, 1992) en tentant de montrer comment « *la démarche pédagogique consiste à soumettre aux autres mon universel pour en faire un objet d'adhésion et non à les soumettre à mon universel dans un rapport de sujétion* » (page 73 et suivantes).

60. Ainsi, explique Michel Soëtard, en évoquant l'œuvre de Pestalozzi, « *l'éducation sera précisément ce savoir-faire par lequel le pédagogue saura faire produire l'universalité par la particularité, la particularité par l'universalité* » (*Quinze pédagogues*, sous la direction de Jean Houssaye, Armand Colin, Paris, 1994, page 49).

<table>
<tr><th colspan="2">PRENDRE EN COMPTE...</th><th colspan="2">...POUR PERMETTRE L'ACCÈS</th></tr>
<tr><td>la culture de référence</td><td>par l'attention aux codes, références, valeurs et histoires dans lesquels le sujet s'inscrit</td><td>à un effort permanent d'universalisation de la culture</td><td>par la confrontation, la mise en perspective et l'interargumentation réciproque</td></tr>
<tr><td>UNE PERSPECTIVE FONDATRICE</td><td colspan="3">Albert Thierry : « Et ces mômes qui jouent là devant moi, ce n'est plus mes phrases ni les phrases de leurs parents qu'ils répètent, il n' y a plus d'interposition entre l'immense vie autour d'eux et en eux leur faible vie : les étincelles qui bondissent de l'une à l'autre sont enfin libres ! Tout à l'heure enveloppés d'imitation et de confiance, refaisant tout ce qu'ils voyaient faire, croyant tout ce qu'ils entendaient dire, les voici qui se dépouillent, qui discutent et qui innovent. » (L'homme en proie aux enfants, page 132)</td></tr>
<tr><td>DEUX RÉFÉRENCES</td><td colspan="3">– Jacques Muglioni, L'école ou le loisir de penser (CNDP, Paris, 1993) : L'inspecteur général de philosophie, maître à penser de toute une génération d' « antipédagogues », contempteur des sciences de l'éducation, propose là une série de textes qui posent des questions fondamentales : il s'interroge sur le rôle de l'École et montre que celle-ci doit être le lieu où chaque élève puisse faire l'expérience de l'exigence de la vérité. Il dénonce une École qui se mettrait au service des intérêts immédiats de la société civile et affirme la nécessité d'en faire un lieu préservé où les élèves puissent rencontrer une pensée vivante en action (la « leçon » du maître), dans un espace et un temps à l'écart des modes et des rapports de forces : « C'est à l'École qu'il n'est pas seulement question de réussir, mais de comprendre et de satisfaire avant tout à l'exigence de vérité. » (page 58)... Même si l'auteur sous-estime indubitablement le rôle des médiations pédagogiques pour parvenir à cette « Vérité », même s'il ne s'interroge guère sur les moyens de faire entendre raison à celui qui n'est pas dans le registre du rationnel, ses réflexions restent une invitation salutaire à la réflexion.

– Olivier Reboul, Les valeurs de l'éducation (PUF, Paris, 1992) : Une réflexion forte qui ne contourne pas l'exigence d'universalité et la nécessité de libérer chacun des particularismes qui l'entravent (« Le particulier, ce qui est propre à un milieu et à une époque est arbitraire et donc contraignant. L'universel est au contraire ce que chacun peut retrouver en lui-même, et qui donc le rend libre... », page 77). Mais l'ouvrage ouvre aussi à une conception de l'universalité dégagée de toute tentation autoritariste ou totalitaire. Olivier Reboul montre que la valeur que notre culture, que toutes les cultures portent en elles est « la rencontre » : « La rencontre elle-même est la valeur universelle, car, par elle, la conscience morale devient réellement une conscience, par elle on accède à l'universel. » (page 78). Une thèse qui ouvre un champ et donne tout son sens à l'activité pédagogique.</td></tr>
</table>

TROIS OUTILS

– **la décentration** est une « opération mentale » décrite par les psychologues et, en particulier, par Piaget. Elle consiste à se dégager du point de vue qui est le sien et à se placer du point de vue de l'autre pour examiner ses propres actes, son propre travail, les enjeux de ses propres choix, des valeurs auxquelles on adhère. Cette opération mentale peut être objet de formation dans la mesure où l'on met en place des dispositifs qui permettent, par un système de rotation des tâches, de jeux de rôles, d'examiner systématiquement ses travaux, productions et références en argumentant du point de vue de l'adversaire ou de celui qui ne comprend pas. Le dispositif doit, bien évidemment, être allégé progressivement afin que le sujet puisse intérioriser cette attitude et la mettre en œuvre lui-même à sa propre initiative... Mais le dispositif, s'il offre un point d'appui au dégagement de ses préjugés et à la correction progressive de ses erreurs, s'il constitue une ouverture à la pensée critique, ne peut se substituer complètement au travail de l'enseignant qui met en œuvre avec ses élèves cette même attitude. Il ne permet pas non plus de faire l'économie d'une confrontation avec des objets culturels susceptibles d'interpeller, par l'exigence de leur expression, les références immédiates de l'élève.

– **la confrontation avec les textes fondateurs de la culture** est, en effet, une condition essentielle de l'accès à la rencontre. Parce que ces textes portent les interrogations fondamentales de l'homme, parce que les élèves peuvent y retrouver des éléments qui donnent sens à ce qu'ils vivent, parce qu'ils permettent de se confronter à des exigences fortes, ils constituent des points d'appui essentiels pour interroger ses propres références et se libérer de formulations ou d'expressions conjoncturelles. Contes et récits à l'école primaire, textes mythologiques et grands textes historiques dans l'enseignement primaire et secondaire, œuvres d'art pour tous les élèves... Il s'agit, dans tous les cas, pour le pédagogue, de revenir, en quelque sorte, aux formulations essentielles de ce qui constitue « l'humanitude ». Mais il s'agit de le faire sans, pour autant, sélectionner d'emblée les seuls élèves qui y ont immédiatement accès : des médiations sont ici nécessaires ainsi qu'une grande disponibilité aux questions qui préoccupent les élèves et que ces œuvres peuvent précisément permettre d'éclairer et de dépasser[61].

– **la création artistique**, souvent réduite malheureusement à des exercices d'imitation ou à des « techniques de créativité », est considérablement sous-estimée à l'École. Or, c'est indubitablement à travers la création artistique exigeante, individuelle ou collective, que se joue, pour l'enfant et l'adolescent, son rapport à la culture. C'est en étant confronté à la nécessité d'exprimer et de pouvoir communiquer ses émotions, ses angoisses et ses es-

61. Un travail particulièrement intéressant et prometteur est mené, dans cette perspective, par Charles Moracchini, IEN et chercheur à l'université Lumière – Lyon 2 en sciences de l'éducation : celui-ci s'efforce, dans la circonscription de Thiers, de mettre en place un apprentissage du lire-écrire à partir de textes mythologiques (essentiellement l' *Odyssée*) ; les premiers résultats montrent, à l'évidence, le double pouvoir de ces textes, comme supports d'apprentissages instrumentaux effi-

	pérances, qu'il peut rencontrer les autres et se reconnaître participer, en dépit de leurs différences, de la même humanité. Mais cela suppose d'inscrire les travaux de création au sein d'une exigence de perfection – dans tous les domaines – qui, seule, peut amener à un dépassement des formes premières et approximatives de l'expression. Cela suppose également que la création ne soit pas confisquée par un petit nombre mais permette à chacun de s'y investir.

Sursis et prises de risques

C'est, sans aucun doute, la pédagogie institutionnelle[62] qui a travaillé avec le plus d'obstination et de rigueur sur la tension sursis/prise de risque dans l'entreprise pédagogique et c'est à elle que nous sommes redevables de bien des propositions qui vont suivre[63]. À lire les travaux de Fernand Oury et de ceux qui lui sont proches, on peut observer, en effet, que toute l'activité pédagogique qu'ils développent est inscrite dans cette tension qui constitue, en quelque sorte, sa res-

caces et comme outils d'interpellation, de réflexion et de formation. Ainsi, explique Charles Moracchini, ces textes permettent de « *comprendre que le savoir peut constituer du sens en lui-même pour l'enfant et qu'il est primordial de conduire chaque élève à élaborer ce rapport au savoir qui ne va pas, sociologiquement, de soi. Ce travail sur des textes mythologiques, mis en place à partir d'une pratique orale nourrie du pouvoir de l'imaginaire, et orientée vers l'accès à l'écrit, nous paraît développer efficacement une pédagogie du sens, de la compréhension et de la culture* » (document de travail, février 1995, page 3).

62. Nous entendrons ici par « pédagogie institutionnelle », le courant de réflexion et de propositions dont la figure essentielle est constituée par Fernand Oury. On peut faire remonter la naissance de ce courant à 1962 au moment où le Groupe des techniques éducatives se sépare de l'ICEM fondé par Freinet. On dira, à ce moment-là, que les instituteurs urbains, confrontés à des difficultés sociologiques nouvelles, ont dû prendre leurs distances avec l' « École à la campagne », toute empreinte d'optimisme vitaliste, représentée par Freinet et ses disciples. Plus profondément, c'est le travail très spécifique sur ce qui se joue dans la classe en termes de « désir », sur l'intégration dans la réflexion pédagogique des apports de la psychanalyse, la réflexion sur les contradictions fondatrices de l'acte éducatif révélées par un travail « à la marge », avec des élèves en rupture avec l'institution scolaire, qui a amené Oury, tout en reconnaissant le rôle fondateur de Freinet, à prendre ses distances avec lui... Deux ans plus tard, en 1964, Oury et ses amis se sépareront du groupe qui se revendique aussi de la « pédagogie institutionnelle » mais qui est constitué essentiellement d'universitaires « révolutionnaires » (Lobrot, Lourau, Lapassade, etc.) qui reprochent à Oury son réformisme trop prudent. Pour notre part, nous considérons que les apports du groupe de Fernand Oury constituent une avancée décisive dans la réflexion pédagogique, une avancée qui garde encore aujourd'hui toute son actualité. Aussi, quand nous parlerons de « pédagogie institutionnelle », nous nous référerons essentiellement à ce groupe (F. Oury, R. Fonvielle, A. Vasquez, C. Pochet, R. Laffitte, F. Imbert, J. Pain, etc.). Les autres auteurs (R. Lourau, M. Lobrot, G. Lapassade, R. Hess, P. Boumard, etc.) relèvent plutôt, à notre sens, de « pédagogies institutionnalistes » et nous divergeons fondamentalement, sur ce point, avec l'analyse de Jacques Ardoino et René Lourau qui fait la part belle à ces derniers au détriment des travaux du groupe d'Oury (*Les pédagogies institutionnelles*, PUF, Paris, 1994).

63. Nous avons développé cette hypothèse dans la préface de l'ouvrage coordonné par Jacques Pain : *De la pédagogie institutionnelle à la formation des maîtres*, Matrice, Vigneux, 1994, pages 13 à 18.

piration et lui permet d'échapper à tous les étouffements : étouffement par les « techniques » qui peuvent toujours devenir de simples gadgets, étouffement par les fantasmes des uns et des autres et les « transferts dévorateurs » que suscite la relation binaire au « sujet-supposé-savoir », étouffement par les déterminismes sociaux, étouffement par les pathologies individuelles, étouffement par les obsessions de tous ordres et les doubles contraintes que manipule en permanence, et comme malgré lui, l'éducateur : « Je t'ordonne d'apprendre librement ».

Comment définir ces deux mouvements de sursis et de prise de risque qui s'entrelacent en permanence dans l'action pédagogique ? La chose n'est pas facile tant nous sommes ici dans la complexité des « affaires humaines » et c'est pourquoi, sans doute, seules les monographies peuvent laisser entrevoir avec quelque précision comment les choses se passent. Mais tentons quand même d'esquisser une perspective : nous croyons que l'action pédagogique doit travailler le rapport sursis/prise de risque en offrant des « dispositifs » qui permettent à l'élève, tout à la fois, de s'engager et de se distancier. L'engagement serait ainsi ce par quoi l'élève peut se mettre en jeu, sortir du piège que constitue trop souvent l'image que les adultes ont de lui et qu'il a parfois très largement intériorisée ; s' « engager » serait prendre le risque d'une parole qui vienne de lui, qui casse les jeux de rôles qui ont fini par l'emprisonner tout au long de son parcours scolaire, une parole qui lui permette d'oser sa propre différence. Mais, on le voit, ce mouvement d'engagement est inséparable d'un effort de dégagement : dégagement de son impulsion immédiate, prise de distance par rapport à la réaction première, décision de surseoir à la violence spontanée comme à la réaction brute ou brutale, volonté de prendre le temps de penser et de réfléchir, de prendre le temps, surtout, de soumettre son expression personnelle au groupe... Étrange imbrication de deux mouvements, qui fait de cette tension pédagogique, que nous allons tenter d'explorer maintenant, l'articulation d'une « pédagogie du courage » et d'une « pédagogie du sursis », d'une pédagogie de l'implication par laquelle le sujet « se met en jeu » et d'une pédagogie de la distanciation par laquelle il peut manifester cette « retenue » sans laquelle rien de ce qui est humain – ni l'intelligence, ni la compassion – ne peut surgir. C'est pour présenter le sens des savoirs pédagogiques qui travaillent sur cette imbrication que nous proposons d'abord un tableau synthétique dont nous reprendrons ensuite successivement les différents éléments, tous, comme on le verra, profondément liés les uns aux autres.

Sursis et prise de risque dans l'action pédagogique

SURSEOIR...		... POUR S'ENGAGER	
à quoi ?	comment ?	à quoi ?	comment ?
– à la violence de ses impulsions	– par l'interdit du passage à l'acte	***– à prendre le temps d'examiner la légitimité de son comportement***	– par la mise en place de dispositifs systématiques pour différer l'action
– à ses engagements spontanés	– par la compréhension des situations sociales et scolaires dans lesquelles ils s'inscrivent	***– à se poser la question du sens et de la portée de ses actes***	– par l'élucidation du statut de ses actes et paroles, la découverte de ce qui se joue dans la complexité des postures réciproques
– à l'obéissance ou à la résignation à la loi du plus fort	– par l'introduction d'un tiers médiateur susceptible de réguler les relations interpersonnelles	***– à distinguer la force du Droit***	– par la référence possible à une instance où peuvent se construire des règles préservant l'intégrité physique et psychologique des personnes
– aux rôles qui ont été assignés au sujet par le groupe	– par la rotation régulière des tâches dans les activités collectives	***– à l'exploration de nouveaux rôles possibles***	– par la mise en place de dispositifs qui préparent à l'exercice de nouveaux rôles et rendent possible cet exercice
– à l'image de soi dans laquelle on est enfermé	– par l'ouverture de possibles permettant au sujet de se dégager de l'emprise des relations duelles	***– à sortir de la place que le sujet occupe dans l'imaginaire d'autrui***	– par l'introduction de médiations permettant de s'investir et d'être reconnu dans son propre désir
– à ses propres difficultés personnelles, à sa « pathologie »	– par le travail sur les composantes pathologiques de la personne et l'appel à sa volonté	***– à se placer du point de vue de la rationalité en « désaffectivant » les situations d'apprentissage***	– par la construction d'une relation objectale avec les savoirs
– à son ignorance, son incapacité, son échec ou sa peur	– par la confiance, la retenue de l'éducateur et le « déverrouillage » des dispositifs de formation	***– à tenter quelque chose que l'on n'a jamais fait et que l'on ne sait pas encore faire***	– par la création de situations pédagogiques où chaque élève puisse se « mettre en jeu »

« *Pour commencer, il fallut d'abord savoir poser les lances* » explique Marcel Mauss[64] ; « poser les lances » pour ébaucher cette « *Table Ronde miraculeuse autour de laquelle les chevaliers ne se battirent plus*[65] »... « *Il est inutile d'aller chercher bien loin quel est le bien et le bonheur. Il est là, dans la paix imposée, dans le travail bien rythmé, en commun et solitaire alternativement, dans la richesse amassée puis redistribuée dans le respect mutuel et la générosité réciproque que l'éducation enseigne*[66] ». Mais comment enseigner à poser les lances ? Comment enseigner ce sursis sans lequel ce que Marcel Mauss nomme « la civilité » est résolument impossible ? Comment, en particulier, enseigner cela à celui qui le refuse, celui qui ne veut pas discuter, celui que le partage des richesses communes n'intéresse guère ? Car le sursis à la violence première est bien une des conditions d'exercice de la raison. On ne peut raisonner qu'avec celui qui a accepté de mettre en œuvre ce sursis et d'exercer son intelligence. En revanche, il est toujours impossible de faire entendre raison à celui qui n'a pas choisi la raison.

Il est donc vain, pour le pédagogue, de tenter là la moindre opération de démonstration ou de conviction : il ne peut ici qu'user inutilement son énergie et basculer dans le fatalisme ou le désespoir. On ne convainc pas dans l'instant un élève violent, un élève qui humilie son camarade, un élève qui lui arrache son cahier... Tenter de le convaincre serait revenir à cette utopie non directive qui supposait que toute personne était à tout moment disponible à l'interargumentation réciproque pourvu, simplement, qu'elle soit « authentique », que le groupe soit « à l'écoute » et que le formateur sache bien « reformuler ». Mais, précisément, les praticiens de la pédagogie institutionnelle savent bien qu'il n'en est rien et qu'en amont de tout échange entre des personnes, il y a la Loi, ce « degré zéro de la Loi », comme ils disent[67] : l'interdit du passage à l'acte, l'interdit de la violence qui, seul, permet au sujet de réfléchir et d'exercer son jugement. Marcel Mauss ne dit pas autre chose quand il parle de « la paix imposée », non qu'il imagine que l'on puisse, par décret, éradiquer la violence, mais parce qu'il sait qu'il faut bien, à un moment, qu'une autorité assume le sacrifice des pulsions immédiates et accepte de prendre sur elle la responsabilité des frustrations inévitables que cela va entraîner. Et il faut que cette autorité sache qu'elle ne se met pas ainsi en position de facilité, qu'elle s'engage dans une histoire difficile et qu'elle risque d'« en prendre plein la gueule », comme disent les gamins, jusqu'à ce que chacun découvre que le sacrifice de ses pulsions immédiates lui ouvre un champ infini de satisfactions partagées.

---

64. « Essai sur le don », *Sociologie et anthropologie*, PUF, Paris, 1990, page 278.

65. *Ibid.*, page 279.

66. *Idem.*

67. Cf., en particulier, Jacques Pain, *La pédagogie institutionnelle d'intervention*, Matrice, Vigneux, 1993.

Certes, comme tout enseignant, comme tout un chacun, les praticiens de la pédagogie institutionnelle savent bien qu'il n'est probablement pas possible d'éradiquer totalement la violence dans les rapports entre les hommes ; mais ils savent aussi que seul le sursis à cette violence permet d'éviter de basculer dans la barbarie et de régresser dans le chaos initial. Or le sursis n'est possible que si, quelque part, quelqu'un profère l'interdit et assume cet interdit. C'est là, sans doute, la grande leçon de la tradition juive et, sans doute aussi, une des manières de dire ce qui fonde notre tentative d'accéder à la civilisation : « *Il y aurait une racine éthique qui est toujours présente en plus du contenu positif de la pensée. La racine éthique est le fondement de " vérités " qui sont hors débat et qui, tout à la fois, rendent seules le débat possible*[68] ». C'est pourquoi les pédagogues doivent assumer la Loi sans états d'âme inutiles, sans cette nostalgie adolescente d'un rapport fusionnel de plain-pied avec l'enfant qui interdit précisément de « porter l'enfant dans le monde » ; ils doivent accepter les frustrations inévitables et provisoires du sursis à la violence et de ne pas se culpabiliser pour autant. Car, l'éducateur doit être le gardien d'une Loi qui, seule, permet la discussion de toutes les règles. Sans cette Loi, il est inutile de tenter de discuter ; plus rien ne peut être négocié, plus rien ne peut être décidé... les décisions seront extorquées par la force ou par la séduction, par la peur ou par le chantage.

On voit bien qu'ici s'inverse le rapport « règles/Loi » qui s'est installé aujourd'hui dans beaucoup d'établissements scolaires : quand la Loi est bafouée impunément tous les jours parce qu'on atteint à l'intégrité psychique ou physique des personnes sans encourir la moindre sanction ni même être victime de la moindre suspicion... et que, par ailleurs, l'institution se fait scrupuleuse, voire intransigeante, sur le respect de règles, sans aucun doute nécessaires mais aussi éminemment discutables et finalement relativement secondaires[69]. Car qu'est-ce qu'un retard, un oubli de son cahier de textes, une sortie dans le couloir sans autorisation, au regard d'une humiliation publique, d'une annotation sur un bulletin qui renvoie définitivement quelqu'un dans les ténèbres d'une « bêtise incurable », d'un bizutage dégradant ou d'une situation dans laquelle, au vu et avec l'accord des adultes, un *leader* fait régner dans la classe sa propre loi ? Quel crédit peuvent avoir des éducateurs qui, si souvent, se crispent sur des règlements pour, à côté, fermer les yeux, sur les atteintes graves à la Loi fondatrice de toute socialité ? Comment peuvent-ils accompagner les enfants dans le monde quand ils préfèrent jouir de la contemplation d'un ordre arbitraire au lieu d'accepter de porter sur eux l'exigeante difficulté de surseoir à la violence[70] ?

---

68. Marc-Alain Ouaknin, *Méditations érotiques, Essai sur Emmanuel Lévinas,* Balland, Paris, 1992, page 174.

69. C'est ce qu'affirme avec force Maria Montessori quand elle souligne que « *la liberté de l'enfant doit avoir comme limite l'intérêt collectif comme "forme ", ce que nous appelons l'éducation des manières et des actes. Nous devons donc proscrire à l'enfant tout ce qui peut nuire aux autres ou les offenser, tout ce qui a une signification d'impolitesse et d'acte sans dignité. Mais tout le reste, toute manifestation ayant un but utile – quelle qu'elle soit et expliquée sous n'importe quelle forme – doit être non seulement permise mais observée par l'instituteur.* » (*Pédagogie scientifique,* Le Centurion, Paris, 1970, page 67).

70. Cf. Bernard Defrance, *La violence à l'école*, Syros, Paris, 1988.

Mais il n'est pas possible de croire, pour autant, que les dispositifs que les pédagogues peuvent mettre en place sont susceptibles de garantir miraculeusement et pour toujours le passage à la paix sociale ; la « Table Ronde » n'est sans doute pas d'un matériau que l'on trouve en ce bas monde ! Et les pédagogues savent l'infini précarité des choses humaines; ils savent surtout que la Loi n'institutionnalise rien : imposer la Loi ne crée pas magiquement l'institution démocratique. Imposer la Loi est une condition nécessaire dont seuls les naïfs ou les imposteurs – ou encore ceux qui confondent la Loi et les conditions d'exercice de leur propre arbitraire – croient pouvoir faire une condition suffisante. La Loi doit être maintenue, le maître en est le garant... mais il est aussi celui qui forme, par et dans l'activité d'échange, au respect de la Loi. Il est celui qui apprend à différer, non pas simplement parce qu'il faut différer, mais parce que différer permet d'être plus intelligent, plus efficace, plus heureux aussi... et que cela, c'est une réalité qu'il peut montrer ou, mieux encore, que l'on peut découvrir ensemble. Nous connaissons bien, les uns et les autres, des institutions scolaires où l'on prétend faire respecter la Loi : « *Ne bascule pas tout de suite dans la violence... attends... tu le diras plus tard... au Conseil.* » Sauf qu'il n'y a pas de Conseil ! Les gardiens de la Loi deviennent ainsi les gardiens d'un temple vide ou ceux des intérêts – quand ce n'est pas de la tranquillité – d'un groupe d'adultes. Inutile de s'étonner, alors, si les élèves transgressent la Loi. Cette transgression est même, en toute logique, la seule ressource qui leur reste pour manifester leur désir d'une vraie Loi : « On veut une Loi qui en soit une ! Une Loi qui ne décrète pas l'interdit de la violence des uns pour mieux permettre l'exercice de la violence des autres. On veut une Loi qui permette aux uns et aux autres de construire ensemble des règles de fonctionnement et nous aide ainsi à surseoir à cette violence première dont nous sommes souvent esclaves ! »

<table>
<tr><td colspan="2">SURSEOIR...</td><td colspan="2">...POUR S'ENGAGER</td></tr>
<tr><td>à la violence de ses impulsions</td><td>par l'interdit du passage à l'acte</td><td>à prendre le temps d'examiner la légitimité de son comportement</td><td>par la mise en place de dispositifs systématiques pour différer l'action</td></tr>
<tr><td>UNE PERSPECTIVE FONDATRICE</td><td colspan="3">Janusz Korczak : « Notre tâche est d'apprendre aux enfants à attendre une réponse au lieu de l'exiger sur-le-champ et à n'importe quel moment... à faire la part des choses : distinguer parmi leurs vœux, leurs peines, leurs doutes, ce qui est important et ce qui l'est moins... à réfléchir, à motiver une action, une décision. » (Comment aimer un enfant, page 290)</td></tr>
<tr><td>DEUX RÉFÉRENCES</td><td colspan="3">– Emmanuel Lévinas, Entre nous, Essais sur le penser-à-l'autre (Grasset, Paris, 1991) : Apparemment à mille lieux de nos préoccupations pédagogiques immédiates, le philosophe nous permet de mettre d'abord en pratique sur nous-mêmes le « sursis à l'acte ». Ses textes s'efforcent, en effet, de comprendre comment il est possible de se « dés-inter-esser » de soi, de renoncer à la violence première qui nous fait basculer dans la barbarie... pour accueillir le visage de l'autre ; ils travaillent sur « l'obligation envers autrui antérieure à tout contrat » (page 264)</td></tr>
</table>

et les conditions de cet arrachement du moi à la persévérance inconditionnelle dans son être : « *Ce qui est important, c'est que la relation à autrui soit l'éveil et le dégrisement ; que l'éveil soit obligation. Vous me dites : cette obligation n'est-elle pas précédée d'une libre décision ? Ce qui m'importe, c'est dans la responsabilité pour autrui comme un engagement plus ancien que toute délibération mémorable constitutive de l'humain.* » (page 132).

– **Fernand Oury, Aïda Vasquez, *De la classe coopérative à la pédagogie institutionnelle*** (Maspéro, Paris, 1991) : Aussi concret et proche des pratiques (*« Ne rien dire que nous n'ayons fait »* répète Fernand Oury) que le livre précédent peut apparaître théorique et abstrait, cet ouvrage est, à notre sens, un ouvrage essentiel pour la réflexion pédagogique : le « conseil » y est présenté comme une instance essentielle, articulée sur l'ensemble des activités proposées aux élèves, et dans laquelle peuvent être discutés les places, les actes et les comportements de chacun. C'est un lieu où les personnes peuvent se mettre en jeu et être critiquées en fonction des responsabilités qu'elles assument et des objectifs qu'elles poursuivent. Institué par le maître, lui-même « *soumis à la loi commune pour authentifier le gardiennage qu'il en assure* » (Daniel Hameline, *Le domestique et l'affranchi*, Éditions ouvrières, Paris, 1977, page 92), le conseil permet d'imposer à l'élève de surseoir à ses réactions immédiates, sans pour autant lui demander d'y renoncer (« Tu n'en parles pas maintenant... tu en parleras au conseil. »). C'est aussi « *une machine à dédramatiser qui va apprendre à parler utilement grâce au rituel qu'il installe* » (F. Oury et A. Vasquez, *op. cit.*, page 86).

TROIS OUTILS

– **le conseil** a un rôle tout à fait déterminant dans un ensemble de dispositifs pédagogiques, dans la mesure où il n'est pas réduit à une conversation mondaine ou à un règlement de comptes entre les personnes. Sa pratique requiert donc une véritable « institution », des règles de fonctionnement impératives et qui s'imposent à tous, un rituel qui permet que la parole s'exprime et que l'échange naisse progressivement du tumulte (ces règles peuvent varier selon l'âge des enfants et l'évolution du groupe : les petits se passent un objet et ne peuvent prendre la parole que s'ils sont en possession de celui-ci ; on peut également, plus tard, désigner un président et un secrétaire de séance, s'astreindre à un compte rendu écrit qui servira de point de départ à la séance suivante, utiliser un tableau sur lequel les élèves écrivent au cours de la semaine ce qu'ils veulent voir porter à la discussion, etc.). Dans tous les cas, il est essentiel que le conseil ait un caractère régulier et que sa pratique ne tombe pas en désuétude quand les « impératifs scolaires » deviennent plus pressants. Trop d'élèves ne croient plus à ce type de dispositifs parce qu'il est pratiqué au premier trimestre et abandonné ensuite, quand il s'agit de « passer aux choses sérieuses » et de préparer le passage en classe supérieure !

– **la médiation par l'écriture** est infiniment sous-estimée dans les dispositifs pédagogiques où l'on n'écrit, le plus souvent, que pour être évalué et jugé par le maître. On considère, de plus, que le passage par l'écriture représente une épreuve insurmontable pour certains enfants... ce qui, précisément, est la conséquence de l'usage exclusivement « scolaire » de l'écriture. En revanche, que le maître écrive personnellement à un élève pour lui faire part de son point de vue, qu'il invite les élèves à tenir leur journal, à s'écrire entre eux, qu'il les contraigne même, quand le débat oral est impossible, à passer par l'écriture... et il met alors en place les moyens pour que chacun prenne le temps d'examiner le bien-fondé de ce qu'il dit, se relise, apprenne à prendre au sérieux la parole de l'autre, à l'examiner attentivement avant de lui répondre.

– **l'anticipation** est, on le sait, une des opérations mentales qui contribue au développement de l'intelligence et, en particulier, de la logique hypothético-déductive (« si... alors... »). En ce sens, elle permet de ne pas refaire indéfiniment les mêmes erreurs mais de stabiliser un certain nombre de schémas possibles de pensée et d'action. C'est aussi, en tant qu'exercice pédagogique, un outil précieux pour faire travailler les élèves individuellement ou en groupes sur ce que pourrait entraîner tel ou tel acte, telle ou telle position. Il s'agit d'imaginer les conséquences, à court, moyen ou long terme, d'une attitude donnée, d'inventorier ces conséquences très précisément (de les écrire si c'est nécessaire) et, en poussant la logique jusqu'au bout, de s'interroger sur la légitimité d'un acte. D'une certaine manière, il y a là un moyen qui permet de travailler avec les élèves à ce qu'ils se posent le plus souvent possible la question kantienne de « la possibilité que la maxime qui préside à une action soit érigée en loi universelle ».

• *De l'engagement spontané à l'accès à une pensée critique*

Comme l'a bien montré Daniel Hameline, « l'éducation critique » est un « concept fumigène »[71]. L'acquisition de l'esprit critique, revendiqué par tous comme l'un des objectifs majeurs de l'École, ne recouvre, dans beaucoup de cas, que de piètres réalités pédagogiques : l'analyse de quelques affiches ou slogans publicitaires, de vagues questionnaires sur les objections que l'on pourrait faire à tel ou tel texte, l'exhortation dérisoire de « voir plus loin que le bout de son nez ». C'est que la notion d' « esprit critique » est dangereuse, particulièrement difficile à manipuler puisque, si celui-ci n'est pas réduit, circonscrit d'avance aux objets

71. *Le domestique et l'affranchi*, Éditions ouvrières, Paris, 1977, pages 66 et suivantes.

sur lesquels il peut s'appliquer, il risque de toucher au dispositif scolaire lui-même et de mettre en danger jusqu'à ceux-là mêmes qui cherchent à le promouvoir. En revanche, s'il est limité, si son usage est strictement réglementé, il perd toute consistance et redevient même un moyen de s'inscrire dans un rapport de sujétion en ne s'incarnant que sur commande, sur des objets strictement sélectionnés et dont la désignation échappera soigneusement à son exercice. À terme, l'esprit critique est ainsi toujours menacé d'être récupéré comme instrument de sélection, signe d'une complicité sociale dont on sait tout le poids dans les processus d'orientation scolaire : entre gens bien éduqués on sait sur quoi il faut faire porter son esprit critique... cela change parfois avec l'air du temps mais on se reconnaît à coup sûr dans son exercice !

Faut-il pour autant y renoncer ? la chose serait paradoxale puisque qu'elle reviendrait à se résigner à laisser l'élève exprimer ses préférences, ses préjugés, ses engagements personnels spontanés, sans lui donner la possibilité de les examiner et de les soumettre à un examen critique. Certes, nous avons déjà évoqué ce point à plusieurs reprises et certains y verront un retour en arrière, une reprise de la tension continuité/rupture longuement analysée plus haut. Mais il s'agit ici d'aller bien au-delà, de travailler à la racine en quelque sorte, des attitudes d'arrachement au donné qui permettent de soumettre un point de vue à la question de son universalisation. Il s'agit de fonder une volonté, de soutenir une détermination à « ne pas se laisser faire »... même par l'enseignant qui vous y invite. On voit alors qu'il n'est pas d'éducation critique qui ne s'articule sur une critique de l'éducation, une critique instituée dans le fonctionnement même du lieu où elle se dispense. Une critique qui échappe au pouvoir de celui qui la rend possible. Une critique qui échappe aussi à la récupération subtile de celui qui l'institue et espère toujours, plus ou moins confusément, qu'il bénéficiera ainsi d'un surcroît d'estime, d'une reconnaissance supplémentaire pour les risques qu'il prend, voire d'une fascination pour le courage dont il fait preuve.

Serait-on ainsi condamné, dans ce domaine, au leurre permanent et renvoyé à l'aléatoire de situations individuelles qui permettraient que de miraculeuses rencontres favorisent une mise à distance qui ne soit pas payée en sous-main par une sujétion à un nouveau tyran ? Faudrait-il renoncer à libérer les élèves des tyrannies de leurs passions, de la fidélité aveugle à leur héritage et de toutes les manipulations démagogiques ? Certes, on comprend bien le caractère émancipateur que peut avoir la confrontation exigeante avec un objet culturel, mais cette émancipation n'est effective que si le rapport qui la construit est lui-même questionné. C'est pourquoi le pédagogue n'a guère ici le choix : « *C'est l'éducation en tant que telle, assimilation des savoirs, maîtrise des instruments de l'analyse et de la communication, formulation personnelle des objectifs et des idéaux, qui est d'emblée et par essence une activité en situation " critique " dans la mesure où elle n'est pas séparable, autrement que par une dénégation du politique, de l'accès à la prise de conscience de leur propre socialisation par les membres d'une société donnée...* [72] » Exigence impos-

---

72. *Ibid.*, page 106.

sible, dira-t-on : impossible avec des enfants jeunes incapables d'entrer dans l'intelligence du politique ; impossible sans basculer dans l'agitation stérile d'une remise en question permanente ; impossible sans s'enfermer dans la propagande ou entretenir les illusions d'une « démocratie scolaire »[73]. Mais est-ce si sûr ? Ne peut-on imaginer des moyens qui permettent de sortir de l'impasse ? La définition des objectifs visés, la mise à plat des contraintes institutionnelles, la clarification des situations de pouvoir dans lesquelles la classe et tout ce qui s'y fait est inséré, la redéfinition des rôles, et d'abord de celui de l'enseignant, de ses priorités, de ses contradictions, la précision inlassable et toujours à reprendre du sens et de la portée des évaluations, l'élucidation du statut du discours que chacun tient dans la partie qui se joue... tout cela peut, peut-être, permettre de faire de la classe une véritable instance critique.

On soulignera alors que cela représente un investissement trop lourd, tellement lourd qu'il risque de phagocyter tout autre activité et, au premier chef, les activités d'enseignement. C'est ici, à nouveau, que la leçon de la pédagogie institutionnelle est décisive : elle ne consiste pas à politiser artificiellement la parole mais à installer le politique comme instance de régulation de toute parole en imposant systématiquement à chacun de préciser qu'il parle ou agit **« en tant que »**[74].

Car, « parler en tant que », ce n'est pas renoncer à parler, mais c'est dire simultanément ce que l'on dit et à quel titre on le dit. La maîtresse a le droit de parler en tant que personne touchée affectivement par l'échec d'un élève, pourvu qu'elle dise que c'est à ce titre qu'elle parle et non en tant que représentante de l'institution. Elle a aussi le devoir de s'opposer à des activités qui mettent en danger la sécurité de ses élèves, mais c'est alors en tant qu'elle en est responsable juridiquement. Le professeur, en tant qu'il participe d'un projet de démocratisation de l'accès aux connaissances, doit soutenir l'élève tout au long de son travail, l'accompagner par les encouragements nécessaires, noter ses progrès même minimes et le féliciter systématiquement pour ses efforts ; mais, en tant qu'il est garant du fonctionnement institutionnel, il a aussi le devoir de l'informer régulièrement sur son véritable niveau au regard des exigences de l'institution. L'élève de terminale a la possibilité de demander que le professeur finisse le programme mais c'est en tant qu'il est inscrit dans une situation où cette exigence est contractuelle. L'élève de troisième chargé de faire respecter le calendrier dans la parution du journal scolaire a le droit de rappeler à l'ordre ses camarades en retard mais ce n'est pas parce qu'il en est le chef et s'est imposé par la force, c'est parce que cela ressort directement de la responsabilité qui lui a été confiée... Allons plus loin : l'élève a le droit de regarder et d'apprécier un feuilleton télévisé que son professeur juge débile si, en tant qu'élève, il respecte, par ailleurs, les engagements qui

---

73. Cf., sur ce point, la critique que nous avons faite des pédagogies institutionnalistes dans *Apprendre en groupe ? 1 – Itinéraire des pédagogies de groupe*, Chronique sociale, Lyon, 1984, pages 101 à 127.

74. Cf., en particulier, F. Oury et A. Vasquez, *Vers une pédagogie institutionnelle*, Maspéro, Paris, 1974, page 94. Voir également le très bel ouvrage dont nous reparlerons plus loin, *L'année dernière, j'étais mort, signé Miloud* (Catherine Pochet, Fernand Oury et Jean Oury, Matrice, Vigneux,

auront été négociés avec lui. Il a le droit de pratiquer une religion de son choix – celle de ses parents ou une autre – si en tant que membre d'une communauté laïque il ne compromet pas le travail du groupe auquel il participe. Le professeur a le droit, en tant qu'il garantit la qualité du travail collectif, de faire respecter cette condition par chaque élève mais il ne peut lui demander, à ce titre, d'abdiquer ses croyances. Il doit aussi, en tant qu'il est chargé d'une mission sociale d'intégration culturelle, lui proposer des textes, des situations, des dispositifs pour l'aider à remettre en perspective ce qu'il croit et pense ; mais il ne le fait pas parce que les croyances de l'élève lui déplaisent... sinon il devrait renoncer à le faire quand celles-ci seraient en accord avec les siennes et abandonnerait alors tout projet d'éducation critique à l'égard de ceux qui les partagent !

Ainsi, « parler en tant que », ce n'est pas se bâillonner, s'interdire de parole, renoncer à toute authenticité, espérer vainement une communication sans malentendu ou s'en tenir à la langue de bois institutionnelle... c'est, autant que faire se peut, inscrire sa parole dans une situation qui permette de lui donner son vrai sens, de la comprendre dans sa spécificité ; c'est savoir se garder pour ne pas être dévoré tout entier par sa fonction ou son affectivité ; c'est savoir se faire « parole sociale » quand il le faut, c'est-à-dire être capable de se reconnaître et de se faire reconnaître dans sa fonction sociale tout en manifestant la distance qui permet précisément à l'autre de prendre sa propre distance.

« Parler et agir en tant que », ce n'est pas renoncer à l'unité de la personne qui éclaterait en une multitude de postures incompatibles entre elles ; c'est, au contraire, « réserver » cette unité, la mettre à l'abri et lui permettre de se constituer ; c'est contribuer à lui donner la volonté nécessaire pour surseoir et s'engager dans un registre donné alors qu'elle ne pourrait le faire si ce sursis représentait pour elle un abandon complet de ses convictions ; c'est lui proposer des transitions possibles, des déplacements successifs, pour pouvoir changer de point de vue sans, pour autant, se renier. Mais « parler et agir en tant que », ce n'est pas, non plus, renoncer à l'existence d'une vérité qui dépasserait la multiplicité inévitable des postures personnelles et institutionnelles ; c'est, au contraire, lui rendre toute sa force en l'inscrivant dans un processus délibéré et annoncé comme tel, en évitant de confondre les points de vue conjoncturels que chacun est amené à prendre en traversant la multiplicité des situations quotidiennes et la quête d'une universalité qui les dépasse. « Parler et agir en tant que », c'est aussi ouvrir à d'autres postures, à d'autres paroles, à une pluralité de paroles qui autorisent l'élève, progressivement, à oser la sienne et à en comprendre le sens et les enjeux : un enfant a le droit de parler en tant que membre d'une communauté religieuse, de revendiquer une identité et des engagements sociaux... mais il a aussi le droit – et l'École doit le lui garantir – de parler « en tant qu'élève-apprenant », participant à une situation d'apprentissage donnée, à une activité collective, membre d'une institution scolaire qui comporte ses propres règles et jouit d'une autonomie réelle à l'égard de la société civile. Et ce sont ces déplacements multiples, souvent imperceptibles mais éminemment nécessaires, qui permettent à un sujet de surseoir à ses engagements spontanés et de s'autoriser une véritable distance critique.

<table>
<tr><td colspan="2">SURSEOIR...</td><td colspan="2">...POUR S'ENGAGER</td></tr>
<tr><td>à ses engagements spontanés</td><td>par la compréhension des situations sociales et scolaires dans lesquels ils s'inscrivent</td><td>à se poser la question du sens et de la portée de ses actes</td><td>par l'élucidation du statut de ses actes et paroles, la découverte de ce qui se joue dans la complexité des postures réciproques</td></tr>
<tr><td>UNE PERSPECTIVE FONDATRICE</td><td colspan="3">Pestalozzi: « Et je voyais ce qu'on appelle proprement l'instruction comme une façon d'exercer les facultés de l'âme en général : j'insistais en particulier pour que l'exercice des facultés d'attention, de réflexion et de mémoire précède l'exercice de la faculté de juger et de tirer des conclusions, dans la mesure où il faut assurer les premières facultés, si l'on veut empêcher que les autres ne conduisent, par l'acquisition d'une faculté de langage purement extérieure, à la superficialité d'un jugement prétentieux et trompeur. » (Lettre de Stans, page 49)</td></tr>
<tr><td>DEUX RÉFÉRENCES</td><td colspan="3">– Saint Augustin, De Magistro (Klincksieck, Paris, 1988) : Le disciple chrétien de Platon pose la question de la fonction du langage dans l'apprentissage et montre que la véritable connaissance renvoie à une illuminatio, révélation intérieure que le maître peut permettre mais dont il n'est pas l'auteur... Car, « qui donc chercherait le savoir de manière si insensée qu'il envoie son fils à l'école pour savoir ce que pense le maître ? « (page 82). Le pédagogue dénie ici en quelque sorte son pouvoir de « transmission » et se donne comme tâche, non d'imposer ses points de vue ou ses propres engagements, mais de renvoyer le sujet à lui-même, à ce qui prend chez Augustin la forme de la révélation du « Maître intérieur », mais qui peut aussi signifier pour nous, aujourd'hui, l'examen critique de tout ce qui se présente comme allant de soi ou cherche à s'imposer à la conscience sans qu'elle en perçoive le sens.
– Daniel Hameline, Le domestique et l'affranchi (Éditions ouvrières, Paris, 1977) : Dans cet « Essai sur la tutelle scolaire », l'auteur explore les réponses pédagogiques possibles au défi posé par le projet d'une « éducation critique » et, plus largement, d'une « éducation à la liberté »... Éducation qui s'inscrit dans une multitude de contradictions puisqu'elle est contrainte d'appareiller l'institution scolaire de manière sophistiquée pour rendre possible, par un surcroît d'artefacts, l'expression d'une individualité toujours imprévisible... Éducation qui est, donc, toujours menacée de restaurer la tutelle par son effort même pour en émanciper l'autre... Éducation qui s'effectue sur « fond d'impossible » pour tenter une pédagogie du possible qui « réside dans la négociation avec les conditions présentes d'exercice » : « Ainsi vont les enseignants qui ne désespèrent pas totalement d'être, avec leurs élèves ou leurs étudiants, acteurs de quelque affranchissement furtif, là</td></tr>
</table>

	où le système d'enseignement les agence et les appareille à leurs places domestiques dans la configuration des choses et des fantasmes. » (page 181)
TROIS OUTILS	– **l'activité collective** n'a sans doute pas pour objectif principal ici de permettre à chaque élève d'effectuer les apprentissages cognitifs dont il a besoin ; elle est d'abord un moyen pour que chacun puisse se dégager d'une posture donnée dans le groupe et, par la médiation d'une responsabilité spécifique, puisse se mettre en jeu autrement que dans le registre de ses engagements spontanés. Elle doit permettre à chaque élève de se saisir des contraintes spécifiques, des droits et des devoirs affectés à une tâche, des caractéristiques d'une situation et de l'agencement des places et des rôles qu'elle impose. Elle fonctionne également comme un analyseur et, simultanément, permet le dégagement de chacun à l'égard de ses engagements spontanés, dégagement pour lequel elle fournit, tout à la fois, un prétexte et un point d'appui précieux. – **le bilan de savoir** (tel qu'il est proposé et mis en œuvre par Bernard Charlot et son équipe dans *École et savoir dans les banlieues... et ailleurs,* Armand Colin, Paris, 1992) : Il s'agit d'une méthode qui a pour objectif de permettre à chaque élève concerné de comprendre ce qui se joue dans son rapport aux savoirs scolaires et sociaux, comment il se situe par rapport aux propositions de l'École, dans quels enjeux il se les approprie et comment il les mobilise. L'intérêt est ici de mettre à distance le processus de production des savoirs individuels, de comprendre si celui-ci est plutôt inscrit dans un rapport d'objectivation (construction intellectuelle d'objets culturels), d'imbrication (recherche de l'utilisation concrète) ou de distanciation (acquisition d'une attitude permettant de mieux communiquer avec autrui). Mais, sans aller jusqu'à une typologisation aussi poussée, le bilan de savoir peut permettre à l'élève de s'interroger sur les pratiques pédagogiques elles-mêmes et de se mettre à distance par rapport aux réactions spontanées qu'il peut avoir à leur égard. – **la séparation des pouvoirs** n'est pas, à proprement parler, un « outil » quoiqu'elle ait des conséquences sur des questions très concrètes (comme celle des devoirs à la maison ou du contrôle par l'École des activités de loisir). Elle concerne les trois instances qui, à notre sens, doivent contribuer à l'éducation de l'enfant et de l'adolescent : la famille, l'École et le tissu associatif et culturel (Cf. Philippe Meirieu, *L'envers du tableau,* ESF éditeur, Paris, 1993, pages 140 à 152). Ces trois instances sont absolument essentielles dans la mesure, précisément, où elles constituent trois lieux où peuvent se développer des attitudes différentes qui, par leur décalage même, rendent possible l'émergence d'une conscience critique. La famille reste le lieu de la filiation, de l'acquisition des repères psychologiques fondateurs, l'École est le lieu de la réflexion plus détachée et rationnelle, le tissu associatif et culturel est

	le lieu où un investissement personnel spécifique, à l'abri de l'affectivité familiale et de l'évaluation scolaire, est possible... Faute de pouvoir limiter chacun, à leur propre initiative, leur influence sur l'enfant, on peut penser que l'implication de l'enfant dans les trois et les décalages inévitables de postures qu'il sera ainsi amené à vivre, lui permettront de relativiser les engagements spontanés qui sont les siens et d'examiner avec une distance critique accrue les situations dans lesquelles il est impliqué.

• *De la force au Droit*

Comme le souligne souvent Bernard Defrance[75], l'École n'est en rien une « société de Droit » et cet état de fait est, paradoxalement, moins dû aux excès ou à la violence des élèves qu'à l'incohérence des règles imposées par les adultes, à l'arbitraire de leurs décisions, à l'absence de structures de régulation, à l'ignorance des droits les plus élémentaires de la personne. Dans cette perspective, Philippe Perrenoud a récemment tenté de formuler la liste des « droits imprescriptibles de l'apprenant » parmi lesquels il range « le droit de ne pas être constamment attentif », « le droit à son for intérieur », « le droit de ne pas obéir six à huit heures par jour » comme celui « de ne pas coopérer à son propre procès »[76]. Et il est certain qu'à cet égard l'institution scolaire doit reconsidérer ses pratiques, ne serait-ce que pour ne pas se mettre elle-même en contradiction avec ce qu'elle est censée former chez les élèves. En ce sens, les efforts qui sont réalisés dans le cadre de l'élaboration et de la réalisation de projets d'établissements, comme le travail systématique en équipes pédagogiques pour mettre en harmonie les exigences réciproques, peuvent constituer de précieux moyens pour faire évoluer la situation. De même, l'intégration des personnels chargés de la vie scolaire, leur participation aux tâches de gestion des cursus des élèves, leur souci de développer l'implication des élèves à la vie de l'établissement, en particulier par la formation des délégués d'élèves, représentent une avancée décisive. Dans la mesure où cette « vie scolaire » ne se détache pas des fonctions d'instruction et ne constitue pas une sorte d' « enclave socioculturelle » dans l'École, prenant en charge les questions de socialisation dont se déchargeraient complètement les enseignants, elle représente une chance appréciable de faire de l'École une véritable instance de socialisation.

Mais il convient encore que toutes ces initiatives soient référées à des principes éducatifs stabilisés, qu'elles évitent d'entretenir des illusions sur les véritables responsabilités des uns et des autres et qu'elles soient vraiment susceptibles

75. Cf. *La violence à l'école*, Syros, Paris, 1988 et *Le plaisir d'enseigner*, Quai Voltaire, Paris, 1992.

76. « Les droits imprescriptibles de l'apprenant... ou comment rendre le métier d'élève plus vivable », *Educations*, 1, décembre 1994 – janvier 1995, pages 56 à 62.

d'introduire les élèves à une société de Droit dont ils deviendront demain les acteurs mais à laquelle il convient de les préparer sans les y précipiter prématurément. Là encore, il n'est pas possible de confondre les moyens et les fins... sauf à prendre le risque de laisser croire qu'une société de Droit n'est constituée que par l'application de principes formels comme le vote pour élire des délégués, la constitution de « conseils » censés gérer de manière autonome des pans entiers de l'activité scolaire, la tenue d'assemblées générales décidant des orientations de l'établissement. Or, il est clair que de telles instances ne représentent un accès au Droit, un dépassement des rapports de force, que dans la mesure où ceux qui y siègent sont déterminés à ne pas se ranger, par facilité ou par crainte, à la loi du plus fort... dans la mesure où ils ne sont pas là simplement pour recouvrir d'un « vernis démocratique » les situations sociales préexistantes et entériner ainsi la domination des *leaders* naturels ou institutionnels. Car l'accès au Droit suppose toujours un dégagement, un arrachement difficile par rapport aux relations duelles qui sont sans cesse menacées de basculer dans la violence.

Et il est vrai qu'aujourd'hui les relations duelles d'affrontement gangrènent l'institution scolaire : oppositions entre une classe et un enseignant, oppositions de bandes et de clans, oppositions d'individus qui se disputent la domination sur un groupe ou l'amour d'une tierce personne, oppositions entre des êtres qui cherchent réciproquement à tenir tête à l'autre, à briser sa résistance, à le vassaliser ou à l'exclure. C'est un fait aussi que ces affrontements subvertissent les rapports hiérarchiques habituels et mettent à mal le fonctionnement institutionnel : qu'il s'agisse d'un devoir non rendu, d'un comportement anomique qui compromet le déroulement d'un cours, d'un refus irréductible de « rentrer dans le jeu », le simple appel à l'autorité ne fonctionne plus guère et l'on assiste alors à des poussées de violence où, sous l'œil toujours passionné de spectateurs habitués aux « jeux du cirque », des individus haussent le ton, poussent toujours plus loin les menaces et la provocation jusqu'à la défaite finale d'un des deux partenaires, son abdication, son humiliation ou son exclusion[77]. Que de telles situations se produisent dans des structures « formellement démocratiques » ne change rien alors à leur nature et ne permet nullement d'engager une réflexion sur ce qui pourrait faire reculer la violence et engager chacun à référer ses actes à un tiers médiateur : « *Lorsque deux personnes s'empoignent, se bousculent, s'insultent, dans une crise de proximité, nous sommes dans l'agression d'ambiance, celle que Lorenz dit " naturelle ", déprise du lapsus violent. C'est toute la problématique de la relation duelle, symétrique où la triangulation ne prend pas, triangulation aujourd'hui systémisée par les cliniciens de la famille, qui désigne la relation humaine objective comme une combinatoire réussie éclatant sur les institutions son potentiel d'agression*[78] ».

---

77. Cf. Éric Debarbieux, *Violence dans la classe*, ESF éditeur, Paris, 1990.

78. Jacques Pain, « Violence en milieu scolaire et gestion pédagogique des conflits », *La pédagogie, une encyclopédie pour aujourd'hui*, sous la direction de Jean Houssaye, ESF éditeur, Paris, 1993, 201-210, pages 204 et 205. Cf. aussi Jacques Pain, *Écoles : violence ou pédagogie*, Matrice, Vigneux, 1987.

Car c'est bien là le nœud de la question : il n'y a construction d'une société de Droit que quand la victime ne peut s'ériger en juge, quand les partenaires sont séparés et qu'un arbitrage extérieur devient possible. Dans une société de Droit, la victime ne peut jamais être juge, car, même si elle a les meilleures raisons pour elle, son jugement, englué dans la relation duelle, ne pourra apparaître que comme une vengeance et appeler une autre vengeance. Dans une société de Droit la victime ne peut jamais être juge... même si elle dispose d'un pouvoir hiérarchique, même s'il s'agit d'un enseignant ou d'un éducateur à l'abri de tout soupçon ! Ce qui est en jeu ici, en effet, n'est ni la compétence ni la sincérité, ni la bonne volonté des personnes, c'est la structure même de la situation et l'absence de médiation. C'est pourquoi, précisément, l'éducation ne peut faire l'économie de la médiation, elle doit, au contraire, s'efforcer d'introduire systématiquement des systèmes médiateurs qui permettent de déverrouiller les relations duelles et d'introduire un référent extérieur ; c'est pourquoi le travail du pédagogue, une nouvelle fois, consiste à permettre à chacun de faire l'expérience du sursis. En l'absence de cette expérience, l'adhérence aux passions du moment et aux intérêts personnels interdit tout accès à la détermination individuelle sans laquelle toutes les structures participatives et toutes les initiations à la vie démocratique risquent de ne rester que de piètres cache-violence.

SURSEOIR...		...POUR S'ENGAGER	
à l'obéissance ou à la résignation à la loi du plus fort	par l'introduction d'un tiers médiateur susceptible de réguler les relations interpersonnelles	***à distinguer la force et le Droit***	par la référence possible à une instance où peuvent se construire des règles préservant l'intégrité physique et psychologique des personnes
UNE PERSPECTIVE FONDATRICE	**Célestin Freinet** : « *Entre l'état sauvage et le dressage, il y a, en intermédiaire, la création d'un climat, d'une atmosphère, des normes d'organisation, de vie et de travail en commun, une éducation dont seront exclus le mensonge, la ruse et la violence, et cette peur instinctive, et cette insupportable obsession des bêtes sauvages et des enfants de voir se refermer derrière eux les portes de la lumière et de la vérité.* » (*Les dits de Mathieu,* page 59)		
DEUX RÉFÉRENCES	– **Jean Piaget, *Le jugement moral chez l'enfant*** (PUF, Paris, 1985) : Cette étude du psychologue genevois et de quelques-uns de ses collaborateurs est parfois contestée en raison d'une méthodologie qui permet d'analyser les « jugements » d'un enfant en face de situations difficiles ou conflictuelles qui sont proposées à son examen, mais ne dit rien de ce que l'enfant ferait réellement ni sur les raisons intimes qui président à ses jugements. L'hypothèse développée ici est que le jugement moral est étroitement lié au développement cognitif et évolue selon des stades qui lui sont		

	parallèles. Dans un premier temps, l'enfant considère comme moral ce qui correspond aux critères imposés par les adultes ; dans un second temps, il cherche à analyser les intentions et à comprendre les ressorts intimes de l'individu ; dans un troisième temps, il tente d'articuler normes sociales et compréhension de la personne. Reprise et développée par Lawrence Kohlberg (*Child Psychology and Childhood Education : a Cognitive-developmental View*, Longman, Cambridge, 1987), la conception piagétienne a le mérite de placer la construction des référents moraux dans une tension entre contraintes institutionnelles et reconnaissance de la valeur de l'intention. Or, c'est sans doute bien dans cette tension, quand elle est verbalisée, que peut s'inscrire une véritable éducation. – **Anton Makarenko, *Œuvres pédagogiques*** (Éditions du Progrès, Moscou, 1967) : Dans l'enthousiasme révolutionnaire qui suivit la révolution soviétique, Makarenko fut amené à diriger plusieurs « colonies » ou « centres d'éducation » qui accueillaient essentiellement un public d'enfants difficiles et à l'abandon. Convaincu de la nécessité de « forger un homme nouveau », il mit en place des pratiques pédagogiques centrées sur la socialisation par le travail collectif : sans jamais basculer dans l'arbitraire, ni croire à l'émergence spontanée de conduites démocratiques, il s'efforçait toujours de faire la clarté sur les événements qui intervenaient et de permettre que la réflexion sur les conduites individuelles s'effectue dans le calme, sans jugements rapides ni règlements de compte. Cela l'amenait souvent à intervenir autoritairement pour interrompre le cycle de la violence avant d'engager une discussion où puisse être dégagées des règles qui permettent d'articuler « la discipline collective et l'initiative individuelle » (tome 1, page 678).
TROIS OUTILS	– **la sanction différée :** les situations d'urgence sont nombreuses aujourd'hui à l'École et supposent, croit-on parfois, une réaction immédiate. Certes, cette réaction est légitime pour préserver l'intégrité psychologique et physique d'une personne qui serait menacée ; mais, en ce qui concerne la sanction elle-même, c'est sans doute le contraire qu'il convient de faire : ne jamais décider dans l'instant, se donner du temps pour relativiser les choses et les dégager des enjeux passionnels... ne pas engager un rapport de forces, ni se laisser aspirer par la spirale de la violence, mais renvoyer la décision à plus tard, quand la distance pourra être prise, la jurisprudence locale consultée, des tiers médiateurs impliqués. En ce sens, la proposition de Bernard Defrance de faire siéger, dans tout établissement scolaire, un « tribunal de première instance » où les enseignants, cadres éducatifs et représentants des élèves pourraient se relayer pour examiner les délits même mineurs représente, sans aucun doute, une proposition intéressante.

	– **le règlement négocié :** il s'agit évidemment d'une formule souhaitable dans la mesure où elle implique les élèves et les amène à s'instaurer colégislateurs de leur propre vie sociale. Mais les expériences pédagogiques multiples dans ce domaine montrent que la chose n'est pas simple et requiert de nombreuses conditions : que soit d'emblée précisé ce qui n'est pas négociable, que les adultes assument leur fonction en faisant respecter la Loi, garantissant le respect de l'intégrité des personnes, que la négociation elle-même s'effectue selon ce principe et que les décisions prises soient scrupuleusement appliquées dans la durée, sans s'interdire, chaque fois que cela apparaîtra nécessaire, de remettre le règlement en chantier. – **la méthode des scénarios** : entre l'application différée d'une sanction décidée par autrui et la capacité à élaborer des règles permettant le bon fonctionnement d'un groupe, il convient que les élèves réfléchissent à ce qui rend possible la vie sociale dans un groupe. La méthode des scénarios consiste à s'appuyer sur une situation détachée des implications immédiates des personnes (qui peut être fournie par un texte littéraire ou un article de presse, par exemple) ; la situation est décrite avec le plus de précisions possible, fait l'objet de reformulations nombreuses pour dégager une interprétation vraisemblable, et les élèves sont invités à la transposer dans d'autres cadres pour en percevoir la structure et les enjeux (« l'agrandissement épique » est ici une formule particulièrement bien adaptée). Le groupe est ensuite invité à explorer les développements possibles de la situation et à imaginer ses conséquences selon les décisions qui peuvent être prises. Ce travail peut s'effectuer selon des modalités et avec des supports adaptés à l'âge et à la situation des enfants ; elle doit permettre une intériorisation progressive de la socialité et de ses exigences.

• *Des rôles assignés à l'exploration des rôles possibles*

Les psychosociologues, depuis de nombreuses années maintenant, nous ont bien montré qu'aucun groupe humain ne se constitue sans que, d'emblée, chacun s'y trouve affecté à une place, déterminé dans un rôle, pris dans un jeu complexe d'attentes de toutes sortes[79]. Selon les cas, les indices qui permettent d'assigner ainsi un rôle à chacun sont différents : indices physiques ou vestimentaires, marqueurs linguistiques, signes comportementaux souvent ténus, eux-mêmes tributaires de représentations sociales hétéroclites et arbitraires. La manière de poser son regard sur l'autre, de marcher, de s'asseoir, de prendre la parole ou de garder le silence, de choi-

79. Sur ce thème, voir les travaux de Jean-Marc Monteil, *Éduquer et former – perspectives psychosociales*, Presses universitaires de Grenoble, Grenoble, 1989.

sir ses voisins ou de s'installer à une place laissée libre... tout cela contribue à construire une configuration groupale dont on ne se débarrassera pas facilement. Et, dans la classe, dès les premières années de la scolarité, les choses se complexifient encore : on ne connaît pas toujours exactement le passé scolaire et social de chacun, mais on le situe, au juger, à partir d'informations diverses glanées ici ou là [80]. Que le travail s'engage et les choses se figent alors très vite, faisant fonctionner, souvent avec la complicité involontaire du maître, des catégories qui ressortent du « sens commun scolaire » : le bon élève timide, le cancre, le paresseux, l'amuseur public, l'individualiste forcené, celui qui est prêt à tout pour obtenir l'amitié de ses camarades, le bricoleur, le sportif, celui qui pose toujours les mauvaises questions et celui qui connaît toujours les bonnes réponses, le passionné de géographie ou celui qui, décidément, n'apprendra jamais l'orthographe... Qu'un travail de groupe soit proposé et cette machinerie sociale se mettra en route pour garantir l'efficacité dans la production collective : chacun prendra la place qui lui est affectée et obéira scrupuleusement au *leader* « naturel » qui ne manquera pas de se manifester à cette occasion.

Le danger est grand, alors, que les rôles se muent en identités assumées et que chacun cale ses comportements sur les attentes des autres, au point de ne plus pouvoir imaginer faire ou être autre chose. C'est alors, précisément, que la responsabilité du pédagogue est de permettre que les rôles soient redistribués sans cesse, que les images sociales soient brisées et que les élèves puissent se découvrir sous un jour jusque-là insoupçonné. Mais, là encore, les procédures formelles peuvent s'avérer complètement inefficaces : le changement d'étiquette, même accompagné d'une injonction officielle, peut se réduire à un « jeu de rôles » superficiel qui laissera vite réapparaître les configurations initiales. Pour qu'une véritable exploration de nouveaux rôles soit possible, il est nécessaire que l'on « ouvre », en quelque sorte, le champ relationnel ; et cette ouverture est, elle-même, subordonnée au fait que le maître remette lui-même en jeu ses représentations, dégage l'élève des relations binaires que chacun entretient avec lui, renonce à ses propres préjugés, accepte d'être étonné, surpris, contredit... Il faut qu'il déverrouille la machinerie sociale dans laquelle il est lui-même impliqué en se remettant en jeu chaque fois que c'est possible. Et c'est cela, cette attitude décisive de l'adulte qui déconstruit en permanence le système de ses propres attentes, qui constitue l'élément décisif ; c'est elle qui autorise l'élève à se dégager de son rôle assigné, l'accompagne dans son exploration et garantit par là l'efficacité des dispositifs mis en place.

C'est dire qu'il ne suffit pas d'affecter un nouveau rôle à un élève, de le désigner officiellement autrement, de contredire, même publiquement, les jugements que le groupe porte sur lui, mais qu'il faut aussi, sans cesse, lui « rendre sa liberté » pour qu'il puisse s'investir autrement, prendre des risques, s'essayer véritablement à de nouveaux rôles, avec la conviction du possible. C'est dire qu'il faut faire de la classe au quotidien un espace où rien ni personne n'est figé, un espace où l'adulte met

80. Ces phénomènes ont été analysés par Claude Pujade-Renaud et Daniel Zimmermann dans plusieurs de leurs livres, en particulier dans leur ouvrage commun *Voies non verbales de la relation pédagogique* (ESF éditeur, Paris, 1975) et dans l'ouvrage de Daniel Zimmermann, *La sélection non verbale à l'école* (ESF éditeur, Paris, 1982).

en œuvre ce que Daniel Hameline nomme « l'attitude non directive », « *antécéder sans anticiper, valoriser sans juger, réguler sans régulariser*[81] » : accueillir l'autre sans jamais l'enfermer dans ce qui était prévu, annoncé, défini à l'avance par les autres ou par lui-même. Un espace ouvert mais aussi un espace de sécurité où la prise de risque soit possible, l'erreur tolérée, les tâtonnements acceptés, sans quolibets, humiliations, ni jugements définitifs. Mais c'est dire aussi alors que, si l'on ne veut pas se complaire dans une effervescence de tentatives avortées, il faut instrumenter cette liberté, outiller ces prises de rôles possibles en donnant les moyens à chacun de s'assurer grâce à quelques repères solides, en lui fournissant les ressources nécessaires pour mettre en œuvre ses tentatives, en l'aidant à acquérir les savoirs et les savoir-faire sans lesquels il courrait à l'échec. En ce sens, l'attention inlassable à ce qui, chez chacun, constitue une promesse, même ténue, d'un possible changement de rôle est essentielle ; comme la proposition d'un travail individuel préalable qui constituera un précieux point d'appui pour la prise de risque ; comme l'acceptation assumée que les faits contredisent, contre toute attente, les pronostics du maître ; comme la reconnaissance que rien, pour personne, n'est jamais définitivement joué.

SURSEOIR...		...POUR S'ENGAGER	
aux rôles qui ont été assignés au sujet par le groupe	par la rotation régulière des tâches dans les activités collectives	***à l'exploration de nouveaux rôles possibles***	par la mise en place de dispositifs qui préparent à l'exercice de nouveaux rôles et rendent possible cet exercice
UNE PERSPECTIVE FONDATRICE	Célestin Freinet : « *Que chacun de vos élèves puisse, à quelque moment, prendre la tête du peloton et exceller dans une des mutiples tâches que l'École Moderne offre à ses disciples : vous aurez le maître écrivain, le dessinateur, le conteur, le comptable, le tragédien, le comique, l'imprimeur, le graveur, le menuisier, l'ajusteur, le classeur, l'amoureux de l'ordre, le musicien, le chanteur, le jardinier, le commissionnaire, l'allumeur de poêle... Il vous sera facile de trouver trente fonctions éminentes pour vos trente enfants et de les redistribuer régulièrement.* » (*Les dits de Mathieu,* pages 81 et 82)		
DEUX RÉFÉRENCES	– **R.-A. Rosenthal et L. Jacobson, *Pygmalion à l'école*** (Casterman, Paris, 1973) : L'ouvrage a connu son heure de gloire et fait couler beaucoup d'encre ; il est un peu oublié aujourd'hui et cela est d'autant plus dommage que de très nombreux travaux, tant dans le domaine de la psychologie sociale que dans celui de la sociologie de l'évaluation, renforcent sa conclusion : l'élève a tendance à caler ses comportements sur l'attente de l'adulte à son égard et les représentations qu'il se fait du jugement qu'il porte sur lui. C'est pourquoi ce texte invite à la vigilance à l'égard des rôles spontanés que nous avons tendance à assigner aux élèves et rappelle la belle leçon d'Alain : « *Si l'art d'instruire ne prend pour fin que d'éclairer les génies, il faut en rire, car les génies bondissent au premier appel, et percent la broussaille. Mais ceux qui s'accrochent partout et se trompent sur tout, ceux qui sont sujets à perdre courage et à désespérer de leur esprit, c'est ceux-là qu'il faut aider...* » (*Propos sur l'éducation,* PUF, Paris, 1986, page 53).		

81. *La liberté d'apprendre – Situation 2*, Éditions ouvrières, Paris, 1977, page 291.

	– **J.-L. Moreno,** ***Psychothérapie de groupe et psychodrame*** (PUF, Paris, 1965) : Il y a, en réalité, chez Moreno deux conceptions du jeu de rôles qui, transposés dans le champ de la pédagogie, permettent de repérer une « rupture épistémologique » essentielle. Conçu d'abord comme un outil thérapeutique de « découverte de soi », dans la perspective de la mise à jour d'une « nature profonde », le jeu de rôles devient ensuite « *une méthode d'exploration de mondes inconnus et d'extension du Moi* » (page 269). Il favorise ainsi, grâce aux découvertes qu'il permet d'entrevoir, des démarches personnelles que l'on avait jusque-là jugé impossibles ou que l'on s'était interdites.
TROIS OUTILS	– **la pédagogie de contrat :** il est pour le moins paradoxal de parler de contrat dans une institution scolaire où les partenaires ne sont jamais vraiment en situation de parité et ne contractent que sur l'injonction de celui qui détient le pouvoir institutionnel et bénéficie, par là, du droit de rompre le contrat unilatéralement et impunément. Mais l'expression est passée dans le langage courant pédagogique et, pour autant qu'on l'utilise avec vigilance, elle peut désigner ce temps particulier de la relation pédagogique où la promesse d'un futur entrevu fait l'objet d'une recherche des moyens que l'on peut mettre en œuvre pour la tenir. Procédure lourde qui requiert le passage par l'écrit et l'inscription tenace dans la durée, au risque, sinon, de se dissoudre dans l'énoncé convenu de vœux pieux, le contrat ne doit pas être galvaudé ; il ne l'est jamais, en tout cas, sans que le crédit de l'éducateur soit compromis. – **les métiers**, dans la pédagogie institutionnelle inspirée de Freinet, représentent un outil précieux pour permettre l'exploration par l'élève de nouvelles possibilités. Il faut toutefois être attentif ici au fait que cette méthode peut viser, en réalité, deux objectifs différents qu'il convient de bien distinguer : d'une part, une mutualisation des ressources réciproques par l'usage de compétences déjà reconnues qui se trouvent ainsi renforcées et, d'autre part, l'effort pour conférer à des élèves des responsabilités qui ne correspondent pas à ce qu'ils savent déjà faire, à la place qu'ils occupent jusqu'à présent dans le groupe. C'est ce deuxième cas de figure qui nous intéresse ici et l'on voit bien qu'il n'est possible que si la classe est un « lieu de sécurité » où l'on peut prendre des risques sans encourir celui d'être détruit en cas de maladresse ou d'échec. Cette pratique nécessite, de plus, que la prise de rôle soit préparée et accompagnée par l'enseignant et c'est à cette exigence que correspond le système des « brevets » chez Freinet... Sur ce type de dispositifs, on peut consulter, outre les ouvrages déjà cités, *Techniques pour communiquer*, André de Peretti, Jean-André Legrand, Jean Boniface, Hachette, Paris, 1994. – **le groupe d'apprentissage** est une formule dans laquelle l'on s'assure que la tâche confiée à un groupe requiert impérativement la participation de chacun des membres pour être réalisée et que ceux-ci disposent bien des ressources requises pour l'assumer. Les rôles sont donc définis à l'avance d'une manière qui doit être aléatoire (tirage au sort, par exemple) et chaque rôle fait l'objet d'une préparation spécifique individuelle à l'aide de matériaux et ressources fournis par l'enseignant. Ainsi défini, le groupe d'apprentissage peut être présenté comme une sorte de « mise en théâtre » des savoirs où l'implication de l'élève n'est pas supposée mais organisée, où la prise de risque est soutenue par l'égalité de traitement de chacun, étayée par un travail individuel préalable systématique, et finalisée par une activité collective (Cf. Philippe Meirieu, *Apprendre en groupe ? 2 – Outils pour apprendre en groupe*, Chronique sociale, Lyon, 1984).

• *De l'emprisonnement dans l'imaginaire des autres à l'expression de ses propres désirs*

À travers sa belle interprétation des *Métamorphoses* d'Ovide, Francis Imbert montre combien il est nécessaire, pour sortir du chaos originel, que chacun se voie affecter une place : « *Face à l'enfant bolide, celui qui se trouve partout et nulle part, qui ne peut s'inscrire dans aucun travail, aucun échange, qui paraît en quelque sorte désarrimé, délesté, quelle réponse ? La seule réponse est celle qui s'articule à travers [...] la mise en place d'une trame symbolique qui ouvre le champ d'un réseau, où chacun puisse disposer d'une place – d'un lest – où s'inscrire comme un parmi d'autres. Faute d'avoir pu disposer d'une telle place, l'enfant est demeuré en position d'* infans, *d'enfant tout-puissant, perdu dans sa bulle*[82] ». C'est que, contrairement à ce que l'on croit souvent, le danger majeur pour l'enfant n'est pas qu'il exprime ses propres désirs mais bien qu'il soit, en quelque sorte, enfermé dans le désir de l'autre, dans le désir des autres... Le danger majeur est qu'il s'inscrive dans une relation duelle où il n'aspire qu'à satisfaire le désir que l'autre a pour lui et s'enferme ainsi dans une attitude où tout repère personnel est aboli.

On connaît bien ce phénomène, longuement analysé par les psychanalystes, dans la relation familiale. On le soupçonne moins à l'École où, pense-t-on, ces choses-là n'arrivent jamais, interdites qu'elles sont par une multitude de dispositifs institutionnels et la médiation d'un savoir objectif qui réfrène les passions possessives. C'est oublier que l'institution peut, précisément, favoriser ce type de situations en privilégiant massivement la relation duelle : dans la classe traditionnelle, chaque élève est seul en face du maître et joue sa partie en cherchant à satisfaire les attentes du « sujet-supposé-savoir ». Dans bien des cas, ce jeu est purement conjoncturel, c'est une stratégie du moment permettant d'obtenir la tranquillité ou d'espérer la réussite : on entretient ainsi l'enseignant dans l'illusion de son importance tout en sachant, par-devers soi, que « l'essentiel est ailleurs » et que, passée la porte de la classe, on retrouve son indépendance, méprisant même un peu celui qui vous a contraint à cette soumission apparente. Mais il faut peu de choses pour que la machine dérape : que l'élève n'ait pas pu se dégager, par ailleurs, d'une toute-puissance maternelle, qu'il n'ait jamais osé exprimer un désir qui puisse « faire de la peine à ses parents » et contredire l'image qu'ils ont projetée sur lui... ou qu'à l'inverse il s'en soit dégagé brutalement, dans une souffrance qui laisse ouvertes de graves blessures et le décourage de tenter, une nouvelle fois, l'aventure... qu'il n'ait pas trouvé, dans son histoire, de lieu où dire ce qui lui tient à cœur et qui contredit toutes les attentes dont il est l'objet... qu'il ne soit pas parvenu à se séparer de ces savoirs premiers transmis par des êtres dont il ne peut soupçonner l'affection... et l'emprise de la relation duelle peut surgir alors

82. *Médiations, institutions et loi dans la classe*, ESF éditeur, Paris, 1994.

avec son cortège de dépendances et de contre-dépendances, ses oscillations infernales d'attraction et de répulsion, ses attitudes de fuite dans le silence ou la violence, le délire ou la prostration.

On dira peut-être que la transaction intellectuelle, les connaissances scolaires elles-mêmes, dans leur objectivité programmatique, sont susceptibles de briser cette logique : c'est oublier que les savoirs, même les plus élaborés, peuvent être pris, englués dans la relation duelle dont ils deviennent de simples moyens. La réussite scolaire peut bien être là, attestant dans l'apparence d'une restitution fidèle de la chose transmise, l'autonomie de celui qui l'a reçue... cela ne change rien ; l'élève reste enfermé dans une image de lui-même qui paralyse toute initiative et interdit toute prise de risque. Les dispositifs de rotation des tâches que nous avons décrits, l'attitude empathique du maître ou sa distance professionnelle, le souci d'être à l'affût de tout ce qui constitue une espérance de changement... tout cela reste inopérant tant que l'élève n'est pas sorti de l'imaginaire de l'autre.

Et c'est ainsi que l'on peut parfois observer dans les classes ces « couplages » que décrit le psychanalyste R.W. Bion [83] ; le groupe y devient une sorte d'écrin où se réalisent, au plan fantasmatique, quelques alliances fusionnelles qui accaparent l'énergie du maître : il ne fait plus cours que pour quelques élus qui attendent avec dévotion le regard qui sera porté sur eux ou la question qui, officiellement adressée à tous, n'est qu'un moyen pour qu'ils puissent venir se lover dans les attentes de l'adulte. Captation dont on peut observer aussi les images inversées dans le miroir, quand l'enseignant est tétanisé par la violence attendue de celui qui va l'interdire de parole, le « faire sortir de ses gonds », mettre en péril le fonctionnement même de la classe... enfermement dans le couple infernal fascination/répulsion, qui fait oublier tout le reste et inhibe tout autre désir que celui de s'affronter une nouvelle fois avec l'autre, figé, comme lui, dans un appareillage de pulsions mortifères.

Il faut alors qu'une séparation survienne, un déchirement parfois douloureux mais toujours nécessaire pour que chacun puisse échapper à l'emprise de l'autre. Il faut que l'élève découvre que l'enseignant ne vit pas que pour lui, que d'autres adultes et d'autres objets peuvent venir combler son désir et animer ses passions. Il faut qu'il découvre aussi que lui-même peut investir ailleurs et dans autre chose ses énergies... et cette découverte doit, paradoxalement, être portée par l'adulte pour que celui-ci fasse œuvre d'éducation. Mais la tâche est rude, à la hauteur du risque immense qu'il faut prendre ; elle passe par l'intelligence et la construction difficile par l'élève de sa propre histoire, histoire scolaire d'abord, histoire personnelle ensuite. Histoire scolaire qu'il faut travailler jour après jour pour opérer des « décollements » avec la situation scolaire elle-même, avec les habitudes prises, les réseaux relationnels patiemment construits et subrepticement entretenus, les engourdissements de la volonté qui se défait dans les attentes réciproques, la facilité des réactions convenues et répétées à l'infini. Histoire person-

---

83. Cf., en particulier, *Recherches sur les petits groupes*, PUF, Paris, 1976.

nelle ensuite, que l'éducateur doit « autoriser », dont il doit progressivement rendre l'autre « auteur », en lui permettant d' « en prendre et en laisser », en suscitant la confrontation de ce qu'il lui dit et apprend avec ce qu'il vit au dehors, en l'amenant à réinvestir, voire à dévoyer, les acquis de sa propre éducation à sa propre initiative.

C'est alors que le désir du sujet peut être reconnu et échapper, tout à la fois, à sa dévaluation systématique, lentement intériorisée tout au long du parcours scolaire (« Rien de bon ne peut venir de mon propre désir »), et à sa surévaluation inévitable, seule revanche possible à toutes les frustrations subies (« Rien ne peut venir qui ne soit la réalisation pure et simple de mon seul désir »). Le désir se dégage ainsi progressivement de sa violence première ; il rencontre d'autres désirs et peut s'investir sur de nouveaux objets. Il permet de faire l'expérience d'autres types de jouissance : la jouissance de la découverte et celle du dépassement, la jouissance d'un rapport à l'autre où la peur, la menace et l'intimidation laissent la place à l'échange et à l'enrichissement réciproque... la jouissance d'une rencontre avec un objet culturel qui délivre des jeux de pulsions incontrôlées et permet de se découvrir identique et différent à la fois, reconnu et relié, accepté mais non figé, inscrit dans une histoire que l'on se donne enfin le droit d'écrire soi-même [84].

SURSEOIR...		...POUR S'ENGAGER	
à l'image de soi dans laquelle on est enfermé	par l'ouverture de possibilités permettant au sujet de se dégager de l'emprise des relations duelles	***à sortir de la place que le sujet occupe dans l'imaginaire d'autrui***	par l'introduction de médiations permettant de s'investir et d'être reconnu dans son propre désir
UNE PERSPECTIVE FONDATRICE	**Albert Thierry** : « *Va-t-il prononcer le mot inconnu que j'attends, ce mot irrésistible où s'exprimerait une enfance vraie, à qui nul maître, nul livre, nulle mère n'auraient enseigné l'hypocrisie de la connaissance.[...] Ou sinon, sa voix seulement, jeune et inouïe, quand je l'entendrai, ébauchera-t-elle le rythme d'un mystère essentiel, d'une chanson enfin vierge ?* » (*L'homme en proie aux enfants*, page 72)		
DEUX RÉFÉRENCES	– **Serge Leclaire, *On tue un enfant*** (Le Seuil, Paris, 1981) : Le psychanalyste décrit ici ce qui est au cœur de l'émergence du sujet et le paradoxe qui travaille, en chacun de nous, notre vie psychique : « *Il y*		

84. Il conviendrait, ici, de citer les recherches de Mariana Vidal, qui prépare actuellement une thèse dans notre équipe sur « la prise en compte des attitudes non intentionnelles dans la relation pédagogique ». A travers ses analyses et à partir du dépouillement d'entretiens effectués avec des étudiants, elle montre comment la reconnaissance et le travail sur le désir de l'apprenant, à travers ses multiples expressions et jusque dans les actes les plus banals de la classe, permet, tout à la fois, l'accès à l'expression personnelle et le dégagement de la position de toute-puissance (ou d'impuissance) par la médiation de l'échange avec autrui et du dialogue avec l'objet culturel : *« L'objet de savoir devient le témoin de la réconciliation avec son propre désir et de son dépassement ; le sujet accède alors à une position éthique qui se caractérise par le jeu ainsi ouvert entre soi et autrui. »*

	a pour chacun, toujours, un enfant à tuer, un deuil à faire et à refaire continûment d'une représentation de plénitude, de jouissance immobile, une lumière à aveugler pour qu'elle puisse briller et s'éteindre sur fond de nuit. Qui ne fait et ne refait ce deuil de l'enfant merveilleux qu'il aurait été, reste dans les limbes et la clarté laiteuse d'une attente sans ombre et sans espoir ; mais qui croit avoir réglé son compte, une bonne fois pour toutes, à la figure du tyran, s'exile des sources de son génie, et se tient à jamais pour un esprit fort devant le règne de la jouissance. » (page 12) **– Catherine Pochet, Fernand Oury, Jean Oury, « *L'année dernière j'étais mort...* » signé Miloud** (Matrice, Vigneux, 1986) : À partir d'une monographie exemplaire sur un enfant qui parvient progressivement à se dégager d'une attitude de blocage complet et d'une relation duelle enfermante, les auteurs montrent comment « *l'École, sous sa forme traditionnelle promeut par sa structure un type de transferts et un seul. Et [...] ce qui fait problème, ce n'est pas le transfert – nous sommes continuellement en transfert – et pas davantage son caractère ambivalent. Ce qui fait problème pour nous, c'est son caractère massif, qui peut être dévastateur. [...] Et dans la classe coopérative ? Les problèmes ne sont pas résolus mais, posés autrement par le contexte, ils deviennent solubles. Médiations, institutions, groupes ..., la relation duelle est évitée au maximum. Le maître n'est plus l'objet unique d'amour-haine. Les risques d'accrochage affectif, de « branchements » indésirables diminuent... La machine donne au maître une place correcte dans le transfert des enfants, une place démarquée des connotations habituelles qui favorisent les projections et les identifications abusives* » (pages 121, 123, 126). Mais « la machine » ne fonctionne pas seulement parce qu'on fait circuler des objets et qu'on met en place des institutions ; elle fonctionne aussi parce qu'un long travail de l'institutrice, soutenu par un groupe d'analyse des pratiques, lui permet de penser ses relations aux élèves et d'identifier les situations qui favorisent l'arrachement à la captation réciproque.
TROIS OUTILS	**– les « ceintures de judo »**, popularisées par Fernand Oury, peuvent apparaître, dans un premier temps comme une simple méthode de gestion individualisée des apprentissages : chaque élève voit son niveau représenté, dans chaque discipline, par une pastille de couleur correspondant aux « ceintures de judo » et il mène son travail personnel de manière à passer d'une couleur à une autre. Mais, au-delà, c'est la relation à soi-même, au savoir et au maître qui est profondément modifiée puisque c'est l'élève lui-même qui fait la demande, quand il s'y sent prêt, pour passer à la couleur supérieure. L'évaluation devient ainsi un moyen de mobiliser le désir, de se dégager d'un moment de sa propre histoire ; elle est une opportunité offerte à l'élève pour se décoller de son image, relever un défi, utiliser une épreuve scolaire comme un outil d'émancipation et non comme un moyen de manifester sa sujétion. **– la décontextualisation** consiste à favoriser le réinvestissement des acquis scolaires dans d'autres cadres que le cadre scolaire lui-même. Il s'agit de découvrir que l'on n'apprend pas seulement pour « faire plaisir au maître » ou réussir une évaluation en

classe, mais que l'on apprend aussi pour soi et que l'on peut vivre de ses apprentissages, s'en nourrir, les réinvestir dans d'autres situations et en fonction de ses propres désirs. Cela suppose un travail pédagogique, par lequel le maître met systématiquement l'élève en position de chercher lui-même des situations où ce qu'il a appris en classe avec lui peut être compris, utilisé, repris à l'extérieur de la classe. Il ne s'agit pas ici d'organiser de nouveaux « exercices d'application » qui restent à l'initiative de l'enseignement, mais bien d'envoyer les élèves vérifier, dans leur vie personnelle, dans la vie sociale et économique, que l'objet de savoir n'est pas seulement un objet de chantage dans une transaction affective ou un objet d'échange dans une relation marchande, mais un objet d'intelligibilité des choses et du monde qui libère le sujet de la captation scolaire.

– **le récit** : Paul Ricoeur a bien montré l'importance du récit dans la constitution du sujet (voir, en particulier, *Temps et récit*, Le Seuil, Paris, trois tomes, 1983, 1984, 1985). Et Marc-Alain Ouaknin décrit admirablement le « temps de la narration fiction » comme *« aventure, rencontre, hasard, " se laisser saisir par de nouvelles possibilités " [...] Dans la suspension du monde réel, le lecteur va se mettre à inventer, à raconter. Il se met alors à décrire la réalité, non pas telle qu'elle est, mais selon un désir, un vouloir. [...] L'imagination et le récit permettent de créer divers projets. Le jeu imaginatif joint au jeu narratif conduisent le lecteur dans une temporalité anticipatrice conduisant aussi à un jeu pragmatique »* (*Lire aux éclats*, Le Seuil, coll. « Points », Paris, 1992, pages 60 et 61). Nous avons nous-même travaillé sur l'usage du récit et l'exploration de ses interprétations possibles, comme sur la construction du récit avec des élèves, en montrant que cela permettait, outre l'appropriation de savoir-faire spécifiques, le dégagement et l'invention progressive de « soi comme possible » (Philippe Meirieu, « Le récit et la construction de la personnalité », *Les enjeux actuels du théâtre,* CRPD, Lyon, 1994, pages 11 à 26).

• *De la pathologie à la construction de l'objet*

Sans aucun doute, l'arrachement à la captation des relations duelles et l'affirmation de son propre désir est-il une phase essentielle de la construction de la personnalité. Mais la tâche de l'École, en tant qu'elle constitue une institution éducative et s'inscrit dans un projet collectif d'émancipation des hommes, ne doit pas s'arrêter là. Le risque serait grand, en effet, qu'à reconnaître l'autre dans son propre désir, on le confine dans ce que Kant nomme sa « pathologie »[85] et qu'on

85. Cf. *Fondements de la métaphysique des mœurs*, traduction de Victor Delbos, Livre de poche, Paris, 1993, pages 65, 83 et *passim*.

ne lui permette pas de s'arracher à son intériorité pour tenter de construire, par la rationalité, un « objet commun » permettant l'échange.

Certes, nous savons bien, et l'histoire récente de l'Occident est là pour nous le démontrer, qu'il y a bien aussi une « pathologie de la rationalité » ; celle-ci peut, en effet, se laisser aspirer par le fanatisme et, ne tolérant pas que quiconque lui échappe, basculer dans la violence. Platon lui-même a pu faire l'objet de ce type d'interprétations : en arrachant le sujet contre son gré aux illusions de « la caverne », le philosophe est toujours suspecté de substituer son arbitraire à un autre, incapable qu'il est de légitimer en raison le choix de sa raison. À certains égards, il n'est donc pas mauvais d'éduquer l'homme à résister contre tous ceux qui se déclarent capables de décider de son bien à sa place et manipulent sa faiblesse ou sa crédulité pour lui imposer leurs conceptions. En ce sens, la question faussement naïve « Qui t'a fait roi ? » est bien la question philosophique par excellence, à condition que le philosophe lui-même accepte de s'y soumettre et ne se place pas, par rapport à elle, en position de surplomb ; à condition qu'il ne se prémunisse pas d'avance contre toute interrogation sur sa propre légitimité, s'immunisant ainsi lui-même contre toute critique, interdisant, selon l'expression popperienne [86], la falsifiabilité de son propre discours.

Mais poser la question « Qui t'a fait roi ? » suppose précisément la capacité de ne pas servir aveuglément n'importe quel maître du moment que celui-ci saurait efficacement utiliser, canaliser ou exploiter vos propres désirs. Car rien ne garantit d'avance contre l'enrôlement du désir dans des entreprises qui peuvent avoir toutes les apparences de la respectabilité et constituer néanmoins des dangers graves pour l'humain... Les cliniciens, et surtout ceux qui s'en réclament dans le champ éducatif, totémisent parfois le désir et considèrent son émergence comme le gage d'un affranchissement de tous les assujettissements tutélaires auxquels l'homme aurait été soumis depuis l'origine des temps : le désir serait, par nature, subversif, porteur d'interrogation critique, ouvrant les portes d'un espace infini de création, libérant les potentialités emprisonnées dans les filets de l'imaginaire d'autrui. On comprend bien ici le sens de ce propos. Mais, ou bien il faut accepter que « le désir » dont parle le psychanalyste n'est pas « n'importe quel désir » mais bien un désir « *qui impose à charge le pouvoir d'être sujet pour l'autre, le devoir premier de reconnaître l'autre comme sujet* [87] », et il s'agit alors d'un désir porté dans une démarche éthique... ou bien il faut prendre le risque que le désir soit aussi, parfois, désir de destruction ou de mort, désir de se détruire ou de détruire les autres. Autant dire que le désir doit être soumis à l'instance de la volonté et que la volonté doit être éclairée, pour chacun, par une réflexion éthique, une réflexion sur la portée de ses actes dont Kant a bien montré qu'elle renvoie à la perspective d'une universalisation possible des principes qui les inspirent.

---

86. Cf. Karl Popper, *La logique de la découverte scientifique*, Payot, Paris, 1973 et *La connaissance objective*, Aubier, Paris, 1991.

87. Serge Leclaire, *Le pays de l'autre*, Le Seuil, Paris, 1998, page 35.

Éduquer, c'est donc bien, tout à la fois, permettre l'émergence du désir et celle de la volonté, permettre au désir de se dégager de l'emprise de l'imaginaire de l'autre et permettre à la volonté de s'instaurer en instance critique du désir. En d'autres termes, éduquer c'est permettre au sujet de dépasser sa « pathologie » pour accéder à une « pratique » par laquelle il peut se dégager des pièges de sa propre subjectivité désirante : « *Est pathologique,* dit Kant, *ce qui dépend de la partie passive de notre nature, c'est-à-dire de notre sensibilité ; est pratique, au contraire, ce qui dépend de la libre activité de la raison*[88] ».

Or, c'est un lieu commun pédagogique aujourd'hui que d'affirmer que les échecs en matière d'apprentissage sont, pour l'essentiel, liés au manque de sens que les connaissances auraient pour celui à qui on les propose ; c'est parce que les objets et les concepts scolaires seraient déconnectés de la réalité intérieure, du « vécu profond » de l'enfant qu'il ne pourrait pas les assimiler. Cette conception pédagogique a montré sa fécondité et nous l'avons nous-même utilisée plus haut en soulignant l'importance de prendre en compte la réalité des « intérêts » de l'enfant, ne serait-ce que pour pouvoir les déplacer vers des objets culturels valorisés. Mais on peut tenter de la renverser et se demander si certains échecs dans les apprentissages ne sont pas dus, précisément, au fait que les objets de connaissance proposés ont « trop de sens » pour l'élève[89] : on rencontre, en effet, des enfants qui, quand l'instituteur pose le problème suivant : « *Ton père achète une voiture 70 000 francs et la revend 50 000 francs. Combien a-t-il perdu ?* » n'hésitent pas à répondre : « *D'abord mon père n'a pas d'argent pour s'acheter une voiture... et puis, ensuite, j'ai pas de père !* » Enfants qui, de toute évidence, n'ont pas perçu le statut du savoir qui était ici en jeu ; enfants qui n'ont pas vu que ce savoir avait une réalité extérieure à leur propre intériorité psychique ; enfants qui ne dissocient pas ce qui relève de leur subjectivité et ce qui relève d'un « objet commun » externe, susceptible d'être un moyen de travail et d'échange avec autrui.

Or, pour ces enfants que l'on dit « en échec », la remédiation pédagogique consiste, le plus souvent, à les prendre aux mots, à changer le type d'exemples : « *Tu n'a pas de père, ni de voiture, mais tu as des billes !* » L'on multiplie alors les exemples concrets qui, contrairement à ce que l'on croit, vont renvoyer le sujet à ses difficultés, rester dans le registre de la résonance interne, assujettir l'enseignement à sa pathologie quand il faudrait lui permettre de la dépasser. C'est pourquoi une certaine posture d'ignorance méthodologique de la réalité psychique du sujet peut apparaître tentante[90] ; mais elle risque, pour sa part, de

---

88. Victor Delbos, note 45, dans Kant, *Fondements de la métaphysiques des mœurs, op. cit.*, page 211.

89. Cette hypothèse et le développement qui suit doivent beaucoup au remarquable travail effectué, dans notre laboratoire, à l'université Lumière-Lyon 2, par Emmanuelle Yanni. Sa thèse, en voie d'achèvement, devrait apporter, sur ces questions, des données particulièrement précieuses.

90. C'est la posture défendue par certains philosophes qui y voient la condition du caractère émancipateur de l'École (voir plus haut).

ne rien toucher à son mode de fonctionnement psychique, de le mettre simplement provisoirement entre parenthèses, et, finalement, de le confronter à une impossibilité radicale qui le conduira inévitablement à l'exclusion ou l'enverra dans une structure « spécialisée » à caractère thérapeutique. Or, procéder de cette manière, c'est croire que cette difficulté de construire une « relation objectale » est de l'ordre d'un dérèglement psychologique exceptionnel à caractère pathologique. Il peut effectivement en être ainsi, dans quelques cas très marginaux ; mais les travaux psychologiques de Piaget, de Wallon ou de Winnicott, comme les réflexions d'Habermas nous montrent bien que cette difficulté de construction de la « réalité objectale » n'est pas un dysfonctionnement exceptionnel ; elle constitue, au contraire, un passage obligé de la construction de la personne, un passage obligé dont il n'est jamais certain qu'il soit définitivement effectué et qui est, sans doute, à refaire chaque jour, à chaque instant de notre vie psychique, chaque fois que le « sens » sature la réalité, que l'interprétation subjective paralyse l'accès aux « objets communs », que la projection de nos angoisses et de nos désirs incontrôlés nous interdit d'accepter que « le réel » – même si celui-ci représente une abstraction à jamais inaccessible – doit être construit dans un sursis à ses réactions pathologiques, par un effort de volonté qui seul permet d'espérer engager avec autrui un échange authentique. C'est pourquoi la rationalité n'est pas un donné dans lequel on pourrait s'installer une bonne fois pour toutes ; elle est, bien plus, une perspective régulatrice de l'activité psychique, une perspective qui requiert que la pédagogie se donne les moyens, non de l'imposer par la violence, mais de l'inscrire dans une volonté à l'œuvre, une volonté qui se travaille et qui s'éprouve dans chaque activité d'apprentissage... une volonté qui ne peut se déployer que si elle est soutenue par l'activité éducative.

<table>
<tr><td colspan="2">SURSEOIR...</td><td colspan="2">...POUR S'ENGAGER</td></tr>
<tr><td>à ses propres difficultés personnelles, à sa pathologie</td><td>par le travail sur les composantes pathologiques de la personne et l'appel à sa volonté</td><td>à se placer progressivement du point de vue de la rationalité en « désaffectivant » les situations d'apprentissage</td><td>par la construction d'une relation objectale avec les savoirs</td></tr>
<tr><td>UNE PERSPECTIVE FONDATRICE</td><td colspan="3">Albert Thierry : « Devrais-je leur accorder sans restriction que le moi est haïssable ? Dire du mal de nous-même, nous le savons tous, c'est vanité, autant qu'en dire du bien. Mais, ni en bien ni en mal, seulement parler de nous pour éclaircir nos idées, comme nous parlerions d'un homme rencontré dans les livres ou dans la rue. » (L'homme en proie aux enfants, page 48)</td></tr>
<tr><td>DEUX RÉFÉRENCES</td><td colspan="3">– Emmanuel Kant, Fondements de la métaphysique des mœurs (Livre de Poche, Paris, 1993) : Même si ce texte célèbre paraît à mille lieues des préoccupations pédagogiques quotidiennes, même si le formalisme kantien a été, bien souvent, remis en question et même si le concept d'universalité a été galvaudé par ceux qui en ont fait un instrument de domination, la perspective kantienne reste</td></tr>
</table>

fondatrice : « *Il faut que la raison se considère elle-même comme l'auteur de ses propres principes, à l'exclusion de toute influence étrangère...* » (page 130). Certes l'homme totalement rationnel n'existe pas, pas plus que celui qui n'agit jamais que « par devoir » (et non seulement « conformément au devoir »)... Mais l'éducation ne peut faire l'impasse sur l'exigence de la distinction entre les actes issus de nos inclinations personnelles et ceux que la volonté permet de dégager de ces inclinations. L'accès à l'humanité impose, en effet, cet effort qui garantit seul de la constitution d'un « lieu du commun » grâce auquel puissent se rencontrer des êtres concrets.

– **D. W. Winnicott, *L'enfant et le monde extérieur*** (Payot, Paris, 1982) : À travers une série d'essais qui concernent essentiellement les rapports de l'enfant et de sa mère, le psychanalyste montre que l'enfant vient au monde incapable de distinguer l'intériorité de l'extériorité. L'éducation consiste alors à présenter un objet au moment où celui-ci est apparu sous forme hallucinatoire dans le « moi intérieur ». Ainsi l'enfant peut construire l'extériorité de manière progressive et cela grâce à l'action adaptée de son environnement qui le soutient dans cette démarche. Cette construction (que Winnicott nomme « découverte-création ») se fait dans « un espace transitionnel », par l'intermédiaire d'objets d'abord intégrés dans la subjectivité et qui, progressivement, acquièrent une existence autonome. L'enfant peut ainsi exercer son pouvoir sur ces objets (ce qui était impossible tant que ceux-ci n'étaient pas distincts de son propre monde intérieur). Ce pouvoir lui permet de développer toute une série d'expériences qui lui permettront de les inscrire dans une relation objectale.

TROIS OUTILS

– **l'ignorance méthodologique** consiste à « faire comme si » les dimensions pathologiques n'existaient pas et si l'élève était capable spontanément d'accéder à l'interargumentation rationnelle. Elle n'est, comme nous l'avons plusieurs fois souligné, qu'une posture possible à mettre en œuvre tout en connaissant ses limites : elle peut avoir un effet positif, dans la mesure où la tâche proposée permet l'investissement de la personne sur le registre rationnel et lui donne la chance de se dégager de situations trop « affectivées » ; elle requiert la médiation d'objets que le sujet puisse investir sans percevoir cet investissement comme une violence – ce qui l'amènerait à d'inévitables rétractations –, mais comme une confiance qu'il peut honorer. Dans cette perspective, le caractère abstrait d'un apprentissage proposé, déconnecté du vécu de la personne peut représenter une chance pour elle. Comme toute méthode pédagogique, celle-ci ne peut évidemment être pratiquée qu'en étant régulée en fonction de l'observation des effets qu'elle produit.

– **la dissociation progressive :** il s'agit ici d'amener l'élève à dissocier progressivement ce qui ressort de son vécu personnel de ce qui ressort des réalités observables. Dans cette perspective, la confrontation entre pairs est un moyen particulièrement efficace, pourvu que celle-ci n'aboutisse pas à la domination d'un sujet qui imposerait en quelque sorte sa subjectivité aux autres. Le rôle de l'éducateur est donc absolument essentiel ainsi que l'usage de médiations comme le repérage et l'identification progressive de ce qui est objet de consensus, la reprise régulière des acquis, leur confrontation avec des situations qui échappent au vécu immédiat du groupe, la vérification individuelle dans des situations nouvelles du caractère objectal des savoirs ainsi construits.

– **les situations transitionnelles** sont des situations où, selon l'expression d'Emmanuelle Yanni, les élèves travaillent ensemble sur des « objets flottants », comme des textes éphémères produits par un individu ou un groupe, des expressions spontanées, des productions artistiques de toutes sortes, voire des productions scolaires traditionnelles. Il s'agit de soumettre ces « objets flottants » au travail d'un groupe et de lui permettre d'en comprendre progressivement le statut : qu'est-ce que chacun aurait pu dire ou faire ? Qu'est-ce qui peut être stabilisé comme une expression commune ? Qu'est-ce qui renvoie à des situations connues ou rencontrées par d'autres ? Comment peut-on formuler les choses pour que tous s'y reconnaissent ou, au moins, entrent dans l'intelligibilité du propos ? En quoi ce qui est proposé est « sensé » et peut être compris par tous ?

• *De l'inhibition au courage*

Voila, sans doute, l'expression qui récapitule et constitue le ressort même de la tension sursis/prise de risque ; voilà le mouvement par lequel la pédagogie s'affronte à la constitution de l'humain et permet l'émergence d'un sujet. Certes, la chose n'est pas facile et les vieilles apories philosophiques, comme les récents apports de la psychanalyse, sont là pour nous le rappeler. Aristote déjà se demandait comment on pouvait apprendre à jouer de la cithare puisque, pour apprendre à jouer de la cithare, il faut jouer de la cithare et que, si l'on joue de la cithare, c'est que l'on sait déjà jouer de la cithare... cercle vicieux d'où l'on ne peut guère sortir que par **le courage de faire sans savoir déjà faire**, ce qui est certainement la chose la plus difficile du monde.

Récemment, des instituteurs et des professeurs de sixième travaillaient avec nous sur l'apprentissage de la prise de parole à l'École – apprentissage sans doute bien plus en échec aujourd'hui, en dépit du silence entretenu soigneusement sur la question, que celui de la lecture et de l'écriture. À mille lieues d'Aristote et du paradoxe de la cithare, les questions que nous nous posions étaient pourtant étrangement proches de celles du vieux philosophe : comment un élève peut-il prendre la parole en classe s'il ne sait pas déjà prendre la parole ? Et comment peut-il apprendre à prendre la parole si ce n'est en prenant la parole ? Et, s'il ne sait pas s'exprimer oralement, comment pourra-t-il, un jour, apprendre à s'exprimer oralement puisque jamais il ne prendra l'initiative de parler et que, sous la contrainte du maître, il risque précisément de rester toujours muet, enfermé dans un personnage d'où il ne pourra se dégager autrement que par la violence ? Enfermement terrible qui ressemble étrangement à ce que décrit le psychanalyste quand il évoque l'emprisonnement de l'enfant dans les fantasmes de l'adulte : « *Tu es fait pour satisfaire mes propres désirs, répondre de moi et non de toi, réaliser mes propres rêves, confirmer mes propres convictions, attester de mes qualités de parent ou d'éducateur... Tu es condamné au silence sur toi ; à ce silence que tu pourras meubler consciencieusement des mots que je t'ai appris et qui répondent à mon attente, ou combler par des désirs dont tu sais qu'ils réaliseront d'abord les miens, des gestes que je pourrai considérer avec cette affection enveloppante que tu connais bien et par laquelle je te dis à quel point je suis content de toi.* »

Et il faut une sacrée force d'arrachement pour oser une parole qui brise le cercle vicieux de l'impossibilité de commencer et déchire le filet des désirs de l'adulte. Il faut une sacrée énergie, quelque chose de si fort que ça en devient presque un miracle. Et, peut-être, pour que ce miracle survienne, il faut aussi quelques « dispositifs » et un « regard » tout particulier de l'adulte... C'est parce que parler vraiment, engager une activité ou un apprentissage est infiniment difficile, c'est parce que ce surgissement du sujet qui « parle pour lui » et décide de grandir est la chose la plus difficile du monde qu'il faut l'y aider, lui fournir modestement quelques points d'appui, quelques objets, quelques outils qui lui permettent de « se-mettre-en-jeu-à-propos-de »[91]. Certes, rien d'automatique ne se produira pour autant : on ne déclenche pas la décision de « parler pour soi », de casser avec un passé scolaire lourd d'attentes réciproques, de commencer à apprendre ce que l'on ignore, comme on déclenche le décollage d'une fusée, en appuyant sur un bouton. On offre simplement quelques moyens, on les multiplie, on les croise, on « autorise », c'est-à-dire que l'on s'efforce de « rendre auteur », sans jamais tomber dans la contradiction infernale de l'injonction paradoxale: « *Je t'oblige, moi, à parler pour toi* ». Au contraire, cette mise à disposition des objets, cette patiente construction des institutions que nous venons d'explorer en ses variations multiples, ne peuvent aider l'élève à s'engager que si le maître, de son côté et chaque fois que cela lui est possible, témoigne de la vraie tendresse pédagogique : non point celle, frelatée, de l'adulte qui récupère son affection comme on récupère sa mise, mais celle, émerveillée, parce que consciente de l'immense difficulté de la chose, que l'on manifeste chaque fois que s'esquisse un geste qui vient briser la répétition psychotique, échapper au cercle infernal des attentes scolaires. Un regard, pas une récompense, un échange pas un marché, une rencontre entre des personnes qui savent la difficulté de l'aventure et non point un satisfecit hautain ou suffisant du « sujet-supposé-savoir » au « sujet-supposé-apprendre ». Car l'élève n'a jamais, ou rarement, le courage des commencements s'il n'existe pas quelques « prises » pour oser sa propre parole ; il ne trouve pas souvent tout seul ce courage d'apprendre qui l'amènera inévitablement à se séparer de ce qu'il était, de ce qu'il savait et de ceux qui le lui avaient appris. Et c'est pour cela que toute véritable pédagogie est bien d'abord une « pédagogie du courage ».

91. Il faut, encore une fois, renvoyer ici à la pédagogie institutionnelle et au beau livre de René Laffitte, *Une journée dans une classe coopérative* (Syros, Paris, 1985). Voir, en particulier, le chapitre 4 : « Une question qui reste posée : qu'est-ce qui les fait grandir ? » (pages 171 à 182).

<table>
<tr><td colspan="2">SURSEOIR...</td><td colspan="2">...POUR S'ENGAGER</td></tr>
<tr><td>à son ignorance, son incapacité ou sa peur</td><td>par la confiance, la retenue de l'éducateur et le « déverrouillage » des dispositifs de formation</td><td>à tenter quelque chose que l'on n'a jamais fait et que l'on ne sait pas encore faire</td><td>par la création de dispositifs pédagogiques où chaque élève puisse se mettre en jeu</td></tr>
<tr><td>UNE PERSPECTIVE FONDATRICE</td><td colspan="3">Albert Thierry : « Quelqu'un récite ? – Qu'il se taise – Voici l'heure de travailler. » (L'homme en proie aux enfants, page 157)</td></tr>
<tr><td>DEUX RÉFÉRENCES</td><td colspan="3">– J. H. Pestalozzi, Mes recherches sur la marche de la nature dans l'évolution du genre humain (Payot, Lausanne, 1994) : Récemment traduite en français et présentée par Michel Soëtard, l'œuvre philosophique de Pestalozzi a été écrite en 1797, après les échecs de plusieurs expériences éducatives (où il avait tenté d'appliquer les théories rousseauistes, convaincu qu'il était de la « bonté naturelle des hommes ») et avant l'expérience de Stans (où il sera confronté à la réalité sociale dans ses dimensions les plus tragiques et devra faire face à des enfants violents, oisifs et « réduits à l'état sauvage »). C'est là, de toute évidence, une œuvre majeure pour entrer dans l'intelligence de la chose éducative. L'auteur y trace une vaste fresque de l'évolution de l'humanité dans laquelle il distingue un « état animal » où l'homme se caractérise par une liberté impulsive et non réfléchie, un « état social » où il s'associe à ses semblables en croyant trouver là le bonheur mais où il découvre essentiellement la médiocrité, la violence et les contraintes, et un « état moral » où, dans la tension entre la liberté première et les inévitables mutilations sociales, il peut se forger une volonté qui lui permette de « faire de lui-même une œuvre de soi-même ». L'éducation, ici, est cette entreprise difficile où, grâce au travail sur cette tension, chacun peut parvenir à un équilibre possible... un équilibre que l'on ne peut atteindre que dans la mesure où l'on s'appuie, tout à la fois, sur la liberté première et où l'on reconnaît sereinement et sans illusion la nécessité de la contrainte collective. Faire jouer en permanence ces deux réalités l'une sur l'autre devient alors la tâche pédagogique par excellence, une tâche qui, assumée en tant que telle, permet, selon l'expression de Michel Soëtard, d'accéder à « la sagesse du pédagogue »... Et, au terme de cette sagesse, il y a la certitude qu'il n'est lui-même qu'un médiateur et que sa réussite requiert sa capacité à accepter que l'autre finisse lui-même la tâche, qu'il sente la nécessité et trouve la force d'achever sa propre éducation (cf. Michel Soëtard, Pestalozzi ou la naissance de l'éducateur, Peter Lang, Berne, 1981, en particulier pages 354 et suivantes).

– Michel Serres, Le tiers instruit (Gallimard, Folio, Paris, 1992) : À travers une méditation foisonnante sur l'éducation, l'auteur rappelle « qu'aucun apprentissage n'évite le voyage », que toute acquisition nouvelle requiert le courage</td></tr>
</table>

	de quitter la rive des certitudes et des convictions établies pour engager une traversée dont on ignore exactement la destination et qui met le sujet en danger : « *Le vrai passage a lieu au milieu. Quelque sens que la nage décide, le sol gît à des dizaines ou des centaines de mètres sous le ventre ou des kilomètres derrière et devant. Voici le voyageur seul. Il faut traverser pour apprendre la solitude. Elle se reconnaît à l'évanouissement des références.* » (page 24). C'est dire que l'éducateur accompagne des solitudes ; c'est dire aussi que l'exhortation ici ne sert pas à grand-chose et que c'est dans la capacité à rendre possible la prise de risque inhérente à tout apprentissage que réside l'essentiel de sa tâche.
TROIS OUTILS	– **la planification ouverte :** l'on sait bien que tout enseignement requiert une planification minimale et que celle-ci constitue un précieux point d'appui pour le maître. Mais, précisément, elle n'est un point d'appui que dans la mesure où elle le rend disponible, libère une part de son attention pour saisir les occasions qui permettent aux élèves de se mettre en jeu et de tenter leur chance. Il pourrait être question ici de ce que Jean Oury nomme « le rythme », cette respiration de la pensée et de l'action, cette modulation du temps qui permet des ruptures, des décrochages et des initiatives : « *C'est à partir du rythme qu'il y a de l'espace et qu'il y aura du temps.* » (*Création et schizophrénie*, Galilée, Paris, 1989, page 40).... Du temps pour l'autre, pour qu'il se saisisse d'un mot, d'une phrase, d'une image, d'un objet, et parte à l'aventure. Du temps pour le silence où la réflexion personnelle permet de trouver la force de s'engager. Du temps où la parole s'accélère et fournit l'impulsion sans laquelle on n'aurait jamais osé prendre le moindre risque. Du temps où le maître et les élèves trouvent le rythme qui permet à la fois l'engagement et la retenue. – **l'engagement :** comment, en effet, imaginer que l'élève s'engage si le maître ne le fait jamais ? Comment imaginer que l'élève prenne des risques si le maître se l'interdit ? Il vient un moment où la certitude imposée, la sentence définitive, l'exposé fonctionnarisé renvoient à l'élève l'image d'un savoir clos, verrouillé, possédé sans l'ombre d'un doute, abolissant sa propre genèse et ses propres tâtonnements. On ne peut attendre alors de l'élève qu'une attitude de résignation, d'acceptation sans condition ou de refus plus ou moins policé. Que l'on s'efforce, en revanche, de créer des situations de recherche commune, que l'enseignant y prenne lui-même des risques, qu'il s'efforce de travailler à une tâche qu'il impose à ses élèves et laisse entrevoir ses hésitations, et l'élève se sent alors « du même côté du savoir » que le maître (Lucien Brunelle, *Travail de groupe et non-directivité*, Delagrave, Paris, 1976), prêt à engager la traversée, sachant que, s'il ne pourra compter que sur ses propres forces pour atteindre l'autre rive, d'autres avant lui ont affronté l'épreuve. L'écriture d'un texte littéraire, la recherche de solutions originales dans un problème de mathématiques, la mise en jeu de l'adulte dans un processus de création artistique sont, ici, autant d'ouvertures possibles où la

	prise de risque de l'élève peut être stimulée par celle de l'enseignant qui se fait, devant lui, chercheur dans son propre savoir. – **la retenue** : elle est le revers nécessaire de la prise de risque... et la tension entre ces deux pôles constitue, sur le versant de l'enseignement, ce que l'on cherche à promouvoir pour les apprenants. Mais la retenue n'est pas rétention ; elle est une rétractation furtive qui laisse entendre à demi-mot que l'autre peut finir la phrase ébauchée. Elle est le contraire de cette compulsion de la totalité, de cette course aux « programmes bouclés ». Elle est ce léger recul, cette pudeur sans affectation qui désigne un espace encore vide que l'autre peut occuper.

Le transfert comme « principe régulateur » des pratiques pédagogiques

Ainsi présentés et compilés en une multitude de tableaux, les savoirs pédagogiques peuvent apparaître comme un ensemble bien disparate, et les mises en rapport que nous avons tentées sembler bien superficielles. Comment éviter le piège de la juxtaposition de pratiques hétéroclites qui ne seraient rapportées qu'à l'intuition de l'éducateur ou jugées en fonction d'une efficacité immédiate somme toute aléatoire ? Comment ne pas succomber aux modes et éviter de s'engouffrer dans des méthodologies dont certaines pourraient devenir dominantes, voire hégémoniques en fonction des aléas de la conjoncture et des préférences personnelles de l'enseignant [92] ? C'est qu'il faut, à nouveau, à tout cela un « principe régulateur », une perspective qui permette de retrouver une unité fondatrice et d'éviter que les activités pédagogiques se dispersent en une multitude de dispositifs hétérogènes. Or, cette perspective, est constituée pour nous par ce que nous appelons **le transfert**. Il ne s'agit pas ici, bien évidemment, du transfert psychanalytique, ni du travail de « vulgarisation des connaissances scientifiques » que l'on désigne parfois sous ce terme. Il s'agit de la dynamique même par laquelle un sujet s'approprie un savoir et l'intègre dans son propre développement afin d'accéder à de nouveaux savoirs. Il s'agit de penser pédagogiquement en quelque sorte la dialectique « assimilation/accommodation » telle que Piaget a pu la décrire ; il s'agit, surtout, d'impulser une dynamique par laquelle le sujet pourra, en quelque sorte, circuler dans la « cartographie pragmatique » que nous avons définie et s'appuyer en permanence sur un des quatre secteurs pour pouvoir se projeter dans l'autre.

92. Cf., sur ce sujet, l'ensemble des témoignages et réflexions contenus dans le numéro des *Cahiers pédagogiques* consacré aux modes et dérives en pédagogie (330, janvier 1995).

Pour notre part, nos travaux nous ont montré que le transfert, dans le champ pédagogique, pouvait faire l'objet de trois approches, à des niveaux de complexité différents[93] :

– **À un premier niveau, la question du transfert renvoie à la possibilité d'utiliser une connaissance, une compétence ou une expertise d'une situation à une autre** : cela suppose que le sujet ait identifié des similitudes sur le plan des structures des deux situations considérées et qu'il s'essaye à « décontextualiser » ce qu'il a acquis dans une situation pour tenter de le « recontextualiser » ailleurs. Une telle démarche peut, d'ailleurs, être objet de formation dans la mesure où le maître s'efforce d'introduire en permanence dans son enseignement une dynamique qui amène l'élève à se projeter dans le futur et à envisager des usages possibles de ce qu'il est en train d'apprendre. Elle peut également être facilitée par l'incitation, à chaque découverte d'un problème nouveau, à rechercher dans les situations-types qu'il a déjà rencontrées et auxquelles il est parvenu à faire face celles qui se rapprochent le plus de ce qu'il doit affronter.

– **À un deuxième niveau, la question du transfert renvoie à la possibilité de « faire des ponts »**... des ponts entre des disciplines différentes, entre la situation de formation et la situation de travail, entre les savoirs scolaires et la vie personnelle et sociale du sujet. Cela suppose ici, non pas seulement une « transposition », le « transport » d'un outil d'une situation à une autre, mais, bien plutôt, une véritable reconstruction de schèmes d'action en fonction de ce qui a déjà été appris et des éléments nouveaux que l'on rencontre, en fonction également de l'environnement particulier dans lequel on se trouve maintenant, de ses codes sociaux et de ses habitudes, de l'histoire spécifique d'un sujet qui rencontre d'autres histoires et doit en tenir compte pour intégrer ce qu'il était et savait déjà dans une situation sociale nouvelle[94]. On est loin ici du premier niveau, qui isolait en quelque sorte artificiellement un « segment rationnel » dans le fonctionnement mental du sujet, le dégageait de toute histoire, de tout enjeu collectif et symbolique pour ne s'attacher qu'à une « logique formelle » des habiletés transférables. On voit que, là encore, l'enseignement peut favoriser ce type de transfert en s'efforçant de modifier les situations d'inscription sociale et symbolique des savoirs transférés et en travaillant avec les élèves eux-mêmes sur la complexité des conditions de transfert ainsi analysées.

---

93. Sur la question du « transfert des connaissances en formation initiale continue », nous avons organisé un colloque international en septembre 1994 à Lyon ; l'ensemble des documents préparatoires à ce colloque a été édité (Apprendre – Sciences de l'Éducation, Université Lumière- Lyon 2, 16, quai Claude-Bernard, 69007 Lyon). Les actes et conclusions des travaux sont en préparation et doivent paraître très prochainement (sous la direction de Michel Develay et Philippe Meirieu, CNDP, collection « Documents, actes et rapports pour l'éducation »).

94. Sur cette question précisément, à partir de l'articulation entre l'enseignement technique et professionnel d'une part, et les « situations de travail » d'autre part, nous avons réalisé un film qui décrit parfaitement la nécessité de la reconstruction complète de schèmes d'action et la manière dont s'opère cette reconstruction (Philippe Meirieu et Jean-Paul Julliand, *Apprendre et faire*, vidéo VHS, Apprendre, sciences de l'éducation, Université Lumière-Lyon 2, 16 quai Claude-Bernard, 69007 Lyon).

– À un troisième niveau, la question du transfert renvoie à la possibilité même d'intégrer des connaissances « mortes » dans une dynamique personnelle et à se constituer comme sujet de ses propres actes. En effet, comme l'a bien démontré Bernard Rey dans sa thèse, soutenue récemment dans notre université, « *il ne suffit pas qu'un sujet possède la compétence cognitive qui convient à un problème pour qu'il l'utilise pour le résoudre. Il faut encore qu'il le veuille ou, plutôt, que sa saisie de la situation, le sens qu'il lui donne, l'intention qu'il a par rapport à elle, la lui fasse percevoir comme un objet possible d'application de cette compétence*[95] ». Autant dire que le transfert n'a rien ici d'une « mécanique » mais renvoie bien à une démarche, une « intention » dit l'auteur, qui interroge au premier chef le rapport entre la culture transmise et l'identité personnelle construite. En tant que principe régulateur des pratiques pédagogiques, le transfert pose ainsi la question des moyens pour que des savoirs soient intégrés par des personnes et contribuent à leur développement individuel et collectif. Plus fondamentalement encore, et au regard de notre « cartographie pragmatique », le transfert nous interroge sur notre capacité pédagogique à « faire circuler » l'élève entre les quatre secteurs que nous avons définis. Il nous interroge sur notre souci de permettre le passage de l'un à l'autre par la prise d'appui systématique sur l'un pour aborder l'autre.

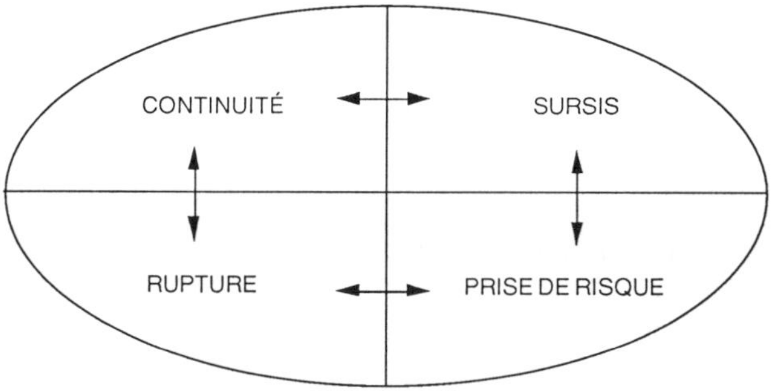

En ce sens, le transfert peut être défini comme une démarche de construction identitaire... mais une démarche où l'identité n'est jamais fixation, enracinement définitif dans un donné, limitation sécuritaire dans le connu. Une démarche où l'identité est un parcours jamais achevé, une mise en relation systématique, une interrogation réciproque de ce qui constitue les points d'appui nécessaires mais limités de la construction de soi. Cela suppose que l'enseignement – et, plus largement, toute entreprise éducative – parvienne à articuler les quatre secteurs que nous avons définis, à jouer sur chacun des registres qu'ils constituent, à faire passer systématiquement de l'un à l'autre afin que, sans cesse, les savoir-faire soient interrogés par les savoirs et les savoirs par les savoir-faire, les connaissances par les attitudes et les attitudes par les connaissances, les intérêts sociaux par les intérêts intellectuels et les intérêts intellectuels par les intérêts sociaux,

95. *Les compétences transversales : illusion ou utopie ?* thèse soutenue en septembre 1994 à l'Université Lumière – Lyon 2, page 393.

l'universel abstrait par la subjectivité individuelle et la subjectivité individuelle par l'universel abstrait, etc. Et tout cela doit s'inscrire dans une trajectoire qui permet au sujet d'être, tout à la fois, lui-même et un autre, *idem* et *ipse*, comme l'explique Paul Ricoeur [96], en quête d'une identité que l'on ne peut espérer trouver que si l'on renonce à entretenir avec elle un rapport de possession ou, *a fortiori*, de crispation.

Ainsi le transfert, au sens où nous l'entendons ici, peut-il être compris comme « *le chaînage logique et sans doute unique qu'opère le sujet entre les choses. Il est l'inférence problématique et indéterminable objectivement entre ces mêmes choses du point de vue de l'observateur* [97] ». Et c'est pourquoi il convient tant d'être attentif aux liens, aux articulations, aux transitions subtiles et aux projections brutales qui permettent à l'élève de se construire une histoire largement imprévisible et qui l'instituent véritablement comme sujet. Rejets brutaux et injustifiés de ce que l'on a adoré ; emballements étonnants pour des objets, des comportements, des groupes que l'on méprisait jusque-là ; conversions subites pour des valeurs rejetées ; silences étranges de celui qui parlait tout le temps ; parole hésitante ou ferme de celui qui se réduisait lui-même au silence ; effondrement sans raison du « bon élève » ; tentative, contre toute attente, du « cancre » qui se lance dans une tâche hors de portée ; durcissement ou, au contraire, disponibilité imprévus ; changement de centre d'intérêt, entêtement ou renonciation sans raison apparente : événements incompréhensibles et qui laissent l'éducateur toujours perplexe, souvent démuni, parfois inquiet, quand il devrait, au contraire, s'émerveiller et accompagner la prise de conscience qui transforme les faits en « événements-pour-celui-qui-parle » et permet que ceux-ci « fassent récit » [98].

Événement quand un sujet donne du sens à son passé et parvient, par là, à s'en dégager... quand la continuité représente ce pôle indispensable de stabilité qui permet d'assumer la rupture, et la rupture cette distance à l'égard de la tradition qui permet de se penser dans son historicité.

Événement quand un sujet trouve la force de surseoir à ses convictions, renonce à « persévérer dans son être », comme disent les philosophes existentialistes, pour prendre le risque d'explorer un monde inconnu, de se confronter avec des connaissances nouvelles, de remettre en question une image de soi dans laquelle il s'était installé.

---

96. « *Le maintien de soi ouvre la voie à une disjonction possible entre le* **qui** *de la question " qui suis-je ? " et le* **que** *de la question "que suis-je ? " [...] La notion d'identité narrative remplit l'espace laissé entre les deux notions limites d'une mêmeté sans ipséité et d'une ipséité sans mêmeté.* » « Le " soi " digne d'estime et de respect », *Autrement*, 10, février 1993, 88 à 99, page 89. Cf. aussi *Soi-même comme un autre*, Le Seuil, Paris, 1990, pages 12 et suivantes.

97. Nicole Allieu, document Université Lumière-Lyon 2, à l'occasion du Colloque international sur le transfert des connaissances, septembre 1994.

98. Cf. Paul Ricoeur : « *Le temps devient humain dans la mesure où il est articulé de manière narrative ; en retour le récit est significatif dans la mesure où il dessine les traits de l'expérience temporelle.* » (*Temps et récit – 1. L'intrigue et le récit historique*, Le Seuil, coll. « Points », Paris, 1991, page 17).

Événement quand la continuité fournit l'assurance nécessaire pour surseoir sans se renier. Événement quand la rupture n'est pas reniement mais ouverture, quand la prise de risque ne bascule pas dans l'errance mais sait intégrer le sursis qui rend possible l'anticipation.

Navigation étrange pour qui ne comprend l'éducation que comme un ensemble de procédures juxtaposées et ne voit le développement de la personne que comme une trajectoire linéaire, la construction prévisible d'un être socialement déterminé ou l'accès progressif à l'accomplissement dans une rationalité enfin maîtrisée. Processus complexe irréductible à l'ensemble des procédures mises en œuvre comme à l'ensemble des productions scolaires obtenues ; processus fait de déplacements successifs, de points de vue décalés, de prises de positions et de partis, que nul ne peut programmer et dans lesquels il ne nous faut surtout pas enfermer un sujet pour toujours. Occasions de rebonds que désespèrent les jugements définitifs et les interdits, implicites ou explicites, de quitter une place provisoirement occupée. Occasions de rebonds qui sont autant de moyens d'achever soi-même sa propre éducation, selon le principe cher à Pestalozzi de « reprise autonome, organique » par l'individu de sa propre éducation [99]. Occasions qui assignent l'entreprise éducative à l'inachèvement, c'est-à-dire confèrent au sujet et à lui seul la responsabilité dernière de trouver son propre chemin, de transférer, de dévoyer tout ce dont il a hérité et tout ce qui lui a été enseigné, de se déplacer dans les dispositifs qui lui sont proposés en quête de sa possible et impossible unité.

La pédagogie, un passage obligé entre enseignement et apprentissage

S'il a suivi jusqu'ici notre inventaire, pourtant bien lacunaire et arbitraire, des savoirs pédagogiques, s'il a étudié de près tous nos tableaux, s'il a été convaincu par notre plaidoyer pour une inventivité pédagogique qui permette au sujet de construire sa propre histoire à travers une variété de dispositifs, le lecteur aura sans doute été saisi de vertige. Peut-être même aura-t-il eu le sentiment d'assister à une extravagante entreprise où un émule médiocre de Bouvard et Pécuchet s'obstinait à empiler des connaissances au statut étrange, empruntées à des auteurs hétéroclites et largement dévoyées, inventées pour la circonstance ou intégrées artificiellement dans des cadres pour lesquels elles n'avaient pas été conçues. Il pourra souligner des oublis patents, dénoncer le caractère pervers des effets de symétrie et le caractère suspect des comptages – des comptines ? – que

99. Cf. Michel Soëtard, *Pestalozzi ou la naissance de l'éducateur* (Peter Lang, Berne, 1981, pages 354 et suivantes).

nous nous sommes efforcé de respecter : deux tensions, sept dimensions et, pour chacune d'entre elles, une perspective, deux références et trois outils ! S'agissant, de plus, d'un auteur qui ne s'est pas privé de dénoncer les excès du didactisme, il y a là, de toute évidence, de quoi provoquer quelques ricanements chez le lecteur. Et puis, surtout, que signifie cette avalanche de propositions impossibles à mener de front et susceptibles même de démobiliser, par son maximalisme, l'enseignant le mieux intentionné ?

S'il en était ainsi, c'est que notre intention n'aurait pas été comprise et notre perspective insuffisamment affirmée. Que l'on se souvienne, en effet, de l'essentiel : la pédagogie survient, à notre sens, quand, dans ce que nous avons nommé le « moment pédagogique », nous reconnaissons la résistance de l'autre à notre propre entreprise... cette résistance peut prendre de multiples formes : la persistance de ses représentations en dépit de toutes nos explications rationnelles, la divergence de ses intérêts ou de ses préoccupations en dépit de toutes nos entreprises de séduction, la souffrance de ses incompréhensions – ou son symétrique que constitue l'indifférence – et cela en dépit de tous nos efforts de rigueur et de clarté. Certes, quand cette résistance est reconnue, on peut décider de l'ignorer ou de la briser, d'exclure, de marginaliser, de circonvenir la liberté de l'autre par une manipulation habile ou des procédures de conditionnement éprouvées... Mais on peut aussi décider de reconsidérer notre propre rapport au savoir, nos méthodes d'enseignement, le statut de notre parole et de nos dispositifs [100]. C'est alors qu'il devient nécessaire de faire appel à notre inventivité et qu'il peut être utile de puiser dans nos « réservoirs méthodologiques » des savoirs pédagogiques dont nous ne venons de donner qu'un aperçu.

En d'autres termes, nous ne nions, d'aucune manière, le « projet d'enseigner », nous sommes même convaincu que, selon le titre d'un numéro spécial de la revue *Esprit*, il faut toujours « enseigner quand même ». Nous ne récusons pas, non plus, les trois étapes nécessaires de ce projet : **l'organisation des savoirs selon « l'ordre des raisons »** (fondement encyclopédique de toute logique d'enseignement, par nature expositive et démonstrative), **la programmation** (qui « négocie » les contenus de tout enseignement en fonction d'un ensemble de contraintes épistémologiques, institutionnelles, didactiques, psychologiques et sociales [101]) et **la planification** (qui organise une séquence de travail en précisant les objectifs généraux et spécifiques, les « concepts-noyaux », les situations d'apprentissage et leurs supports, les exercices d'application et l'évaluation). Cette logique de l'enseignement reste essentielle et il n'est pas question de prétendre s'en passer, sauf à promouvoir l'improvisation permanente qui, de toute évidence, ne peut prétendre porter quelques fruits que dans le cas où elle est mise

---

100. Nous avons montré ailleurs l'importance du rapport de l'enseignant à sa propre parole, insistant sur le fait que la parole, pour trouver le pouvoir de transmettre, doit se dépouiller de l'obsession de la transmission à tout prix et apprendre à se faire exploration, recherche et pensée en mouvement, capable alors seulement de mettre en mouvement la pensée de l'autre (*Le choix d'éduquer*, ESF éditeur, Paris, 1992, pages 117 à 123).

101. Cf. Philippe Meirieu, *L'envers du tableau*, ESF éditeur, Paris, 1993, pages 117 à 128.

en œuvre par quelques – rares – équilibristes de génie. Nous ne voulons donc, d'aucune manière, renoncer à cette logique-là : nous disons simplement qu'elle peut basculer facilement dans le délire ou le solipsisme vengeur de celui qui ne supporte pas que l'on ne comprenne pas et qui finit par nier toute autre intelligence que la sienne. Nous croyons qu'il convient que la logique d'enseignement se heurte, de temps en temps, à la logique d'apprentissage, celle d'élèves concrets, où l'ordre n'est pas celui de la reconstruction *a posteriori* de connaissances élaborées, mais bien celui du **tâtonnement** et de **la découverte,** largement désordonnés, de ce que l'on ne reconstruira que plus tard... celle d'élèves en situation qui doivent **décider librement d'apprendre** et que l'on ne peut contraindre à cela sauf à se résigner au conditionnement ou au dressage... celle d'élèves singuliers qui ne peuvent accéder à l'universel que de manière **aléatoire** en partant de ce qu'ils sont et tenant compte de ce qu'ils ont déjà acquis [102]. Car, sauf à avoir reconstruit complètement son univers mental à partir des formes scolaires – ce qui n'est le cas que des élèves ayant parfaitement intégré le « métier d'élève » ou de ceux qui ont été précisément sélectionnés sur cette capacité – on ne découvre pas comme on expose, on ne décide pas d'apprendre parce que « c'est au programme » et l'on n'apprend que très rarement de la manière qui a été prévue par le maître. Il y a là une autre logique que celle de l'enseignement, une logique très largement irréductible à la première et, entre les deux, « quelque chose » qui peut ressembler, parfois, à une « transmission » mais qui s'éprouve, le plus souvent, à travers une « résistance ».

Et la « transmission » entre ces deux logiques hétérogènes n'obéit à aucune règle qui puisse être définie une bonne fois pour toutes et fonctionner dans toutes les situations. Les moyens utilisés pour l'effectuer – et le langage en particulier – peuvent même, paradoxalement, à l'instar des conducteurs électriques, être, tout à la fois supports de cette transmission et facteurs de résistance à celle-ci. Sans doute faut-il même qu'ils soient, à la fois, l'un et l'autre, et que l'attention du maître à cette ambivalence soit l'objet d'un travail particulier qui est, à proprement parler, le travail pédagogique. Un travail pédagogique qui n'écarte ni la maîtrise scientifique des contenus enseignés, ni la planification didactique, ni l'effort pour créer les conditions optimales de la communication, ni même un travail d'évaluation rigoureuse des acquis, mais un travail pédagogique qui prenne le temps d'explorer cet « entre-deux », inlassablement... exploration qui est, sans doute, un autre nom pour désigner ce que nous avons nommé dans nos travaux,

---

102. Ainsi, François Tochon définit-il « l'enseignant-expert » comme un enseignant capable, tout à la fois, de planifier un cours et d'improviser dans la classe en fonction des difficultés qu'il rencontre ; il maîtrise donc une double compétence, celle du didacticien qui planifie et anticipe et celle du pédagogue qui s'adapte, à partir d'un stockage de situations-types qui lui permettent de résoudre les problèmes particuliers qui ne manquent pas d'apparaître et qui sont liés au caractère non programmable de l'apprentissage individuel. Il lui faut donc s'appuyer sur des « routines » pour disposer d'assez de temps et d'énergie pour faire face aux cas spécifiques. Mais François Tochon ne fait pas ressortir, à notre sens, le caractère irréductible du « moment pédagogique » et même ce qu'il considère comme des improvisations reste, à notre sens, du côté de la planification didactique (François Tochon, *L'enseignant-expert*, Nathan, Paris, 1994).

jusqu'à présent, la « pédagogie différenciée »... exploration qui permet que, parfois, une rencontre se produise, et aussi, peut-être, un partage des savoirs, c'est-à-dire une modeste avancée de l' « humain » dans la classe.

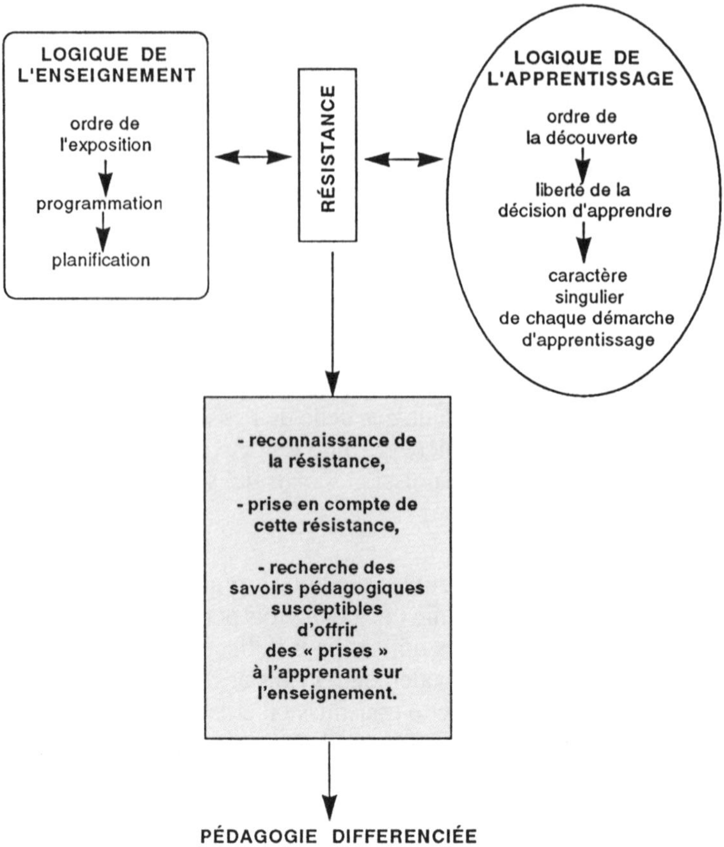

*

* *

Au terme de ce chapitre auquel nous avons volontairement conservé son caractère compilatoire et hétéroclite, le pédagogue se trouve, tout à la fois, devant des situations spécifiques – que nous avons nommées des « moments pédagogiques » – et devant une panoplie de moyens de toutes sortes – quelques uns ayant été choisis ici parmi une infinité d'autres – qui devraient lui permettre de faire face à ces « moments », d'en faire des occasions de partage des savoirs et d'émergence de sujets libres inscrits dans une socialité solidaire... Rien de très original après tout, rien qui ne soit déjà, sinon connu, du moins pressenti par beaucoup d'enseignants, de formateurs ou d'éducateurs... Et pourtant, il nous faut comprendre pourquoi cette démarche reste, pour l'essentiel, lettre morte, pourquoi il ne suffit pas ici de savoir ce qu'il faut faire pour le faire et pourquoi il est si difficile de mettre en application ses convictions pédagogiques. Les deux chapitres qui suivent vont tenter de s'attacher à cette question, si importante à nos yeux, en examinant successivement les conditions particulières, la conjoncture spécifique, qui rendent les savoirs pédagogiques particulièrement difficiles à mettre en œuvre aujourd'hui, et en nous interrogeant, dans un deuxième temps, sur le caractère plus structurel de cette béance entre le dire et le faire et les conséquences que l'on peut en tirer, en particulier en ce qui concerne la formation des enseignants et des éducateurs.

6

La pédagogie mise en échec

Thèse : Les propositions pédagogiques restent assez largement lettre morte et, parfois même, sont ouvertement bafouées par ceux-là mêmes qui les préconisent. Ce phénomène peut être d'abord compris comme relevant d'une conjoncture idéologique et sociale particulièrement difficile qui paraît compromettre la légitimité même de la pédagogie.

En 1821, lors de la réédition de ses *Recherches*, Pestalozzi « *se plaindra de ce que l'on continue à ne pas prendre en compte dans la discussion publique les points de vue qu'il a développés en 1797, alors que leur justesse ne cesse de se vérifier dans l'histoire qui s'est écoulée depuis*[1] ». Que dirait-il aujourd'hui ? Lui qui analysait déjà les fractures de la société civile, les contradictions dans lesquelles les hommes tentent de se débattre quand ils s'associent pour garantir leur bien-être et découvrent que cette association développe les égoïsmes, autorise l'arbitraire du pouvoir, encourage les stratégies individuelles pour contourner les lois collectives et laisse poindre, en permanence, la menace de violences identitaires par lesquelles les hommes se vengent des frustrations que la société leur impose ? Que dirait-il aujourd'hui, devant le spectacle offert par notre monde ? Que dirait-il d'autre que ce qu'il a toujours dit : sa conviction que seule l'éducation peut permettre de surmonter cet état de fait et contribuer à construire un « homme moral » : « *La moralité est, chez l'individu, le plus étroitement liée à sa nature animale et à ses relations sociales. Dans son essence cependant, elle*

1. Michel Soëtard, « Commentaire » de l'ouvrage de Pestalozzi, *Mes recherches sur la marche de la nature dans l'évolution du genre humain* (Payot, Lausanne, 1993, page 268).

repose totalement sur la liberté de ma volonté, c'est-à-dire sur la constitution de moi-même par laquelle je me sens moi-même en moi-même indépendant de mon désir animal. En tant qu'être moral, je marche exclusivement au-devant de l'accomplissement de moi-même, et c'est exclusivement comme tel que je deviens capable d'éteindre en moi-même les contradictions qui semblent reposer dans ma nature... [2] » Et qui peut nier la terrible actualité de ces vues et l'urgence de les mettre en œuvre en faisant de l'éducation l'espérance d'un monde dont les déchirures sociales et politiques, après deux siècles de tentatives contradictoires, ne peuvent plus guère laisser espérer de réconciliation par la seule entremise d'institutions nationales ou internationales frappées aujourd'hui d'impuissance ? Et pourtant... qui, aujourd'hui, se souvient encore de Pestalozzi et qui ose s'en revendiquer en dehors de quelques pédagogues marginaux ? La demande sociale d'éducation se renforce, certes, de jour en jour, mais il s'agit d'une demande centrée sur l'obtention de diplômes et la garantie d'un emploi... revendications évidemment légitimes mais pour lesquelles on est prêt à sacrifier la formation de la volonté, la promotion d'un « homme moral » et les valeurs de solidarité qui, seules, pourtant, pourraient nous permettre d'espérer que se retisse, de façon même ténue, quelques bribes de lien social.

On dira alors que, si les vieilleries philosophiques de Pestalozzi sont passées de mode, il n'en est pas de même de tout le discours pédagogique de ce siècle dernier qui, lui, s'étale aussi bien dans les instructions officielles que dans les projets d'établissements et les manuels scolaires. La loi d'orientation de 1989 ne déclare-t-elle pas qu'il convient de « placer l'élève au centre du système éducatif », réalisant ainsi cette « révolution copernicienne » que Claparède appelait de ses vœux au début du siècle ? Les propositions pédagogiques de Montessori ou de Freinet n'ont-elles pas imprégné profondément la culture enseignante de l'école maternelle et primaire ? La pédagogie par objectifs n'est-elle pas devenue hégémonique dans l'enseignement professionnel et technique où l'on travaille aujourd'hui à partir de référentiels précis formulés en termes de compétences ? La didactique des disciplines n'a-t-elle pas intégré, depuis déjà quelques années, les apports de la psychologie de l'enfant, ne travaille-t-elle pas systématiquement sur les « représentations » et ne place-t-elle pas, au centre de nombreux dispositifs, la notion de « situation-problème » dont nous avons vu que l'on pouvait en trouver une première approche dans le Livre 2 de l' *Émile* ? La « pédagogie du projet technologique » n'a-t-elle pas été instituée officiellement comme une méthode permettant aux élèves d'accéder à des notions abstraites de mathématiques ou de physique à partir d'une activité susceptible de les mobiliser ? La « pédagogie par alternance », apparue timidement dans les Maisons Familiales et Rurales et jusque-là regardée avec méfiance comme une méthode réservée aux élèves en grande difficulté et aux apprentissages de bas niveau, ne devient-elle pas aujourd'hui une formule revendiquée jusque dans le cadre de la formation des ingénieurs ? Les projets d'établissements ne comportent-ils pas, d'une manière

2. Pestalozzi, *ibid.*, page 197.

quasiment rituelle, l'affirmation de la nécessité de s'adapter aux « besoins des élèves » et de leur proposer des stratégies d'apprentissage qui leur conviennent et leur permettent de progresser ? Les apprentissages méthodologiques, jusque-là considérés comme secondaires ou renvoyés à la seule responsabilité de la famille, ne sont-ils pas devenus des objets de travail à part entière, en particulier par l'institutionnalisation des études dirigées ? Le concept de « pédagogie différenciée » n'est-il pas aujourd'hui une sorte de « Sésame », garantissant, tout à la fois, le succès éditorial des ouvrages qui s'en réclament et le caractère « professionnel » des enseignants qui l'utilisent ? N'assiste-t-on pas, un peu partout, à l'effort systématique pour introduire une formation à la vie démocratique dans les classes et les établissements conforme aux vœux que formulait Dewey en 1916[3] ? La formation initiale et continue des enseignants, les épreuves professionnelles des concours de recrutement ne constituent-ils pas une reconnaissance officielle de cette évolution et le gage d'une évolution en profondeur des pratiques pédagogiques ? On pourrait le croire et s'en féliciter.

Quelques voix, cependant, sont là pour tempérer notre optimisme : Guy Avanzini, dès 1975, avait analysé l'immobilisme massif de l'institution scolaire et le caractère extrêmement marginal des évolutions méthodologiques et des avancées didactiques[4] ; dans un ouvrage plus récent, il confirme son diagnostic précédent et souligne que « *faute de savoir rénover les méthodes ou pour avoir préféré l'immobilisme au renouveau, on a provoqué le renouveau de l'immobilisme*[5] ». Certes, on peut contester tout ou partie des causes que l'auteur attribue à cet immobilisme ; il a, en effet, raison de dénoncer « la marche en arrière »[6] qui a marqué les années 1984 et l'arrivée de Jean-Pierre Chevènement au ministère de l'Éducation nationale, s'appuyant sur un mouvement éditorial sans précédent pour dénoncer les méfaits de la « pédagogie nouvelle », sonner la fin de la récréation et revenir à la « transmission sérieuse des savoirs » ; mais il est moins certain qu'il soit possible, comme le fait l'auteur, d'attribuer cet immobilisme à l'absence de finalités clairement affichées et d'un consensus national sur la fonction de l'École[7]... La loi d'orientation de 1989 représente, en effet, un effort sans précédent depuis Jules Ferry pour définir les finalités de l'École ; et la nostalgie d'un consensus national sur cette question ne peut relever que d'une illusion *a posteriori* : aucune société n'a jamais construit de consensus clair sur les fonctions de son École, à moins de prendre pour un consensus l'imposition de sa conception par la minorité qui détient le pouvoir au nom de valeurs qui lui sont propres, que celles-ci soient politiques ou religieuses. Le consensus, en matière éducative et parce que l'éducation renvoie à des choix éthiques et politiques fon-

---

3. L'ouvrage de Dewey, *Démocratie et éducation* vient d'être réédité en 1990 (Armand Colin, Paris).

4. *Immobilisme et novation dans l'institution scolaire*, Privat, Toulouse, 1975.

5. *L'école d'hier à demain*, Érès, Toulouse, 1991, page 188.

6. *Ibid.*, pages 33 à 47.

7. ... comme l'auteur le prétend pages 47 et suivantes et le réaffirme fortement dans son dernier chapitre et sa conclusion (pages 169 à 188).

damentaux est, bien souvent, le revers de la capacité du pouvoir à museler les oppositions et à interdire toute divergence ; il devient alors le signe du caractère totalitaire d'un État plus que celui d'un accord entre toutes les parties ; il constitue ainsi une récusation de la fécondité du débat démocratique et l'expression de la nostalgie d'un passé où l' « universel » était la propriété d'un petit groupe d'hommes qui pouvait l'imposer sans états d'âme à une société tout entière, sûr de son bon droit, certain d'être l'instrument de la raison universelle ou de la volonté divine... Il reste que, si les raisons de l'immobilisme avancées par Guy Avanzini peuvent être contestées, son diagnostic, très solidement étayé, ne peut manquer de nous interroger [8].

D'autant plus que ce diagnostic est confirmé par de nombreuses analyses. Ainsi, les experts de l'OCDE, dans leur rapport sur l'examen de la politique française d'éducation, affirment-ils : « *L'échec scolaire en tant que phénomène social constitue un véritable défi pour les éducateurs. Il apporte un démenti flagrant à l'optimisme des réformateurs quant au pouvoir d'acculturation et d'intégration sociale d'une école plus unifiée.* ***Il fait douter du bien-fondé des théories pédagogiques en vogue depuis la fin de la guerre****, théories qui ont été à l'origine de tout un ensemble de principes, méthodes et pratiques éducatives destinés précisément à surmonter, dès le début de la scolarité, les handicaps qui pourraient résulter de l'appartenance des élèves à un milieu peu scolarisé et traditionnellement très éloigné de la culture et de l'école* [9] ». Mais encore eût-il fallu que ces théories soient réellement appliquées pour que l'évaluation qui en est faite ici ait quelque valeur ! Or, en dépit des injonctions officielles, on peut sérieusement s'interroger. Ainsi, une étude récente sur le fonctionnement des écoles et les pratiques pédagogiques des enseignants du primaire [10] montre à quel point les instructions officielles et les encouragements institutionnels ont peu modifié les pratiques traditionnelles : même si les enseignants reconnaissent l'intérêt du travail en équipe pédagogique, moins d'un quart d'entre eux affirment le pratiquer. Même s'ils avouent que le travail en petits groupes d'élèves est un moyen efficace de gérer l'hétérogénéité, moins de la moitié le pratiquent et de manière extrêmement prudente, plutôt à titre de rattrapage ou pour susciter l'intérêt des élèves que parce qu'ils croient à l'efficacité de cette méthode en matière d'apprentissage. Le

---

8. Sur les causes politiques de l'immobilisme scolaire qui subsiste en dépit de l'injonction au changement, voir l'ouvrage d'André Legrand, ancien recteur, ancien directeur des lycées et collèges et ancien directeur des écoles au ministère de l'Éducation nationale, qui analyse parfaitement les tergiversations politiques des ministres successifs depuis le départ forcé d'Alain Savary ; les paralysies liées au fonctionnement des systèmes centraux, les incohérences dans les décisions et dans les stratégies utilisées, le manque de courage pour affronter des groupes de pression corporatistes ou médiatiques, l'absence d'explications claires des enjeux éducatifs au niveau de l'opinion publique... tout cela n'a pas créé les conditions politiques favorables à des avancées significatives dans les pratiques (André Legrand, *Le système E. L'école... de réformes en projets*, Denoël, Paris, 1994).

9. *Examen des politiques nationales d'éducation : France*, OCDE, Paris, 1994, page 19.

10. DEP (Direction de l'Évaluation et de la Prospective), « Étude sur le fonctionnement des écoles et les pratiques pédagogiques des enseignants », *Dossiers d'éducation et formations*, Paris, 45, 1994.

décloisonnement et les « groupes de besoin » entre plusieurs classes restent des pratiques extrêmement minoritaires. L'individualisation est une méthode très marginale et la pratique du « Conseil » n'apparaît pas dans l'enquête ! Au point que Catherine Bédarida n'hésite pas à affirmer dans *Le Monde de l'Éducation* : « *Près d'un siècle après la naissance des grands pédagogues qui marquent l'ère de l'école gratuite et obligatoire (Decroly, Montessori, Freinet...), force est de constater que la mise en scène scolaire s'est peu transformée. Le maître continue d'officier dans une salle face à une classe, du début à la fin de l'année scolaire.* [11] »

Et ce qui est vrai de l'école primaire l'est, *a fortiori*, des collèges et des lycées : Antoine Prost a, en effet, souligné à plusieurs reprises à quel point les différentes fusions institutionnelles réalisées depuis plusieurs décennies (lycées de filles et lycées de garçons, cours complémentaires et collèges, filières 1, 2 et 3 des collèges...) avaient produit un effet pervers en alignant progressivement les pratiques pédagogiques sur celles des enseignants considérés comme les plus compétents parce qu'encadrant les meilleurs élèves, ayant les plus hauts diplômes, effectuant le plus petit nombre d'heures de cours et disposant de tous les avantages matériels. Il s'est produit ainsi une sorte d'aspiration des pratiques vers le modèle perçu comme le plus prestigieux, celui des classes préparatoires aux grandes écoles et de l'enseignement supérieur, c'est-à-dire, explique Antoine Prost, vers une « pédagogie bavarde et paresseuse » [12], vers ces « petites Sorbonnes » que dénonçait déjà Alain où « *les cours magistraux sont temps perdu et les notes prises ne servent jamais. [...] Car on n'apprend pas à dessiner en regardant un professeur qui dessine très bien. On n'apprend pas le piano en écoutant un virtuose. De même on n'apprend pas à écrire et à penser en écoutant un homme qui parle et pense bien. Il faut essayer, faire, refaire, jusqu'à ce que le métier entre, comme on dit* [13] ».

Que l'on nous entende bien : il ne s'agit pas, ici, de nier les efforts des enseignants et des formateurs qui, dans quelques enclaves novatrices, s'efforcent de travailler en utilisant quelques-uns des savoirs pédagogiques que nous avons

---

11. « Répétez, dit le maître », *Le Monde de l'Éducation*, 222, janvier 1995, page 21.

12. Antoine Prost, « Démocratisation et différenciation », *Les amis de Sèvres*, 127, 1987, pages 14 à 24. Voir aussi d'Antoine Prost *L'enseignement s'est-il démocratisé ?*, PUF, Paris, 1986.

13. *Propos sur l'éducation*, PUF, Paris, 1986, page 94.
Un tel constat peut apparaître contradictoire avec les résultats des travaux de Bernard Charlot et de ses collaborateurs, sur les dangers d'une trop grande « prise en compte » des spécificités des élèves en difficulté et la mise en œuvre d'une « pédagogie du simple » qui produit une rétention dans le concret et interdit l'accès au sens des savoirs enseignés (*École et savoirs dans les banlieues... et ailleurs*, Armand Colin, Paris, 1993). En réalité, ces deux phénomènes ne sont pas contradictoires mais profondément solidaires et cumulent leurs effets nocifs : la « pédagogie du simple » pratiquée dans le « collectif frontal » perd sur les deux tableaux et quand les effets de l'accumulation se font trop sentir, on bascule alors dans une oscillation qui n'est pas plus profitable aux élèves : là encore, l'important est d'inscrire l'activité pédagogique dans les tensions fondatrices que nous avons décrites (continuité et rupture, sursis et prise de risque) et non de rester sur les « axes » en hésitant en permanence sur la décision à prendre.

inventoriés ; il ne s'agit pas, non plus, de tenir pour insignifiantes toutes les publications qui s'efforcent d'instrumenter les enseignants pour qu'ils fassent de l'élève le constructeur de ses propres savoirs, l'engagent à comprendre et à dépasser ses représentations, à s'aventurer sur des voies nouvelles et à explorer des connaissances qui fassent sens pour lui.

Il s'agit d'abord d'observer que, contrairement à ce que l'on croit habituellement, l'institutionnalisation de pratiques jusque-là limitées à quelques initiatives marginales ne constitue pas nécessairement un atout pour leur développement. En effet, il n'est pas rare que l'officialisation d'une innovation, en « démarginalisant » en quelque sorte les militants, les démobilise et les engage indirectement à quitter un terrain où, perdant leur originalité, ils croient perdre leur légitimité. Dans ce cas, les promoteurs institutionnels des « réformes pédagogiques », à leur grande surprise le plus souvent, sont mis en échec : ils se voient ignorés ou attaqués par ceux qui faisaient déjà ce qu'on leur enjoint de faire, sans convaincre pour autant les autres de s'engager dans le moindre changement. Certes, il est sans doute possible d'éviter de telles dérives... mais cela suppose des stratégies spécifiques de reconnaissance préalable des efforts des novateurs par les responsables institutionnels, et la mise en place de réseaux dans lesquels les militants puissent trouver leur place. Or, une telle reconnaissance n'est jamais évidente car, d'une part, avant que leur travail soit « officialisé », les enseignants novateurs sont précisément dans une situation d'opposition, de tension ou d'ignorance réciproque avec l'institution... et le changement de posture auquel on les appelle constitue une rupture difficile à assumer pour les deux partenaires. D'autre part, l'injonction à faire ce qu'ils disent déjà faire est souvent vécue par les pédagogues comme une perte de leur liberté d'initiative, ou, plus gravement encore, comme une manière de les soupçonner de ne pas le faire vraiment. Or, voici précisément le point sensible : **ce soupçon est toujours justifié et c'est ce qui le rend insupportable**. Il est justifié parce que personne, même le militant le plus convaincu, ne fait jamais « à temps plein » ce qu'il prétend faire. Le pédagogue – nous l'avons vu – développe des convictions qui, par leur caractère maximaliste, ont un effet d'entraînement certain mais qui, en raison de leur statut polémique, voire épique, n'ont pas vocation à s'incarner dans les moindres détails de la vie quotidienne. Le plus convaincu des pédagogues peut donc toujours être pris en défaut.

Mais il est inutile et il serait mesquin de manipuler le soupçon pour discréditer les militants pédagogiques ; il est plus intéressant et fécond de prendre acte de l'extrême difficulté des enseignants-pédagogues à passer à l'acte, à se faire reconnaître, à résister aux pressions sociales de parents qui continuent à se méfier de toute pratique qui ne s'inscrit pas dans le « collectif frontal »... l'extrême difficulté, surtout, à tenir dans la durée, à investir jour après jour pour être fidèle à leurs convictions... et la difficulté aussi à poursuivre leur tâche quand un *leader* charismatique vient à se décourager ou à solliciter des postes de responsabilité qui lui permettront de retrouver un peu de tranquillité ou bien de peser plus fortement sur les évolutions institutionnelles. Plus fondamentalement encore, il nous faut comprendre pourquoi la réflexion pédagogique semble mise en échec aujourd'hui et pourquoi ce phénomène n'est pas dû seulement à des causes extrinsèques, comme la lourdeur de l'institution et son fonctionnement technocratique, l'agressivité des adversaires de toute réflexion pédagogique ou l'hésitation des décideurs politiques... mais aussi à des causes qui touchent au statut des convictions pédagogiques et, très précisément, à la possibilité de les mettre en œuvre aujourd'hui.

Le *credo* de l'Éducation Nouvelle à revisiter

La première hypothèse que nous voudrions avancer tient à l'ambiguïté des fondements théoriques de ce qui est devenu aujourd'hui le *credo* de l'Éducation Nouvelle et qui inspire la plupart des projets pédagogiques innovants. Nous avons nous-même montré à quel point, en ce qui concerne le travail en groupe, ces ambiguïtés peuvent compromettre l'efficacité que leur attribue leurs promoteurs, dans la mesure où la distinction entre la tâche à réaliser collectivement et les objectifs à atteindre individuellement n'est pas installée au cœur des dispositifs mis en place [14]. D'autres études sont venues, depuis, confirmer ces ambiguïtés, comme celles de Philippe Perrenoud qui se demande si « les pédagogies nouvelles sont élitaires » : il montre que celles-ci risquent toujours, en parlant de « l'enfant au singulier » et en manifestant un optimisme quelque peu naïf en ses capacités à entrer dans des dispositifs complexes aux règles du jeu souvent opaques, de ne pas considérer les « enfants concrets », héritiers d'un rapport au savoir déterminé, d'autant plus « scolaire » et, donc, d'autant plus étranger aux valeurs de l'Éducation Nouvelle, que les milieux sociaux d'origine sont modestes [15].

Viviane Isambert-Jamati a, de son côté, étudié les types de pédagogies pratiquées en français en classe de première et leurs effets sur la réussite scolaire ; elle a ainsi pu montrer que « *les échecs des élèves d'origine ouvrière sont aussi nombreux (près du tiers) dans les classes à pédagogie " moderniste " que dans les classes à pédagogie " libertaire ". Ces deux formalismes – formalisme logique et instrumental chez les uns, formalisme esthétique et idéaliste chez les autres – créent décidément chez eux plus de difficultés que l'insistance sur les contenus que l'on trouve dans les deux autres sous-groupes* » (ceux où l'on pratique une pédagogie plus directive, attentive aux écarts culturels, moins centrée sur la créativité, la coopération et la « libération des personnes » que sur l'appropriation critique de savoirs présentés de manière rationnelle et sur la promotion sociale que ces savoirs permettent) [16].

---

14. Philippe Meirieu, *Apprendre en groupe ?* (deux tomes), Chronique sociale, Lyon, 1984.

15. *La pédagogie à l'école des différences*, ESF éditeur, Paris, 1995, pages 105 à 118.

16. « Types de pédagogie du français et différenciation sociale des résultats » (en collaboration avec M.-F. Grospiron) ; ce texte a été publié une première fois en 1984 et repris dans *Les savoirs scolaires* (Viviane Isambert-Jamati, Éditions universitaires, Paris, 1990, pages 197 à 230). Voir aussi, parmi d'autres textes, Gabriel Langouët, *Suffit-il d'innover ?*, PUF, Paris, 1985.

Dans une autre perspective et avec d'autres méthodologies, Walo Hutmacher, directeur du Service de la recherche sociologique de l'enseignement à Genève, a effectué récemment une recherche sur trente années de réforme de l'enseignement primaire genevois [17] : il parvient lui aussi à des conclusions qui imposent de s'interroger sur les thèses de l'Éducation Nouvelle qui ont présidé à ces réformes : comment expliquer qu'après tant d'efforts pour « tenir compte des différences », pour « mettre en place une pédagogie individualisée », organiser des structures de soutien, alléger les effectifs des classes et favoriser le travail en équipe pédagogique, les redoublements aient augmenté et frappent aujourd'hui plus durement que jadis les élèves des milieux défavorisés ? Les explications avancées sont particulièrement intéressantes : elles insistent sur le fait que les efforts pour introduire une évaluation plus formative sont, en quelque sorte, abolis lors du conseil de classe, quand les représentations traditionnelles du « bon élève » reprennent le dessus. Elles soulignent que les tentatives pour individualiser la relation pédagogique augmentent massivement la « visibilité » de chaque élève et pénalisent ainsi, à l'insu des maîtres, les élèves les plus défavorisés. Elles montrent, enfin, que l'échec scolaire ne peut être combattu que dans la mesure où les enseignants acceptent leur part de responsabilité dans ce domaine et sont capables de reconsidérer toutes leurs pratiques (y compris celles dont ils sont absolument convaincus du bien-fondé) à la lumière des résultats qu'elles produisent : « *Pour faire partie de la solution, il faut accepter d'être partie prenante du problème* [18] ».

Bien d'autres études pourraient être citées ici pour confirmer la nécessité de revisiter le *credo* de l'Éducation Nouvelle, comme cette recherche d'Aletta Grisay sur « l'hétérogénéité des classes et l'équité éducative » [19] dans laquelle l'auteur montre que, si l'hétérogénéité n'est pas, en elle-même, un facteur négatif et qu'elle peut même contribuer à atténuer les disparités de niveaux entre les élèves, cela n'est possible que si l'on veille à éviter un certain nombre de dérives ; car « *l'adhésion de l'enseignement à une pédagogie différenciée a des chances non négligeables de se traduire par une diversification non seulement des* ***moyens*** *offerts à l'élève pour atteindre les objectifs, ou du temps qui lui est donné pour les atteindre, mais aussi des* ***objectifs*** *eux-mêmes* [20] ». C'est dire que la prise en compte des différences n'a d'intérêt pédagogique que si l'on n'en fait pas une rétention dans les différences, que l'attention aux élèves doit être, tout à la fois, la reconnaissance de ce qu'ils sont et la manifestation d'une exigence de ce qu'ils peuvent devenir, que les procédures qui consistent à donner à chacun la possibilité de s'exprimer doivent aussi lui offrir la possibilité de se dépasser ; c'est dire, en d'autres termes, qu'il faut conjuguer continuité et rupture, sursis et prise de

---

17. *Quand la réalité résiste à l'échec scolaire (analyse du redoublement dans l'école primaire genevoise)*, Service de la recherche sociologique, Cahier n° 36, Genève, 1993.

18. *Ibid.*, page 127.

19. « Hétérogénéité des classes et équité éducative », *Enjeux*, Namur, 1993, 30, pages 69 à 95.

20. *Ibid.*, page 90.

risque pour que le travail pédagogique permette à l'autre d'être reconnu tel qu'il est et anticipé tel qu'il pourrait être ; c'est dire, enfin, qu'il faut revoir la vulgate de l'Éducation Nouvelle, trop souvent réduite à une confiance immédiate dans la mise en activité de l'élève, pour introduire dans ce discours commun de la « bonne volonté éducative » les contradictions fondatrices de l'entreprise pédagogique.

Aussi, sans ignorer le caractère schématique du tableau que nous présentons, nous pouvons maintenant proposer de revisiter les quelques idées simples qui ont servi et servent encore très largement à inspirer le travail pédagogique effectué dans la mouvance de l'Éducation Nouvelle ; cela nous permettra, en effet, d'entrer dans une complexité qui, loin de nous paralyser, est seule susceptible de nous faire accéder à l'intelligibilité de la chose éducative.

De quelques idées simples, ou la vulgate pédagogique du « pédago militant de l'Éducation Nouvelle »...	**... à quelques idées moins simples qui prennent en compte les contradictions fondatrices de l'action éducative.**
– C'est l'enfant qui apprend et lui seul... l'apprentissage ne se décrète pas.	– C'est l'enfant qui apprend et lui seul (nous n'avons aucun pouvoir direct pour « déclencher » ses apprentissages), mais nous n'aurons jamais fini d'explorer les possibilités de construire des situations pédagogiques qui puissent lui servir de points d'appui pour ses apprentissages.
– L'enfant apprend ce qui a du sens pour lui et ce dont il perçoit l'usage qu'il pourra en faire.	– L'enfant apprend ce qui a du sens pour lui mais le sens n'est pas l'utilité immédiate ; « faire du sens » avec les savoirs scolaires, c'est « faire de la vie avec de la mort », c'est transférer ces savoirs dans sa propre existence, y trouver des occasions de se reconnaître et de se dépasser.
– L'enfant apprend en étant actif et non en recevant un savoir déjà élaboré.	– L'enfant apprend en étant actif mais l'activité n'est pas le bricolage, c'est l'existence d'un conflit socio-cognitif dont l'efficacité dépend de notre capacité à prendre en compte les représentations initiales et son niveau de développement pour se situer dans sa « zone proximale de développement »[21].

21. La formule, on le sait, est de Vygotsky ; elle permet de sortir, tout à la fois, d'une position développementaliste qui subordonne les apprentissages à un développement purement endogène et d'une position empiriste qui réduit le développement à un ensemble d'apprentissages conditionnés (cf. Philippe Meirieu et Michel Develay, *Émile, reviens vite, ils sont devenus fous*, ESF éditeur, Paris,

– L'enfant apprend d'une manière qui lui est propre et qu'il nous faut respecter.	– L'enfant apprend d'une manière qui lui est propre mais qui n'est jamais définitivement stabilisée et que nous devons nous efforcer de lui faire analyser pour pouvoir l'enrichir et l'adapter à la diversité des objets de savoir et des situations d'apprentissage.
– L'enfant apprend en collaborant avec les autres.	– L'enfant apprend en collaborant avec les autres mais à condition que cette collaboration soit organisée pour éviter les dérives productives et fusionnelles et rende possible une véritable interaction.
– L'enfant se forme en prenant des responsabilités.	– L'enfant se forme en prenant des responsabilités mais celles-ci ne peuvent s'exercer que dans le respect d'une loi fondatrice (l'interdit de la violence) que nous devons garantir.
– L'enfant n'est agressif que s'il est agressé.	– L'agressivité de l'enfant est, bien souvent, une manière de résister à la domestication éducative, mais nous devons permettre au sujet de transformer cette manifestation d'un « être contre » en manifestation d'un « être soi ».
– L'enfant veut naturellement apprendre et savoir ; un enfant paresseux n'existe pas, c'est un enfant que l'on n'a pas su intéresser.	– L'enfant veut bien souvent savoir mais il ne veut pas nécessairement apprendre. L'apprentissage est en effet, bien souvent, la solution la plus coûteuse pour surmonter une difficulté. Nous avons donc un rôle « négatif » essentiel : empêcher que l'on puisse savoir sans apprendre (et c'est cela qui constitue la caractéristique essentielle d'une situation d'apprentissage).
– L'enfant doit apprendre à vivre et cela a plus d'importance que l'accumulation des connaissances.	– L'enfant doit apprendre à vivre mais sa vie s'inscrit dans une histoire collective qui lui permet de se développer et d'exprimer sa liberté. C'est pourquoi nous devons toujours être attentif à la dimension culturelle de notre action.

1992, pages 116 et suivantes. Voir, surtout, le texte de Vygotsky « Le problème de l'enseignement et du développement mental à l'âge scolaire », *Vygotsky aujourd'hui*, sous la direction de B. Schneuwly et J.-P. Bronckart, Delachaux et Niestlé, Neuchâtel et Paris, 1989, pages 95 à 117).

Un changement de paradigme passé largement inaperçu

Pour être fidèle à elle-même et se reconnaître comme intelligence des contradictions éducatives, la pédagogie doit donc abandonner les idées simples glanées ici ou là dans les textes des pédagogues, isolées de leur contexte, coupées des situations polémiques qui ont pu inspirer leur formulation. Et il faut bien mesurer la difficulté que cela représente pour ceux qui, au quotidien, souvent sans connaissance des textes originaux, sans mémoire de l'Éducation Nouvelle, ont à affronter d'autres idées, plus simples encore, qui réduisent l'éducation à un dressage contrôlé et l'apprentissage à une mécanique transmissive que, seules, la mauvaise volonté ou l'incompétence des acteurs pourraient mettre en échec. Il n'est jamais facile, dans le débat public, de renoncer à une formule rhétoriquement efficace et qui permet d'apparaître comme un interlocuteur à la hauteur, pour accepter le caractère contradictoire de la tâche dans laquelle on est engagé, pour récuser les réconciliations théoriques hâtives, et avouer que l'action se tisse dans un univers complexe, une réalité discontinue où l'on n'échappe aux oscillations infernales que par une inventivité obstinée.

Mais la chose serait encore accessible si cette inventivité pouvait s'inscrire dans un schéma causaliste où l'on serait assuré que les causes produisent toujours les mêmes effets et où l'on pourrait exhiber des résultats avec la certitude de les avoir produits. Or, cela n'est plus vraiment possible aujourd'hui et les pédagogues qui s'obstinent à consulter ou fabriquer des statistiques dans lesquelles ils espèrent retrouver une quelconque légitimité ne perçoivent pas toujours la contradiction dans laquelle ils se placent eux-mêmes. En effet, insensiblement et sans que cette évolution ait été toujours bien repérée, la réflexion pédagogique a opéré une série de glissements qui lui font perdre, si on les prend au sérieux, tout espoir de pouvoir encore s'inscrire dans un « paradigme de l'action contrôlée ». Pour dire les choses en termes simples et certainement trop schématiques, on peut considérer que le taylorisme a laissé aujourd'hui la place à une démarche de projet, le behaviorisme au constructivisme et le contrôle des performances à l'évaluation des compétences. Cette triple substitution, si on l'analyse brièvement, laisse apparaître le passage à un « paradigme de l'incertitude » dont il n'est plus possible d'attendre une légitimation sociale solidement installée.

Du taylorisme à la démarche de projet

On le sait que le taylorisme correspond à une organisation du travail dans laquelle il existe une instance qui analyse les objectifs de production, s'efforce de les décomposer en autant de tâches « correspondant aux aptitudes des ouvriers » [22] et vérifie que chacune de ces tâches est effectuée avec le plus

22. F.W. Taylor, *Principes d'organisation scientifique des usines*, Dunod et Pinat, Paris, 1912, page 54.

d'efficacité possible. La rentabilité de l'opération est liée au fait que l'on « *substitue une science au jugement individuel de chacune des personnes engagées dans la production et que l'on s'efforce d'obtenir d'elle le meilleur rendement possible* [23] ». Or, sans aucun doute, le fonctionnement scolaire a-t-il été, pendant fort longtemps, conforme au modèle taylorien : les élèves y étaient formés à des tâches précises correspondant à leurs aptitudes supposées et qu'ils devaient reproduire avec le plus d'exactitude possible. Or, depuis l'introduction des thèmes portés par le courant de l'Éducation Nouvelle, cette division du travail a été largement remise en question et, en lieu et place d'un travail individuel programmé reproductible, s'est imposée ce qu'il est convenu de nommer **« la démarche de projet » :** le sujet n'y effectue plus une tâche définie à l'avance et sur laquelle il doit obtenir le maximum d'habileté sans se poser de question sur ce qu'il fait ; au contraire, il doit inscrire son travail dans une activité collective qui donne sens à son investissement personnel.

Certes, la « démarche de projet » pose d'épineux problèmes méthodologiques et, paradoxalement, si elle n'est pas attentive à un certain nombre de dérives, elle constitue un excellent terreau pour laisser se développer le taylorisme que l'on avait voulu écarter : quand les impératifs de la production prennent le pas sur ceux des apprentissages, il est toujours tentant d'affecter à chacun des tâches précises « correspondant à ses capacités naturelles ». Mais, si elle met en place un certain nombre de « dispositifs de sauvegarde », si elle permet à chacun de découvrir des obstacles à la réalisation de la tâche et, par là, d'entrevoir des apprentissages possibles qu'elle permettra d'effectuer, elle représente, sans aucun doute, une avancée décisive dans l'organisation pédagogique. La personne n'y est pas condamnée à exécuter des travaux isolés de ce qui leur donne sens et où elle ne peut acquérir qu'un surcroît d'habileté localisée, elle est engagée dans une dynamique où les savoirs et les savoir-faire s'appellent les uns les autres en fonction d'une cohérence qui n'est pas donnée à l'avance mais se construit dans l'interaction sociale et la confrontation avec les matériaux mobilisés. Dans la mesure où le formateur est attentif à cette forme particulière de « rebond », où il est capable de saisir toutes les occasions qui se présentent pour permettre d'accéder au plaisir de comprendre et à la joie de pouvoir soi-même surmonter les obstacles, la « démarche de projet » introduit ainsi dans l'activité pédagogique un espace d'investissement des personnes sans aucun doute plus mobilisateur que le taylorisme latent qui dominait jusqu'à présent... Mais aussi, de toute évidence, elle inscrit l'action pédagogique dans un registre plus aléatoire, plus difficile à contrôler *a priori*, plus centré sur le sens et la rencontre et moins sur la programmation et la certitude de l'efficacité immédiate.

---

23. *Ibid.*, page 33.

Du behaviorisme au constructivisme

Comme nous l'avons déjà évoqué plus haut, le behaviorisme est un thème rémanent dans le débat éducatif contemporain. Les adversaires de la pédagogie ne cessent, en effet, de dénoncer le fait qu'en dépit de leurs déclarations de principe, les pédagogues en reviennent toujours à des propositions fondées sur un behaviorisme qu'ils dénoncent solennellement par ailleurs [24]. Peut-être, d'ailleurs, n'ont-ils pas tout à fait tort dans la mesure où, comme le fait remarquer Linda Allal, le seul modèle que l'on sait véritablement appliquer dans l'expérience quotidienne de l'enseignement est bien le behaviorisme [25]. Et, si l'on sait appliquer ce modèle, c'est sans doute parce qu'il permet précisément de décrire ce qui est directement observable dans l'activité pédagogique. Ce qui fait sa force, ce qui explique sa prégnance, c'est que la conception théorique qu'il propose (la réduction de l'apprentissage au couple stimulus/réponse) correspond exactement à ce que le formateur peut voir quand il organise une séquence de formation. Il y a ainsi adéquation entre ce qu'il fait, ce qu'il observe et ce qu'il contrôle ; le behaviorisme fournit, tout à la fois, un moyen d'action, une théorie explicative de ce que l'on produit et la garantie de la cohérence entre le premier et la seconde ; c'est pourquoi il peut être dénoncé comme réduisant l'activité éducative à des « *objectifs pédagogiques dont toute la réalité tient seulement aux dispositifs d'observation, de diagnostic et finalement de testage qu'une telle technologie concocte, achevant ainsi le recouvrement et l'arraisonnement complet du procès éducatif empirique par les procédures technopédagogiques. [...] Ainsi, le behaviorisme n'est une théorie du comportement qu'à être, indissociablement et antérieurement, une pratique du conditionnement* [26] ». Il est donc facile, dans ces conditions, de dénoncer le « dressage » ou le « conditionnement » qui sont ainsi mis en œuvre.

Mais, à cet égard, la « pédagogie par objectifs » et son obsession méthodologique de nommer et d'évaluer systématiquement le comportement attendu a, en réalité, pris la suite d'un ensemble de pratiques infiniment plus traditionnelles et répandues qui consistent à organiser tout apprentissage comme une corrélation obligée entre le comportement d'un enseignement qui « enseigne » et celui d'un élève qui a « bien appris ». Tout enseignant, à son corps défendant, est, en ce sens, behavioriste ; et la « pédagogie par objectifs » peut être comprise comme un effort pour rationaliser, autant que faire se peut, ce processus en se donnant les moyens de faire échapper les critères utilisés dans l'observation aux phénomènes incontrôlés de complicité culturelle, ou de dégager les règles du jeu scolaire de l'opacité qui profite toujours aux élèves qui les connaissent à l'avance ou les entendent à demi-mot.

24. Cf., en particulier, H. Boillot et M. Le Du, *La pédagogie du vide*, PUF, Paris, 1993, pages 183 à 202.

25. L. Allal, J. Cardinet et Ph. Perrenoud, *L'évaluation formative dans un enseignement différencié*, Peter Lang, Berne et Francfort, 1979, pages 130 à 156.

26. H. Boillot et M. Le Du, *op. cit.*, pages 188 et 189.

Il reste toutefois incontestable qu'une telle manière de pratiquer l'activité pédagogique fait l'impasse sur l'activité mentale de l'élève et laisse résolument échapper « ce qui se passe dans sa tête » : un tel état de fait pourrait d'ailleurs être considéré comme un gage de respect du sujet apprenant et la garantie qu'en ne s'intéressant qu'à des comportements définis et attendus il subsiste une zone d'ombre et de liberté infiniment précieuse pour lui. En ce sens, et contrairement à ce que les adversaires de la « pédagogie par objectifs » affirment, le behaviorisme pourrait être considéré comme une conduite *a minima*, s'efforçant de clarifier les attendus et les résultats mais ne touchant pas à l'activité mentale elle-même et sauvegardant, par là, la « boîte noire » à laquelle on s'interdit de toucher. Dans cette perspective, infiniment plus inquiétante serait une « **pédagogie constructiviste** » qui, en analysant les opérations mentales requises pour un apprentissage déterminé, se donnerait les moyens de contrôler ces activités mentales par des dispositifs didactiques sophistiqués. Or, n'est-ce pas, précisément, ce que le courant « mentaliste », dont nous-même nous réclamons, tente de faire ? L'effort pour élaborer des situations d'apprentissage qui contraignent en quelque sorte le sujet à construire un concept, à élaborer et vérifier des hypothèses, à organiser des réseaux notionnels, à s'engager dans l'invention de solutions nouvelles, pour autant qu'il s'appuie sur une analyse des opérations mentales requises et mette en place un système de contraintes et ressources auquel le sujet ne peut se dérober, risque bien d'apparaître comme une tentative pour circonvenir complètement l'activité mentale de l'apprenant... tentative bien plus dangereuse qu'un behaviorisme somme toute réduit à un intérêt limité aux deux extrémités du processus d'apprentissage. Mais raisonner ainsi serait oublier deux éléments majeurs : d'une part, le fait que l'attention aux opérations mentales n'est qu'un point d'appui pour l'inventivité didactique et qu'il ne peut exister de déductibilité automatique entre l'intelligence de l'activité mentale et le dispositif proposé ; d'autre part, le fait que l'activité mentale reste, en tout état de cause, invisible et ne peut jamais faire l'objet d'un contrôle véritable.

C'est pourquoi, aussi étrange que cela puisse paraître, le constructivisme requiert que le pédagogue fasse son deuil de l'observable et accepte de travailler dans un registre qui rompt avec les pseudo-certitudes behavioristes. Il impose l'abandon d'une théorie du conditionnement, que celle-ci soit héritée de l'illusion transmissive et se contente de s'intéresser au rapport entre le contenu enseigné et le contenu restitué, ou que celle-ci emprunte les oripeaux d'une technologie taxonomique. Il renvoie le pédagogue à un travail sur les opérations mentales susceptibles de permettre l'appropriation de savoirs, le contraint à interroger leur cohérence et leur genèse, l'amène à proposer des situations complexes dans lesquelles le sujet peut mettre en œuvre ses propres opérations mentales, l'invite à l'accompagner dans cette tâche sans pour autant en contrôler toutes les étapes ni en déclencher mécaniquement le déroulement. Là où la pédagogie du conditionnement laissait un vide bien vite rempli par le développement de stratégies utilitaristes visant la réussite immédiate par mimétisme ou divination, il installe un espace d'expression pour la liberté de l'apprenant, son exploration personnelle, le tâtonnement, les échappées belles de l'intelligence qui prend possession, jamais comme on aurait pu le prévoir, d'une situation et y fait des découvertes le plus souvent inattendues. L'échange marchand entre la connaissance distribuée et la connaissance restituée, l'échange contrôlé, laissent la place à une proposition, certes conçue de la manière la plus rigoureuse possible, mais qui s'ouvre à l'intelligence de l'autre et ne tente pas de le soumettre. La situation, parce qu'elle est conçue dans sa globalité et échappe au conditionnement linéaire, parce qu'elle est offerte à l'activité personnelle, imprévisible et invisible, de l'apprenant représente une sorte de « déprise » du pouvoir du formateur qui permet au sujet qui apprend de prendre lui-même le pouvoir sur son propre apprentissage.

Du contrôle des performances à l'évaluation des compétences

Parfaitement en harmonie avec le taylorisme et le behaviorisme qui dominaient jusque-là dans les pratiques pédagogiques, l'évaluation scolaire se réduisait, et se réduit encore bien souvent, au **contrôle des performances**. Il s'agit de savoir si la restitution est bien conforme aux attentes de l'enseignant et de mesurer l'écart entre celles-ci et le résultat de l'élève. À terme, et même si l'évaluateur procède de manière empirique et subjective, même s'il note ses élèves en faisant largement appel à son intuition, le modèle de référence qui fonctionne reste bien celui de l'adéquation de la tâche obtenue avec la tâche exigée, dans une transaction à court terme où la note est censée sanctionner exactement la précision de cette adéquation. On juge de l'écart à une norme et on en juge sur un produit fini supposé rendre compte de la réussite ou de l'échec d'un élève... Or, rien n'est plus fugace, superficiel, aléatoire qu'un produit prétendument fini dans une évaluation strictement scolaire. Chacun sait bien que ce produit peut être le résultat d'une conjoncture particulièrement favorable, d'une stratégie de décodage des attentes de l'enseignement – qui ne témoigne en rien de la compréhension de la question – ou de l'acquisition provisoire de réflexes mentaux fondés eux-mêmes sur une mémoire très volatile.

En réalité, le produit d'une évaluation scolaire n'est vraiment intéressant qu'en tant qu'il est l'indicateur d'habiletés mentales stabilisées, de compétences appropriées, utilisables dans d'autres cadres que ceux, très formels, de l'évaluation scolaire, et à l'initiative du sujet lui-même. C'est pourquoi une évaluation n'est significative que si elle se revendique délibérément comme une épreuve qui n'est pas à elle-même son propre objectif mais qui comporte des indicateurs permettant d'inférer l'existence d'une réalité invisible, d'un progrès dans la compréhension d'une question, d'un développement significatif des capacités de la personne, qui, au-delà de l'épreuve elle-même, lui donnent tout son sens. À bien des égards d'ailleurs, les enseignants et les élèves savent bien cela : les premiers parce qu'ils mesurent le caractère provisoire et très vite caduc de toute épreuve, les seconds parce que, dans bien des cas, ils estiment qu'ils ont « fait leur devoir » en rendant leur copie et ne jettent qu'un coup d'œil distrait aux annotations, comme s'ils pressentaient qu'en fin de compte « l'essentiel est ailleurs ». Tout le monde sait donc cela... mais tout le monde n'en tire pas les conséquences et, en particulier, ne travaille pas en acceptant que la seule chose qui vaille vraiment la peine d'être recherchée chez les élèves est et sera toujours invisible et invérifiable par une épreuve formalisée. Tout au plus, peut-on espérer, en effet, que l'on puisse faire des hypothèses sur ce qui doit être acquis et pourra être transféré et que l'on puisse identifier quelques indicateurs convergents permettant de supposer, avec quelque vraisemblance, que l'opération est réussie.

En ce sens, le passage de « critères de réussite » (nécessaires comme « base d'orientation » dans la réalisation d'une tâche) à des « indicateurs de réussite » (susceptibles de permettre d'inférer une vraisemblable mais jamais certaine stabilisation d'une habileté mentale) représente une rupture essentielle dans les pratiques pédagogiques : il contraint l'éducateur à se dégager définitivement du behaviorisme, à abandonner toute prétention à contrôler le résultat de son action, à rechercher les actes mentaux qu'il veut contribuer à construire et les indicateurs capables de témoigner de leur réussite ; il le contraint également à marquer délibérément la césure entre ce qui est du registre de l'observable – et qui a, inévitablement, un caractère aléatoire – et ce qui restera toujours du registre de l'invisible et qui appartient *in fine* à l'initiative du sujet. Le concept d'indicateur joue donc un rôle essentiel ; son introduction est loin d'être anecdotique car elle garantit les statuts irréductibles l'un à l'autre de l'univers des comportements observables et de l'univers des activités mentales ; elle permet également, par le jeu qu'elle ouvre entre eux, de laisser place à la négociation, à l'inventivité et à la régulation collective : « Que veut-on vraiment évaluer à travers ce type d'exercices ? À quels indicateurs peut-on voir que cet objectif est atteint ? Ces indicateurs sont-ils les mêmes pour tous ? Sont-ils fiables ou doivent-ils être complétés ? »... Voilà autant de questions qui installent, au cœur des apprentissages, l'incertitude féconde dans laquelle peuvent se déployer simultanément l'inventivité du maître et l'initiative de l'élève.

Au total, et si l'on associe les trois ruptures essentielles que nous venons de repérer, il est clair que l'action pédagogique change délibérément de paradigme, qu'elle doit faire son deuil du paradigme de l'action contrôlée pour assumer un paradigme fondé sur l'incertitude. C'est ce passage que schématisent les tableaux que nous présentons ci-dessous..

D'un paradigme de la certitude...

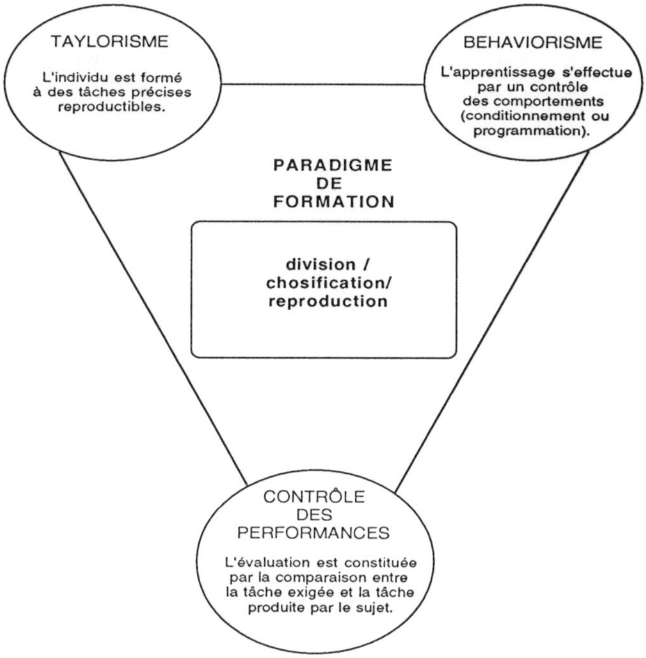

... à un paradigme de l'incertitude

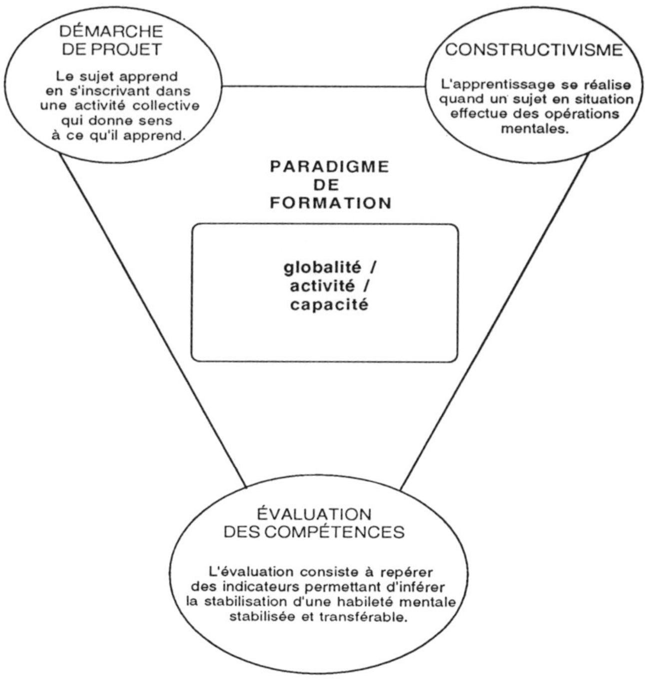

Vers la nécessité de faire son deuil de l'action contrôlée :

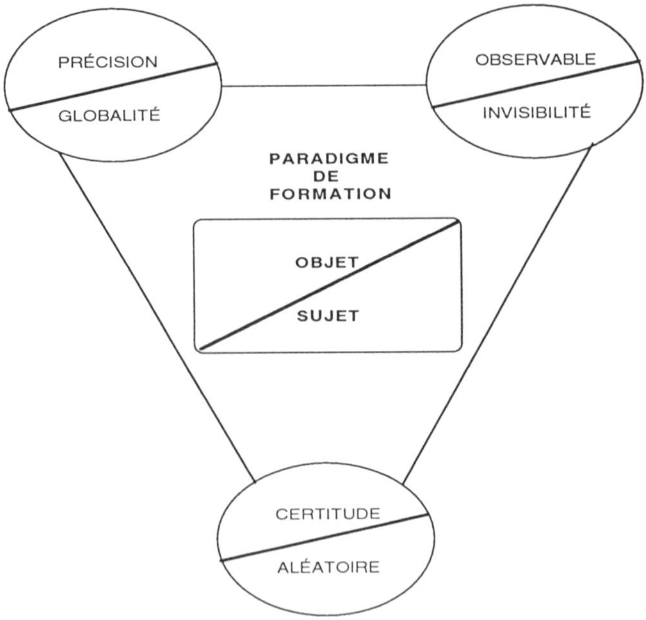

L'incertitude est donc notre lot et, avec elle, s'éloigne la tentation de la reproduction à l'identique de savoir-faire stéréotypés comme celle de promouvoir des comportements divinatoires asservis à l'obtention des seules « utilités scolaires ». Avec elle disparaît aussi le vain espoir d'une « évaluation par superposition » de savoirs dégagés du sens que le sujet leur donne et de la place qu'ils occupent dans sa vie. Avec elle s'effondre, enfin, l'illusion expérimentaliste en éducation, celle que définissait Dottrens lors du premier colloque de pédagogie expérimentale à Lyon en 1953 : « *Le rendement de l'École ou, pour parler en termes plus acceptables, la valeur de l'éducation qu'elle distribue, seront d'autant plus satisfaisants que l'art d'enseigner s'appuiera sur des données objectives, tout comme l'art médical s'enrichit chaque jour des résultats des laboratoires. La pédagogie expérimentale ne vise nullement la mécanisation de l'enseignement mais, bien au contraire, à créer des conditions meilleures pour le traitement pédagogique des élèves. Ses efforts se poursuivent dans trois directions : 1) l'organisation rationnelle du travail ; 2) le contrôle du rendement scolaire ; 3) l'expérimentation pédagogique*[27] » !

27. Robert Dottrens, « Un laboratoire de pédagogie expérimentale », *Cahiers de pédagogie expérimentale* ; Delachaux et Niestlé, Neuchâtel et Paris, 1953, 10, page 6. On notera l'assimilation entre « rendement de l'Ecole » et « valeur de l'éducation » ainsi que le déni d'une « mécanisation pédagogique », immédiatement contredit par les trois propositions qui sont faites. Un tel schéma de pensée était sans doute particulièrement légitime, sur les plans idéologique et stratégique, en 1953. Le fait qu'il soit devenu désuet aujourd'hui ne signifie pas qu'il n'ait pas fait progresser, à l'époque, la recherche en éducation.

L'incertitude devient alors une chance possible pour inscrire les pratiques pédagogiques quotidiennes au cœur des contradictions vives de l'éducation : accompagner sans contrôler, former sans maîtriser, instrumenter le sujet sans circonvenir sa liberté. Une chance aussi pour permettre à l'éducation d'épouser une modernité scientifique qui en a, elle-même, découvert la fécondité : « *La prétention à la certitude a été sans doute à la base de la conviction selon laquelle la science exprime la rationalité au plus haut niveau, et qui veut que le progrès dans les sciences sociales et politiques soit lié à l'application des lois scientifiques à la société ; toutefois, l'on observe actuellement un doute grandissant concernant la validité de cette idéologie de la science* », écrit Ilya Prigogine. Et il ajoute : « *Abandonner l'idéal de la certitude peut sembler, aux yeux de certains, une défaite de la raison humaine ; je ne partage pas ce point de vue. [...] Nous basculons d'un passé de certitudes conflictuelles, qu'elles soient en rapport avec la science, l'éthique ou les phénomènes sociaux, dans un présent meublé d'interrogations. Nous avons besoin d'une science dont le progrès marque la solidarité des hommes avec le monde qu'elle décrit. Le futur est incertain ; ceci est vrai pour la nature que l'on décrit ainsi qu'au niveau de notre propre existence, et cette incertitude sommeille au cœur même de la créativité humaine*[28] ».

Mais l'incertitude, si elle constitue une théorie spéculativement satisfaisante, est, pour le pédagogue, bien difficile à assumer au quotidien. On peut même considérer qu'elle le place dans une situation de difficulté personnelle et sociale importante. En effet, bien souvent, alors même qu'il s'efforce de promouvoir des pratiques conformes à ce nouveau paradigme, il n'a pas véritablement renoncé aux avantages substantiels que procurait l'ancien. Il voudrait bien pouvoir s'inscrire dans une démarche de projet, s'inspirer d'une pédagogie constructiviste et travailler sur des compétences stabilisées plutôt que sur des savoir-faire formels... mais, en même temps, il voudrait aussi pouvoir continuer à répartir les tâches à sa guise, à rester dans le registre de la programmation et à exhiber des résultats qui garantissent sa légitimité sociale. Il est, d'ailleurs, poussé à cela par la demande sociale d'éducation qui, exacerbée par la crise économique, se fait vite demande sociale d' « évaluation de l'éducation ». Ainsi, les parents qui pratiquaient très largement la délégation confiante ou indifférente à l'institution scolaire, attendent désormais d'elle un « service » qui garantisse les plus grandes chances de réussite professionnelle à leurs enfants. Et cette attente est d'autant plus grande que l'idée se répand selon laquelle les établissements scolaires et les enseignants ne fournissent pas les mêmes prestations d'un lieu à un autre. Dans ces conditions, l'exigence d'un « contrôle des performances » va grandissante et entre en contradiction avec une évaluation à plus long terme, moins sécurisante et infiniment plus difficile à réaliser, une évaluation qui place le sujet, et donc l'incertitude, au cœur de sa démarche[29]. Cette incertitude pédagogique peut appa-

---

28. Ilya Prigogine, « La créativité dans les sciences et dans les lettres », *The Creative Process*, Lars Gustafsson, Susan Howard, Lars Niklasson, Stockholm, 1993, pages 196 à 202, traduit de l'anglais par Nathalie Deldime.

29. « *Ainsi,* expliquent L. Chertok et I. Stengers, *la recherche, la formation médicale, voire les critères de sélection professionnelle, laissent aujourd'hui dans l'ombre le " facteur subjectif " sous prétexte qu'il est incontrôlable...* », *Le cœur et la raison*, Payot, Paris, 1989, page 270.

raître alors comme une valeur-refuge pour fuir ses responsabilités sociales et se dérober aux exigences des parents et de l'institution.

Pourtant raisonner ainsi et céder à cette pression reviendraient à oublier que, comme nous l'avons déjà évoqué ailleurs [30], s'il est légitime de soumettre un éducateur à une « obligation de moyens », on ne peut jamais lui imposer une « obligation de résultats » : on peut exiger de lui qu'il mette en œuvre les moyens les plus diversifiés et les plus inventifs possibles pour favoriser la réussite de ses élèves, tant en termes d'inventivité didactique que d'accompagnement pédagogique... mais cela n'a rien à voir avec l' « obligation de résultats » qui supposerait, elle, de faire l'impasse sur la liberté des élèves et le caractère d'aventure incertaine de tout acte éducatif... « obligation de résultats » qui serait, en réalité, exorbitante d'orgueil et de folie démiurgique puisqu'elle supposerait que l'éducateur se revendique comme la seule cause du progrès de ses élèves [31] : « niaiserie » par excellence, comme le dit Albert Thierry dans un chapitre intitulé superbement « Éducation à l'inquiétude » : « *Ces enfants m'ont dit ce qu'ils ont rêvé ou imaginé de faire ; et ensuite ils ont fait tout ce qu'ils ont voulu. La vie, c'était leurs parents, les amis de leurs parents, les industriels et les commerçants du voisinage, le maire da la ville et le député de l'arrondissement. Niaiserie de croire que c'était moi aussi !* [32] » Et, plus loin, Albert Thierry, méditant sur la place qu'il occupe dans l'histoire de ses élèves, regrette que personne, jamais, ne l'ait aidé à comprendre « *ce suicide prodigieux des producteurs qui s'abolissent en enfantant* [33] ».

L'enseignant en crise d'identité

Mais comment consentir à un tel suicide ? N'est-ce pas infiniment présomptueux de penser que l'enseignant puisse « s'abolir » ainsi après avoir tant et tant travaillé, s'être obstiné à inventer des moyens nouveaux, avoir passé ses nuits

---

30. Philippe Meirieu, *L'envers du tableau*, ESF éditeur, Paris, 1993.

31. Si l'on voulait quitter un instant, ici, le plan de l'analyse pédagogique pour entrer dans celui de l'analyse institutionnelle, on pourrait parfaitement montrer qu'il est extrêmement facile, pour un établissement, de se soumettre à l'obligation de résultats ; les moyens sont connus pour cela : il suffit d'opérer une bonne sélection à l'entrée et de multiplier en cours de cursus les épreuves étalonnées correctement sur l'épreuve finale. La « sélection naturelle » jouera ainsi son rôle ! Il en est tout autrement pour ce qui concerne l'obligation de moyens : celle-ci requiert bien autre chose qu'une maîtrise des flux et des procédures de sélection... et l'on comprend qu'elle inquiète les évaluateurs de l'institution scolaire qui seraient alors dans l'obligation de chercher des indicateurs plus pertinents que les seules statistiques des résultats des évaluations nationales, de passage en classe supérieure et de réussite aux examens.

32. *L'homme en proie aux enfants*, page 139.

33. *Ibid.*, page 141.

à chercher des outils didactiques efficaces ? Comment imaginer qu'il puisse, après avoir tenté avec acharnement d'avoir prise sur le destin des autres, accepter de s'en déprendre dans une incertitude reconnue sereinement ? C'est ici que les difficultés liées au changement de paradigme pédagogique renvoient à de graves questions professionnelles et sociales.

On ne peut, en effet, accepter de se déprendre de son statut de « cause » dans un schéma déterministe que si l'on bénéficie, par ailleurs, d'une certaine reconnaissance. Or, nous savons bien que l'éducateur ne doit attendre aucune reconnaissance de ses élèves, même si cela lui est difficile et, à bien des égards, insupportable : « *Ne mettez pas votre espoir, ni votre principale récompense dans l'amour de vos élèves* » écrit Félix Pécaut... et Albert Thierry, qui ne se résigne que « le poing dans la poche » à cette injonction, dut faire la dure et nécessaire expérience de l'ingratitude inévitable de l'enfance à l'égard de ses éducateurs [34]. Mais cette ingratitude est supportable quand elle est, en quelque sorte, compensée par une reconnaissance sociale de la fonction qui vient panser opportunément les plaies du narcissisme de l'éducateur. Que cette reconnaissance sociale vienne à manquer et c'est alors la quête sans fin de l'amour des élèves ou la démagogie facile pour s'attirer la sympathie des parents. L'incertitude, l'aventure éducative, la sortie du schéma causaliste, la mise en place de pratiques pédagogiques qui assument les contradictions de l'éducation et font de la « résistance » de l'autre à notre propre projet l'occasion d'un partage et non le moyen d'une exclusion, tout cela suppose que l'éducateur soit assuré par ailleurs de l'importance et de la dignité de sa mission : on ne peut tenter l'aventure de l'incertitude que si, quelque part, même lointainement, une institution garantit un minimum de stabilité et constitue ce point d'ancrage sans lequel on devient vite le jouet de ses propres turbulences affectives... Or, même si la situation matérielle des enseignants n'est pas aussi mauvaise qu'on le dit parfois [35], il reste incontestable qu'ils se vivent, très largement, comme une profession dévalorisée, sans appui ni support social et institutionnel stable, et que cela contribue à rendre particulièrement difficile toute prise de risque pédagogique. Renoncer aux certitudes – même largement trompeuses – de la transmission mécanique et de la relation marchande suppose qu'un statut soit offert qui permette de déployer son inventivité sans chercher dans l'affection des élèves une introuvable et dangereuse gratification.

Mais, même à imaginer que ce statut soit garanti et, avec lui, la reconnaissance sociale qui lui serait attachée, il reste que les conditions d'exercice du métier d'enseignant ont, ces dernières années, considérablement évolué, rendant bien souvent fort difficile l'exercice d'une profession déjà aux prises avec de nombreuses contradictions. C'est ainsi qu'on a, très souvent, souligné les effets considérables de la massification du système scolaire sur les situations d'enseignement/apprentissage : effets quantitatifs, bien sûr, dus au nombre d'élèves à

---

34. *Ibid.*, pages 110 et 111.

35. En particulier parce qu'ils bénéficient d'un salaire décent et de la stabilité de l'emploi, ce qui n'est pas mince aujourd'hui.

scolariser et effets qualitatifs, surtout, dus à l'arrivée d'élèves qui ne sont ni préparés, ni motivés pour suivre une scolarité telle qu'elle était traditionnellement conçue[36].

Le sociologue François Dubet montre bien, à cet égard, que ce qui caractérise aujourd'hui les situations de classe c'est qu'elles ne sont plus, comme jadis, construites avant même l'arrivée de l'enseignant[37] ; il souligne qu'il y a encore quelques années, les situations scolaires étaient relativement stables ; leurs finalités étaient claires et acceptées par tous les acteurs concernés ; les attentes de chaque partenaire étaient connues ; quelques zones de déviance étaient tolérées mais limitées dans des cadres précis. Même dans les établissements réputés difficiles, l'enseignant disposait de structures de régulation puissantes qui lui permettaient de circonvenir les comportements anomiques, de gérer les situations sociales en s'appuyant sur des repères, des cadres, des points d'appui institutionnels forts. Or, aujourd'hui, la situation s'est renversée : même dans les établissements « faciles », l'enseignant doit construire la situation sociale qui lui permettra d'exercer son métier ; c'est à lui que revient la tâche de réguler les comportements anomiques comme de justifier auprès des parents et des élèves eux-mêmes les principes de son enseignement. La situation n'est plus contrôlée *a priori* par la norme sociale ; elle repose très largement sur l'investissement de l'enseignant qui doit, tout à la fois, établir et faire respecter les règles qu'il juge nécessaires, expliquer sans relâche pourquoi il fait cela plutôt qu'autre chose, justifier les sanctions qu'il est amené à prendre, motiver des élèves que la seule perspective d'un avenir professionnel hypothétique ne convainc plus, persuader son chef d'établissement qu'il prend bien les initiatives requises par le « projet d'établissement » et son inspecteur que ces initiatives ne l'amènent pas à sacrifier les programmes nationaux ! Quand, il y a encore quelques années, il n'avait qu'à se laisser guider par les habitudes locales, épouser le discours convenu des collègues, renvoyer les élèves turbulents au surveillant général et écarter, en fin d'année, ceux qui n'avaient pas le niveau requis... quand il n'avait jamais à se justifier, n'étant jamais véritablement contesté par quiconque dans ses décisions... il est aujourd'hui sommé de tout inventer et de tout construire, de tout décider et de tout justifier, de s'investir personnellement et de garantir à la force du poignet la cohérence des situations qu'il installe. **Ce n'est pas un des moindres paradoxes de la massification du système scolaire que d'avoir fait ainsi de la classe, par tout un jeu de mécanismes subtils, un lieu intime où chaque enseignant doit inventer chaque jour son propre texte et ne peut plus se contenter de jouer le rôle social qui lui a été affecté.**

C'est qu'il n'y a pas si longtemps la société et l'ensemble de ses mécanismes économiques, idéologiques et sociaux géraient en quelque sorte l'École de

---

36. Cf. Philippe Meirieu, *Enseigner, scénario pour un métier nouveau*, ESF éditeur, Paris, 1989.

37. Cf., en particulier, « Les mutations du système scolaire et les violences à l'école », *Les cahiers de la sécurité intérieure*, 15, 1994. Cf. aussi, du même auteur, *Les lycéens*, Le Seuil, Paris, 1991 et *Sociologie de l'expérience*, Le Seuil, Paris, 1994.

l'extérieur : la structure des emplois et la culture professionnelle de chacun d'eux pilotaient l'enseignement professionnel et technique ; les attentes des familles bourgeoises et l'éducation qu'elles donnaient à leurs enfants structuraient l'enseignement général ; l'idéologie dominante de soumission à la stratification sociale ordonnait l'acceptation sans discussion des décisions d'orientation et imposait de respecter avec déférence la hiérarchie des métiers, des statuts et des rôles. Or, rien de tout cela ne fonctionne plus très bien aujourd'hui : les lycées techniques et professionnels se vivent souvent comme des voies de relégation et, loin de se soumettre à la structure des emplois et à la culture professionnelle de ces derniers, récusent l'une et l'autre ; les diplômes professionnels deviennent ainsi des moyens pour accéder à autre chose que ce à quoi ils sont censés préparer, et le pilotage par la profession est d'autant moins efficace que chacun espère y échapper pour aller « plus loin » ou « ailleurs »... À quoi bon se soumettre, dans ces conditions, aux règles, aux habitudes de travail, à la discipline professionnelle de métiers que l'on n'entend pas vraiment faire ? De même, les familles moyennes ou aisées, au sein desquelles dominaient le respect de l'institution scolaire et le sentiment de la noblesse intrinsèque des tâches imposées par l'École, demandent aujourd'hui à regarder les choses de plus près : est-il si évident que les enseignants sachent mieux que quiconque ce qui convient à leurs enfants et ce dont ils sont capables ? Ne sont-elles pas tout aussi à même de les conseiller et, surtout, de chercher avec eux les stratégies les plus efficaces pour atteindre les objectifs sociaux qu'elles se sont fixés ? Plus globalement encore, le brouillage général, aux yeux des jeunes, de toutes les hiérarchies sociales traditionnelles, le fait qu'un présentateur de télévision soit devenu plus important qu'un Prix Nobel et qu'un petit *dealer* gagne plus d'argent qu'un professeur d'université... tout cela ne peut que déréguler les situations scolaires où il s'impose maintenant pour l'enseignant de faire la preuve – jadis inutile – de l'importance de ce qu'il y propose, de sa capacité à le faire exécuter et à « tenir le coup » contre tous les soupçons qui peuvent peser sur lui. **Dégagée en quelque sorte de son architecture externe, la classe est renvoyée à son architecture interne et à la capacité personnelle du maître d'en faire une situation collective d'apprentissage.**

Or, précisément, cela devient de plus en plus difficile. Car l'École n'est plus aujourd'hui un univers d' « élèves professionnels », d'enfants et d'adolescents suffisamment « bien éduqués » pour que l'on puisse les « instruire » sans difficulté. Robert Ballion a montré récemment l'évolution considérable du profil des lycéens dont beaucoup aujourd'hui ont un « petit boulot » où ils sont confrontés, parfois pour la première fois, aux règles élémentaires de la socialisation [38]. Chaque jour, de nouveaux témoignages et de nouveaux rapports alertent l'opinion sur la montée des situations de violence scolaire et, même s'il faut refuser, dans ce domaine, de céder à tout catastrophisme [39], il importe de bien prendre la mesure de la situation. Le plus grave, en effet, n'est peut-être pas l'existence de

38. Robert Ballion, *Les lycéens et leurs petits boulots*, Hachette, Paris, 1995.

39. Ainsi que le suggère le rapport, pourtant sans concession, de l'inspecteur général Georges Fotinos sur la violence scolaire.

quelques agressions isolées – aussi dramatiques soient-elles pour les intéressés –, mais bien la dégradation progressive d'un « climat », l'augmentation rapide des comportements déviants et la place que ces déviances occupent dans les préoccupations des enseignants.

Ainsi, une même enquête, réalisée deux fois, à quatre ans d'intervalle, par un groupe d'étudiants et d'enseignants qui travaillent avec nous, laisse apparaître un glissement très significatif que nous-même n'avions nullement prévu. À la question, posée à un échantillon représentatif de 617 professeurs de collège, « Quelle est votre principale difficulté professionnelle ? », les enseignants répondaient à plus de 71 %, en 1990 : « La gestion de l'hétérogénéité des niveaux scolaires des élèves et la mise en place d'une pédagogie différenciée ». À cette même question, en 1994, un groupe comparable de 685 professeurs de collège répondait à plus de 64 % : « La gestion des élèves à comportement difficile qui compromettent le travail de la classe et rendent presque impossible toute entreprise pédagogique et tout effort didactique »... reléguant ainsi la préoccupation majeure de 1990 assez loin derrière et laissant même entendre que la gestion des élèves « faibles », à partir du moment où ceux-ci ne manifestaient pas de comportement anomique, s'efforçaient de travailler un peu et ne multipliaient pas les journées d'absence, ne posait pas de problème majeur.

Nous nous trouvons ainsi devant une situation relativement inédite et dont l'évolution est extrêmement rapide : les efforts pédagogiques des enseignants semblent se heurter à une difficulté nouvelle, qui ne tient pas essentiellement au niveau des élèves mais, bien plutôt, au fait qu'ils arrivent en classe sans avoir construit les attitudes requises pour entrer dans une situation scolaire traditionnelle. Bien évidemment, ce phénomène ne concerne pas la totalité des élèves, mais un pourcentage suffisamment significatif d'entre eux pour absorber l'essentiel de l'énergie de certains enseignants et compromettre gravement l'équilibre de leur classe. Limité d'abord aux « banlieues difficiles », ce phénomène a, de plus, tendance aujourd'hui à toucher aussi les établissements des centres villes où sont scolarisés des élèves en situation sociale certes moins précaire mais néanmoins touchés, eux aussi, par la faillite des grandes institutions traditionnelles de socialisation qu'étaient la famille, la religion ou le sport. On voit ainsi des enseignants qui déclarent « ne pas pouvoir commencer à faire de la pédagogie » tant leurs énergies sont consumées, toutes leurs forces gaspillées dans une tentative souvent vaine pour maintenir un semblant de vie sociale dans la classe. On en voit d'autres qui, étrangement mais avec bonne foi, implorent qu'on les débarrasse des gêneurs pour pouvoir se consacrer à la pédagogie et mettre en place d'intéressants dispositifs didactiques. Situation curieuse où la pédagogie elle-même, si on la laissait dériver, fonctionnerait comme outil de sélection, la socialisation comme un préalable à l'éducation, la maîtrise du « métier d'élève » comme condition de son exercice. Situation dangereuse dans la mesure où elle sécréterait, à terme, une sélection sociale implacable, voire un véritable « apartheid scolaire » : pendant que les uns pourraient apprendre dans les meilleures conditions possibles, profitant de toutes les ressources de l' « ingénierie didactique » et bénéficiant, bien sûr, des enseignants les mieux formés, les autres seraient condamnés à un gardiennage scolaire, coupés de toute véritable culture et confiés aux enseignants les moins expérimentés. Situation terrible où le lien social serait gravement compromis... mais situation qui, sans aucun doute, correspondrait bien, comme le souligne Louis Legrand, à la demande sociale d'une part significative des parents[40].

C'est ainsi que la pédagogie et tous ses efforts semblent venir buter implacablement sur cette réalité sociale nouvelle, jusqu'à se retourner contre l'inspiration qui était la sienne et se faire complice de la sélection contre laquelle elle prétendait lutter. Les expériences des « écoles sauvages »[41], nées dans la mouvance de mai 68, marginales, plus ou moins inspirées de l'Éducation Nouvelle, apparaissent ainsi, avec le recul, comme des tentatives pour faire bénéficier de méthodes « modernes » et « libérales » des enfants qui acceptaient déjà les règles du jeu de l'institution scolaire, des enfants qui avaient bénéficié, en dehors de l'École, de structures de socialisation efficaces, voire des enfants avec qui on pouvait prendre le risque de pratiquer des « méthodes actives » parce qu'ils avaient été auparavant parfaitement socialisés par les « méthodes traditionnelles »[42]... Mais, fort heureusement, un tel mode de fonctionnement est resté relativement exceptionnel et, à côté de ceux qui n'en finissent pas de poser des préalables, à côté de ceux qui font de la didactique un outil de sélection, il existe aujourd'hui un certain nombre d'enseignants et d'éducateurs qui, sur le terrain et dans les structures à leur disposition, s'efforcent de faire de la pédagogie un outil de promotion de tous. De lointains et souvent infidèles disciples de Makarenko ou de Don Bosco, de Ferrer ou de Korczak, aux prises avec « les gamins des rues », bien décidés à les prendre tels qu'ils sont pour ne pas les laisser là où ils sont. Ils savent, eux, que la pédagogie n'est pas de tout repos et qu'elle travaille en permanence la contradiction de l'instrumentation nécessaire et de l'interpellation aléatoire ; ils savent, bien plus encore, que les enfants et adolescents qui leur sont confiés doivent être considérés, tout à la fois, comme des sujets à reconnaître et à entendre, sans condescendance ni facilité, et comme des élèves en formation à amener patiemment vers une difficile et peut-être impossible autonomie[43]. À l'instar de Pestalozzi, ils mesurent à quel point il faut parfois patauger dans la fange, faire l'expérience difficile de contradictions qui ne livrent aucune recette, pour fabriquer quelques outils, bricoler quelques situations et engager quelques rencontres où rien n'est jamais joué d'avance. Mais ils tiennent bon ; et leur exigence, en dépit de tous les aléas de la conjoncture et sous le regard hautain de ceux qui ne voient là qu'agita-

---

40. Cf. *Une école pour la justice et la démocratie*, PUF, Paris, 1995, en particulier page 17 et suivantes.

41. Cf. Luc Bernard, *Les écoles sauvages*, Stock, Paris, 1976.

42. Ceci ne s'applique bien évidemment pas à toutes les tentatives de rénovation pédagogique et, en particulier, ne concerne nullement celles qui prennent le risque de travailler avec des publics difficiles ou même seulement avec le « tout venant ». En revanche, cela concerne une partie des « écoles nouvelles » (le plus souvent privées) et un certain nombre d'expériences pédagogiques « haut de gamme » menées dans des établissements publics ou privés particulièrement sélectifs.

43. Il faut lire, pour mesurer la difficulté et l'immense intérêt de l'entreprise, l'ouvrage coordonné par Éliane et Gérard Chauveau, *A l'école des banlieues*, ESF éditeur, Paris, 1995. Il faut lire également le témoignage plus ancien mais tout autant d'actualité de la Maison des trois Espaces (à Saint-Fons), *Apprendre ensemble, apprendre en cycles*, ESF éditeur, Paris, 1993.

tion stérile, leur tient lieu de boussole : exigence éthique indéfectible malgré la fatigue des jours et les compromissions inévitables, exigence d'agrandir quelque peu le cercle de l'humain, parfois même contre tout espoir.

*
* *

Ainsi pouvons-nous comprendre, à l'issue de ce chapitre, à quel point il est difficile de s'engager délibérément dans l'action pédagogique. Cet engagement requiert que l'éducateur assume un certain nombre de deuils difficiles : deuil des « idées simples » et des formules polémiques, deuil de la certitude d'une transmission mécanique d'un « savoir d'échange », deuil aussi de situations où les enfants et adolescents se présenteraient à nous, comme jadis pour leur Confirmation, prêts à recevoir un sacrement que nous n'aurions plus qu'à leur donner. Nos élèves – et il faudra se faire à cette idée – ne seront plus jamais « prêts » à être instruits. Dans ces conditions, poser des préalables reviendra toujours à exclure ceux qui n'entrent pas dans les normes d'une institution scolaire largement convenue et très déterminée socialement. **Le pédagogue ne pose pas de préalable, il fait avec.** Il ne se résigne pas, il ne pactise ni avec l'ignorance ni avec l'humiliation, mais il prend les gens tels qu'ils sont. Parce qu'il sait que c'est le seul moyen pour qu'ils deviennent vraiment ce qu'ils décideront de devenir et qui lui échappera toujours. Mais on voit bien, alors, que s'ajoute là, aux difficultés conjoncturelles de la pratique pédagogique, une difficulté plus fondatrice encore, une difficulté qui touche au sens même et à la possibilité de toute action qui se veut éducative, une difficulté qui sera l'objet de notre dernier chapitre.

7

Pour une pédagogie de la promesse

Thèse : La pédagogie a longtemps cherché à fonder son discours « en vérité » et à établir des prescriptions à caractère scientifique. Il lui faut maintenant assumer son « insoutenable légèreté » et en tirer toutes les conséquences : placer l'inventivité et la formation du jugement au cœur de sa démarche ; accepter la béance irréductible entre le dire et le faire ; reconsidérer la question de la professionnalisation des enseignants.

Quelques mois avant la création officielle des « sciences de l'éducation » sous leur forme actuelle, Gilles Ferry, en 1967, annonçait clairement la « mort de la pédagogie » : « *La substitution des " sciences de l'éducation " à la " pédagogie ", si elle n'est pas une concession purement formelle au langage anglo-saxon, signifie, tout à la fois l'abandon de spéculations normatives au profit d'études positives et, à l'intérieur des sciences humaines, la délimitation et l'organisation d'un champ de recherches orientées vers la compréhension du fait éducatif*[1] ». La question ainsi tranchée pouvait alors apparaître nouvelle... elle était, en réalité, très ancienne et ce n'est qu'en raison d'une étrange amnésie qu'elle se présentait alors comme un renouvellement complet de l'approche éducative.

En effet, comme le fait remarquer Jacqueline Gautherin, « *il y a plus d'un siècle, presque toutes les universités françaises furent dotées ou se dotèrent d'un enseignement de « science de l'éducation » (alors au singulier) ou de « pédagogie » pour former les futurs maîtres de la République. Sciences oublieuses, les sciences de l'éducation instituées en 1967, affirment volontiers qu'elles sont jeunes, qu'elles se*

1. *L'éducation nationale*, 820, mars 1967, XII, 3.

sont construites sur une table rase, qu'elles n'ont pas eu encore le temps de faire leurs preuves. Imprécateurs à la mémoire courte, leurs détracteurs invoquent l'École de Jules Ferry pour restaurer la culture scolaire et dénoncer les dérives pédagogistes. Tous oublient simplement que ce furent les fondateurs de l'École et des universités républicaines – Jules Ferry lui-même, Ferdinand Buisson, Louis Liard, Ernest Lavisse, par exemple – qui livrèrent l'instruction et l'éducation des enfants aux pédagogues. Cette amnésie aux raisons diverses est une façon de traiter la pédagogie de haut et de loin [2] ». Certes, la constitution de la « science de l'éducation » ne fut pas simple et son histoire traversée de nombreux soubresauts. Jacqueline Gautherin les analyse très précisément dans sa thèse et d'autres auteurs apportent aujourd'hui, sur cette histoire oubliée, de précieux enseignements. Ce n'est donc pas le lieu ici de la retracer avec précision... Mais il nous faut cependant en repérer quelques étapes et y discerner un enjeu essentiel.

Quelques étapes d'abord : en 1810, Marc-Antoine Jullien, citoyen français, héritier des Lumières, engagé très tôt dans le combat révolutionnaire, lié jadis à Condorcet et à Saint-Just, confie ses enfants à l'Institut de Pestalozzi à Yverdon [3] ; farouche admirateur de l'œuvre du pédagogue suisse, il va tenter de comprendre la méthode pestalozienne et, surtout, d'en dégager des principes universels, applicables en tous lieux, loin du charisme du Maître. Il s'efforce ainsi de procéder à une analyse des principes de Pestalozzi selon une procédure que Jacqueline Gautherin qualifie de « formelle et objectiviste » : il préfigure ainsi la constitution d'une « science de l'éducation » qui « *permet d'accéder à une forme abstraite de généralité éducative, que l'on peut discuter en toute généralité, et " appliquer ensuite, avec les modifications convenables à tous les cas particuliers qui peuvent se présenter ". [...] Il devient ainsi possible d'inscrire l'expérience d'Yverdon dans un cadre théorique et de justifier son exportation* [4] ».

Un demi-siècle plus tard, le 27 avril 1882, la municipalité de Bordeaux crée, à la faculté de Lettres, le premier cours de pédagogie des universités françaises : le cours est confié à un philosophe connu pour ses convictions républicaines, Albert Espinas. Sept mois après, la Sorbonne inaugure, à son tour, son premier enseignement pédagogique, puis ce sont les universités de Douai, de Lille, de Grenoble, de Besançon, d'Alger, de Rennes, etc. ; et, même si ces enseignements connurent quelques ruptures, « *entre 1907 et 1914, la " science de l'éducation " ou la " pédagogie ", selon les cas, figurait au rang des disciplines enseignées dans une dizaine de Facultés* [5]. »

---

2. *La formation d'une discipline universitaire : la science de l'éducation. Essai d'histoire sociale.* thèse de doctorat, Université Paris 5, 1990, pages 9 et 10.

3. C'est Jacqueline Gautherin qui nous a permis de découvrir la personnalité et l'expérience de Marc-Antoine Jullien : « Désingularisation d'une expérience éducative. Une traduction (trahison ?) de l'entreprise pestalozienne », *L'éducation nouvelle et les enjeux de son histoire*, sous la direction de Daniel Hameline, Jürgen Helmchen et Jürgen Oelkers, Peter Lang, Bern, 1995, 161-178.

4. *Ibid.*, page 173.

5. Jacqueline Gautherin, *La formation d'une discipline universitaire : la science de l'éducation. Essai d'histoire sociale*, thèse de doctorat, Université Paris 5, 1990, page 43.

Parmi ces tentatives, sans aucun doute celle de Gabriel Compayré, à Toulouse, est-elle particulièrement exemplaire : Compayré avait traduit en 1879 l'ouvrage du Britannique Alexander Bain, *Education as a science*, sous un titre qui suggérait déjà un étrange glissement, *La science de l'éducation*. Reprenant ainsi un syntagme utilisé par Jullien dès 1812 [6], il ouvrait un débat qui n'en finira pas de rebondir sur **la légitimité d'une posture scientifique à constituer un objet de science**. C'est là ce que Nanine Charbonnel nommera le « moment Compayré » [7], analysant l'œuvre de ce dernier comme une tentative « d'unir scientificité et maniement de la langue » [8] dans un éclectisme intellectuel délibéré, cherchant à se tenir à distance, tout à la fois, d'une philosophie de l'éducation purement spéculative et du pragmatisme tâtonnant des praticiens. Mais, comme le fait remarquer Patrick Dubois, il s'agit ici, déjà, d'une fausse symétrie puisque l'aspiration qu'il débusque chez Compayré est bien celle d'une rationalité pédagogique « *unifiée autour d'une finalité consciente d'elle-même* » et qui n'est pas autre chose que « *la revendication, exprimée dans les termes les plus classiques, d'une prise en charge philosophique du devenir " scientifique " de la pédagogie* [9] ». Compayré sera, bien évidemment, critiqué ; et les critiques viendront, tout à la fois, de philosophes comme Marion qui chercheront à faire revenir la pédagogie dans le champ épistémologique de la philosophie, en fondant une « pédagogie philosophique », que de psychologues comme Guillaume qui s'efforceront de promouvoir des « méthodes objectives pures », permettant d'étudier « *les lois du comportement d'un homme ou d'un animal comme on étudie celles du comportement physico-chimique d'un corps quelconque* [10] ». C'est dans cette dernière perspective que Binet pourra parler de « pédagogie scientifique », Dottrens de « pédagogie expérimentale », Debesse de « sciences pédagogiques »... jusqu'à ce que l'on s'accorde avec peine sur l'expression de « sciences de l'éducation » proposée par Gaston Mialaret [11].

Mais, en réalité, depuis la tentative de Marc-Antoine Jullien jusqu'aux efforts actuels pour fonder une épistémologie multiréférentielle des sciences de l'éducation [12], c'est bien le même enjeu qui est présent, le même déni qui se mani-

---

6. *Ibid.*, page 51.

7. *La tâche aveugle 1 – Les aventures de la métaphore*, Presses universitaires de Strasbourg, Strasbourg, 1991, page 15.

8. *Idem.*

9. Patrick Dubois, « *Le dictionnaire de Pédagogie et d'instruction primaire » de Ferdinand Buisson. Unités et disparités d'une pédagogie pour l'école primaire (1876-1911)*, thèse de doctorat, Université Lumière – Lyon 2, 1994, pages 310 et 311.

10. Cité par Nanine Charbonnel, *La tâche aveugle 1 – Les aventures de la métaphore*, Presses universitaires de Strasbourg, Strasbourg, 1991, pages 15 et 16.

11. Celui-ci nous a, pourtant, déclaré que sa proposition initiale était « sciences des situations éducatives », signifiant, par là, que l'éducation en elle-même ne pouvait être objet de « sciences » et que seules les situations éducatives pouvaient faire l'objet d'études scientifiques des variables entrant en jeu. Malheureusement, cette distinction, sans doute par facilité, a été abandonnée, donnant lieu à de multiples malentendus.

12. Cf. Jacques Ardoino, *Éducation et relations*, Gauthier Villars, Paris, 1980. L'auteur récuse ici l'assujettissement des « sciences de l'éducation » à un référent scientifique déterminé et il suggère la technique du « débordement » systématique (page 135) par lequel une science est en mesure d'utili-

feste à travers les récupérations innombrables de la chose éducative par ceux qui veulent l'annexer dans un champ disciplinaire précis ou la circonvenir dans un arrangement institutionnel quelconque : le déni de la pédagogie comme « catégorie littéraire », le refus d'accepter le discours pédagogique comme « expérience » pour le faire basculer avec plus ou moins de bonheur dans « l'expérimentation »[13]. Nous ne sommes évidemment pas dupes des ambiguïtés que porte le mot « expérience » ; nous savons bien qu'il renvoie, pour beaucoup, à l'expression individuelle de ses tentatives et de ses états d'âme, qu'il évoque un style épique ou journalistique sans valeur « scientifique », qu'il touche au registre, éminemment dangereux, de la manipulation des émotions. Mais, outre que les discours scientifiques eux-mêmes ne peuvent pas toujours échapper à de tels soupçons[14], il n'est pas sûr que ce ne soit pas ce discours-là, avec toutes ses imperfections et parfois même sa médiocrité, qui « rende compte », avec le plus de justesse possible, de la « vérité éducative » ; il n'est pas sûr que ce ne soit pas ce type de discours qui nous permette de nous reconnaître et de nous comprendre dans nos tentatives pour éduquer les autres. Il n'est pas sûr qu'à travers le traitement singulier des situations qu'il évoque, il ne nous donne pas les moyens d'accéder à ce qui, précisément, est de plus universel dans l'homme. Il n'est pas sûr que ce ne soit pas là que l'on trouve les moyens de thématiser, dans une rhétorique qui se reconnaît comme telle, les questions fondatrices de l'homme affronté à l'impérieuse nécessité de se reproduire sans reproduire.

---

ser des modèles élaborés dans un autre champ de référence que le sien. Ce dévoiement produirait un type d'analyse particulièrement fécond et introduirait à la « multiréférentialité ». Celle-ci renverrait au fait que chaque objet, en matière éducative, est « *susceptible de traitements multiples en fonction de ses caractéristiques, mais aussi des modes d'interrogation des différents acteurs* » (Guy Berger, *Multiréférentialité et sciences de l'éducation*, note de synthèse de l'habilitation à diriger les recherches, université Paris 8, 1988, page 92). Dans cette perspective, il faut abandonner l'illusion qui amène à croire qu'une discipline peut « rendre compte » complètement d'un phénomène éducatif et accepter la nécessité d'une limitation réciproque des champs disciplinaires les uns par les autres, d'une rupture entre eux, d'une multiplicité de points de vue dont aucun ne peut venir à bout de l'opacité irréductible de l'objet. Il y a donc bien, ici, récusation d'un certain positivisme et de tout réductionnisme, mais, une fois encore, le pédagogue est éconduit au nom d'une nouvelle conception de la « scientificité ».

13. « *Ainsi,* explique Jean Houssaye, *la pédagogie a aujourd'hui disparu au profit des sciences de l'éducation. Une telle évolution, en marche depuis près d'un siècle, est loin d'être anodine. Elle consacre, par le biais de la science et la volonté d'arriver à une pédagogie expérimentale, en référence aux modèles médical et tayloriste, l'exclusion de la pratique comme pouvant constituer le savoir en pédagogie et la supériorité du théoricien-spécialiste sur le praticien. Mais les sciences de l'éducation échouent à constituer ou à modifier la pratique. D'où la nécessité de définir autrement le rapport théorie-pratique en pédagogie, ce à partir de la reconnaissance de la spécificité du chemin du pédagogue.* » (« L'esclave pédagogue et ses dialogues », *Éducation et recherche*, Delval, Genève, 1984, 1, 31-48, page 31)... Il faut donc renoncer à cantonner la pédagogie dans la « pratique » pour confier la recherche de ses fondements théoriques à des spécialistes de tous ordres (qui, d'ailleurs, se déchirent bien souvent entre eux !). La pédagogie est aussi théorie ; elle est le résultat d'une pratique travaillée par un effort « littéraire » d'intelligence de la chose éducative qui tente de « faire le vrai » sur ce qui se trame dans la relation entre un éducateur et un éduqué. Voir, aussi, sur ce thème des rapports théorie/pratique en pédagogie, Jean Houssaye, « Le chemin du pédagogue », *Cahiers Binet-Simon*, 1985, 603, pages 16 à 30.

14. Ainsi que le dénonce avec excès parfois mais non sans quelques bonnes raisons Paul Feyerabend (*Adieu la raison*, Le Seuil, Paris, 1989).

Dire cela n'est pas, bien évidemment, récuser les « sciences de l'éducation », tenir pour nuls les résultats qu'elles produisent, ni même empiéter sur leurs légitimes préoccupations. Dire cela, c'est même, au contraire, leur assigner une place épistémologiquement possible dès l'instant qu'elles ne prétendent pas écarter ou ignorer la littérature pédagogique. Car, dès lors que cette littérature est acceptée et entendue, dès lors qu'elle ne se revendique pas comme expertise mais comme aspiration à une sagesse minimale et à une inventivité régulée, elle requiert des études rigoureuses – qui ressortent délibérément d'une autre logique – et dont l'objet est bien, comme le montre Bernard Charlot, « *d'interroger* ***la fonction effective*** *de ces discours sur les fins de l'éducation en les confrontant aux institutions, aux structures, aux situations, aux pratiques, qui définissent la réalité de l'éducation en un lieu et en un temps donnés. Par là même les sciences de l'éducation tendent à démystifier, parfois à dénoncer, toujours à désacraliser ces discours et ceux qui les tiennent* [15]. » Ainsi, paradoxalement, c'est bien le discours pédagogique et le travail qu'il propose ou impulse qui créent un espace spécifique pour la recherche en sciences de l'éducation. Ces dernières, à notre sens, s'épuisent ou se déconsidèrent en voulant fonder scientifiquement la pédagogie, se substituer à elle ou en ignorer délibérément l'existence [16]. En revanche, elles trouvent tout leur sens à se constituer comme une « instance critique » des discours et pratiques pédagogiques, non point pour se placer en situation de surplomb ou d'évaluation « objective », non point pour dire « la vérité » de la pédagogie, mais pour, avec la modestie qui sied au scientifique confronté à des objets complexes aux variables multiples, renvoyer au pédagogue un regard distancié sur ce qu'il produit, les pièges et les dérives qui le menacent, les illusions dont il peut être victime.

En ce sens, pédagogie et sciences de l'éducation ne s'excluent pas mais ne s'incluent pas non plus. Chacune de ces deux approches a sa place et, s'il est légitime que les sciences de l'éducation promeuvent en leur sein l'étude de l'histoire et de l'actualité de la pédagogie, c'est pour deux raisons étroitement solidaires. D'une part, parce qu'il s'agit aujourd'hui d'entretenir une mémoire menacée – si ce n'est pas dans les départements de sciences de l'éducation, où donc maintiendra-t-on vivant le message de Pestalozzi et de Freinet, de Makarenko et de Montessori ? D'autre part, parce qu'il importe de fournir aux approches scientifiques des faits éducatifs tout à la fois une matière et un objet.

---

15. *Les sciences de l'éducation, un enjeu, un défi*, ESF éditeur, Paris, 1995, page 29. Et Bernard Charlot ajoute : « *Les sciences de l'éducation remplissent leur fonction non pas en tenant un discours philosophique ou politique mais par le travail de confrontation auquel elles s'attellent – car c'est bien d'un travail qu'il s'agit, régi par certaines exigences de rigueur.* » (*idem*)

16. Cette ignorance est, malheureusement, encore monnaie courante : ainsi le *Schéma directeur* de l'INRP (Institut National de Recherche Pédagogique), publié fin 1994, ne comporte-t-il aucune référence à l'histoire des doctrines pédagogiques ni à l'étude des pédagogues. Le mot « pédagogie » lui-même n'est jamais prononcé dans le texte et n'apparaît que dans quelques rares références bibliographiques.

À tuer la pédagogie, les sciences de l'éducation risquent de se tuer elles-mêmes car elles verront alors se dérober leur propre objet de travail. À vouloir légiférer de manière scientifique et *a priori* sur les pratiques pédagogiques, les sciences de l'éducation risquent de se dissoudre en « faisant de la pédagogie sans le savoir », en confondant les genres et, finalement, en produisant des connaissances qui n'auront ni l'épaisseur humaine du discours pédagogique, ni la rigueur nécessaire du discours scientifique.

C'est d'ailleurs là la vigilance à laquelle nous appelle Nanine Charbonnel qui, après avoir étudié un corpus d'un millier de textes « classiques » sur l'éducation, conclut à la présence massive, dans ces textes, de la métaphore littéraire et affirme qu' « *il s'agit de reconnaître le statut de construction logico-littéraire à tous les textes qui parlent de l'éducation, qu'ils revendiquent ce statut (un roman) ou non (une doctrine, mais aussi une " description scientifique ")* [17] ». Certes, les analyses de Nanine Charbonnel pourraient être nuancées au regard de l'effort des chercheurs contemporains en sciences de l'éducation ; mais il reste qu'au terme de son imposante étude, elle souligne deux phénomènes qui nous paraissent demeurer incontestables : « *1) Le refus de prendre en compte, par les doctrines pédagogiques quelles qu'elles soient* (et nous ajoutons : " par les sciences de l'éducation, dans l'immense majorité des cas "), *des vérités qui peuvent se dire, et admirablement, sur l'éducation dans les grands romans,*
2) La présence d'hybrides dont la situation n'est jamais clairement définie, et dont l'un au moins (Émile) *est considéré comme le texte fondateur de la " pédagogie moderne "* [18] ». Dans ces conditions, on comprend que Daniel Hameline considère qu' « *entrer en littérature pourrait constituer une contribution des plus heureuses à la formation de qui se destine à instruire et éduquer. [...] (Car la littérature) prédispose les figures de l'avenir dans celles du passé. Celles-ci en constituent comme la répétition générale offerte à l'imitation présente. À son tour, celle-ci devient,* ex opere operantis, *elle-même anticipatrice. Des destinées adviennent sur fond d'histoire advenue. Il y a là une cohérence dont on comprend que beaucoup la redoutent* [19]. »

Des destinées pédagogiques, nous en avons nous-même évoquées dans cet ouvrage et en les inscrivant délibérément dans une approche qui, faute d'être littéraire au sens académique du terme, se voulait néanmoins susceptible d'évoquer ces « figures », ces « images », ces « exemplarités » dont parle Daniel Hameline [20]... À travers elles, nous avons tenté de montrer que l'on pouvait lire les tensions qui nous travaillent et reconnaître les questions qui nous taraudent.

---

17. *La tâche aveugle 1 – Les aventures de la métaphore*, Presses universitaires de Strasbourg, Strasbourg, 1991, page 16.

18. *La tâche aveugle 3 – Philosophie du modèle,* Presses universitaires de Strasbourg, Strasbourg, 1993, page 110.

19. « Histoires de vie, formation et pratique littéraire », Gilles Ferry, *Partance*, L'Harmattan, Paris, 1994, 263-274, pages 293 et 294.

20. *Idem.*

Mais ces figures ne nous assignent pas, pour autant, à l'imitation. Car les « héros pédagogiques » ne sont pas des « modèles » : derrière l'emphase de leurs propos et les mythologies qu'entretiennent parfois religieusement leurs disciples, ils révèlent, à qui sait les entendre, leur éminente fragilité... leur infinie difficulté à « passer à l'acte » et à être à la hauteur des engagements qu'ils prennent. C'est cette fragilité que nous voulons explorer maintenant, convaincu qu'elle nous permettra de comprendre ce qui reste pour nous, encore, un étrange mystère : l'immense difficulté, irréductible aux circonstances et aux systèmes idéologiques, à « tenir parole ».

Quand l'inventivité brise le cercle infernal description/prescription

En 1912, Édouard Claparède, définissant les objectifs d'un « institut des sciences de l'éducation et les besoins auxquels il répond » [21], n'hésitait pas à affirmer que « *seul un fondement rigoureusement scientifique et psychologique donnera à la pédagogie l'autorité qui lui est indispensable pour conquérir l'opinion et forcer l'adhésion aux réformes désirables. [...] La psychologie peut actuellement fournir à la pédagogie une base réellement scientifique [...] Elle, que l'on disait naguère une branche de la philosophie, a conquis aujourd'hui ses brevets de science expérimentale* [22]. » Certes, Claparède prend le soin de préciser qu' « expérimentation » ne signifie pas « vivisection » [23] et il se place délibérément dans la descendance de Rousseau qu'il considère comme le précurseur et l'initiateur de cette « révolution copernicienne » qu'il appelle de ses vœux et qui consiste à « mettre l'enfant au centre du système éducatif » [24]. Il n'en reste pas moins vrai qu'il place tous ses espoirs dans la possibilité que la psychologie expérimentale puisse fonder les pratiques pédagogiques et prescrire les solutions qui mettront fin de manière définitive aux tâtonnements inquiétants des maîtres.

Une telle conception peut, dans une première approche, apparaître contradictoire avec le rousseauisme dont elle se réclame par ailleurs. Mais c'est oublier que, justement, ce que prône Claparède c'est de caler les actions pédagogiques sur la connaissance scientifique des processus d'apprentissage et de développe-

---

21. Il s'agit de l'Institut Jean-Jacques Rousseau à Genève.

22. « Un institut de sciences de l'éducation et les besoins auxquels il répond », *Archives de Psychologie*, tome 12, février 1912 ; texte reproduit par la librairie Kündig, Genève, 1912, pages 19, 20, 21.

23. *Ibid.*, page 25.

24. *Ibid.*, page 9. On sait que, depuis, la formule a été reprise jusque dans la loi d'orientation de 1989 !

ment de l'enfant que la psychologie se propose de mettre à jour. Quand il reprend le slogan en vogue à l'époque, « *Réformons en nous appuyant sur la connaissance de l'enfant*[25] », il livre ainsi la clé de sa conception en même temps que le fondement paradigmatique de la psychopédagogie : il faut **prescrire** aux maîtres de faire ce que précisément la psychologie **décrit**... Dans la mesure où cette dernière est capable d'atteindre « la vérité de l'enfant », de comprendre comment celui-ci apprend le mieux quand il n'est pas soumis à de mauvaises influences ou déformé par un système scolaire inadapté, le rôle du maître est d'installer dans sa classe les dispositifs susceptibles de permettre à ces processus « naturels » de se développer. La légitimité de la prescription s'appuie sur la précision de la description et enserre les pratiques pédagogiques dans une sorte de cercle infernal où toute inventivité devient inutile, voire nuisible.

Et ainsi se poursuit encore aujourd'hui la rêverie d'une activité éducative qui se résumerait à reproduire dans les meilleures conditions ce que l'observation a permis de découvrir... rêverie rémanente dans le discours psychopédagogique, rêverie affleurante dans les discours pédagogiques eux-mêmes quand ils oublient leur spécificité pour tenter de se réfugier dans les niches bienfaisantes de la certitude scientifique, rêverie entretenue par les propos souvent ambigus des « didacticiens » qui pourraient laisser penser qu'au couple psychologie/pédagogie on peut maintenant substituer le couple épistémologie/didactique et déduire l'ensemble des propositions de cette dernière à partir d'une analyse serrée des spécificités épistémologiques des disciplines à enseigner. Certes, la plupart des didacticiens dénient la possibilité d'une telle déduction et affirment vouloir travailler en tenant compte, tout autant, des apports de la psychologie cognitive, de la psychologie sociale, voire d'une approche clinique des processus d'apprentissage ; il n'en reste pas moins vrai qu'ils peuvent parfois laisser croire aux praticiens qu'une bonne intelligence des savoirs savants, associée à une compréhension des phénomènes spécifiques de la « transposition didactique », garantit une gestion rigoureuse de la classe et de l'ensemble de ses phénomènes. « *Toute didactique, en ce qu'elle concerne la transmission de connaissances liées à certains savoirs, repose sur des hypothèses quant à la nature, la structure, voire l'histoire de ces savoirs, c'est-à-dire une épistémologie*[26] »... affirment deux didacticiens dans un ouvrage récent où, par ailleurs, ils semblent récuser la possibilité, pour la didactique, de se comporter « comme une science prescriptive »[27]. Il n'en reste pas moins vrai que les effets de nombreux travaux didactiques et la fortune du concept de « transposition didactique », au centre de la plupart des recherches dans ce domaine, tendent à reconstituer, en dépit des protestations de quelques didacticiens[28], le couple descriptif/prescriptif : on laisse, en effet, entendre qu'il suffit de bien connaître la

25. *Idem.*

26. Samuel Johsua, Jean-Jacques Dupin, *Introduction à la didactique des sciences et des mathématiques*, PUF, Paris, 1993, page 11.

27. *Ibid.*, page 396.

28. Cf., en particulier, Jean-Pierre Astolfi et Michel Develay, *La didactique des sciences* (PUF, « Que sais-je ? », Paris, 1989, pages 42 à 56), et Michel Develay, *De l'apprentissage à l'enseigne-*

structure des savoirs savants et enseignés, d'avoir perçu la nature des obstacles épistémologiques inhérents à ces savoirs et les contraintes imposées par la situation d'enseignement pour disposer de toutes les ressources nécessaires qui permettent de faire face à une classe. En réalité, il se passe ici, en didactique, ce que précisément les didacticiens décrivent quand ils analysent la transposition didactique des savoirs scolaires : leur propre discours est dégagé des recherches qui lui ont donné naissance, leurs propres concepts sont décontextualisés, isolés des systèmes de pensée dans lesquels ils s'inscrivent, « scolarisés » en quelque sorte pour être intégrés dans le paradigme de la « certitude pédagogique » et laisser croire que l'on dispose là d'un outil qui permettrait de faire l'économie de toute inventivité, constituant une théorie susceptible, non seulement d'inspirer ou de nourrir les pratiques pédagogiques, mais véritablement de les dicter.

Or, et nous sommes ici au cœur de ce qui constitue, pour nous, la difficulté et la richesse majeure de l'entreprise pédagogique, il n'y a, selon l'expression de Michel Soëtard, « *aucune continuité, en éducation et très concrètement dans l'acte pédagogique, entre l'intention et l'instrumentation dans l'action mise en œuvre pour réaliser l'une à travers l'autre*[29] ». En un certain sens, la question est vieille comme le monde et dépasse très largement le domaine de l'éducation. Kant, déjà, faisait remarquer qu' « *il peut se faire qu'il y ait des théoriciens qui ne deviendront jamais de leur vie des praticiens parce qu'il leur manque la faculté de juger ; c'est le cas des médecins ou des juristes qui ont fait de bonnes études, mais qui ne savent pas comment il faut s'y prendre quand il s'agit de donner un conseil*[30] »... Car, explique Kant, « *il faut adjoindre au concept de l'entendement qui contient la règle un acte de la faculté de juger qui permet au praticien de décider si le cas tombe sous la règle ou non*[31] ». Confronté à cette question et cherchant à l'examiner dans les trois registres que constituent « la morale », « le droit politique » et « le droit des gens », Kant concluera, pourtant, que « *ce qui vaut en théorie pour des raisons rationnelles, vaut également pour la pratique*[32] » ; d'une part, parce que, dans bien des domaines, les critiques adressées à la théorie sont dues, en réalité, à une insuffisance de formation théorique (c'est le cas du mécanicien qui critique la mécanique générale en af-

---

ment (ESF éditeur, Paris, 1992) qui souligne qu' « *entre le savoir enseigné, résultat d'un bricolage qui prend en compte un ensemble de paramètres hétérogènes et le savoir assimilé par l'élève en vue non seulement d'une mémorisation, mais d'un travail d'application, de réinvestissement ou de transfert, de nombreuses variations sont possibles* » (page 29).

29. « Rousseau et Pestalozzi : de l'intention à l'action », conférence à l'Université Lumière-Lyon 2, 25 mars 1995.

30. « Sur le lieu commun : il se peut que ce soit juste en théorie, mais en pratique cela ne vaut rien », *Théorie et pratique...*, Garnier-Flammarion, Paris, 1994, page 45.

31. *Idem.* Cet argument sera souvent repris, en particulier par Pierre Bourdieu, *Esquisse d'une théorie de la pratique*, Droz, Genève, 1972, pages 199 et 200 ; voir aussi, de Pierre Bourdieu, *Le sens pratique*, Éditions de Minuit, Paris, 1980. On retrouve également cet argument chez des philosophes de l'éducation comme Olivier Reboul : « *Être pédagogue ne se réduit pas à connaître des règles ; c'est savoir quelle règle il faut appliquer, à quel moment, devant telle classe, pour tel individu...* » (*Qu'est-ce qu'apprendre ?*, Paris, PUF, 1980, page 111).

32. Kant, *op. cit.*,page 93.

firmant qu'elle ne rend pas compte des phénomènes auxquels il est confronté, alors que « *si on ajoutait la théorie du frottement [...], c'est-à-dire, d'une manière générale, un supplément de théorie, elle s'accorderait totalement avec l'expérience*[33] »). D'autre part, et plus fondamentalement, parce que, s'agissant de principes susceptibles de guider l'action, « *si la théorie ne vaut pas grand-chose pour la pratique, cela ne tient pas à la théorie, mais au fait que n'était pas suffisante la théorie que l'homme aurait dû apprendre de l'expérience et qui est la vraie théorie*[34] ». La position kantienne peut apparaître, ici, curieuse... et, pourtant, sans entrer dans l'analyse détaillée qu'elle mériterait, elle nous apparaît profondément cohérente et congruente avec la nature de l'entreprise philosophique de Kant : affirmer que la difficulté de passer de la théorie à la pratique tient, en réalité, à la difficulté de dégager des enseignements théoriques de la pratique est bien la seule hypothèse pour un chercheur qui, par posture, ne produit que de la théorie, même quand il parle de la pratique et raisonne dessus. Dans cette perspective, si on veut épuiser théoriquement le passage de la théorie à la pratique on ne peut, méthodologiquement, le faire que par un surcroît de théorie. Car, penser le passage à la pratique ne peut se faire que théoriquement et donc, paradoxalement, ne peut qu'accroître la béance entre théorie et pratique, l'enflure de la première ne venant jamais à bout de la mise en œuvre de la seconde. L'aporie semble inévitable puisque la recherche inlassable des éléments théoriques qui permettent de penser le passage à l'acte engage dans une recherche d'élucidations théoriques elle-même jamais achevée qui risque précisément de faire reculer sans cesse, voire d'anéantir, la possibilité du passage à l'acte. Il faut donc changer de registre et faire ici un pas de côté ; il faut reconnaître le caractère irréductible à toute théorisation préalable du passage à l'acte.

Le passage à l'acte irréductible à toute théorisation préalable

Nous avons déjà relevé, à plusieurs reprises, le caractère spécifique de l'activité pédagogique dans laquelle l'action précède et permet la connaissance, abolissant par là l'illusion d'un diagnostic préalable possible dont l'analyse recèlerait les principes et les conditions de l'action. Mais, pour autant, la question n'est pas résolue, car ce qui était en jeu jusqu'à présent ne concernait qu'un certain type de connaissances préalables, les connaissances sur l'élève, ses motivations, son niveau de développement, ses stratégies d'apprentissage, sa « pathologie », pour parler comme Kant. Et l'on pourrait parfaitement plaider que, si ce type de connaissances préalables n'est ni vraiment possible, ni vraiment souhaitable, il pourrait exister des connaissances d'un autre type, ce que nous avons

33. *Ibid.*, page 47.

34. *Ibid.*, page 46.

appelé des « savoirs pédagogiques », et dont la maîtrise théorique garantirait la possibilité de les mettre en pratique. Ainsi, la connaissance des propositions pédagogiques de Korczak, de Montessori, de Freinet ou d'Oury suffirait à engager le maître dans des pratiques nouvelles, accordées au statut du projet d'éduquer et mises en œuvre de manière pertinente et obstinée. Or, nous sommes convaincus qu'il n'en est rien et qu'il y a, à cela, de multiples raisons.

D'abord, comme le souligne Jean Houssaye, « *l'action de ces pédagogues renvoie bien entendu à l'action éducative que chacun exerce mais elle ne peut manquer d'être située et, par là, reconnue comme trop particulière, difficilement généralisable. On ne trouvera jamais une correspondance terme à terme entre la situation qui est la nôtre et la situation qui a été la leur, tant et si bien que l'on peut décréter que leurs actes, et donc leur pédagogie, ne sont pas transférables*[35] ». Plus généralement, il faut bien reconnaître que chaque expérience éducative met en présence des personnes qui se rencontrent de manière très largement imprévisible, en un rapport qui confronte leurs singularités dans une expérience inédite et non reproductible ; on peut donc légitimement s'interroger sur la possibilité d'utiliser des méthodes élaborées dans une situation particulière, avec des individus précis, dans des situations nouvelles dont les similitudes avec les situations antérieures peuvent être trompeuses. Bien sûr, en un certain sens, Don Bosco et Makarenko, chacun dans des perspectives idéologiques différentes, ont-ils eu à travailler sur ce que nous nommerions aujourd'hui « la lutte contre l'exclusion »... mais ni vous ni moi ne sommes Makarenko ou Don Bosco, nous ne vivons ni en Italie ni en Union soviétique et les contraintes sociales et institutionnelles que nous avons à assumer sont d'une tout autre nature. Bien sûr, nous pouvons déceler entre leur action pédagogique et les problèmes que se posent les enseignants affrontés aux « publics difficiles » de nos banlieues quelques « invariants », mais il n'est pas certain que nous soyons capables, pour autant, de repérer la nature exacte des problèmes que nous partageons avec eux ni, *a fortiori*, les conditions qui permettent d'utiliser pertinemment les solutions qu'ils ont préconisées.

Le caractère singulier de toute situation éducative, son aspect radicalement inédit, interdit, en effet, un transfert automatique et compromet des emprunts dont on ne sait jamais vraiment si nous serons capables de les mettre en œuvre. Il y a, dans la situation éducative, une expérience de la singularité qui semble décourager toute « application » et imposer de nous méfier de proximités de situations qui laissent échapper des spécificités qui, précisément, peuvent tout remettre en question. Nous ne savons jamais comment vont réagir nos élèves ou les enfants qui nous sont confiés, nous ne le savons pas parce que l'aventure que nous vivons avec eux n'a jamais été vécue par personne avant nous, de cette manière tout au moins, et que nous aurions tort de croire que quiconque, donc, a pu ou pourra en faire la théorie à notre place. Parce que la pédagogie est, par essence, un travail

35. « L'imitation des pédagogues : limites et résistances », *Le furet*, Strasbourg, 1995, 16, 16-19, page 17.

sur des situations particulières et parce que nous savons, depuis Platon, qu'il n'est de science que du général, le pédagogue se trompe lourdement chaque fois qu'il imagine pouvoir identifier des situations où, « toutes choses étant égales par ailleurs », une solution expérimentée avec succès par certains va pouvoir être utilisée par d'autres avec la certitude de la réussite.

Est-ce à dire, pour autant, qu'il n'est pas possible d'identifier des compétences professionnelles pour les enseignants et de travailler à leur formation ? Bien évidemment, non ! Et le travail effectué par Michel Develay dans ce domaine reste exemplaire [36]. Mais un ensemble de compétences ne fait pas un métier : la capacité à expliciter des consignes, à gérer les relations conflictuelles dans la classe, à construire une situation-problème, à organiser un travail de groupe ou une séquence de pédagogie différenciée, à évaluer le travail de ses élèves et à participer à l'élaboration d'un projet d'établissement... tout cela est évidemment nécessaire, mais tout cela n'a de sens que si on l'inscrit dans une intention fondatrice, si on l'articule à ce que nous avons nommé le « moment pédagogique » et si on le vit à travers les tensions fondatrices que nous avons présentées. Tout cela, en d'autres termes, ne permet pas d'espérer contrôler l'action en permanence, *a fortiori* de la programmer. Il est inutile de rêver que l'on puisse un jour devenir capable d'analyser sereinement, à chaque instant, les problèmes qui se posent dans une classe pour en tirer les conséquences logiques et prendre les décisions rationnelles qui s'imposent.

De nombreux auteurs ont souligné, à cet égard, ce que Clermont Gauthier nomme superbement, en plagiant Milan Kundera, « l'insoutenable légèreté de la pédagogie » [37] : « *Enseigner nécessite du jugement. Mille fois par jour le professeur doit juger sur une foule de détails. Souvent il n'a même pas besoin de réfléchir, la décision vient presque d'elle-même. En d'autres circonstances, il faut peser le pour et le contre et trancher. C'est là l'affaire du jugement qui trouve la règle pour le cas. Le professeur aura beau être informé de toutes les données sur la situation, il ne saura jamais véritablement quelle est la règle qui lui indiquerait en toute sécurité quoi faire dans ce cas. Le jugement est une affaire de talent, il ne s'enseigne ni ne s'apprend. Il s'exerce. S'exerçant, on en vient à constituer progressivement une " jurisprudence " mais celle-ci ne garantit pas l'exactitude du prochain jugement qui arrive dans un autre contexte. Il n'y a pas de règle qui indique que c'est telle règle qu'il faut appliquer dans telle situation*[38] ». Il est donc impossible de « fonder en vérité » l'action pédagogique. Parce que l'éducation est inscrite dans l'irréversibilité du temps et la singularité des situations individuelles, parce que jamais deux situations ne se renouvellent à l'identique, la pédagogie est bien condamnée à cette « insoutenable lé-

---

36. Cf. *Peut-on former les enseignants ?*, ESF éditeur, Paris, 1993, en particulier pages 113 à 118.

37. Jean Houssaye a également repris l'expression « L'insoutenable légèreté de l'être pédagogique » dans « Pédagogie de la formation initiale ou saint Thomas en formation », Bulletin n° 7 de l'Association des enseignants et chercheurs en sciences de l'éducation, mars 1990, pages 9 à 15.

38. *Tranches de savoir – L'insoutenable légèreté de la pédagogie*, Éditions Logiques, Montréal, 1993, page 165.

gèreté » : « *La planète avance dans le vide sans aucun maître. La voilà, l'insoutenable légèreté de l'être*[39] ». Car, « *en travaux pratiques de physique, n'importe quel collégien peut faire des expériences pour vérifier l'exactitude d'une hypothèse scientifique. Mais l'homme, parce qu'il n'a qu'une vie, n'a aucune possibilité de vérifier l'hypothèse par l'expérience, de sorte qu'il ne saura jamais s'il a eu tort ou raison d'obéir à son sentiment*[40] ». Et le pédagogue, parce que les faits ne se reproduisent jamais à l'identique, parce que les personnes et les situations, même si elles se ressemblent, ne sont jamais complètement les mêmes, parce que lui-même est toujours différent, enrichi ou meurtri de ses expériences passées, parce qu'il ne sait jamais vraiment ni à qui ni à quoi imputer les résultats qu'il observe, est bien condamné « à avancer dans le vide », à assumer irrémédiablement le risque et l'incertitude.

Certes, les sociologues de l'éducation, comme Philippe Perrenoud, nous montrent bien que les enseignants, en réalité, mettent en place, pour faire face à cette difficile incertitude, des « schèmes d'action », et qu' « *une partie importante de l'activité pédagogique est fondée sur des routines ou une improvisation réglée qui font appel à un* habitus *personnel ou professionnel plutôt qu'à des savoirs*[41] ». Et il est, sans doute, essentiel de reconnaître l'existence de ces *habitus* ; mais il est tout aussi important de ne pas les laisser se figer dans des mécanismes impersonnels qui assureraient la sécurité de l'enseignant au prix d'une impasse complète sur le caractère aventureux de toute relation éducative.

Or, précisément, nous assistons aujourd'hui au développement de toute une littérature éducative qui tend à installer des schèmes d'action qui garantiraient la « réussite à coup sûr » et écarteraient résolument ce caractère aventureux. Certains travaux inspirés de la « pédagogie par objectifs », certaines méthodes importées du monde de l'entreprise et centrées sur la « technologie du projet », tentent d'inscrire l'action dans une logique programmatique et déductive qui permet d'éviter les affres du passage à l'acte[42]. Le « projet-programme », dénoncé par Jacques Ardoino, se substitue ainsi au « projet-visée »[43] ; on organise l'action en étapes successives rationnellement organisées, on conseille au sujet d'être attentif à ses stratégies personnelles de manière à « optimiser » le processus ; on suppose en fait que le suivi scrupuleux d'une programmation rigoureuse associé à une prise en compte des facteurs individuels peuvent venir à bout de manière définitive de la question du passage à l'acte[44].

---

39. Milan Kundera, *L'insoutenable légèreté de l'être*, Gallimard, Paris, 1986, page 60.

40. *Ibid.*, page 47.

41. « Le travail sur l'habitus dans la formation des enseignants », intervention au symposium « Formation des enseignants », Louvain-la-Neuve, 12-14 septembre 1994, page 3.

42. On connaît, dans cette perspective, les tentatives d'utilisation, dans le registre de l'éducation, des techniques managériales et de la « démarche qualité » comme le « diagramme d'Ishikawa », appelé aussi, très symptomatiquement, « diagramme cause/effet » (cf. Jean-Pierre Obin et Françoise Cros, *Le projet d'établissement*, Hachette-Éducation, Paris, 1991, page 118).

43. « Pédagogie du projet ou projet éducatif », *Pour*, 94, mars-avril 1984.

44. Cf. Jean-Paul Lavergne, *La décision*, ESF éditeur, Paris, 1983.

C'est dans une telle perspective que se développe, par exemple, un ensemble de théories sur « l'analyse des besoins de formation » ; les « besoins » sont ici conçus comme des entités isolables et objectives qui permettraient de définir les actions de formation correspondantes. Or chacun sait bien à quel point la notion de besoin est ambiguë et permet toutes les manipulations : il n'y a pas de « besoin objectif », il n'y a de « besoin » que dans une conception implicite ou explicite de la « complétude », qu'en référence à des finalités ; de plus, les « besoins de formation » sont toujours subtilement analysés par le formateur et scindés en deux catégories facilement manipulables : les « besoins superficiels » attribués aux caprices individuels ou aux conditionnements sociaux et les « besoins profonds » miraculeusement accordés à l'offre de formation. Là encore, nous nous trouvons en face d'une notion qui cherche à dénier la discontinuité entre description et prescription, entre intention et instrumentation, en introduisant une continuité factice. Car, en réalité, en formation, il n'est jamais possible d'isoler des besoins qui entraîneraient des actions selon une logique linéaire. Il y a simplement des problèmes qui peuvent être identifiés et dont la résolution n'est jamais contenue dans la simple analyse des données mais requiert toujours que le formateur formule des objectifs et des méthodes en fonction des finalités qui sont les siennes. Définir des objectifs de formation, c'est, en ce sens, accepter « l'insoutenable légèreté de la pédagogie », c'est refuser de laisser penser qu'il suffit d' « y voir clair » pour faire des propositions efficaces, c'est réinstaller l'inventivité au cœur de la démarche formative, retrouver la pédagogie quand une mécanique technocratique tentait de la faire disparaître [45]... Des élèves peuvent avoir des problèmes pour apprendre leur leçon ou rédiger une dissertation, des adultes peuvent rencontrer des difficultés pour effectuer une tâche ou remplir des fonctions professionnelles ; il est important que je les entende, il est essentiel que je perçoive leur résistance, mais il est inutile que je cherche désespérément à faire émerger, en une gymnastique non-directive dérisoire, les solutions à ces problèmes et à ces difficultés de leur simple analyse descriptive. Les objectifs, les méthodes que je pourrai proposer ne sont jamais contenus dans les faits que je recueille ; ils sont à inventer, dans toutes leurs dimensions, en fonction de deux séries de données aux relations toujours aléatoires et jamais bijectives : un ensemble de variables caractérisant une situation précise et impossibles à analyser dans leur exhaustive complexité et un ensemble toujours ouvert et à renouveler de possibilités d'action. C'est alors l'effort inventif et tenace pour établir quelques liens entre ces deux ensembles qui permet de briser le cercle infernal description/prescription et d'ébaucher une proposition.

---

45. Ainsi Jean-Pierre Obin, après avoir présenté et analysé les « méthodologies du projet », aborde-t-il ce qu'il nomme « un obstacle méthodologique : l'élaboration des objectifs » ; il souligne alors la difficulté qu'il y a à passer d'une « culture critique » de l'analyse des situations à une « culture positive de l'engagement » et, s'il propose des outils pour accompagner ce passage, il n'en pointe pas moins les limites (cf. *La crise de l'organisation scolaire*, Hachette-Éducation, Paris, 1993, pages 251 à 266).

Ainsi comprise, la proposition pédagogique s'apparente à la capacité de saisir une « occasion » et de retrouver cet « art de faire » dont parle Michel de Certeau[46]. Un « art de faire » que Michel de Certeau analyse dans le champ des savoirs et des pratiques par un travail sur le récit et qui lui permet de présenter l' « occasion » comme un « nœud », une manière de lier les quatre secteurs d'une configuration que nous explorons sans cesse – dont nous devons faire le « tour », explique Michel de Certeau – pour y rencontrer et y saisir le moment propice qui nous permet de passer à l'acte. Ainsi, sommes nous-confrontés d'abord – et c'est le premier élément de ce « tour » – à une situation où les forces nous manquent pour affronter un problème ; nous faisons alors appel à notre mémoire – et c'est là le deuxième moment – avant de concentrer ce savoir-mémoire dans un temps réduit à la dimension du passage à l'acte... troisième moment de ce parcours qui s'achève par la production des effets attendus : « *L'occasion n'est ainsi isolable ni d'une conjoncture ni d'une opération. Ce n'est pas un fait détachable du « tour » qui le produit. À s'inscrire dans une suite d'éléments, elle en distord les rapports. Elle s'y traduit en torsions générées dans une situation par le rapprochement de dimensions qualitativement hétérogènes qui ne sont plus seulement des oppositions de contrariété ou de contradiction*[47] ».

L'occasion, dans le registre pédagogique, ce sera alors cet instant privilégié où peut se nouer une action dans la conscience des difficultés que l'on rencontre, en faisant appel à la mémoire de tous les événements passés et de toutes les informations saisies, jusqu'au resserrement de l'énergie de la personne autour d'une décision « *qui concentre le plus de savoirs dans le moins de temps*[48] » et permet de produire des effets qui, eux-mêmes, deviendront les éléments d'une nouvelle situation de départ... Il y a ainsi, en quelque sorte, une dynamique dans laquelle le maître s'inscrit pour se construire lui-même en même temps qu'il répond aux sollicitations des situations qu'il doit affronter. Sa trajectoire identitaire se développe dans une conjoncture qu'il parvient à ressaisir, dans laquelle il utilise les handicaps qu'il doit affronter pour puiser dans ses ressources et inventer une manière de réagir : « *Pour qu'il y ait " harmonie " pratique, manque un petit rien, un bout de quelque chose, un reste devenu précieux dans la circonstance et que va fournir l'invisible trésor de la mémoire. Mais le fragment à sortir de ce fonds ne peut être insinué que dans une disposition imposée de l'extérieur, pour la muer en harmonie instable, bricolée. Sous sa forme pratique, la mémoire n'a pas une organisation toute prête qu'elle caserait là. Elle se mobilise relativement à ce qui arrive – une surprise, qu'elle est habile à transformer en occasion. Elle ne se loge que dans une rencontre fortuite chez l'autre*[49] ». Ainsi les savoirs pédagogiques peuvent-ils, tout au plus, constituer cette « mémoire » dont parle Michel de Certeau, à

46. *L'invention du quotidien – 1. Arts de faire*, Folio-Essais, Gallimard, Paris, 1990.

47. *Ibid.*, page 127.

48. *Ibid.*, page 126.

49. *Ibid.*, pages 130 et 131.

laquelle nous faisons appel quand nous parvenons à établir entre les circonstances et elle cette rencontre étrange qu'il nomme « occasion ».

Mais comment saisir cette occasion ? Comment se mobiliser dans l'instant et comprendre qu'il y a là un moment essentiel, quelque chose à ne pas rater, une situation qui, d'une certaine manière, ne s'est jamais produite et ne se reproduira jamais, une situation qui n'a pas été annoncée et que l'on ne reverra plus sous cette forme, une sorte de conjonction possible et quelque peu miraculeuse, une tangence privilégiée entre deux univers, une occasion à saisir pour réaliser quelque chose qui soit, tout à la fois, une initiative qui vienne de soi, une proposition accordée aux circonstances et un geste qui permette de faire acte d'éducation ? On se doute que la chose n'est pas simple et qu'elle requiert deux conditions apparemment contradictoires mais, en réalité, profondément solidaires, que Vladimir Jankélévitch nomme « vigilance et souplesse, décision et abandon » : « *Si l'occasion est une grâce, la grâce suppose, pour être reçue, une conscience en état de grâce. Tout peut devenir occasion pour une conscience inquiète, capable de féconder le hasard*[50] ». Tout peut advenir pour celui qui sait être attentif aux choses et dont la mémoire est assez riche pour lui permettre de créer le lien, à l'instant fugace où celui-ci est possible, entre ses savoirs et les circonstances qu'il vit. Tout peut advenir pour celui qui est capable de voir, dans l'infinie diversité des événements quotidiens, un appel à se mobiliser, lui, sur ce qu'il peut véritablement faire. Tout peut advenir pour qui sait nouer dans une intention unique – qui le constitue en tant que sujet – ses propres forces, les informations qu'il prend dans le milieu où il vit et quelques bribes de la richesse culturelle dont il a pu bénéficier[51].

Et nous ne parvenons à cela que dans l'équivoque de ce que Jankélévitch nomme « une soudaineté progressive »[52] : « soudaineté » parce que rien, à proprement parler, ne peut jamais nous dispenser de ce saut qualitatif qui rompt avec tous les entraînements antérieurs : « *L'apprenti a beau faire studieusement ses classes, parcourir consciencieusement le cycle de sa propédeutique, du moment qu'à la dernière minute il ne se jette pas dans le vide les yeux fermés, tel un aveugle, du moment qu'il hésite et tremble sur le bord, c'est comme s'il n'avait rien fait*[53] ». Mais soudaineté « progressive » parce que le saut n'est possible, et donc la saisie de l'occasion, que dans la mesure où l'apprenti dispose d'une mémoire et s'est exercé à cette vigilance minimale qui permet de repérer les traits de la situation auxquels résonner. C'est pourquoi, comme le dit encore Jankélévitch, « *il reste vrai, en gros, que l'intuition récompense seulement ceux*

---

50. Vladimir Jankélévitch, Béatrice Berlowitz, *Quelque part dans l'inachevé*, Gallimard, Paris, 1978, page 39.

51. Notre approche de la pédagogie rejoint ici ce que Pierre Gillet nomme « la pédagogique » et à laquelle il affecte trois attributs essentiels : l'intentionnalité, l'opportunité et la rationalité limitée (cf. *Pour une pédagogique, ou l'enseignant expert*, PUF, Paris, 1987, page 268).

52. *La mort*, Champs-Flammarion, Paris, 1988, page 279.

53. *Ibid.*, page 280.

qui ont bien travaillé et passionnément cherché ; mais il est vrai aussi qu'elle n'est jamais donnée comme un salaire dû nécessairement et automatiquement à ceux qui l'ont mérité par leur travail[54] ». Et c'est ainsi que le travail pédagogique, comme, sans doute, bien des activités humaines, suppose une recherche obstinée des moyens que l'on peut « mettre en mémoire » associée à un entraînement toujours plus poussé à comprendre ce qui se passe sous nos yeux, à saisir les indicateurs les plus pertinents, à mesurer les enjeux de la situation, à anticiper les conséquences de ses actes. Mais, toute cette propédeutique ne sert de rien sans la décision de « passer à l'acte », le « saut dans le vide », le moment où l'on quitte le registre des préparatifs pour se saisir d'une occasion et s'y investir tout entier.

Car, « *il faut distinguer entre possibilité et pouvoir ; entre les deux se glisse la mince détermination du vouloir* » explique Pierre Cariou dans un essai consacré à Pascal et à la morale[55]. Or, qui peut vouloir éduquer l'autre ? Qui peut s'engager délibérément dans cette entreprise insensée ? Qui peut tenter une telle folie ? Comment concilier notre médiocrité, notre « misère », comme le dit précisément Pascal, avec notre ambition démesurée d'amener un enfant aux rives de ce que l'humanité a élaboré de plus grand ? Comment vivre dans la finitude de notre condition sans abdiquer l'infini de nos convictions qui nous permet encore, parfois, de tenir debout ? Pascal, précisément, s'est affronté à cette question, comme le montre admirablement Pierre Cariou : lui qui n'a cessé de rappeler la « misère de l'homme sans Dieu » a combattu jusqu'au bout les casuistes qui, précisément au nom de cette « misère » étaient prêts à excuser toutes nos faiblesses et toutes nos trahisons[56]. Et l'intransigeance morale dont il fait preuve peut paraître bien étrange au regard de sa piètre considération pour les hommes et leurs vertus. Mais c'est que Pascal croit à la « grâce » et qu'il est convaincu qu'au moment même où j'agis conformément à l'exigence morale, ce n'est pas moi qui agit mais Dieu qui agit en moi. Comme si l'humaine condition ne pouvait accéder à la vertu que par une sorte de mouvement de dépossession d'elle-même... comme si l'éducation ne pouvait être possible que dans la mesure où, à l'instant même où j'agis, je me déprenais de ma propre action, exerçant ma responsabilité tout en creusant en quelque sorte, en moi-même, l'espace où l'autre peut exercer la sienne.

Et nous touchons là, sans doute, à cela seul qui rend possible le passage à l'acte pédagogique : **la conviction qu'à l'instant même où nous agissons, c'est l'autre qui agit et lui seul puisque lui seul peut décider de son destin et que c'est là, précisément, la fin de toute éducation.** La chose peut paraître mystérieuse tant que l'on ne comprend pas que l'action pédagogique ne s'effectue pas sur ce qu'elle vise : elle s'effectue dans un registre qui est celui des dispositifs, elle vise le registre de la liberté. Elle n'est donc possible que dans une éthique de

---

54. *Idem.*

55. Pierre Cariou, *Pascal et la casuistique*, PUF, Paris, 1993, page 175.

56. Voir, bien entendu, *Les Provinciales*, Garnier, Paris, 1965, et, en particulier, les neuvième et dixième lettres.

la finitude où l'acceptation de notre impuissance sur l'autre est au centre même de ce qui nous fait agir sur lui. Car, tant que l'autre est sommé de reconnaître dans l'action de son éducateur ce qui le nourrit, le mobilise, comble son désir et peut agir à sa place, il est contraint d'abolir l'éducateur pour affirmer sa propre existence. En revanche, quand l'éducateur ne se revendique pour l'autre ni source ni cause, il lui laisse la place pour exister à son tour : « *Ce qui distingue l'art du sculpteur de l'art de l'éducateur, c'est que le premier agit sur un être, un composé de matière et de forme qui n'a pas en lui le principe (la cause et l'origine) de sa genèse mais le tient de l'artiste, alors que le second agit avec et sur un autre qui possède, par nature, un principe de croissance et de développement que l'action éducative doit suivre et favoriser*[57] ».

C'est ainsi qu'à nouveau nous retrouvons Pestalozzi : « *Comme tout ce que les enfants apprennent [...] est tiré des profondeurs de leur être intérieur, cela éveille nécessairement et de façon vivante en eux la conscience de leurs forces intérieures, ainsi que le pressentiment de la hauteur à laquelle ces forces peuvent être élevées, comme aussi une aspiration reposant sur la conscience de ces forces, et partant d'elles, à devenir autonomes par l'activité autonome, et, par l'accomplissement de chaque chose prise une à une qui ravive leur activité autonome, à s'approcher toujours plus du perfectionnement du tout, qui est le but de leur activité autonome, du perfectionnement d'eux-mêmes*[58] ». Et, au-delà de Pestalozzi, bien au delà, dans le désert des enfants autistes, nous apercevons Fernand Deligny, revendiquant son impuissance comme présence éducative ultime en une ascèse qui « *connaît là le point extrême d'une voie purgative marquée par la plus radicale abstinence. [...] S'abstenir d'intervenir autrement que par l'occupation désintéressée du temps et de l'espace, humanisés selon un mode frustre mais non frustrant : voilà la résolution et sa croyance porteuse. Ni projet, ni voyance. Être là, agir là. Et il se peut qu'il advienne de l'humain*[59] ». Se dessaisir de toute puissance et, *a fortiori*, de son fantasme de toute-puissance ; être là, dans la reconnaissance brute d'une présence qui peut faire advenir un geste, une parole qui viennent enfin de l'autre et que nous soyons simplement prêts à accueillir.

Et, pour nous aujourd'hui, avec des enfants « ordinaires » et au quotidien, l'exigence est, fondamentalement, de même nature : agir avec méthode et obstination et se déprendre simultanément du pouvoir que l'on pourrait exercer sur celui sur lequel on agit. Agir sur les dispositifs pour laisser l'autre agir, en leur sein, à la place qu'il décidera d'occuper ; trouver le courage de passer à l'acte parce que, précisément, je me dépossède de mon action à l'instant même où je

---

57. Maurice Tardif, « Éléments pour une théorie de la pratique éducative », *Le savoir des enseignants : que savent-ils ?* Editions Logiques, Montréal, 1993, 23-45, page 32.

58. *Esprit et cœur dans la méthode* (1805), cité dans *Pestalozzi*, Michel Soëtard, PUF, Paris, 1995, pages 113 et 114.

59. Daniel Hameline, « Jalons pour une ascèse de la relation éducative », préface, Françoise Ribordy-Tschopp, *Fernand Deligny, « éducateur sans qualités »*, Éditions IES, Genève, 1989. De Fernand Deligny, voir *Le croire et le craindre*, Stock, Paris, 1978.

l'accomplis ; tenter d'éduquer parce que je sais que je n'éduque jamais rien ni personne mais que je peux, simplement, créer les conditions pour que l'autre s'éduque lui-même ; se savoir impuissant sur la liberté de l'autre pour retrouver un pouvoir sur les dispositifs qui lui permettent de s'affirmer... parce que, décidément, et pour rappeler à nouveau la célèbre la formule de Lacan, « *si je me mets à la place de l'autre, l'autre, où est-ce qu'il se mettra ?* »

Ainsi, faut-il accepter une rupture radicale entre l'intention éducative et l'instrumentation pédagogique : « *Elles ne sont plus en continuité naturelle, elles ne peuvent plus l'être pour autant que l'éducation est la rencontre de deux libertés, l'une certes en proposition, l'autre certes en demande de construction, mais quand même dans une construction où celui qui se construit ne doit fondamentalement plus rien à celui qui le construit*[60] ». Il y a donc un deuil à faire, irrémédiablement. Un deuil difficile : « Je veux le bien de l'autre et je ne peux le faire à sa place... Plus encore, l'autre fera de lui, *in fine*, ce qu'il veut et il le fera hors de mon pouvoir et de mon regard, dans le mouvement d'une individualité qui se construit et échappe à toute généralisation, à toute pensée scientifique, à toutes les " sciences de l'éducation ". »

Professionnalisation des maîtres et formation du jugement

En 1983, lors d'une enquête sur les pratiques des enseignants, Michaël Huberman avait noté qu' « *une explication fournie pendant deux minutes par un collègue ayant une classe du même degré, sur la manière de résoudre un problème de discipline, risque d'avoir davantage de conséquences qu'un séminaire de formation continue présentant une centaine de recherches validées sur le même sujet*[61] ». Il remettait en question ici, comme nous l'avons fait nous-même, une conception de la formation des enseignants fondée sur une continuité entre théories élaborées par les sciences de l'éducation et pratiques pédagogiques. Mais, plus encore, il laissait entrevoir que l'action pédagogique est bien « affaire d'occasion » et renvoie à un ensemble d'éléments que nous avons découverts à travers les analyses de Michel de Certeau et les perspectives ouvertes par Jankélévitch : l'existence d'une difficulté, la présence d'une « mémoire » à solliciter pour trouver des éléments de solutions, la vigilance qui aide à repérer dans les circonstances vécues les indicateurs permettant de faire appel à cette mémoire et une « circulation narrative » par laquelle ces trois éléments sont mis en interac-

60. Michel Soëtard, « Rousseau et Pestalozzi : de l'intention à l'action », conférence à l'Université Lumière-Lyon 2, 25 mars 1995, page 7.

61. « Répertoires, recettes et vie de la classe : comment les enseignants utilisent l'information », *Éducation et recherche*, 1987, 2, 157-177, page 167.

tion et qui nous donne le courage de passer à l'acte en acceptant que l'exercice du pouvoir soit aussi renonciation à la toute-puissance. Ce sont ces éléments que nous présentons, de manière par trop schématique, dans le tableau suivant, avant de les reprendre de façon plus détaillée.

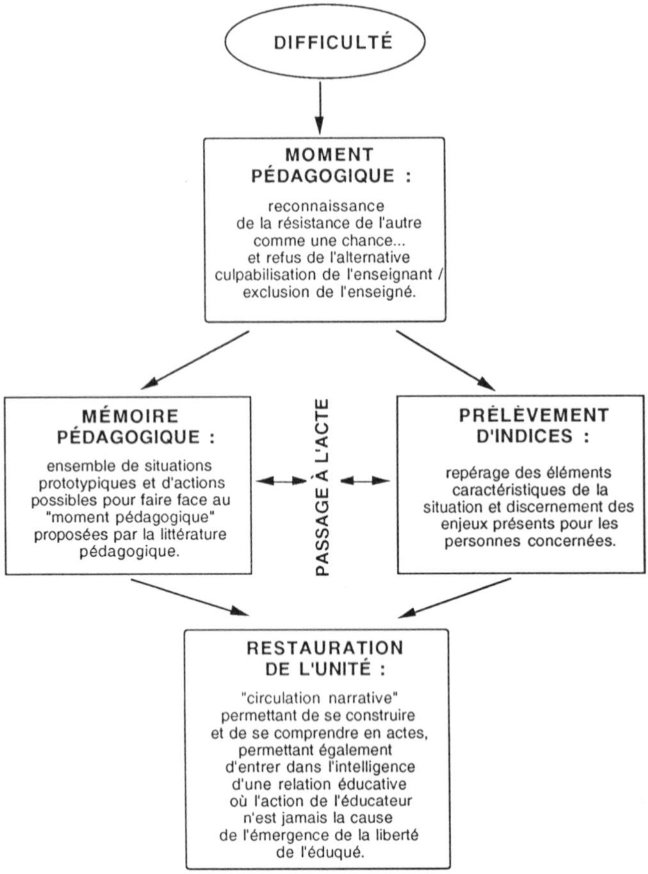

Que l'on nous comprenne bien : loin de nous, ici, le désir de repenser complètement la formation des maîtres, tant dans ses contenus que dans ses structures ; l'entreprise supposerait une recherche spécifique d'une tout autre ampleur [62]. Notre projet est différent : nous croyons que toute formation professionnelle des éducateurs en général, et des maîtres en particulier, quelles que soient ses structures et ses méthodes, quels que soient les contenus académiques et scientifiques qu'elle peut proposer, doit être en quelque sorte tramée par ce que nous nommons ici, pour faire vite, « la formation du jugement pédagogique » ; et

62. Cette entreprise a été engagée, de manière particulièrement suggestive, par Philippe Perrenoud dans *La formation des enseignants entre théorie et pratique*, L'Harmattan, Paris, 1994.

nous sommes convaincu qu'il ne s'agit pas nécessairement d'ajouter de nouvelles matières à celles qui sont déjà utilisées et enseignées mais bien de les envisager autrement dans une perspective différente qui place le « moment pédagogique » comme organisateur central de la formation et la réflexion sur l'écart entre le dire et le faire, comme tension féconde et dynamogène.

Quatre temps nous paraissent nécessaires dans cette formation, quatre temps que nous présentons ici de manière linéaire mais qui, en réalité, doivent être en permanence en interaction et traverser aussi bien l'ensemble des « informations » dispensées (enseignements, conférences, lectures, ressources documentaires de toutes natures, etc.) que l'ensemble des « dispositifs de formation » (alternance, résolution de problèmes professionnels, tutorat, etc.). Quatre dimensions dont l'articulation, croyons-nous, permet l'accès à une véritable professionnalité qui ne se réduit ni à une accumulation de savoirs académiques et pédagogiques, ni à une juxtaposition de compétences techniques, ni à un processus de « contagion » par lequel on acquérait un art « ineffable » au contact d'un modèle prestigieux [63].

La première dimension de ce modèle concerne ce que nous avons nommé plus haut le « moment pédagogique » et dont nous avons dit toute l'importance que nous lui accordons. C'est ce moment où l'enseignant accepte d'entendre la résistance de l'autre, de suspendre, un instant, sa logique d'enseignement et l'exposé encyclopédique de son savoir pour accepter que l'autre, en face de lui, ne comprenne pas, ne désire pas, ne décide pas d'apprendre ce qu'on lui demande, quand on le lui demande. C'est l'instant où l'éducateur reconnaît le fait que la réalité ne le comble pas mais que, pour autant, il n'est ni condamné à la culpabilisation (« Je suis « mauvais » et je vais changer de métier ou abdiquer toute ambition d'y réussir »), ni acculé à l'exclusion (« C'est l'autre qui est « mauvais » et qui doit disparaître pour qu'à nouveau le système fonctionne et que je puisse panser mes blessures narcissiques »). Il y a là, dans l'acceptation de ce « moment », une condition fondatrice de ce que nous pourrions nommer « l'entrée en pédagogie », une condition qui fait appel à ce que nous voudrions identifier, en dépit des connotations péjoratives de ce terme, comme de **la compassion**.

Nous savons bien, pourtant, que la compassion n'a pas bonne presse ; elle a un parfum de catholicisme sulpicien qui irrite les modernes et les rationalistes ; elle choque aussi ceux qui lui préfèrent l'amour, le don de soi et la joie qui leur est accordée ; elle paraît vieillotte pour ceux qui manipulent plus volontiers le vocable rogérien d'empathie, sorte de compassion habillée avec les lambeaux d'une psychosociologie qui rappelle sans cesse que le souci de l'autre n'est tolérable que s'il s'accompagne de son contraire, la congruence, l'authenticité de celui qui ose s'affirmer tel qu'il est et ne risque pas de s'anéantir dans la souffrance d'autrui. La compassion fait sourire les esprits forts et rire les scientifiques.

---

63. Ces différentes conceptions de formation sont présentées par Alain Trousson : *De l'enseignant à l'expert, la formation des enseignants en question*, Hachette Éducation – CNDP, Paris, 1992.

Elle apparaît comme le signe d'une faiblesse, une sorte d'indécence dans un univers où la militance, quand elle est tolérée, doit être appuyée sur de solides analyses économiques ou sur un mouvement médiatique avéré.

Il nous semble, pourtant, que la compassion est essentielle, qu'elle est au cœur de ce qui nous rend les uns aux autres « compatibles » [64], capables de partage, intelligents de la souffrance ou de la difficulté de l'autre, inventeurs de ce qui nous donnera une chance de nous rencontrer. En ce sens, la compassion est bien au centre du romanesque en ce qu'il porte une des expressions les plus fortes de l'humain. Et s'il nous est arrivé de dire que la lecture du *Sagouin* de Mauriac était aussi importante pour les futurs enseignants – comme pour ceux qui exercent déjà le métier – que l'étude de la psychologie de Piaget, ce n'était pas là une simple boutade. Nous sommes convaincu, en effet, que l'œuvre littéraire est porteuse, sur les choses éducatives, d'un véritable « savoir savant » : elle nous découvre, avec la force et la précision de l'approche savante ce qui se trame dans la relation éducative ; elle nous renvoie une image de nous-même qui nous permet, tout à la fois, de nous reconnaître, de nous comprendre et de nous dépasser... C'est que les sciences, *a fortiori* les sciences expérimentales, n'ont pas le monopole des outils d'intelligibilité du monde et des hommes. Ne doit-on pas accepter l'idée que Rimbaud nous ouvre à l'intelligence du monde tout autant que Newton, Saint-John Perse autant que Durkheim, Picasso autant qu'Heisenberg et Montherlant autant que Freud ? Pourquoi construire la formation des maîtres et des éducateurs sur cet implicite jamais questionné selon lequel « seul ce qui est scientifique est formateur » ?

Ce que l'on s'efforce de réaliser dans la formation initiale des élèves, cet équilibre entre les exigences scientifiques et l'expérience littéraire, a ainsi sa place dans toutes les formations qui touchent à l'humain et travaillent au quotidien sur la complexité des relations entre les êtres. On est ainsi en droit de se demander pourquoi l'on a écarté systématiquement, depuis de nombreuses années, l'approche littéraire dans la formation des maîtres, au point de cantonner les professeurs de français des écoles normales et des IUFM dans la grammaire de texte ou la didactique de la lecture. On est également en droit de s'interroger sur ce qui a été perdu ici, et en particulier sur cet abandon de l'expérience de la singularité éducative que seule l'approche littéraire peut nous livrer. Abandonnée aux seuls philosophes, la réflexion sur l'éducation gagne, sans doute, en rigueur mais perd, de toute évidence, en épaisseur humaine et en qualité d'implication. Elle devient une réflexion générale sur les principes éducatifs – réflexion dont nul ne peut contester l'importance – mais réflexion qui ne laisse guère de place à cette appréhension charnelle, au travers de nos émotions et dans la vérité d'un texte littéraire, de ce qui se joue quand un homme tente d'en éduquer un autre et que ces deux êtres sont amenés à assumer ensemble les contradictions vives de l'humain. Car

64. « Compatir » et « compatible » sont formés sur la même racine et « être compatible » signifiait bien, jusqu'au XVIe siècle, « être compatissant » (Alain Rey, *Dictionnaire historique de la langue française*, Robert, Paris, 1993, page 458).

c'est bien la littérature qui nous donne accès à ces contradictions, c'est bien elle qui est véritablement capable de nous permettre de les éprouver dans notre sensibilité et notre intelligence avant d'être amenés à les vivre... ou après parfois ! C'est le texte littéraire qui nous fait accéder à l'humain en nous et dans l'autre, à cet humain qui résiste toujours et que je ne dois jamais briser au risque d'anéantir cette « compatibilité » fondatrice de toute socialité.

On ne peut être pédagogue sans avoir éprouvé la souffrance, la solitude, l'exclusion de celui que le discours du maître écarte du cercle des élus. Sans l'avoir éprouvé vraiment, à travers un texte qui a su en dire toute la violence et trouver les mots pour nous rendre à nous-mêmes à jamais différents. En faire l'expérience personnelle, ici, ne suffit pas, car l'expérience personnelle, comme les événements du monde, n'est jamais lisible directement ; il y faut une « théorie », un « savoir savant » et la littérature est à notre expérience personnelle ce que les sciences physiques sont à l'observation directe des phénomènes : un outil d'intelligibilité... un moyen d'accéder, non point mécaniquement – car rien, ici, n'est mécanique – mais mystérieusement au « moment pédagogique » [65].

La deuxième dimension de notre modèle est constituée par ce que nous avons nommé la « mémoire pédagogique » de l'enseignant. À bien des égards, cette notion est proche de ce que nos collègues nord-américains nomment la « base de connaissances de l'enseignement » et dont ils montrent qu'elle ne constitue pas un ensemble homogène de savoirs organisés utilisables dans des situations définies à l'avance mais bien une sorte de réserve assez composite où doivent coexister des résultats quantitatifs d'études de terrain, des informations sur les processus de cognition et d'apprentissage et des données concernant les interactions individuelles et sociales dans l'institution scolaire. À ces différents titres sont alors convoqués les résultats des recherches expérimentales, les travaux des psychologues cognitivistes et ceux de l'ethnométhodologie, pour autant que ces données concernent directement l'enseignant en action et permettent de « *saisir les savoirs que mobilise l'enseignant pour exercer son métier* [66] ». Il s'agit,

65. Nous avons tenté, dans la perspective que nous venons d'évoquer, de présenter un certain nombre de textes littéraires dont la lecture nous paraît absolument essentielle en formation des maîtres : Philippe Meirieu, *Histoire et actualité de la pédagogie, repères théoriques et bibliographiques,* Outils de base pour la recherche en éducation,1, Université Lumière-Lyon 2, Lyon, 1994, pages 29 à 38.
Ceci dit, nous ne prétendons pas résoudre ici la difficile question des méthodes nécessaires à l'approche de ces textes littéraires. Celles-ci doivent faire l'objet d'un travail spécifique que définit bien Bruno Gelas quand il place l'enseignement de la littérature en tension entre une « posture critique » (qui permet au lecteur crédule de ne pas s'abandonner trop vite à la rhétorique et aux émotions) et une « posture initiatique » (par laquelle l'enseignant, « détenteur du secret », fait entendre « le texte comme voix »). Il s'agit ici de « *tenir les deux bouts inconciliables de la lecture et d'organiser un va-et-vient entre eux* » (« L'impossible enseignement de la littérature », *Confluence(s)*,3, mars 1995, 13-18, page 16).

66. « La recherche d'une base de connaissances en enseignement », Clermont Gauthier, Stéphane Martineau, Frédéric Legault, Maurice Tardif (Faculté des sciences de l'éducation de l'université Laval à Québec), intervention au symposium « Formation des enseignants », Louvain-la-Neuve, 12-14 septembre 1994, page 18.

pour ces auteurs, de « *mettre à jour et de valider le savoir d'expérience des enseignants afin qu'il ne soit pas confiné au domaine particulier de la pratique individuelle mais qu'il puisse servir en tant que réservoir public de connaissances*[67] ». Bien évidemment, ces auteurs récusent l'idée qu'il puisse y avoir une application « scientiste » de cette base de connaissance et, se démarquant comme nous-même, d'une vision « psychopédagogique », invoquent la tradition qui, d'Aristote à Schön[68], en passant par Dewey[69], considère les savoirs théoriques comme une aide à la décision. Ils font alors l'éloge de la « prudence » (la *phronesis* qu'ils opposent à la *techné*) qui, seule, de leur point de vue, peut permettre de décider en évaluant les risques et en comprenant les enjeux : « *La prudence est le substitut proprement humain d'une Providence défaillante*[70] ».

Une telle analyse est, évidemment, convergente avec la nôtre... Il nous semble, pourtant, qu'elle fait l'impasse sur les apports issus de l'histoire des doctrines pédagogiques et relève encore, à son insu, d'un scientisme, certes plus empiriste que positiviste, mais bien réel. Tout se passe, en effet, comme si les grandes figures de la pédagogie étaient récusées, de même que les expériences qu'elles ont conduites et les écrits qu'elles nous ont livrés. On comprend bien – et nous l'avons nous-même noté – la difficulté qu'il peut y avoir à transposer des propositions qui apparaissent à mille lieux des réalités quotidiennes de notre temps et terriblement liées au charisme de leur inspirateur... Mais, étrangement, la difficulté peut se renverser pour permettre, précisément, l'accès à cette « prudence » que les auteurs appellent de leur vœu. En raison même de l'éloignement apparent, du dépaysement qu'impose la prise en compte de ces figures lointaines et largement mythiques, l'enseignant n'est pas en mesure d' « appliquer » directement dans sa classe les propositions qui lui sont faites là. En revanche, il est invité à habiter en quelque sorte les situations pédagogiques que nous présentent ces auteurs, à s'inscrire mentalement dans leur univers, à comprendre les contraintes et les ressources dont ils disposaient et à faire œuvre de pédagogie : intellectuellement d'abord, pour suivre le chemin qui a permis d'aboutir aux propositions qui sont faites ; pratiquement ensuite, quand lui-même, fort de cette expérience partagée, pourra, à son tour, faire œuvre pédagogique tout en se faisant « œuvre de lui-même ». La prudence est imposée ici par la distance et la prestance de la figure qui se donne à voir au travail. Il n'est pas possible d'imiter Pestalozzi, pas plus qu'Albert Thierry ou même Freinet ; il est possible, en revanche, de tenter de comprendre ce à quoi ils ont été confrontés et comment ils sont parvenus à assumer les contradictions qu'ils ont débusquées.

---

67. *Ibid.*, page 19.

68. Cf. *Le praticien réflexif*, Éditions Logiques, Montréal, 1994.

69. Et même Maria Montessori qui, dans un ouvrage pourtant intitulé *Pédagogie scientifique* (Épi – Desclée de Brouwer, Paris, 1993) affirme : « *Il est difficile de préparer " théoriquement " une maîtresse ; elle doit " se former elle-même ", apprendre à observer, à être calme, patiente et humble, à contenir ses impulsions ; sa tâche est éminemment pratique, sa mission délicate. Elle a plus besoin d'un tremplin pour son âme que d'un livre pour son intelligence...* » (page 120).

70. Pierre Aubenque, *La prudence chez Aristote*, PUF, Paris, 1986, page 95.

Ainsi, le détour par ce que Daniel Hameline nomme « le défilé des exemplarités »[71] est-il susceptible de briser cette demande constante des enseignants de disposer très vite et à l'économie de la solution technique à tous leurs problèmes. Car l'étude des « grands pédagogues » n'apporte jamais de solutions toutes prêtes à des situations nouvelles ; elle permet d'entrer dans la complexité des choses éducatives et de cheminer un instant avec des « maîtres » que l'on ne peut espérer imiter dans leurs comportements quotidiens tant ceux-ci paraissent lointains et, le plus souvent, inaccessibles... mais qui, en dépit ou à cause de leurs excès de langage, de leurs polémiques, de leurs simplifications et de leurs omissions, m'entraînent à penser, et à être moi-même, modestement, pédagogue. Entrer dans leur monde à travers leurs écrits, en comprendre la logique, en saisir les contradictions et les limites, c'est bien plus que se constituer un « réservoir de données », c'est véritablement se construire une mémoire vivante.

La troisième dimension de notre modèle concerne ce que nous avons nommé le prélèvement d'indices. En réalité, il s'agit là d'un entraînement à cette « vigilance » dont nous parlait Jankélévitch et qui nous permet de saisir, même fugacement, des correspondances entre ce que nous tenons en mémoire et ce que nous sommes amenés à vivre. Et si nous parlons de « correspondances », c'est en assumant pleinement la référence baudelairienne, tant on est loin ici d'un fonctionnement mécanique en termes de « transfert » ou, *a fortiori*, d' « application ». Car, même si les situations pédagogiques peuvent être modélisées et faire l'objet d'analyses en terme de combinaisons de variables, il n'est jamais sûr, en raison de l'irréversibilité du temps dans laquelle elles sont prises, comme du caractère radicalement insaisissable des intentions des personnes qui y sont impliquées, que l'on puisse projeter une solution en ayant la certitude de répondre à la complexité de la situation. On peut, certes, disposer de quelques *habitus* qui se sont avérés parfois efficaces, entrevoir des rapprochements avec des situations prototypiques étudiées en formation ou rencontrées dans des lectures, on peut discerner, derrière des contextes différents, une même question qui se pose, une même tension qui est à l'œuvre. Mais a-t-on, pour autant, la certitude que les choses vont se dérouler selon un scénario implacablement prévu à l'avance ? On peut aussi tenter de procéder à une exploration systématique des propositions possibles et juger de leur chance de réussite en fonction de leur rapport coût/efficacité. Mais que peut-on prévoir exactement des réactions de l'autre ? Que sait-on de sa propre histoire et quelle légitimité avons-nous à prévoir à l'avance des paroles et des actes dont, par là même, on le dépossède ?

Aussi vaut-il mieux, sans doute, prendre « *le risque de la perplexité et de la pertinence*[72] », celui de la rêverie aussi peut-être ou même celui des « associations libres » : se laisser guider par des proximités étranges, des rapprochements

---

71. « Histoires de vie, formation et pratique littéraire », Gilles Ferry, *Partance*, L'Harmattan, Paris, 1994, 263 à 274, page 294.

72. L. Chertok et I. Stengers, *Le cœur et la raison*, Payot, Paris, 1989, page 274.

incongrus, des analogies ou des métaphores. Car la métaphore est bien, ici, un outil de travail essentiel et ce n'est pas un hasard si elle sature autant le discours pédagogique, comme l'a si bien montré Daniel Hameline [73]. La métaphore, en effet, est un outil de travail constant dès lors que l'on se pose la question du « comme », qui n'est ni la question du « comment », ni la question du « pourquoi », mais bien la question de la ressemblance et de la différence, de ce qui réunit et de ce qui sépare, de « ce qui fait penser à » et de « ce qui laisse penser que ». Car la situation que je vis peut être formellement semblable à celle que j'ai étudiée ou observée et, pourtant, elle peut m'apparaître totalement étrangère, incompatible avec ma disponibilité ou même seulement ma « disposition » du moment. En revanche, une situation peut être tout à fait différente de ce que j'ai connu et, pourtant, me laisser entrevoir un élément ténu, infiniment ténu, mais qui me permet de me saisir de quelque chose et de faire fonctionner une « correspondance » par laquelle je me mets en jeu. Car c'est bien d' « enjeu » qu'il s'agit et c'est bien sur ces enjeux que doit porter ma vigilance : enjeux pour moi-même et ceux qui me sont confiés, enjeux pour notre histoire commune et aussi celle qui nous dépasse, enjeux pour que notre aventure éducative puisse se poursuivre et que, par une proposition que rien ne permettait de programmer, la résistance de l'autre soit occasion de partage et me permette d'échapper à la culpabilisation comme à l'exclusion.

La quatrième dimension de notre modèle concerne ce qui, précisément, permet de nouer ensemble les dimensions précédentes ; il s'agit ici de restaurer une unité dans une intentionnalité qui associe une décision éthique, la correspondance possible entre une mémoire et une situation, une décision, enfin, de passer à l'acte... en conscience de l'incertitude et de « l'insoutenable légèreté » de ce que l'on met en place, en se risquant à faire ce qui permettra à l'autre de faire ce que lui seul peut faire. Or, cette unité ne va pas de soi : le moment pédagogique peut tétaniser l'éducateur, la peur peut le paralyser et le condamner à l'immobilité ; sa mémoire peut se gonfler jusqu'à l'encombrer et sa vigilance être tellement en éveil qu'elle anéantit en lui toute possibilité d'isoler un événement auquel s'accrocher pour tenter quelque chose. C'est pourquoi il est si important de circonscrire l'activité pédagogique dans ce que Michel de Certeau nomme une « circularité narrative » et que décrit admirablement Mireille Cifali : « *Partir de ce qui est arrivé. S'extraire d'une situation, l'exposer, la parler, la partager sans crainte et, dès lors, entrevoir ce qui a été gommé ou qui fut trop centré. Abdiquer sa toute-puissance et laisser tomber le masque d'une idéalité. Avancer dans l'incompréhension, égrener l'angoisse et l'incertain. Désigner la limite. Observer, décrire, ne pas demeurer extérieur et mesurer sa propre dimension. Comprendre un peu, accepter la part qui reste incompréhensible. Formuler des questions. Consentir à se perdre, puis avec le temps, construire des repères. Cultiver le désir*

---

73. Cf. *L'éducation, ses images et son propos*, ESF éditeur, Paris, 1986.

de chercher et, du même coup, se former[74] ». Ainsi le récit oral ou l'écriture viennent-ils supporter l'intentionnalité pédagogique et nouer, en un moment infiniment précieux, l'ensemble des dimensions du projet d'éduquer. Il s'agit alors de « rendre compte », sans, bien sûr, « rendre des comptes » ni, évidemment, « régler ses comptes » : « rendre compte » pour retrouver cette forme de présence à soi-même, de manière d'habiter sa propre histoire et de construire, faute de toujours pouvoir la tenir, sa propre parole[75].

Ainsi le récit et l'écriture permettent-ils d'articuler ce que l'on est, ce que l'on a fait et ce que l'on veut faire sans, pour autant, abolir la béance entre le dire et le faire. Ainsi nous amènent-ils à tresser ensemble, en un texte toujours inachevé, la rigueur de nos justifications, la diversité de nos expériences et la richesse de notre mémoire... tresse où chacun des éléments sert de support aux deux autres et lui permet, tout à la fois, de se renforcer et de s'enrichir par les interpellations dont il est l'objet. Texte étrange, texte métisse à l'image du présent écrit, texte qui devient parfois le lieu possible d'une réconciliation.

Car l'écart entre l'intention et l'instrumentation, dans sa radicalité, risque toujours de devenir, pour celui qui le considère en esthète, un miroir dans lequel contempler son propre narcissisme. Lorenzaccio n'est pas loin et, avec lui, la tentation de s'abîmer dans la béance entre le dire et le faire, de s'y perdre au point de ne plus y retrouver que l'ombre de soi-même. La belle souffrance est là, toute proche, avec son cortège d'exhibitions indécentes et de tentations suicidaires. C'est pourquoi le récit est aussi – et peut-être d'abord – un espace de réconciliation provisoire où retrouver une sérénité minimale, une sérénité qui nous rend supportable à nos proches et nous permet de ne pas basculer dans le romantisme stérile de celui qui finit par n'aimer que ses propres déchirures. **Le récit comme réconciliation et le récit comme promesse :**

---

74. *Le lien éducatif, contre-jour psychanalytique*, PUF, Paris, 1994, page 286. Voir également l'article de Mireille Cifali : « J'écris le quotidien » (*Cahiers pédagogiques,* 331, février 1995, pages 56 à 58) ainsi que le commentaire de Françoise Saillant-Carraud : « L'écriture de sa pratique, science ou littérature » (même numéro, pages 59 et 60). Sur un plan plus instrumental, consulter la brochure éditée par le CRAP, *Écrire, un enjeu pour les enseignants*, Paris, 1993 et, en particulier, Philippe Meirieu, « Écriture et recherche », pages 111 à 129. Enfin, sur une question que nous n'avons pas la possibilité matérielle d'aborder ici, la question de l'écriture des mémoires professionnels, voir Michèle Guigue-Durning, *Les mémoires en formation*, L'Harmattan, Paris, 1995, en particulier les pages 252 et suivantes dans lesquelles l'auteur montre comment le mémoire professionnel permet de « *penser la pluralité des cadres* » et de « *s'intéresser à ce qui est fait pour travailler à son recommencement en conjuguant approche pragmatique et rupture.* » (page 254).

75. C'est dans une perspective semblable que Gérard Fath propose de développer une « écriture professionnelle... entre l'expressionnisme narcissique et l'algorithmique impersonnelle » où « *il s'agit d'alimenter la reprise réfléchie de notre rapport à un métier à haute densité anthropologique [...], qui à la fois traite avec rigueur de tâches précises et nourrit une réflexion sur l'homme. Écrire, en somme, permet, à la fois d'être au plus près des embarras que l'on éprouve et d'être ailleurs, comme Fabrice à Waterloo* » (« Écrire sur les pratiques enseignantes », *Pratiques de formation,* coordonné par F. Clerc et P.-A. Dupuis, CRDP de Lorraine, Nancy, 1994, 137-147, page 147).

promesse de réconciliation entre le dire et le faire. Mais promesse seulement. Parce que la parole proclame une exigence que l'action s'interdit de réaliser. Parce que l'émergence de la liberté de l'autre doit demeurer dans le registre de l'intention au risque d'être abolie par l'acte même qui prétend l'instaurer... La promesse est intenable, donc. Mais la promesse est féconde qui nous dégage de tous les dogmatismes et suscite notre inventivité. Et, au bout du compte, à bien scruter l'entreprise pédagogique, la promesse apparaît éminemment nécessaire pour autant que le pardon soit lui-même promis à celui qui ne la tient pas mais qu'aucune excuse ne puisse être trouvée à celui qui ne la fait pas.

Conclusion : L'aventure continue

Peut-être retournerai-je, un jour ou l'autre, à Vénissieux ou ailleurs, travailler avec des jeunes en difficulté, des exclus du savoir, de ces gens peu fréquentables mais avec qui s'éprouvent, au quotidien et sans concession, la détermination pédagogique et le choix d'éduquer ?

Je sais bien, pourtant, que la vie nous réserve assez de surprises pour rendre tout pronostic aléatoire. Je suis aussi profondément convaincu que l'université, où j'investis aujourd'hui toutes mes énergies, est, sans doute, bien plus désertique en matière pédagogique que la moindre école primaire de banlieue. Le suivi individualisé y est encore exceptionnel et, en son absence, se répandent les lamentations de ceux qui s'obstinent à reprocher aux étudiants de ne pas savoir faire ce qu'on ne leur a jamais appris. Les méthodes d'enseignement y restent très largement dominées par le collectif frontal et cela n'empêche nullement ceux qui confondent systématiquement information et formation de se plaindre de la baisse du niveau des étudiants et de leur absence d'autonomie. L'évaluation y est encore de droit divin et il ne fait pas bon, dans ce lieu qui se veut le temple de « l'esprit critique », d'en contester la légitimité. L'exhortation au travail, à l'attention, à l'assiduité, à l'effort personnel n'est que rarement relayée par le souci de proposer des objectifs clairs, des outils pour accéder aux ressources documentaires, des aides à l'écriture et à la recherche personnelle. Pour trop d'étudiants encore, l'année universitaire, dans sa terrible brièveté, est une course d'obstacles dont il convient d'éviter les embûches plutôt que de savoir où elle les conduit... Et, dans la discipline même où j'ai la chance d'enseigner – les sciences de l'éducation – l'écart entre le dire et le faire reste suffisamment important pour occuper sans répit les restes d'une vie professionnelle.

Je ne déserterai donc pas le terrain universitaire en dépit des risques que l'on y court chaque fois que, précisément, l'on pose cette petite question, si insignifiante et pourtant si insupportable : « Mais pourquoi ne fait-on pas ce que l'on dit ? » Je continuerai à interroger inlassablement mes collègues, comme l'institution dans laquelle je travaille, pour tenter de comprendre pourquoi l'on ne fait pas ce que précisément l'on explique aux autres qu'il faut faire. Et je continuerai à me demander, chaque jour et à chaque instant, pourquoi je résiste tant moi-même, dans mes activités quotidiennes, à ce que je propose par ailleurs avec infiniment de conviction. Je ne sais pas si j'avancerai beaucoup plus qu'ici dans la réponse à cette question... et il me semble bien que je retrouverai, à chaque pas, cet écart irréductible, constitutif de l'entreprise éducative, entre le projet qui nous fait vivre et les décisions que nous devons prendre. Je crois que, longtemps encore, il me faudra accepter cet écart entre le dire et le faire, sans espoir de le réduire, mais sans m'y résigner non plus.

Sans m'y résigner, parce que cette résignation abolirait toute inventivité et transformerait une tension féconde en un clivage mortifère. Sans espoir de le réduire parce que mon action, aussi cohérente soit-elle avec mes principes, ne peut agir sur ce qu'elle vise et laisse toujours l'autre, celui que j'éduque, s'éduquer lui-même, même s'il ne s'éduque pas tout seul.

Et cette position s'appuie sur un certain nombre de lignes de force affirmées tout au long de mon parcours depuis des années, énoncées dans cet ouvrage, mais que je voudrais reprendre ici brièvement sans, pour autant, épuiser l'ensemble des développements et propositions qu'il comporte... Quelques lignes de force que je voudrais être certain de bien tenir en mémoire, tant elles conditionnent précisément toute activité pédagogique, tant le fait de les avoir présentes à l'esprit, au quotidien, me paraît libérateur :

– L'expérience pédagogique est, fondamentalement, expérience de la résistance de l'autre au projet que je développe sur lui : l'autre ne désire jamais vraiment ce que je voudrais ; il ne souhaite pas nécessairement apprendre ce que j'ai programmé pour lui, ni se plier aux stratégies d'apprentissage que je lui propose.

– Cette résistance tient à ce que personne ne peut agir à la place d'un autre, décider d'apprendre ou d'écrire pour lui, de rompre avec ses représentations ou de remettre en question son héritage culturel ; personne ne peut décider de la liberté de l'autre.

– L'éducateur qui prétendrait faire cela se condamne au malheur, puisque, même s'il y parvenait, l'opacité incontournable de la conscience d'autrui, lui interdirait de l'attester.

– Pire encore, l'éducateur qui parviendrait à cela, en toute conscience ou à son insu, aurait basculé de l'éducation dans le dressage, confondu la formation d'une personne et la fabrication d'un objet.

– Le projet d'éduquer implique donc la reconnaissance d'une impuissance radicale sur la liberté de l'autre.

– Mais cette impuissance n'est pas fatalisme. Et le discours pédagogique témoigne de ce paradoxe à travers les contradictions qu'il nous livre : tout en exaltant « le respect de l'autre » et le caractère endogène de son développement, il s'acharne à élaborer des outils en un volontarisme obstiné.

– En réalité, la reconnaissance de notre impuissance éducative nous permet seule de retrouver un véritable pouvoir pédagogique : celui d'autoriser l'autre à prendre sa propre place et, pour cela, à agir sur les dispositifs et les méthodes ; celui de lui proposer des savoirs à s'approprier, des connaissances à maîtriser et à dévoyer, qui lui permettront peut-être, et quand il le décidera, de « faire œuvre de lui-même ».

Car seul l'autre a le pouvoir de prendre la place que je ne peux que lui « réserver » un moment... Et la « réserve », ici, n'est pas l'inaction, bien au contraire. C'est, étrangement, la forme la plus authentique et la plus féconde de l'activité humaine ; c'est ce travail, pédagogique entre tous, pour inventer de nouvelles médiations entre la continuité et la rupture, le sursis et la prise de risque ; c'est cet effort pour créer un espace que l'autre puisse occuper, cet acharnement à rendre cet espace libre et accessible, à y disposer les outils qui permettent de se l'approprier et de s'y déployer pour partir à la rencontre des autres... C'est dire qu'il s'agit d'une action que l'on ne peut tenter de faire que parce que, précisément, elle ne peut, à proprement parler, rien « faire ». C'est dire aussi qu'elle requiert et rend possible, simultanément, le « courage des commencements ».

Bibliographie

AEBLI H., *Didactique psychologique : application à la didactique de la psychologie de Jean Piaget,* Delachaux et Niestlé, Neuchâtel et Paris, 1951.

AECSE (Association des enseignants et chercheurs en sciences de l'éducation), *Individualiser les parcours de formation,* Lyon, 1993.

ALAIN, *Propos sur l'éducation,* PUF, Paris, 1986.

ALLAL L., CARDINET J. et PERRENOUD Ph., *L'évaluation formative dans un enseignement différencié,* Peter Lang, Berne et Francfort, 1979.

ALTHUSSER L., *Philosophie et philosophie spontanée des savants*, Maspéro, Paris, 1974.

ALTHUSSER L, *Sur la philosophie,* Gallimard, Paris, 1994.

ARDOINO J., *Éducation et relations*, Gauthier-Villars, Paris, 1980.

ARDOINO J., « Pédagogie du projet ou projet éducatif », *Pour*, 94, mars-avril 1984.

ARDOINO J. et LOURAU R., *Les pédagogies institutionnelles,* PUF, Paris, 1994.

ARENDT H., *Vies politiques,* Gallimard, Paris, 1974.

ARENDT H., *La crise de la culture*, Folio-Essais, Paris, 1989.

ARENDT H., *Condition de l'homme moderne,* Calmann-Lévy, Paris, 1993.

ARISTOTE, *Politique*, Livre I, Didot, Paris, 1930.

ASTOLFI J.-P. et DEVELAY M., *La didactique des sciences,* PUF, « Que sais-je ? », Paris, 1989.

ASTOLFI J.-P., *L'école pour apprendre,* ESF éditeur, Paris, 1992.

AUBENQUE P., *La prudence chez Aristote*, PUF, Paris, 1986.

AVANZINI G. *Immobilisme et novation dans l'institution scolaire,* Privat, Toulouse, 1975.

AVANZINI G., *L'École d'hier à demain – Des illusions d'une politique à la politique des illusions*, Érès, Toulouse, 1991.

BACH J.-F., et *al.* (Institut de France), *Réflexions sur l'enseignement,* Flammarion, Paris, 1993.

BACHELARD G., *La formation de l'esprit scientifique,* Vrin, Paris, 1972.

BADINTER E., *Condorcet*, Fayard, Paris, 1989.

BALLION R., *Les consommateurs d'école,* Stock, Paris, 1982.

BALLION R., *Le lycée, une cité à construire,* Hachette, Paris, 1993.

BALLION R., *Les lycéens et leurs petits boulots*, Hachette, Paris, 1995.

BARTHES R., *Mythologies,* Le Seuil, Paris, 1957.

BARUK S., *C'est-à-dire...en mathématiques et ailleurs,* Le Seuil, Paris, 1993.

BAUBÉROT J., *Vers un nouveau pacte laïque*, Le Seuil, Paris, 1990.

BÉDARIDA C., « Répétez, dit le maître », *Le Monde de l'Éducation*, 222, janvier 1995.

BEILLEROT J., *Voies et voix de la formation*, Éditions universitaires, Paris, 1988.

BERGER G., *Multiréférentialité et sciences de l'éducation,* note de synthèse de l'habilitation à diriger les recherches, université Paris 8, 1988.

BERNARD L., *Les écoles sauvages,* Stock, Paris, 1976.

BILLARD J., « Sciences de l'éducation et pédagogie de la philosophie », *L'enseignement philosophique,* 41e année, 4, mars-avril 1993.

BILLARD J., *Le pourquoi des choses*, Nathan, Paris, 1994.

BILLARD J., *Philosophie, histoire, religion et l'idée d'instruction publique dans la pensée française de 1815 à 1848,* Thèse de doctorat soutenue à Paris I, Panthéon-Sorbonne, 1994.

BION R.-W., *Recherches sur les petits groupes*, PUF, Paris, 1976.

BIRZÉA C., *La pédagogie du succès,* PUF, Paris, 1982.

BKOUCHE R., CHARLOT B. et ROUCHE N., *Faire des mathématiques : le plaisir du sens*, Armand Colin, Paris, 1992.

BLANCHOT M., *Le Très-Haut*, Gallimard – L'imaginaire, Paris, 1988.

BLOOM B.-S., *Caractéristiques individuelles et apprentissages scolaires,* Labor et Nathan, Bruxelles et Paris, 1979.

BOILLOT H. et LE DU M., *La pédagogie du vide,* PUF, Paris, 1993.

BONBOIR A. (sous la dir.), *Une pédagogie pour demain*, PUF, Paris, 1974.

BORDERIE (de la) R., *20 facettes du système éducatif*, Nathan, Paris, 1994.

BOUCHET H., *L'individualisation de l'enseignement – L'individualité des enfants et son rôle dans l'éducation,* PUF, Paris, 1933.

BOURDIEU P., *Esquisse d'une théorie de la pratique,* Droz, Genève, 1972.

BOURDIEU P., *La distinction, critique sociale du jugement*, Éditions de Minuit, Paris, 1979.

BOURDIEU P., *Le sens pratique*, Éditions de Minuit, Paris, 1980.

BOURDIEU P., *Homo academicus,* Éditions de Minuit, Paris, 1984.

BOURDIEU P., *Raisons pratiques,* Le Seuil, Paris, 1994.

BRUNELLE L., *Travail de groupe et non-directivité,* Delagrave, Paris, 1976.

CARIOU P., *Pascal et la casuistique*, PUF, Paris, 1993.

CAROFF A., *L'organisation de l'orientation des jeunes en France,* EAP, Paris, 1987.

CEPEC, *Construire la formation,* ESF éditeur, Paris, 1991.

CERTEAU (de) M., *L'invention du quotidien – 1. Arts de faire*, Folio-Essais, Gallimard, Paris, 1990.

CHARBONNEL N., *La tâche aveugle 1 – Les aventures de la métaphore,* Presses universitaires de Strasbourg, Strasbourg, 1991.

CHARBONNEL N., *La tâche aveugle,* t. 3 : *Philosophie du modèle,* Presses universitaires de Strasbourg, Strasbourg, 1993.

CHARLOT B., *La mystification pédagogique*, Payot, Paris, 1976.

CHARLOT B. et *al., École et savoir dans les banlieues... et ailleurs,* Armand Colin, Paris, 1993.

CHARLOT B. et *al., L'École et le territoire : nouveaux espaces, nouveaux enjeux,* Armand Colin, Paris, 1994.

CHARLOT B., *Les sciences de l'éducation, un enjeu, un défi*, ESF éditeur, Paris, 1995.

CHAUVEAU G. et E., *A l'école des banlieues,* ESF éditeur, Paris, 1995.

CHERTOK L. et STENGERS I., *Le cœur et la raison*, Payot, Paris, 1989.

CHEVALLARD Y., *La transposition didactique, du savoir savant au savoir enseigné,* « La pensée sauvage », Grenoble, 1985.

CHEVALLARD Y. (en coll. avec M.-A. Johsua), *Les processus de la transposition didactique et leur théorisation,* « La pensée sauvage », Grenoble, 1991.

CIFALI M., *Le lien éducatif, contre-jour psychanalytique*, PUF, Paris, 1994.

CIFALI M., « J'écris le quotidien », *Cahiers pédagogiques,* 331, février 1995.

CLAPARÈDE E., « Un institut de sciences de l'éducation et les besoins auxquels il répond », *Archives de Psychologie*, tome 12, février 1912 ; texte reproduit par la librairie Kündig, Genève, 1912.

CLAPARÈDE E., *L'école sur mesure,* Delachaux et Niestlé, Neuchâtel et Paris, 1921.

CLAPARÈDE E., *Comment diagnostiquer les aptitudes des écoliers,* Flammarion, Paris, 1925.

CLAPARÈDE E., *L'éducation fonctionnelle*, Delachaux et Niestlé, Neuchâtel et Paris, 1973.

CLERC F. (coord. par), *Former à l'enseignement modulaire : bilan et perspectives*, CRDP de Nice, 1993.

CLERC F., « La boue et les étoiles », *Cahiers pédagogiques,* 320, janvier 1994.

Conseil National des Programmes, *Quel lycée pour demain ? Propositions du CNP sur l'évolution des lycées,* Livre de Poche-CNDP, Paris, 1991.

COQ G., *Démocratie, religion, éducation*, Mame, Paris, 1993.

CORNAZ L., *L'écriture ou le tragique de la transmission*, L'Harmattan, Paris, 1994.

COUSINET R., *Une méthode de travail libre par groupes*, Le Cerf, Paris, 1949.

COUTEL C., *La République et l'école*, Presses-Pocket, Agora, Paris 1991.

DEBARBIEUX E., La *violence dans la classe*, ESF éditeur, Paris, 1990.

DEBESSE M., « Types et groupes de caractères », *Psychologie de l'enfant,* Armand Colin-Bourrelier, Paris, 1956.

DEFRANCE B., *La violence à l'école,* Syros, Paris, 1988.

DEFRANCE B., *Le plaisir d'enseigner,* Quai Voltaire, Paris, 1992.

DELDIME R. et DEMOULIN R., *Introduction à la psychopédagogie,* De Boeck, Bruxelles, 1994.

DELIGNY F., *Le croire et le craindre,* Stock, Paris, 1978.

DELORME C., *De l'animation pédagogique à la recherche-action,* Chronique sociale, Lyon, 1982.

D.E.P., « Étude sur le fonctionnement des écoles et les pratiques pédagogiques des enseignants », *Dossiers d'éducation et formations,* Paris, n° 45, 1994.

DEROUET J.-L., *École et justice*, Métailié, Paris, 1992.

DEROUET J.-L., colloque « Des savoirs savants aux savoirs enseignés », Conférence à l'université Lumière-Lyon 2, 4 février 1995.

DERRIDA J., *Spectres de Marx,* Galilée, Paris, 1993.

DESANTI J.-T., *Introduction à la phénoménologie,* Folio-Essais, Paris, 1994.

DEVELAY M., *De l'apprentissage à l'enseignement, pour une épistémologie scolaire,* ESF éditeur, Paris, 1992.

DEVELAY M., *Peut-on former les enseignants ?* ESF éditeur, Paris, 1994.

DEVELAY M. (sous la dir.), *Savoirs scolaires et didactiques des disciplines : une encyclopédie pour aujourd'hui,* ESF éditeur, Paris, 1995.

DEVELAY M. et MEIRIEU Ph. (sous la dir.), *Les transferts de connaissances en formation initiale et continue,* CNDP, collection « Documents, Actes et Rapports pour l'éducation », 1995, en préparation.

DEWEY J., *L'école et l'enfant*, Delachaux et Niestlé, Neuchâtel et Paris, 1967.

DEWEY J., *Démocratie et éducation*, Armand Colin, Paris, 1990.

DUBET F., *Les lycéens*, Le Seuil, Paris, 1991.

DUBET F., « Les mutations du système scolaire et les violences à l'école », *Les cahiers de la sécurité intérieure*, 15, 1994.

DUBET F., *Sociologie de l'expérience*, Le Seuil, Paris, 1994.

DUBOIS P., *« Le dictionnaire de Pédagogie et d'instruction primaire » de Ferdinand Buisson. Unités et disparités d'une pédagogie pour l'école primaire (1876-1911)*, thèse de doctorat, Université Lumière-Lyon 2, 1994.

DUMAZEDIER J., (sous la dir.) *La leçon de Condorcet*, L'Harmattan – Série Références, Paris, 1994.

DURU-BELLAT M. et HENRIOT-VAN ZANTEN A., *Sociologie de l'école*, Armand Colin, Paris, 1992.

ERIKSON E., *Éthique et psychanalyse*, Flammarion, Paris, 1971.

ÉTÉVÉ C., *Le cas des minorités lectrices dans les établissements scolaires*, Thèse soutenue en 1983, Université Paris 5.

ÉTÉVÉ C., *Pour une bibliothèque idéale des enseignants*, INRP, Paris, 1990.

FATH G., « Écrire sur les pratiques enseignantes », *Pratiques de formation* (sous la dir. de F. Clerc et P.A. Dupuis), CRDP de Lorraine, Nancy, 1994, 137-147.

FAURE P., *Un enseignement personnalisé et communautaire*, Casterman, Tournai, 1979.

FAURE S., *Écrits pédagogiques*, Éditions du monde libertaire, Paris, 1992.

FERRIÈRE A., *Vers une classification naturelle des types psychologiques*, Éditions des Cahiers astrologiques, Nice, 1943.

FERRIÈRE A., *L'autonomie des écoliers dans les communautés d'enfants*, Delachaux et Niestlé, Neuchâtel et Paris, 1950.

FERRY G., « Mort de la pédagogie », *L'éducation nationale*, 820, mars 1967, XII, 3.

FERRY G., « Histoires de vie, formation et pratique littéraire », *Partance*, L'Harmattan, Paris, 1994, 263 à 274.

FERRY J.-M., *Habermas, l'éthique de la communication*, PUF, Paris, 1987.

FEYERABEND P., *Adieu la raison*, Le Seuil, Paris, 1989.

FILLOUX J.-C., *Durkheim et l'éducation*, PUF, Paris, 1994.

FINKIELKRAUT A., « La mystification des droits de l'enfant », *Les droits de l'enfant*, CNDP/CRDP d'Amiens, 1991.

FREINET C., *Les dits de Mathieu*, Delachaux et Niestlé, Paris, 1978.

FREINET C., *L'éducation du travail*, Delachaux et Niestlé, Paris, 1978.

FREINET C., *La santé mentale de l'enfant,* Petite collection Maspéro, Paris, 1978.

FREIRE P., *L'éducation dans la ville*, Païdeia, Paris, 1991.

GAGNÉ R., *Les principes fondamentaux de l'apprentissage*, HRW, Montréal, 1976.

GARANDERIE (de la) A., *Les profils pédagogiques*, Le Centurion, Paris, 1980.

GAUTHERIN J., *La formation d'une discipline universitaire : la science de l'éducation. Essai d'histoire sociale.* Thèse de doctorat, Université Paris 5, 1990.

GAUTHERIN J., « Désingularisation d'une expérience éducative », *L'éducation nouvelle et les enjeux de son histoire*, sous la direction de D. Hameline, J. Helmchen et J. Oelkers, Peter Lang, Berne, 1995.

GELAS B., « L'impossible enseignement de la littérature », *Confluence(s)*, 3, mars 1995, 13-18.

GILLET P., *Pour une pédagogique, ou l'enseignant expert*, PUF, Paris, 1987.

GIORDAN A. et de VECCHI G., *Les origines du savoir : des conceptions des élèves aux concepts scientifiques,* Delachaux et Niestlé, Neuchâtel et Paris, 1987.

GLASMAN D., *L'école réinventée,* L'Harmattan, Paris, 1993.

GODET J., *Bulletin du GREPH*, novembre 1993.

GRISAY A., « Hétérogénéité des classes et équité éducative », *Enjeux*, 30, 69-95, Namur, 1993.

GUATTARI F., *Chaosmose*, Galilée, Paris, 1992.

GUIGUE-DURNING M., *Les mémoires en formation*, L'Harmattan, Paris, 1995.

HADJI C., *Penser et agir l'éducation*, ESF éditeur, Paris, 1992.

HAINAUT (D') L., *Des fins aux objectifs de l'éducation*, Labor et Nathan, Bruxelles et Paris, 1977.

HAMELINE D., « Formuler des objectifs pédagogiques : mode ou voie d'avenir ? », *Cahiers pédagogiques*, 1976, 148-149.

HAMELINE D., *La liberté d'apprendre – situation II,* Éditions ouvrières, Paris, 1977.

HAMELINE D., *Le domestique et l'affranchi*, Éditions Ouvrières, Paris, 1977.

HAMELINE D., *Les objectifs pédagogiques en formation initiale et continue*, ESF éditeur, Paris, 1979.

HAMELINE D., *L'éducation, ses images et son propos*, ESF éditeur, Paris, 1986.

HAMELINE D., *Courants et contre-courants dans la pédagogie contemporaine,* ODIS, Sion, Suisse, 1986.

HEBER-SUFFRIN C. et M., *Le cercle des savoirs reconnus,* Desclée de Brouwer, Paris, 1993.

HENRIOT-VAN ZANTEN A., PAYET J.-P., ROULLEAU-BERGER L., *L'école dans la ville,* L'Harmattan, Paris, 1994.

HESS R. et WEIGAND G., *La relation pédagogique,* Armand Colin, Paris, 1994.

HESSE H., *Narcisse et Goldmund,* Presses-Pocket, Paris, 1986.

HOUSSAYE J., « L'esclave pédagogue et ses dialogues », *Éducation et recherche,* Delval, Genève, 1984, 1, 31-48.

HOUSSAYE J., « L'imitation des pédagogues : limites et résistances », *Le furet,* Strasbourg, 1995, n°16.

HOUSSAYE J., « Le chemin du pédagogue », *Cahiers Binet-Simon,* 1985, 603.

HOUSSAYE J., « Pédagogie de la formation initiale ou Saint Thomas en formation », *Bulletin n° 7 de l'Association des enseignants et chercheurs en sciences de l'éducation,* mars 1990.

HOUSSAYE J., *La pédagogie, une encyclopédie pour aujourd'hui,* ESF éditeur, Paris, 1993.

HOUSSAYE J., *Quinze pédagogues, leur influence aujourd'hui (Rousseau, Pestalozzi, Froebel, Robin, Ferrer, etc.),* Armand Colin, Paris, 1994.

HUBERMAN M., « Répertoires, recettes et vie de la classe : comment les enseignants utilisent l'information », *Éducation et recherche,* 1987, 2, 157-177.

HUTEAU M., *Les conceptions cognitives de la personnalité,* PUF, Paris, 1985.

HUTEAU M., *Style cognitif et personnalité,* Presses Universitaires de Lille, 1987.

HUTMACHER Walo, *Quand la réalité résiste à l'échec scolaire,* Service de la recherche sociologique, Cahier 36, Genève, 1993.

ILLICH I., *Une société sans école,* Le Seuil, Paris, 1971.

IMBERT F., *Vers une clinique du pédagogique,* Matrice, Vigneux, 1992.

IMBERT F., *Médiations, institutions et loi dans la classe,* ESF éditeur, Paris, 1994.

ISAMBERT-JAMATI V., *Les savoirs scolaires,* Éditions Universitaires, Paris, 1990.

JACOTOT J., *Enseignement universel – Langue maternelle,* Éditions de Paw, Louvain, 1823.

JANKÉLÉVITCH V., BERLOWITZ B., *Quelque part dans l'inachevé,* Gallimard, Paris, 1978.

JANKÉLÉVITCH V., *Le paradoxe de la morale,* Le Seuil, Paris, 1981.

JANKÉLÉVITCH V., *La mort,* Champs-Flammarion, Paris, 1988.

JOHSUA S.,, DUPIN J.-J., *Introduction à la didactique des sciences et des mathématiques*, PUF, Paris, 1993.

KAHN P., OUZOULIAS A., THIERRY P., *L'éducation, approches philosophiques*, PUF, Paris, 1990.

KANT E., *Critique de la raison pure*, PUF, Paris, 1968.

KANT E., *Fondements de la métaphysique des moeurs,* Livre de poche, Paris, 1993.

KANT E., *Réponse à la question : « Qu'est-ce que les Lumières ? »*, Nathan, Paris, 1994.

KANT E., *Théorie et pratique...*, Garnier-Flammarion, Paris, 1994.

KINTZLER C., *Condorcet, l'instruction publique et la naissance du citoyen,* Folio-Essais, Paris, 1987.

KOHLBERG L., *Child psychology and Childhood Education : a Cognitive-développmental View,* Longman, Cambridge, 1987.

KORCZAK J., *Comment aimer un enfant ?* Robert Laffont, Paris, 1978.

KUNDERA M., *L'insoutenable légèreté de l'être*, Gallimard, Paris, 1986.

LA MAISON DES TROIS ESPACES, *Apprendre ensemble, apprendre en cycles*, ESF éditeur, Paris, 1993.

LAFFITTE R., *Une journée dans une classe coopérative,* Syros, Paris, 1985.

LANDSHEERE (de) G. et V., *Définir les objectifs de l'éducation*, PUF, Paris, 1976.

LANGOUËT G., *Suffit-il d'innover* ? PUF, Paris, 1985.

LAVERGNE J.-P., *La décision*, ESF éditeur, Paris, 1983.

LECLAIRE S., *On tue un enfant,* Le Seuil, Paris, 1981.

LECLAIRE S., *Le pays de l'autre*, Le Seuil, Paris, 1988.

LEFEBVRE H., *La somme et le reste,* Méridiens Klincksieck, Paris, 1989.

LEGRAND A., *Le système E. L'école... de réformes en projets,* Denoël, Paris, 1994.

LEGRAND L., *Pour une pédagogie de l'étonnement,* Delachaux et Niestlé, Neuchâtel et Paris, 1960.

LEGRAND L., *Une école pour la justice et la démocratie,* PUF, Paris, 1995.

LERBET G., *Système, personne et pédagogie*, ESF éditeur, Paris, 1993.

LEVI-STRAUSS C., *La pensée sauvage*, Plon, Paris, 1962.

LÉVINAS E., *Totalité et infini*, Nijhoff, La Haye, 1961.

LÉVINAS E., *Éthique et infini,* Fayard-Biblio, Paris, 1982.

LÉVINAS E., *Noms propres,* Biblio-Essais, Paris, 1987.

LÉVINAS E., *Difficile liberté*, Biblio-Essais, Paris, 1988.

LÉVINAS E., *Entre-nous*, Grasset, Paris, 1991.

LINDSAY et NORMAN, *Traitement de l'information et comportement humain*, Vigot, Québec, 1980.

LIPOVETSKY G., *Le crépuscule du devoir – L'éthique indolore des nouveaux temps démocratiques*, Gallimard, Paris, 1992.

LORENZO (di) G., *Questions de savoirs*, ESF éditeur, Paris, 1991.

MAKARENKO A., *Œuvres pédagogiques,* Éditions du Progrès, Moscou, 1967.

MALGLAIVE G., Entretien recueilli par A. Gonnin-Bolo, dans *Recherche et formation,* 11, avril 1992.

MAUSS M., « Essai sur le don », *Sociologie et anthropologie,* PUF, Paris, 1990.

MEIRIEU Ph., *Apprendre en groupe ?* deux tomes, Chronique sociale, Lyon, 1984.

MEIRIEU Ph., *L'école, mode d'emploi*, ESF éditeur, Paris, 1985.

MEIRIEU Ph., « Analyse par objectifs et différenciation pédagogique », *Les amis de Sèvres,* n°127, 1987.

MEIRIEU Ph., *Apprendre, oui... mais comment*, ESF Éditeur, Paris, 1987.

MEIRIEU Ph., *Enseigner, scénario pour un métier nouveau*, ESF éditeur, Paris, 1989.

MEIRIEU Ph., *Le choix d'éduquer,* ESF éditeur, Paris, 1991.

MEIRIEU Ph. et DEVELAY M., *Émile, reviens vite... ils sont devenus fous,* ESF éditeur, Paris, 1992.

MEIRIEU Ph., *L'envers du tableau*, ESF éditeur, Paris, 1993.

MEIRIEU Ph., « L'expérience du collège Saint-Louis Guillotière », *Éducation et pédagogie à Lyon de l'Antiquité à nos jours,* CLERSE, Lyon, 1993.

MEIRIEU Ph. et JULLIAND J.-P., *Apprendre et faire*, vidéo VHS, Apprendre, sciences de l'éducation, Université Lumière-Lyon 2, Lyon, 1994.

MEIRIEU Ph., « Existe-t-il des apprentissages méthodologiques ? », *Enseigner, apprendre, comprendre – Les entretiens Nathan 1993,* Nathan-pédagogie, Paris, 1994.

MEIRIEU Ph., *Histoire et actualité de la pédagogie, repères théoriques et bibliographiques*, Outils de base pour la recherche en éducation, 1, Université Lumière-Lyon 2, Lyon, 1994.

MEIRIEU Ph., « Instruire ou éduquer », *Revue de psychologie de la motivation,* 18, 1994.

MEIRIEU Ph., « Le récit et la construction de la personnalité », *Les enjeux actuels du théâtre,* CRDP, Lyon, 1994.

MÉNARD M., « La préhistoire de la différenciation », *Cahiers pédagogiques*, numéro spécial *Différencier la pédagogie*, Paris, 1987.

MENDEL G., *Pour décoloniser l'enfant*, Payot, Paris, 1971.

MIALARET G., « Les " objets " de la recherche en sciences de l'éducation », *L'année de la recherche en sciences de l'éducation*, PUF, Paris, 1994.

MILLON-DELSOL C., *L'État subsidiaire,* PUF, Paris, 1992.

MINC A., *La France de l'an 2000*, Éditions Odile Jacob, Paris, 1993.

MONGIN O., « Du politique à l'esthétique », *Esprit*, 6, 1980.

MONTAGNER H., *L'enfant, acteur de son développement*, Stock, Paris, 1993.

MONTEIL J.-M., *Éduquer et former – perspectives psychosociales,* Presses universitaires de Grenoble, Grenoble, 1989.

MONTESSORI M., *Pédagogie scientifique*, Épi – Desclée de Brouwer, Paris, 1993.

MORENO J.-L., *Psychothérapie de groupe et psychodrame,* PUF, Paris, 1965.

MOYNE A., *Le travail autonome*, Fleurus, Paris, 1982.

MUGLIONI J., *L'école ou le loisir de penser,* CNDP, Paris, 1993.

NAÏR S., « L'autre comme ennemi », *Sud-Nord, folies et culture*, 1, 1994, Érès, Toulouse.

NEILL A., *Libres enfants de Summerhill*, Maspéro, Paris, 1972.

NÉMO Ph., *Pourquoi ont-ils tué Jules Ferry ?* Grasset, Paris, 1991.

NÉMO Ph., *Le chaos pédagogique*, Grasset, Paris, 1993.

NIETZSCHE F., *La volonté de puissance,* tome 1, Gallimard, Paris, 1947.

NIQUE C. et LELIÈVRE C., *La République n'éduquera plus – La fin du mythe Ferry,* Plon, Paris, 1993.

OBIN J.-P. et CROS F., *Le projet d'établissement,* Hachette – Éducation, Paris, 1991.

OBIN J.-P., *La crise de l'organisation scolaire,* Hachette – Éducation, Paris, 1993.

OCDE, Examen des politiques nationales d'éducation : France, Paris, 1994.

OUAKNIN M.A., *Lire aux éclats,* Le Seuil, coll. « Points », Paris, 1992.

OUAKNIN M.A., *Méditations érotiques, Essai sur Emmanuel Lévinas,* Balland, Paris, 1992.

OURY F. et VASQUEZ A., *Vers une pédagogie institutionnelle,* Maspéro, Paris, 1974.

OURY F. et *al.*, *L'année dernière, j'étais mort, signé Miloud*, Matrice, Vigneux, 1986.

OURY F., VASQUEZ A., *De la classe coopérative à la pédagogie institutionnelle*, Maspéro, Paris, 1991.

OURY J., *Création et schizophrénie*, Galilée, Paris, 1989.

PAIN J., *La pédagogie institutionnelle d'intervention,* Matrice, Vigneux, 1993.

PAIN J., *De la pédagogie institutionnelle à la formation des maîtres,* Matrice, Vigneux, 1994.

PASCAL, *Les provinciales,* Garnier, Paris, 1965.

PERETTI A., LEGRAND A., BONIFACE J., *Techniques pour communiquer*, Hachette, Paris, 1994.

PERRENOUD Ph., *Métier d'élève et sens du travail scolaire*, ESF éditeur, Paris, 1993.

PERRENOUD Ph., *La pédagogie à l'école des différences,* ESF éditeur, Paris, 1994.

PERRENOUD Ph., « Le travail sur l'habitus dans la formation des enseignants », intervention au symposium « Formation des enseignants », Louvain-la-Neuve, 12-14 septembre 1994.

PERRENOUD Ph., *La formation des enseignants entre théorie et pratique*, L'Harmattan, Paris, 1994.

PERRENOUD Ph., « Les droits imprescriptibles de l'apprenant... ou comment rendre le métier d'élève plus vivable », *Éducations,* 1, décembre 1994 – janvier 1995.

PERRET-CLERMONT A.-N., *La construction de l'intelligence dans l'interaction sociale*, Peter Lang, Berne et Francfort, 1979.

PESTALOZZI J.-H., *La lettre de Stans,* traduction de Michel Soëtard, Centre de documentation et de recherche Pestalozzi, Yverdon-les-Bains, 1985.

PESTALOZZI J.-H., *Comment Gertrude instruit ses enfants*, Centre de documentation et de recherche Pestalozzi, Yverdon-les-Bains, 1985.

PESTALOZZI J.-H., *Mes recherches sur la marche de la nature dans l'évolution du genre humain,* Payot, Lausanne, 1994.

PIAGET J., *Biologie et connaissance,* Gallimard, collection « Idées », Paris, 1973.

PIAGET J., *La psychologie de l'intelligence*, Armand Colin, Paris, 1979.

PIAGET J., *Le jugement moral chez l'enfant,* PUF, Paris, 1985.

POPPER K., *La logique de la découverte scientifique,* Payot, Paris, 1973.

POPPER K., *La connaissance objective*, Aubier, Paris, 1991.

PRIGOGINE I., « La créativité dans les sciences et dans les lettres », *The Creative Process,* Stockholm, 1993.

PROST A., *L'enseignement s'est-il démocratisé ?*, PUF, Paris, 1986.

PROST A., « Démocratisation et différenciation », *Les amis de Sèvres*, 127, 1987.

PROST A., *Éducation, société et politiques*, Le Seuil, Paris, 1992.

PROST A., « Condorcet en question », *Éducation et devenir : les valeurs dans l'école*, cahier 31, 1993.

PUJADE-RENAUD C. et ZIMMERMANN D., *Voies non verbales de la relation pédagogique,* ESF éditeur, Paris, 1975.

RABAUT SAINT-ETIENNE, *Une éducation pour la démocratie – Textes et projets de l'époque révolutionnaire,* présentation de B. Baczko, Garnier, Paris, 1982.

RABAUT SAINT-ETIENNE, *Le Discours sur les sciences et les arts de 1750,* Garnier-Flammarion, Paris, 1986.

RANCIÈRE J., *Le maître ignorant,* Fayard, Paris, 1987.

RAULIN D. et PASSEGAND J.-C., *Les modules-Vers de nouvelles pratiques pédagogiques au lycée,* CNDP – Hachette – Éducation, Paris, 1993.

REBOUL O., *Qu'est-ce qu'apprendre ?* PUF, Paris, 1980.

REBOUL O., *Les valeurs de l'éducation*, PUF, Paris, 1992.

REY A., (sous la dir. de) *Dictionnaire historique de la langue française*, Robert, Paris, 1993.

REY B., *Les compétences transversales : illusion ou utopie ?* Thèse soutenue en septembre 1994 à l'université Lumière-Lyon 2.

RICHARD J.F., *L'attention,* PUF, Paris, 1980.

RICOEUR P., *Temps et récit,* Le Seuil, Paris, trois tomes, 1983, 1984, 1985.

RICOEUR P., *Soi-même comme un autre*, Le Seuil, Paris, 1990.

RICOEUR P., « Le “ soi” digne d'estime et de respect », *Autrement,* 10, février 1993.

ROMILLY (de) J., *Lettre aux parents,* Éditions de Fallois, Paris, 1994.

ROSENTHAL R.-A. et JACOBSON L., *Pygmalion à l'école*, Casterman, Paris, 1973.

ROUSSEAU J.-J., *Émile ou de l'éducation,* Garnier-Flammarion, Paris, 1966.

SAINT AUGUSTIN, *De Magistro,* Klincksieck, Paris, 1988.

SCHMIDT J.-R., *Le maître-camarade et la pédagogie libertaire*, Maspéro, Paris, 1971.

SCHNEUWLY B. et BRONCKART J.-P.(sous la direction de), *Vygotsky aujourd'hui,* Delachaux et Niestlé, Neuchâtel et Paris, 1989.

SERRES M., *Le tiers instruit*, Gallimard, Folio, Paris, 1992.

SNYDERS G., *La joie à l'école,* PUF, Paris, 1986.

SOËTARD M., *Pestalozzi ou la naissance de l'éducateur*, Peter Lang, Berne, 1981.

SOËTARD M., « Fragments du journal de Pestalozzi sur l'éducation de son fils Jakob », *Études Jean-Jacques Rousseau,* Éditions « à l'écart », Reims, 1992.

SOËTARD M., *Pestalozzi*, PUF, Paris, 1995.

TARDIF M., « Éléments pour une théorie de la pratique éducative », *Le savoir des enseignants : que savent-ils ?* Éditions Logiques, Montréal, 1993.

TAYLOR F.-W., *Principes d'organisation scientifique des usines,* Dunod et Pinat, Paris, 1912.

THÉVENOT X., « Don Bosco éducateur et le système préventif », *Éducation et pédagogie chez Don Bosco* (sous la dir. de G. Avanzini), Fleurus, Paris, 1989.

THIERRY A., *L'homme en proie aux enfants*, Magnard, Paris, 1986.

TOCHON F., *L'enseignant-expert,* Nathan, Paris, 1994.

TOZZI M., *Apprendre à philosopher dans les lycées d'aujourd'hui,* CNDP – Hachette, Paris, 1992.

TOZZI M., *Étude d'une notion et d'un texte philosophiques*, CRDP de Montpellier, 1993.

TOZZI M., *Penser par soi-même : initiation à la philosophie,* Chronique sociale, Lyon, 1994.

TROUSSON A., *De l'enseignant à l'expert, la formation des enseignants en question*, Hachette-Éducation – CNDP, Paris, 1992.

VERLET L., « Un monde à l'envers », *Sud-Nord, folies et cultures*, 1, 1994, Érès, Toulouse.

VERMERSCH P., *L'entretien d'explicitation,* ESF éditeur, Paris, 1994.

WEIL E., *Philosophie politique*, Vrin, Paris, 1966.

WEIL E., *Logique de la philosophie,* Vrin, Paris, 1967.

WINNICOTT D.W., *L'enfant et le monde extérieur*, Payot, Paris, 1982.

ZAY D., *La formation des enseignants au partenariat,* PUF, Paris, 1994.

ZIMMERMANN D., *La sélection non verbale à l'école,* ESF éditeur, Paris, 1982.

ZWEIG S., *La confusion des sentiments*, Stock, Paris, 1990.

Dans la collection Pédagogies

À L'ÉCOLE DES BANLIEUES
Gérard Chauveau, Eliane Rogovas-Chauveau

APPRENDRE À LIRE EN MATERNELLE
Hélène Gilabert

APPRENDRE ENSEMBLE, APPRENDRE EN CYCLES
Classes maternelles et primaires
avec la Maison des Trois Espaces

APPRENDRE... OUI, MAIS COMMENT ?
Philippe Meirieu

L'APPRENTI-CITOYEN
Une éducation civique et morale pour notre temps
Georges Roche

AUTORITÉ ET DISCIPLINE À L'ÉCOLE
Maria Teresa Estrela

DE L'APPRENTISSAGE À L'ENSEIGNEMENT
Pour une épistémologie scolaire
Michel Develay

LE CHOIX D'ÉDUQUER
Éthique et pédagogie
Philippe Meirieu

CONSTRUIRE LA FORMATION
CEPEC, sous la direction de Pierre Gillet

DE L'ÉDUCATION TECHNOLOGIQUE À LA CULTURE TECHNIQUE
Yves Deforge

LA DÉMOCRATISATION DE L'ENSEIGNEMENT AUJOURD'HUI
Gabriel Langouët

DÉVELOPPER LA CAPACITÉ D'APPRENDRE
Jean Berbaum

DIDACTIQUE DU FRANÇAIS
De la planification à ses organisateurs cognitifs
François Victor Tochon

L'ÉCOLE HORS L'ÉCOLE
Soutien scolaire et quartiers
Sous la direction de Dominique Glasman

L'ÉCOLE, MODE D'EMPLOI
Des « méthodes actives» à la pédagogie différenciée
Philippe Meirieu

L'ÉCOLE POUR APPRENDRE
Jean-Pierre Astolfi

L'ÉDUCATION, SES IMAGES ET SON PROPOS
Daniel Hameline

ÉMILE, REVIENS VITE... ILS SONT DEVENUS FOUS
Philippe Meirieu, Michel Develay

ENFANTS PERDUS, ENFANTS EXCLUS
Andréa Canevaro

ENSEIGNER, SCÉNARIO POUR UN MÉTIER NOUVEAU
Philippe Meirieu

L'ENTRETIEN D'EXPLICITATION
en formation initiale et en formation continue
Pierre Vermersch

L'ENVERS DU TABLEAU
Quelle pédagogie pour quelle école ?
Philippe Meirieu

L'ÉVALUATION EN QUESTIONS
Charles Delorme et le CEPEC

L'ÉVALUATION, RÈGLES DU JEU
Des intentions aux outils
Charles Hadji

INNOVER POUR RÉUSSIR
Sous la direction de Charles Hadji

LES MATHÉMATIQUES AU LYCÉE
Clés pour une réussite
Sylviane Gasquet

MÉDIATIONS, INSTITUTIONS ET LOI DANS LA CLASSE
Francis Imbert

MÉTIER D'ÉLÈVE ET SENS DU TRAVAIL SCOLAIRE
Philippe Perrenoud

MÉTIER IMPOSSIBLE
La situation morale des enseignants
Pascal Bouchard

MOTIVATION, PROJET PERSONNEL, APPRENTISSAGES
Monique Croizier

LES OBJECTIFS PÉDAGOGIQUES
En formation initiale et en formation continue
Daniel Hameline

LA PÉDAGOGIE À L'ÉCOLE DES DIFFÉRENCES
Fragments d'une sociologie de l'échec
Philippe Perrenoud

LA PÉDAGOGIE : UNE ENCYCLOPÉDIE POUR AUJOURD'HUI
sous la direction de Jean Houssaye

PENSER ET AGIR L'ÉDUCATION
De l'intelligence du développement au développement des intelligences
Charles Hadji

PEUT-ON FORMER LES ENSEIGNANTS ?
Michel Develay

POUR MIEUX APPRENDRE
Conseils et exercices pour élèves de lycées, étudiants, adultes
Jean Berbaum

QUESTIONS DE SAVOIR
Gabrielle Di Lorenzo

SAVOIRS SCOLAIRES ET DIDACTIQUES DES DISCIPLINES
Une encyclopédie pour aujourd'hui
sous la direction de Michel Develay

LES SCIENCES DE L'ÉDUCATION, UN ENJEU, UN DÉFI
Bernard Charlot avec la collaboration de la CORESE, de J.Gautherin, J.Hédoux et A.Tuijnman

SYSTÈME, PERSONNE ET PÉDAGOGIE
Une nouvelle voie pour l'Éducation
Georges Lerbet

Catalogue sur demande

CET OUVRAGE A ÉTÉ ACHEVÉ D'IMPRIMER
EN JUIN 1995 SUR LES PRESSES
DE L'IMPRIMERIE DE L'INDÉPENDANT
À CHATEAU-GONTIER
DÉPOT LÉGAL : 2e TRIMESTRE 1995
N° D'ÉDITION 2263 ED 2063